어려운
무역실무는 가라!

Part 2. 사례편

초보자를 위한 **무역실무 입문서**

어려운
무역실무는 가라!

Part 2. 사례편

최규삼 지음

EDU
TRADEHUB
─ 실무를 위한 무역실무 교육 중심지 ─

http://edutradehub.com
수출입통관, 운송, 결제
동영상 강의 제공

NAVER Cafe

http://cafe.naver.com/infotrade
무역 실무자들에게 실무정보 제공 및
실시간 Q&A 제공

생각나눔

머리말

'어려운 무역실무는 가라 I. 서술편[1]'은 무역 현장에서 어려움을 겪는 무역 실무자가 알아야 할 기본적인 내용을 전반적이고 광범위하게 정리한 책입니다. 그래서 하나의 주제에 대해서 세부적인 내용을 깊이 있게 다루지 못한 점이 다소 있습니다. 이를 보완하기 위해서 『어려운 무역실무는 가라 II. 사례편』을 출간합니다.

본 책은 실무자들이 업무를 하면서 항상 접하는 상황을 읽기 쉽게 풀어서 집필하였으며, 반복적으로 발생하는 사례를 모아 질의응답 형태로 구성하였습니다. 독자께서는 무역 업무를 함에 있어 발생할 수 있는 사례가 무엇이 있는지 본 책을 통해서 간접적이지만 접하고, 자신에게도 발생할 수 있음을 알고 업무를 수행할 수 있길 바랍니다.

본 책을 통하여 해결되지 않는 부분에 대해서는 저자가 직접 운영 중인 네이버 무역실무교육 카페(http://cafe.naver.com/infotrade)를 통하여 질문하실 수 있으며, 저자는 향후에도 계속 본 카페를 운영할 것입니다.

감사합니다.

---

1 제목 '어려운 무역실무는 가라'로 2012년 2월 초판 발행.

젊은 무역인들에게 드리는 글

.

실무적인 지식과 정보는 도서관에 있지 않고 세상 속에 있다.

이론만 알고는 절대적으로 할 수 없는 것이 무역이다. 이론을 실무에 접목시키는 연습을 끊임없이 반복적으로 할 필요가 있으며, 실무에서 접하는 많은 상황을 스스로 정리하면서 생각하고, 그 내용에 대해서 같은 업계에 있는 타인과 토론하자. 실무자는 공부하지 않고 일만 하면, 일을 하면서도 자신이 하고 있는 것이 정답인지 늘 의심을 가지게 된다. 특히, 포워더 혹은 관세사 사무실에 근무하면서 실화주에게 상담하는 입장에 있는 분들이, 그 상담 내용에 대해서 정확한 이해 없이 대응했다가 낭패 보는 경우를 심심치 않게 본다. 그래서 비록 이론이지만 책을 봐야 하고 정리하면서 생각하고, 다른 실무자들과 대화하면서 의견을 나누는 일이 상당히 필요하고 중요하다. 이론과 실무가 접목되었을 때 비로소 시너지 효과가 있고 경력과 비례하는 실력을 갖출 수 있을 것이다. 결과적으로 자신의 몸값을 높이는 결정적인 원인이 될 것이라 의심하지 않는다.

업계 사람들과 만나서 대화하고 교류하자.

A라는 용어와 상황에 대해서 자신이 알고 있는 것이 전부는 아닐 것이다. 자신은 그 용어와 상황에 대해서 자신이 보고 느낀 점을 기준으로 생각하고 이해하고 있을 것이다. 다시 말해서 다양한 각도에서 그것을 보지 않고 자신의 입장에서 하나의 각도로만 느끼고 알고 있는 것이라 할 수 있다. 그러나 그 용어에 대해서 다른 해석이 나올 수도 있고, 그 상황은 여러 상황 중 하나의 부분일 수도 있다. 우리는 무엇인가를 정확하게 알기 위해서 그 용어와 상황에 대해서 경험한 타인의 경험담을 들어 볼 필요가 있다. 이러한 시간은 우리의 시각을 다양하고 심도 있게 형성해줄 것이다.

현장의 모습을 경험하고 현장 사람들과 대화하자.

자신이 작성하는 인보이스와 팩킹리스트 상의 물품이 어떻게 생산, 포장 및 출하되는지 궁금하지 않는가? 자신이 작성하는 B/L 상의 물품이 어떠한 과정으로 선박에 적재되는지 궁금하지 않는가? 그리고 현장에서 실제로 수출 물품을 다루는 사람들이 사용하는 현장 용어와 그들의 작업 현장 분위기 및 그들이 작업할 때 어떤 모습으로 어떤 장비를 사용해서 작업하는지 궁금하지 않는가? 사무실에서 깔끔한 정장 입고 온종일 컴퓨터 앞에 앉아서 일하는 것이 무역은 아니다. 시간을 내서라도 현장으로 달려가 작업자들과 함께 일하면서 현장에서만 보고 느끼고 배울 수 있는 일을 몸으로 경험하고, 그들과 친분을 쌓을 필요가 있다.

특히, 포워더에 근무하는 분들은 실화주에게 운송 관련 업무에 대해 설명을 해야 하는데, 실제로 항구에서 일어나는 일을 본 사람의 설명과 이론적으로만 알고 있는 사람의 설명에는 큰 차이가 있을 것이다.

스스로 설정한 울타리를 뛰어넘어보자.

신념을 가지고 자신이 선택한 길에서 흔들리지 않고 노력하면, 그 길에서 아무리 힘든 시간을 보내더라도 즐겁다. 목표를 설정하였다면 과감하게 도전해보자. 직장인들이 평생 직장인으로 남는 이유 중 하나는 회사에서 일하면서 나름의 목표를 세우나, 그 목표를 이루기 위한 첫 번째 단계인 실행을 하지 않는다는 것이다. 경험을 통하여 성취 가능한 목표를 세우고 야망을 품어야 한다. 그리고 준비가 끝나면 자신을 오랜 시간 감싸고 있던 울타리를 뛰어넘는 과감한 도전을 해야 한다. 이때 중요한 것은 자신의 분야에서 차별성을 가지고 도전해야 한다는 것이다. 지금까지 경험한 분야가 아닌 다른 분야로의 도전은 스스를 신입으로 강

등시키는 결정이 된다. 그래서 자신의 분야에서 세상에 존재하나 기존의 것과는 차별화되게 편집하여, 자신이 이루고자 하는 것에 도전하여 자신의 삶의 주인이 되어보자.

　세상에 쉬운 일은 없다. 그리고 시간이 갈수록 세상은 복잡해지고 있고 경쟁은 치열해지고 있다. 무역 업계도 마찬가지다. 그럼에도 분명한 사실은 레드오션 속 블루오션은 존재한다는 것이다. 그 블루오션을 볼 수 있는 자는 그 분야에서 상당시간 경력을 쌓았을 것이고, 공부했을 것이며, 소통했을 것이고, 야망을 품었을 것이다. 그 결과 블루오션을 볼 수 있는 눈을 가지게 되었다고 믿는다. 물론 타인의 눈에도 보였으나 많은 사람들은 그럼에도 스스로 채운 울타리를 뛰어넘지 않고, 레드오션 속에 머물러 있는 경우를 흔히 본다. 나는 많은 젊은 무역인들이 쉽지 않은 선택을 했으나, 그 선택 뒤에는 흔들리지 않고 쇠뿔과 같은 고집으로 노력하고 생각에 생각을 더 하여 남들과는 다른 전략으로 편집하고 다듬어서 이 업계를 발전시켜주길 바란다.

CONTENTS

제1장
무역 운송 업무

I. 풀어쓰는 운송 이야기

1. 선사/항공사, 포워더 및 실화주간의 운송 계약 이해　18

2. 항공 건 Debit Note와 Collect Charge(CCC)　21

3. 수출지 및 수입지에서의 운송비 결제 이해　22

4. FCL 건으로써 컨테이너 임대와 반납, 그리고 손상(Damage)　23

5. Free Cargo와 Nomi Cargo의 의미　26

6. CFS 사용 이유와 CFS Charge에 대한 이해　28

7. 보세창고료 계산 방법　30

8. C-Terms에 대한 이해와 CIF Landed　32

9. CPT 혹은 CIP 조건 뒤의 수입지 내륙지점 지정　34

10. 중개무역 건 OB/L → Surrender 혹은 Surrender → OB/L　38

11. 중개무역, 중개자의 포워더 지정에 대한 중요성　41

12. 원상태 수출 건 및 중개무역 건의 일반 C/O Switch　42

13. 중개무역 건, 수출국에서 일반 C/O 발행될 때 Consignee　45

14. 지시식 B/L(Negotiable) & 기명식 B/L(Non-Negotiable)이 발행되는 각각의 경우　46

15. OB/L에 대한 Surrender 처리와 SWB에 대한 이해　53

16. 운송서류, 배서를 통하여 소유권(권리) 이전과 Consignee의 양수도 계약　57

17. 해상 건에서 Negotiable B/L 발행되고, 항공 건에는 Non-Negotiable AWB 발행 이유　61

18. 동일 구간에 대해서 수출, 수입 운임 차이 발생 이유　62

19. 기 발행된 B/L의 수정 혹은 재발급　64

20. 수입 컨테이너 반납과 수출 컨테이너 픽업　66

21. 수입과 수출을 동시에 하는 화주의 컨테이너 반납과 임대　69

22. 해상 건, FCL과 LCL의 통관 과정, 그리고 CY와 CFS　69

23. 소량화물을 콘솔(혼재)하는 콘솔사(혼재업자)　75

24. CFR Busan Port와 DAP Busan Port의 차이점, 그리고 보세창고비　76

25. Doc CLS(DC)와 Cargo CLS(CC), 그리고 Full　78

26. 일반 컨테이너 사이즈와 적재 가능 박스/파레트 계산 방법　79

27. 40FT x 1 사용하지 않고 20FT x 2 사용하는 이유   82

28. Container Portable Dock, 도킹 작업   85

29. Off Load, Over Load, Roll Over   86

30. 컨테이너 운송 건으로서 LCL 화물의 Co-Load   87

31. 차량 운행 제한 중량(과적)과 차량의 크기   89

32. 특송, 운임 착불 & 선불 조건, 그리고 DDP 조건   91

33. Consignee로서 권리와 On Board 화물의 소유권은 구분해야   93

34. b/l 소지인의 on board 물품 소유권과 d/o 요청 가능한 자의 구분 필요   94

35. Line B/L이 발행되는 경우   95

II. 질의응답을 통해 배우는 운송 업무

1. 정기선과 부정기선   97

2. On Ground 작업 및 콤바인   98

3. 포워더가 무역회사와 선사/항공사 사이에서 존재하는 이유   100

4. CFS를 사용하는 상황   102

5. Storage, Demurrage, Detention Charge   103

6. B/L은 왜 3부(Full Set)를 기본 Set으로 발행되는가?   108

7. B/L이 지시식 혹은 기명식으로 발행되는 상황과 이유   110

8. BAF 및 CAF의 커버 당사자 및 과세가격 포함   111

9. 2개 이상의 서로 다른 오더, 하나 B/L 발행하여 운송하는 이유   116

10. 해상 LCL 건에 대한 보세창고료 발생   117

11. 항공 수입 건의 보세창고료 발생   118

12. 항공 건에서 THC와 CFS Charge 발생하는가?   119

13. 보세창고에서 발생한 파손   120

14. B/L와 FCR(Forwarder Cargo Receipt)의 차이점   122

15. 컨테이너 반납할 때 파손으로 인한 수리 비용 발생   122

16. 해상 건에서의 CCF, 항공 건에서의 CCF 차이점   125

17. C 조건으로 수출할 때 수입지의 THC는 수입자가 커버   126

18. LOI(Letter of Indemnity, 각서)가 무엇이며, 발행되는 사례 및 Clean B/L 의미   128

19. D/O(Delivery Order) 개념과 보세구역에서 반출하기까지   130

20. Weight Cargo(중량화물)와 Volume Cargo에 대한 이해   133

21. Dry Van, DC, HC, RF, FR 등에 대한 이해   135

22. 포워더에게 인보이스(C/I)를 전달 필요성이 있는가?   137

23. 적하보험과 무역보험의 차이점   140

24. OB/L과 SWB 및 Surrender 처리한 운송서류의 차이   141

25. 화주와 관세사 사무실이 달리 인지하는 분할선적의 개념   145

26. 항공 건에서 Volume을 Wieght로 변경하여 Chargable Weight 확인   148

27. 컨테이너 내륙운송비 Tariff   150

28. 환적으로 인한 입항 스케줄 지연   151

29. 특송 건에서의 가격조건(인코텀스) 결정   153

30. 오픈탑 컨테이너에 Inguage 화물 적입과 크레인   154

제 2 장
수출입 통관 업무

I. 풀어쓰는 통관 이야기

1. 화인(Shipping Mark) 정보의 표시 필요성   158

2. 선적서류(Shipping Documents)의 구성   161

3. 관세율 적용 순위에 대한 이해– 조정관세, 할당 관세 등 설명 포함   165

4. WTO 협정세율 적용과 편익관세 적용 대상 국가   170

5. 국제 협력 관세 적용 대상 물품의 예   172

6. 인보이스 및 팩킹리스트의 역할과 발행되는 이유   173

7. 인보이스, 운송서류(B/L, 화물운송장)의 Shipper 및 Consignee 차이점   174

8. '수입자'와 '납세의무자'에 대한 이해   180

9. 관세환급 조건– '관세환급' 제조사 환급, 수출자 환급 & 관세 포함, 미포함 공급   183

10. '관세환급', 국내 임가공 의뢰 건에서의 관세환급 I   187

11. '관세환급', 국내 임가공 의뢰 건에서의 관세환급 II   189

12. 수입신고 시기와 수출신고 시기, 그리고 보세운송   190

13. 수출신고 건의 물품 검사(신고지 검사, 적재지 검사)   193

14. 수입신고필증 근거로 수입 세액 계산하는 과정   196

15. 무상 건 혹은 무상과 유상 함께 수출하는 건에 대한 인보이스 작성   206

16. 수입할 때 납부할 세액이 1만 원 미만이면 면세받을 수도   210

17. APTA 협정세율 적용, 직접운송원칙, 그리고 중국과 홍콩 관계   210

18. 법 위반에 따른 가산세, 관세납부 기한 경과에 따른 가산금   216

19. DDP 조건에서 견적 내기 힘든 이유와 수입지 포워더의 대납 문제   219

20. 사치품의 기준가격 적용한 개별소비세 계산 방법   222

21. 수입신고 전 물품 확인 제도   226

22. 원산지 표시 위반 행위에 따른 과징금   228

23. 보세구역의 장치 기간   230

24. 재수출 및 재수입 건 수출자와 수입자 동일하지 않아도   232

25. 임가공 수출에 따른 관세환급과 완제품 수입할 때 과세가격 포함   234

26. 임가공 의뢰 후 완제품 한국으로 수입(제3국에서 원재료 무상 공급)   236

27. 과세가격에서 제외되는 엔지니어링 Fee   237

28. 용도세율의 의미와 적용사례   238

29. 제조사와 수출자 사이에 도매업자가 존재하는 경우의 관세환급   239

30. 수출 대행 계약   240

31. 거래 물품과 나무 팔레트 함께 수입신고 하는 경우   241

II. 질의응답을 통해 배우는 통관 업무

1. FCL 수입할 때 분할신고 시점   244

2. 인보이스 Cost Breakdown   245

3. 사업자등록번호와 통관고유부호의 차이, 그리고 무역업고유번호 필요한가?   247

4. 한국에서 외국으로 수출한 물품은 모두 MADE IN KOREA일까?   251

5. 원상태 수출에 따른 수출신고필증 상의 제조사와 관세환급 신청자   254

6. 분할증명서(분증) 발행되는 원상태 수출 건에 대한 관세환급   256

7. 수리(Repair) 후 재반입 건에 대한 면세   258

8. 포장 용기에 대한 면세   261

9. '재수출이행기한' 수출 시기는 재수출신고일까지의 기간   265

10. 수출된 물품의 하자로 인한 재수입 Ⅰ- 수리 후 재수출/대체품 수출   266

11. 수출된 물품의 하자로 인한 재수입 II- 재수입 면세 270

12. 재수입되는 물품의 부가세 면세 275

13. 무상 수출 건에 대한 관세환급 276

14. 전시회 출품 목적으로 수입되는 물품의 수입 통관 278

15. 해외 전시회 출품 목적으로 수출된 물품의 관세환급 281

16. 한-EU FTA 협정세율 받고 수입한 제품 Repair 목적으로 수출 후 재수입 282

17. 한-미 FTA, Repair 또는 개조 후 재반입되는 상품 285

18. 양수도 계약- 계약서 작성을 통한 물품의 소유권 이전 287

19. 식품 등의 수입신고- '식품 등 수입업 판매업' 신고 및 정밀검사 실적 인정 범위 등 291

20. 식품 등의 수입신고- 지정된 국외 시험·검사기관을 통한 정밀검사 295

21. 관세의 납부 기한 296

22. 팩킹리스트(Packing LIst)에 순중량·총중량 필요 이유 299

23. 수입통관 중 FCL 건 검사비용 301

24. 수출자의 수출신고와 제조사의 관세환급 신청 303

25. 사후납부와 월별납부의 차이점 304

26. 반제품과 완제품의 개념 307

27. 원산지 표시는 제품 자체에 해야, 그러나 최소포장 인정될 수도 307

28. 한-EU FTA 원산지신고서 문안의 'EU'와 현품의 원산지 표시 310

29. 원산지 표시 면제되는 경우- 제조공정에 투입되는 부품/원재료 312

30. 핸드캐리 화물의 수입신고 및 수출신고 314

31. FOB Busan Port 내륙운송비를 shipper가 아닌 제조사가? 315

32. 위약 물품(계약과 상이한 물품) 재수출에 따른 관세환급 316

33. 분할통관- 수입신고 할 때 세액 납부가 부담스러운 경우 319

34. 수출 대행, 일반 C/O 발행을 위해서 320

35. D 조건에서 수입지 통관 지연에 따른 추가 비용 커버 당사자 321

36. FTA C/O와 일반 C/O 동시 발행- 특혜 C/O와 비특혜 C/O 차이 323

37. 일반(비특혜) C/O 발행할 때 수출신고필증 상의 '원산지 판정 기준' 324

38. 한-아세안 FTA C/O 발행 건에 대한 특이점 326

39. FTA C/O와 인보이스(C/I)상의 물품의 종류 및 수량이 상이한 경우 329

40. 상공회의소에서 발행된 한-아세안 FTA C/O 진위 여부 확인 방법 330

41. 하나의 수출 건에 다수의 물품 중 일부 물품만이 KR인 경우 일반 C/O 발행 332

42. EMS 보다 DHL을 사용하는 이유 333

43. 외국 수입 관세율과 부가가치세율 확인 방법 335

44. 수입신고필증 전달할 때 주의점 및 진위 여부 확인 336

45. 목재포장재 수입 검역과 미부합 목재포장재의 처분　　　　　　　337

46. 물품가격 FOB 200만 원 이하의 물품에 대한 수출신고　　　　　　339

47. 특송 건으로서 수입신고 생략(목록통관), 간이신고 혹은 일반신고　　342

48. 관세가 면세되는 소액물품, 상용견품(샘플)　　　　　　　　　　345

49. 총과세가격 15만 원 이하의 자가사용 물품의 관세 면세　　　　　　347

50. 여행자 휴대품의 과세와 면세 한도, USD 600　　　　　　　　　348

51. 수입물품 유통 이력 관리　　　　　　　　　　　　　　　　　353

52. 폐기물부담금 부과 대상 물품의 수입　　　　　　　　　　　　355

53. 과세가격에 포함되는 금형비에 대한 C/I 작성 및 신고　　　　　　358

54. 과세가격에 포함되는 파견직원 인건비　　　　　　　　　　　　360

55. 과세가격에 미포함되는 수입물품의 Engineering Fee　　　　　　　360

56. 수출 건 재수입 면세와 대체품 수출에 따른 관세환급　　　　　　362

57. 시계, 볼펜, 연필 등의 원산지 표기　　　　　　　　　　　　　363

58. 반송(중계무역 및 환적 포함) 물품에도 원산지 표기해야 하는가?　　364

제3장

무역 결제 업무

I. 풀어쓰는 결제 이야기

1. L/C 46A 조항에서 보험증권(Insurance Policy) 요구할 때　　　　　368

2. 신용장에서 보험증권 요구하는 문장과 보험증권 내용 이해　　　　370

3. L/C에서 화물운송장으로써 AWB의 발행과 주의점　　　　　　　373

4. L/C 조건에서 OB/L이 아닌 Surrender 혹은 SWB 요구할 때　　　378

5. 매입신용장(L/C)과 추심결제(D/A, D/P)의 차이점　　　　　　　382

6. L/C와 추심 결제에서의 환어음 Drawee 차이와 매입에 따른 환가료　385

7. Deferred Payment L/C에 대한 한국 수출자의 대응　　　　　　　388

8. 원 신용장 취소가 필요한 상황　　　　　　　　　　　　　　　391

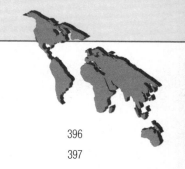

9. 추심결제(D/P, D/A) 조건에서 L/G(수입화물선취보증서) 발행과 L/G 내용　　　396

10. D/P Usance 조건과 실무적인 활용의 예　　　397

II. 질의응답을 통해 배우는 결제 업무

1. 매입과 추심의 차이점　　　399

2. T/T와 L/C의 차이점　　　400

3. D/P 조건에서 AWB 혹은 SWB가 발행된 경우 수출자의 주의점　　　402

4. 선적기일(44C, S/D)과 신용장 만기일(31D, E/D)　　　405

5. 수출자/수입자 주소 등의 오타　　　406

6. 결제조건(Payment Term) 기재 문제　　　408

7. L/G 발행, FCL 건은 CY에서의 Free Time 고려　　　409

8. 수입자의 L/G 발행 요청에 대한 개설은행의 거절　　　411

9. L/G 발행과 포워더의 OB/L 회수 요청　　　412

10. L/G 발행에도 D/O 내주지 않는 포워더　　　413

11. L/C 조건과 인보이스, 그리고 수출신고필증의 일치　　　414

12. Term Charge는 개설은행의 신용장 개설에 따른 Risk 부담 수수료　　　414

13. L/C 선적서류 인수 시점에서의 Term Charge 추가 발생 혹은 환불　　　416

14. 선적서류 인수 및 L/G 신청 전 수입자의 현품 확인 필요성- 추상성의 원칙　　　418

15. 신용장 건에서 수출하지 않는 수출자와 수입자의 사전 조치　　　424

16. Usance 기간 설정할 때 고려해야 할 점 및 결제기일까지 결제하지 못할 때　　　426

17. At Sight L/C와 At Sight의 차이점　　　427

18. AK Form 원본 2부 발행 불가　　　428

19. On Board Date의 Back Date 할 때, 수출신고필증 내용 고려할 필요　　　430

20. 하자 네고할 수밖에 없는 상황에서의 수출자 대응과 은행의 대응　　　432

21. 중동 신용장에서 요구하는 대사관 인증 상업송장(C/I)　　　434

22. 44E 혹은 44F에서 Any Korean Port로 기재되는 경우와 운송서류 발행　　　437

23. L/C 건에서 환적 금지 혹은 허락 설정의 의미　　　439

24. L/C 건에서 OB/L 1부 수출자의 특송 발송과 수입자의 물품 인수　　　442

25. 2/3 Set B/L로써 수출자 배서 요구하는 L/C에서의 수출자 주의점　　　444

26. L/C 건, 운송서류(B/L, 화물운송장)에서의 B/L Date　　　446

27. intended clause B/L(예정표시선하증권) 발행과 신용장 매입 신청　　　447

제4장
무역 서류 등

1. 수입신고필증 450

2. 양수도계약서 452

3. 비특혜(일반) 원산지 증명서 453

4. 특혜 원산지증명서- AK Form(한-아세안 FTA C/O) 454

5. 휴대품유치증 455

6. 수입식품 등 검사 456

제1장

무역 운송 업무

I. 풀어쓰는 운송 이야기

1. 선사/항공사, 포워더 및 실화주간의 운송 계약 이해

(1) 통상적인 운송 업무 진행 형태(Master를 근거로 House를 발행)

일반적으로 무역회사(실화주)는 해상/항공 운송이 필요한 경우, 선사/항공사에 직접 연락하여 견적을 받고, Shipment Schedule을 받아서 최종적으로 Shipment Booking을 진행하지 않습니다. 이렇게 Direct를 거래하기 위해서는 무역회사는 아이템에 대한 장사 업무와 함께 포워더로서의 역할을 동시에 할 수 있는 능력과 인력 및 시스템을 구축해야 합니다.

통상 무역회사는 아이템에 대한 유통망을 확보하여 장사하는 회사로써 포워더로서의 역할을 동시에 하지 않습니다. 따라서 포워더에게 운송 서비스 업무를 대행 의뢰합니다.

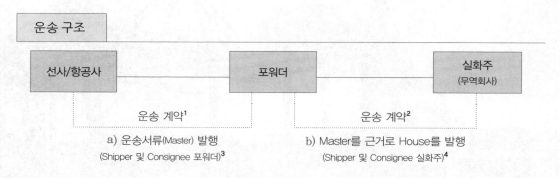

▲ 선사/항공사가 포워더에게 Master를 발행하고 포워더가 실화주에게 House를 발행.

▲ 선사/항공사는 포워더와 계약하는 것이고, 포워더는 다시 실화주와 계약하는 관계.

▲ 이때 물품이 수입지에 도착하였는데 수입자가 부도가 났다면, 선사/항공사는 포워더와 계약하였으니 포워더에게 문제를 해결할 것을 요구하게 되며, 포워더는 난처한 입장에 빠질 수 있음.

---

1 선사/항공사와 포워더 간의 운송 계약.
2 포워더와 실화주간의 운송 계약.
3 Shipper 수출지 포워더, Consignee 수입지 포워더.
4 Shipper 수출지 수출자, Consignee 수입지 수입자.

그렇다고 항상 Master 운송서류가 발행되고, 이를 근거로 포워더가 House 운송서류를 발행하여 실화주로서 수출자에게 전달하는 것은 아닙니다. 예외적인 경우가 있을 수 있다는 겁니다.

(2) 포워더가 House 운송서류를 발행하지 않는 경우

실화주는 포워더와 거래함에 있어 때에 따라서 포워더가 발행하는 House 운송서류(B/L 혹은 화물운송장)를 요구하지 않고, 선사/항공사가 발행한 운송서류를 그대로 전달할 것을 요구하기도 합니다. 그 의미는 포워더가 해상 건에서는 선사가 발행하는 Line B/L, 항공 건에서는 항공사가 발행하는 Master Single을 각각 선사 혹은 항공사로부터 발급받아서, 이를 그대로 실화주에게 전달하라는 뜻이 됩니다. 이러한 경우, 포워더는 선사/항공사와 실화주 사이에서 운송 대행 업무는 진행하지만, Line B/L을 선사가 실화주에게 발행하는 것이며, Master Single을 항공사가 실화주에게 발행하는 것으로써, 어찌 보면 실화주와 선사/항공사의 계약이라 할 수 있습니다[5].

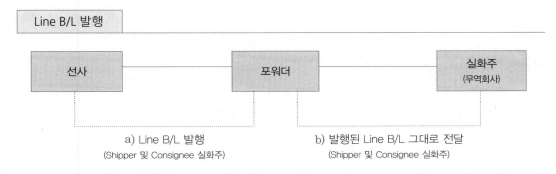

Line B/L 발행

| 선사 | 포워더 | 실화주 (무역회사) |

a) Line B/L 발행
(Shipper 및 Consignee 실화주)

b) 발행된 Line B/L 그대로 전달
(Shipper 및 Consignee 실화주)

▲ 선사와 실화주간의 운송 계약.

▲ 포워더는 중간에서 단순히 운송 서비스를 대행하는 역할.

▲ 수출자와 수입자 사이의 결제조건이 L/C일 때, L/C 46A 조항에서 Line B/L을 요구하는 경우가 있음.

▲ 실화주가 포워더로서의 역할, 즉 운송 업무에 대한 이해와 시스템 구축을 했다면, 선사와 Direct의 거래가 가능할 수도.

---

5 본 경우, 선사가 발행하여 실화주에게 전달하는 Line B/L 상의 Shipper는 수출자, Consignee는 수입자가 될 것이며, 항공사가 발행하여 실화주에게 전달하는 Master Single AWB 상의 Shipper는 수출자 Consignee의 수입자가 될 것입니다.

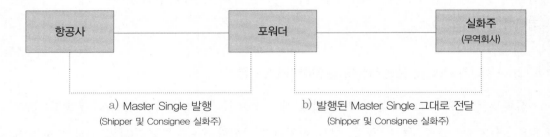

Master Single 발행

| 항공사 | 포워더 | 실화주
(무역회사) |

a) Master Single 발행
(Shipper 및 Consignee 실화주)

b) 발행된 Master Single 그대로 전달
(Shipper 및 Consignee 실화주)

▲ 항공사와 실화주간의 운송 계약.

▲ 포워더는 중간에서 단순히 운송 서비스를 대행하는 역할.

▲ 실화주가 포워더로서의 역할, 즉 운송 업무에 대한 이해와 시스템 구축을 했다면, 항공사와 Direct의 거래가 가능할 수도.

본 경우, 해상 건에서 선사가 발행하여 실화주가 그대로 전달받는 Line B/L 및 항공 건에서 항공사가 발행하여 실화주가 그대로 전달받는 Master Single의 Shipper와 Consignee는 모두 실화주로서 포워더의 상호는 어디에도 기재되지 않습니다. 따라서 운송 사고가 발생한다면, 선사/항공사는 해당 문제를 실화주와 직접 해결해야 할 것이며, 포워더는 여기에서 면책될 가능성이 높을 것입니다.

(3) 선사/항공사 입장과 포워더 입장에서의 House 발행

결국, 포워더 입장에서는 어찌 보면 House를 발행하지 않는 것이 운송 과정 중에 문제가 발생할 경우, 개입하지 않기에 유리하다 할 수 있습니다. 그러나 선사/항공사 입장에서는 포워더와 운송 계약하고, 포워더가 다시 실화주와 계약하여 House 운송서류가 발행되어야 사고 발생 등 운송 과정 중에 발생할 수 있는 문제 등을 포워더에게 해결을 요구할 수 있을 것입니다.

포워더는 선사/항공사의 운송 대리인이라 할 수 있으나, 가슴 아프지만 다른 각도로 보면 포워더는 선사/항공사가 하기 껄끄러운 문제 등을 받아 해결하거나 막아주는 방패(Shield) 역할을 하는 존재라고도 할 수 있을 것입니다.

2. 항공 건 Debit Note와 Collect Charge(CCC)

실화주와 포워더 간의 거래에서 Freight Pre-paid 혹은 Freight Collect는 실화주간, 즉 수출자와 수입자 사이의 매매계약서 상 가격조건(Price Term, 인코텀스)에 따라서 결정되어, House 운송서류 상에 기재됩니다. EXW 혹은 F-Terms(FCA, FAS, FOB) 중 하나의 가격조건으로 계약한 경우에는 Freight Collect가 되며, C-Terms(CFR, CIF, CPT, CIP) 혹은 D-Terms(DAT, DAP, DDP) 중 하나의 가격조건으로 계약한 경우에는 Freight Pre-paid가 됩니다.

그러나 포워더와 선사/항공사 사이에는 실화주간의 가격조건과 상관없이 Master 운송서류 상에 Freight Pre-paid(PP) 혹은 Freight Collect(CC)가 기재됩니다. 해상 건으로써 포워더와 선사 사이에서는 Freight PP가 될 수도 있고 CC가 될 수도 있으나, 항공 건에서 포워더와 항공사 사이에는 Freight PP만 존재한다 할 수 있습니다.

따라서 수출지의 포워더가 수출지 항공사에 Freight 선결제합니다. 그래서 Master AWB 상에는 항상 Freight가 선불(PP)로 표기되며, 수출지 포워더는 실화주간에 가격조건에 따라서 다시 Freight를 ⓐ수출자에게 청구 혹은 ⓑ수입지 포워더를 통하여 수입자에게 청구합니다. ⓐ의 경우, 수출지 포워더는 Debit Note를 발행하여 수출자에게 Freight 청구하는 것이 아니라, 운송비 인보이스 발행하여 항공사에 결제한 Freight에 자신의 마진을 붙여서 청구합니다. ⓑ의 경우, 수출지 포워더는 Debit Note를 발행하여 수입지 포워더에게 Freight 청구하며, 수입지 포워더는 마진을 붙여서 운송비 인보이스를 발행하여 수입자에게 운송비를 청구합니다. 이때의 마진에 대해서 수출지 포워더와 수입지 포워더는 Profit Share 할 것입니다.

마지막으로 ⓑ의 경우에서 환차손과 송금 수수료가 발생할 수 있습니다. 이것이 항공 건에서의 CCC 혹은 CCF가 되겠습니다.

3. 수출지 및 수입지에서의 운송비 결제 이해

포워더와 화주 간의 운송 거래에서 해상 건이면 House B/L이 발행되고, 항공 건이면 House AWB가 발행됩니다. House 운송서류 상에 Freight Pre-paid 혹은 Freight Collect 기재는 실화주간의 가격조건(Price Term, 인코텀스)에 영향을 받게 됩니다.

EXW 혹은 F-Terms에서는 수출자가 수입자에게 제시하는 가격에 Freight가 포함되지 않은 거래 건으로써 포워더는 운임을 수입지에서 수입자에게 받아야 할 것이며, 따라서 후불(Freight Collect)이 되고, C-Terms 혹은 D-Terms에서는 수출자가 수입자에게 제시하는 가격에 Freight가 포함되어 있으니 수출지 포워더가 수출지에서 받아야 할 것이며, 따라서 선불(Freight Pre-paid)이 되는 것이라 이해하면 적절할 것입니다. 그러나 이는 가격조건에 따라서 서류상으로 표기되는 내용입니다.

실제 수출자가 수출지 포워더에게 결제해야 하는 운송비 인보이스/청구서에 Freight가 포함되든 안 되든, 수출자는 수출지 포워더에게 수출물품이 외국으로 나가는 배/비행기에 적재(On Board)되기 전에 운송비를 결제하는 경우보다는 거래가 이루어진 달의 익월 말일 결제로 거래하는 경우가 많습니다[1]. 그리고 수입지에서는 수입자가 수입지 포워더에게 결제해야 하는 운송비 인보이스/청구서에 운임이 포함되어 있든 안되든, 수입자는 수입지 포워더에게 운송비 청구를 받고 운송비 전액을 결제해야 D/O를 받을 수 있습니다. 따라서 수출지 포워더는 수출자에게 제때 결제를 받지 못한 미수건 때문에 골머리를 아파하기도 하지만, 수입지 포워더는 수입자가 결제하지 않으면, D/O를 내주지 않기 때문에 미수가 없다 할 수 있습니다.

---

1 수출지에서 수출자가 Freight를 수출지 포워더에게 결제하는 경우, 기본적으로 On Board 이전에 혹은 운송서류를 수출지 포워더가 수출자에게 전달하기 전에 Freight를 결제받는 것이 정상적인 형태라 할 수 있습니다. 그러나 대부분 실무에서는 On Board 이후 익월 말일까지 결제하는 조건으로 수출자와 수출지 포워더 간에 거래가 이루어지는 경우가 많습니다.

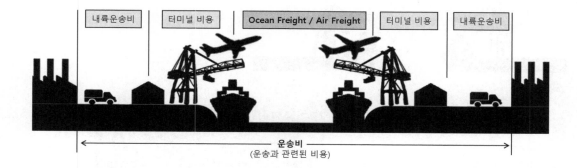

내륙운송비　　터미널 비용　　Ocean Freight / Air Freight　　터미널 비용　　내륙운송비

운송비
(운송과 관련된 비용)

▲ Ocean Freight와 Air Freight는 수출지 항구/공항에서 배/항공기에 물품이 On Board 되는 시점에서 발생하여 수입지의 항구/공항에 배/항공기가 입항하는 시점까지의 비용이라 할 수 있음.

▲ 운송비는 운송과 관련된 비용.

4. FCL 건으로써 컨테이너 임대와 반납, 그리고 손상(Damage)

해상 FCL 건으로써 수입지 항구 CY에 반입된 컨테이너는 수입통관 과정(수입신고–세액 납부–수리)을 거쳐서 CY로부터 반출 후 수입자에 의해서 지정된 수입자 공장/창고(Door)로 운송됩니다[2]. 이렇게 CY로부터 반출된 컨테이너는 수입자 공장/창고에서 수입자에 의해서 내부의 물품이 적출(Unstuffing)된 후 지정된 반납지로 선사에 의해서 포워더가 수입자에게 통지한 Free Time 이내에 반납지 CY로 반입 완료되어야 합니다. 만약, Free Time 이내에 반입되지 못하면 Detention Charge가 선사에 의해서 포워더에게, 그리고 최종적으로 실화주에게 Free Time 이후 하루 단위로 청구되며, 상당 시간 지체되면 할증되기도 합니다.

---

2 CY에 반입되지 않고 통관되는 경우도 있습니다.

제1장 무역 운송 업무 23

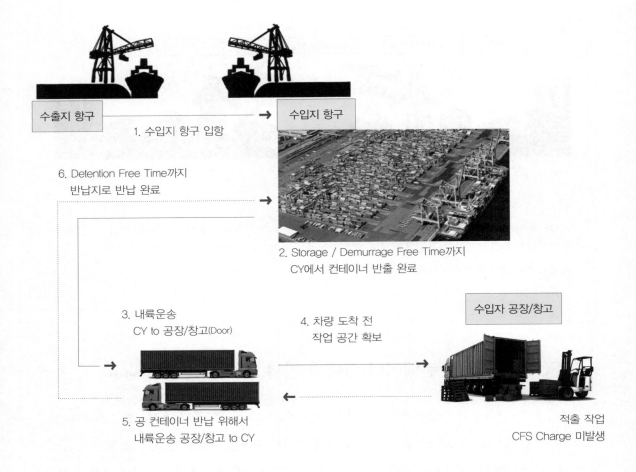

1. 수입지 항구 입항

수출지 항구 → 수입지 항구

6. Detention Free Time까지
   반납지로 반납 완료

2. Storage / Demurrage Free Time까지
   CY에서 컨테이너 반출 완료

3. 내륙운송
   CY to 공장/창고(Door)

4. 차량 도착 전
   작업 공간 확보

수입자 공장/창고

5. 공 컨테이너 반납 위해서
   내륙운송 공장/창고 to CY

적출 작업
CFS Charge 미발생

　　수입자는 적출 작업할 때, 컨테이너에 손상(Damage)이 발생하지 않도록 상당한 주의를
기울여야 할 것입니다. 이유는 해당 건은 FCL 건으로써 해당 컨테이너를 화주가 포워더를
통하여 선사에 임대한 선사의 재산이기 때문입니다[1].

1　대부분 컨테이너는 선사의 소유로써, 이를 COC(Carrier Own Container)라 합니다. 어떤 회사는 컨테이너만을 임대해
　주는 회사가 있으며, 때에 따라서 포워더가 소유한 컨테이너도 있습니다. 이렇게 선사 이외의 자가 소유한 컨테이너를
　SOC(Shipper Own Container)라고 이해하면 적절할 것입니다.

▲ 지게차로 물품을 적출할 때 지게차의 포크 부분이 컨테이너 바닥(나무로 되어 있음)에 손상을 일으킬 수 있으며, 컨테이너 자체에 지게차 포크가 충돌하여 손상을 가할 수도 있습니다. 또한, 지게차 포크가 파레트 위에 올려진 물품에 손상을 가하는 경우도 있습니다. 따라서 지게차 작업할 때 작업자는 상당한 주의를 해야 할 것이며, 물품의 포장 역시 상당한 주의를 하여 포장할 필요가 있습니다[2].

▲ 적입된 물품을 제대로 고정하지 않아서 해당 물품에 의해서 컨테이너 내부가 손상될 수도 있기 때문에 쇼링(Shoring, 물품이 운송 과정 중에 움직이지 않도록 컨테이너에 고정하는 작업으로써 Lashing이라고도 함.) 작업에도 상당한 관심을 가질 필요가 있습니다.

▲ 지게차 앞부분에 두 개의 'ㄴ' 자로 된 것을 포크라고 합니다.

수입지에서 수입자는 적출 작업 완료 후 반납지로 내륙운송 업체를 통하여 공 컨테이너를 손상(Damage) 없이 반납합니다. 이때 이를 반납받은 CY에서는 반납받을 때 손상 여부를 확인하며, 이상이 없을 때 정상적으로 반납 완료됩니다. 그러나 손상이 있다면 반납받아주지 않고 내륙운송 업체 기사님을 통하여 최종적으로 화주에게 통지되며, 포워더는 해당 손상에 대해서 화주에게 Damage Charge를 청구할 것입니다. 손상 정도에 따라서 수백 불이 청구될 수도 있기에 임대한 컨테이너를 사용함에 있어 손상 없이 사용해야 할 것이며, 손상 없이 반납해야 할 것입니다.

물론, 반납지 CY에서 공 컨테이너를 반납받은 이후에 손상된 점을 발견하고 화주에게 손상에 대한 Damage Charge를 청구하는 것은 적절치 못한 것으로써, 화주는 포워더를 통하여 CY에서 반납받을 당시에 손상에 대해서 문제 제기를 하지 않았기에 해당 손상은 CY로 반납된 이후 발생한 손상일 수도 있다는 반론을 통하여 대응해야 할 것입니다.

---

2 수입지에서는 컨테이너에서 물품을 적출(Unstuffing, Devanning) 작업하며, 수출지에서는 적입(Stuffing, Vanning) 작업이 이루어집니다. 실무에서 컨테이너로부터 물품을 적출하거나 컨테이너에 물품을 적입하는 업무를 '까대기'라고도 합니다.

▲ 좌측 이미지는 물품과 컨테이너가 고정될 수 있도록 Shoring(Lashing) 작업을 해야 하는데, 이를 하지 않아 운송 과정 중에 컨테이너 손상이 발생한 경우로 추정됩니다. 그리고 우측 이미지는 컨테이너에 구멍이 생긴 경우로서, 이러한 구멍은 지게차로 물품을 이동시킬 때 물품에 의해서 발생하기도 합니다. 컨테이너 하단 부분이라면 지게차 포크에 의해서 컨테이너에 구멍이 발생하기도 합니다.

5. Free Cargo와 Nomi Cargo의 의미

본 내용은 실화주(무역회사, 이하 '화주')가 포워더를 지정(Nomi)하는 개념이 아닌 수출지 포워더와 수입지 포워더 사이의 용어입니다. 물론, Free Cargo와 Nomi Cargo의 용어가 있기까지 그 기초에는 화주 간에, 즉 수출자와 수입자 사이에서 결정된 가격조건(Price Term, 인코텀스)이 영향을 미칠 것입니다.

▶ 수출자와 수입자 사이에서 매매계약 체결이 이루어질 때, 가격조건이 EXW, F-Terms 중의 하나이면 수입자가 포워더 지정권리를 가집니다. 반면에, C-Terms, D-Terms 중의 하나이면 수출자가 포워더 지정권리를 가집니다.

A. Free Cargo

수출자 혹은 수입자 중의 한쪽은 포워더 지정(Nomi)권리를 가집니다. 그 권리를 가진 자가 수출자이든 수입자이든 자신의 국가에 위치한 여러 포워더 중의 하나를 지정할 것입니다. 만약, 포워더 지정권리를 수입자로서 Edutradehub가 가진다면, 그리고 여러 수입지의 포워더 중에 Korean Forwarder를 지정하였다면, Korean Forwarder 입장에서 해당 운송 건의 화물은 Free Cargo가 됩니다.

즉, 수입지에 위치한 Korean Forwarder는 자신이 수출지의 여러 포워더 중의 하나 포워더를 자유롭게 지정할 수 있는 권리를 가지게 됩니다. 이때 수입지에 위치한 Korean Forwader가 수출지로써 호주(Australia) 시드니에 자신의 파트너 포워더로서 James Logistics가 있다면, 해당 포워더를 지정할 것입니다.

B. Nomi Cargo

수출지에 위치한 James Logistics 입장에서는 자신이 상대국의 포워더 중에 한 곳을 지정할 수 있는 권리를 가지는 상황이 아니라, 상대국 포워더에 의해서 지정받아서 운송 서비스를 제공하는 입장입니다. 이러한 운송 건의 화물을 Nomi Cargo라 합니다.

결국, Free Cargo 및 Nomi Cargo라는 용어는 포워더 쪽에서 사용하는 용어입니다. 포워더 입장에서 자신이 상대국 포워더를 자유롭게 지정할 수 있는 권리를 가진 화물 건을 Free Cargo라 하며, 반면에 포워더 입장에서 자신이 상대국 포워더에 의해서 지정되어 운송 대행하는 화물 건을 Nomi Cargo라 합니다. 다시 말해서, Free Cargo는 해당 포워더가 영업을 하여 얻은 화물이 되는 것이고, Nomi Cargo는 상대국 포워더가 영업하여 얻은 화물에 대해서 자신의 국가에서 운송 대행하는 건의 화물이라 할 수 있을 것입니다.

6. CFS 사용 이유와 CFS Charge에 대한 이해

A. CFS를 사용하는 상황 설명

CFS는 Container Freight Station으로써, 컨테이너로 운송되는 화물의 집결지라 할 수 있습니다. 컨테이너 선박을 운영하는 선사(예: 현대상선, 머스크라인 등)는 20FT, 40FT Dry Container, Reefer Container, Flat Rack Container 등을 선박에 선적하여 운송 서비스하는 운송수단을 소유한 운송사(VOCC[1], Vessel Operating Common Carrier)입니다.

무역회사가 컨테이너 통째로 포워더를 통해 선사로부터 임대하여 자신의 물품을 적재 후 운송하는 건을 FCL 건이라 합니다. 이러한 경우, 통상 수출자는 수출물품이 위치한 수출지의 공장/창고(Door)로 공 컨테이너를 Door Order 하여 자신이 직접 적입(Stuffing) 작업합니다. 물론, 수입지에서도 항구 터미널에서 컨테이너 자체를 차량에 적재하여 수입자의 공장/창고로 운송 후 수입자가 직접 적출(Unstuffing) 작업합니다. 이렇게 FCL 건으로 진행되는 경우, 특별한 상황이 아니라면, CFS로 물품이 반입되지 않을 수도 있습니다.

그러나 컨테이너 자체를 통째로 임대하는 경우가 아니라 부피와 중량이 적어서 컨테이너 내부 공간을 임대하는 경우가 있습니다. 이러한 경우의 건을 LCL 건이라 합니다. 이때 내륙 운송 업체에서 공 컨테이너를 차량에 적재하여 LCL 건 수출자 공장/창고를 옮겨 다니면서 물품을 적입할 수는 없습니다. 따라서 포워더는 자신이 수출자로부터 Shipment Booking을 받은 LCL 화물을 하나의 장소로 집결시켜서 컨테이너에 적입 작업을 거칠 수 있도록 합니다. 그리해야만 CY에 컨테이너를 반입하여 컨테이너 선박에 On Board 가능할 것입니다.

이를 위해서 수출자에게 Shipment Booking은 포워더가 받고 포워더는 해당 LCL 화물의 컨테이너 작업은 혼재업자(콘솔사, Consolidator)라는 곳에 의뢰합니다[2]. 그 혼재업자는 CFS를 보유[3]하고 있고, LCL 화물은 이곳으로 반입되어 혼재업자에 의해서 컨테이너로 적입됩니다[4]. 이렇게 수출지 CFS에서는 LCL 화물을 적입 작업을 하며, 수입지 CFS에서는

---

1 반면, 포워더는 운송수단을 소유하지 않고 상태에서 운송수단을 소유한 선사/항공사와 실화주 사이에서 운송 업무 대행 등의 서비스만을 제공하는 회사로써, NVOCC(non-vessel operating common carrier, 무선박 운송인)라 합니다.

2 포워더는 화주에게 영업하여 확보한 물품 중에 해상 FCL 건은 선사로 Shipment Booking 진행하며, 해상 LCL 건은 선사가 아닌 CFS를 소유한 콘솔사에 Shipment Booking을 진행한다 할 수 있습니다.

3 CFS 역시 보세창고이며, 규모가 있는 혼재업자의 경우 CFS로써 보세창고를 직접 운영하기도 합니다. 그러나 혼재업자는 사업자가 다른 보세창고와 계약하여 CFS로써 활용하는 경우도 있습니다.

4 여기서 알 수 있는 것은 혼재업자의 경우 LCL 화물을 많이 확보해야 하기에 포워더에게 영업 들어갑니다. 물론, 포워더는 화주를 상대로 영업하여 항공화물 혹은 해상화물로써 FCL, LCL 건을 확보하게 됩니다. 경우에 따라서는 혼재업자가 화주 상대로 영업 들어가는 경우도 있습니다.

LCL 화물을 컨테이너로부터 적출하여, 각 수입자에게 내륙운송으로 전달해야 하니 적출 작업이 이루어집니다.

여기서 오해하면 안 될 것이 있습니다. CFS에 반입되는 물품은 모두 LCL 건이라는 뜻은 아닙니다. FCL 건이라더라도 상황에 따라서 CFS에 반입될 수 있으며, CFS에서 혼재업자에 의해 적입 및 적출 작업을 진행할 수 있겠습니다.

> **참고**　포워더와 혼재업자(콘솔사)의 차이점
>
> 포워더는 화주에게 컨테이너 화물 건으로써 FCL 및 LCL 화물에 대한 영업과 컨테이너로 운송할 수 없는 Bulk 화물에 대한 영업을 들어갑니다[5]. 그래서 FCL 건은 선사에 직접 Shipment Booking 하며, LCL 건은 혼재업자에게 Shipment Booking을 진행합니다.
> 그러면 혼재업자는 이러한 LCL 화물을 CFS에서 받아서 하나의 컨테이너에 적입하여 말 그대로 만재 화물로써 FCL 화물을 만듭니다. 혼재업자도 운송 서비스를 진행하는 포워더와 비슷한 회사이나, 혼재업자는 LCL 화물을 FCL로 만드는 LCL 화물에 특화된 회사라고 보면 될 것입니다.

B. CFS Charge의 개념과 계산

CFS Charge라는 것으로 수출지 및 수입지의 CFS에서 적출 혹은 적입하는 컨테이너 작업비라 할 수 있습니다. 통상 CBM당 얼마로 견적 되는데, Volume Cargo이면 실제 CBM을 기준으로 청구되고, Weight Cargo이면 실제 Weight를 CBM으로 변경하여(우리나라의 경우 해상화물에 대해서 1,000kg = 1CBM) 비용 청구합니다(계산톤, 즉 R.ton 적용).

CBM으로 계산할 때, 소수점을 올려서 계산하는 경우가 있고, 소수점 그대로 적용하여 계산하는 경우가 있습니다. 이를테면, ₩6,000/CBM이 견적이고, 9.33CBM이라면 소수점을 올려서 10CBM으로 계산되기도 하고, 9.33CBM x ₩6,000원 해서 청구되기도 합니다. 이는 CFS 마다 그 기준이 상이하다 할 수 있습니다.

C. CFS Charge와 창고료

종종 CFS Charge와 창고료(보관료)가 동일한 비용이라고 생각하는 실무자들도 있습니다. 그러나 이 둘은 엄연히 다른 비용입니다. CFS 역시 보세창고인데, 반입되면 물품의 가치(인보이스 금액), 부피, 보관 기간 등을 고려하여 창고료는 따로 발생합니다. 물론, 차량으로부터

5　물론, 해상 건뿐만 아니라 항공 건에 대한 영업도 합니다.

물품을 지게차로 하차하는 하차료, 차량으로 물품을 지게차로 상차하는 상차료는 따로 발생할 수 있습니다.

D. Shoring 비용

CFS에서 혼재업자가 공 컨테이너에 LCL 화물을 적입합니다. 그리고 필요에 의해서 Shoring 작업(물품이 운송 과정 중에 움직이지 않도록 컨테이너에 고정하는 작업)을 할 수 있을 것입니다. 이때 발생하는 Shoring 비용은 따로 화주에게 청구되지 않으나, 그러한 비용은 CFS Charge에 포함되는 개념으로 보면 적절할 것입니다.

7. 보세창고료 계산 방법

보세창고료는 보세창고마다 정해놓은 종가율과 종량율[1]에 의해서 계산된 각각의 값을 합산하여 청구합니다. 이때 반입일로부터 반출일까지의 보관일수, R/Ton(계산톤) 및 물품의 가격이 창고료에 영향을 미치는 요인이 되겠습니다.

---

1 종가율은 물품의 가격을 기준으로 계산하는 것이며, 종량율은 물품의 CBM과 중량 중에 더 많은 값을 기준으로 계산하는 것입니다. 부피가 5CBM이고 중량이 1,150kg인 물품이 있다고 가정합니다. 한국에서 해상 건에 대해서 1CBM을 1,000kg으로 보니, 1,150kg은 1.15CBM입니다. 그러면 5CBM과 1.15CBM 중에 더 큰 값은 5CBM이니, 5CBM이 종량율을 계산할 때 기준이 되는 R/T(계산톤)가 됩니다.

창고료 견적서

보관료 / 창고료

(1) 종가율(원/물품가 1,000원당) ⇨ 기본 요율: 1.50원/ 1일 할증: 0.30원
(2) 종량율(원/1CBM 당) ⇨ 기본 요율: 1,600원/ 1일 할증: 250원

작업료

(1) 하차료: 7,500원, (2) 상차료: 7,500원, (3) 기타 작업료: 2,500원

〈Remarks〉

▶ 보관료는 보관일수에 따른 종가율과 종량율로 계산하여 합산한다.
▶ 톤수는 중량톤(M/T)과 용적톤(CBM) 중 많은 것을 적용한다(R/T).
▶ '물품가'는 수입신고필증의 감정가격에 관세를 합한 금액으로 한다.
▶ 작업료의 경우 1B/L 당 화물 총량이 2CBM 미만인 경우 2CBM으로 한다. (최저 비용, Min)
▶ 상기 기준은 수입화물에 대해 적용하며, 부가가치세는 제외한다.

보관료 계산

(1) 종가율(원/물품가 1,000원당) ⇨ 기본 요율: 1.50원/ 1일 할증: 0.30원

물품가 1,000원당 기본 요율은 1.50원입니다. 따라서 물품가가 10,000,000원이면 10,000,000원 곱하기 1.50원으로 얻어진 값(15,000,000원)에서 나누기 1,000원 하면 15,000원이라는 값을 얻을 수 있습니다. 그리고 1일 단위로 할증료가 역시 1,000원당 0.30원 발생합니다. 따라서 물품가 10,000,000원의 물품을 보세창고에서 13일 동안 보관하였다면, 10,000,000원 곱하기 13일 곱하기 0.30원 한 값(39,000,000원)에서 나누기 1,000원 하면 할증료로써 39,000원이 발생합니다. 따라서 15,000원+39,000원 하여 총 54,000원이 발생합니다. 물론, 본 금액에 종량율에 의한 값을 합하여 보관료는 청구됩니다.

여기서 '물품가'는 앞에서 제시한 견적서의 Remarks 부분에 보면, '수입신고필증의 감정가격에 관세를 합한 금액'이라 정의하였습니다. 이때 감정가격은 해당 건의 수입신고필증의 '(55)총과세가격'이 될 것이며, 관세 역시 수입신고필증의 '(62)세액' 부분에 기재됩니다[2].

---

2 수입통관 과정에서 수입자가 관세사 사무실에 수입신고 요청하면, 수입 신고하여 수리받기 전에(수입신고필증 발행 전) '통관비 예상 청구서'라는 명목으로 비용을 청구합니다. 이곳에 보면 관세, 부가세, 운송비 등과 함께 창고료(보관료)가 청구되는 것을 확인할 수 있습니다. 보세창고에 반입만 되었지 D/O 받아서 반출하지 않았음에도 보세창고료가 청구되는 것은 말 그대로 예상되는 비용을 청구한 것입니다. 이를 관세사 사무실에서 수입자에게 결제받아서 포워더에게 운송비 결제 후 D/O 받고, 관부가세 납부 후 수리받으면 보세창고에서 반출됩니다. 그러면 그때 비로소 정확한 보세창고료가 발생하여 향후 다시 정산 업무 진행합니다.

(49)세종	(50)세율(구분)	(51)감면율	(52)세액	(53)감면분납부호	감면액	*내국세종부호
관	8.00(A 가가)		3,279,490			
부	10.00(A)		4,427,320			

(54)결제금액 (인도조건-통화종류-금액-결제방법)		CFR - USD - 37,890 - LU		(56)환 율		1,077.69
(55)총과세가격	$	38,038	(57)운 임		(59)가산금액	125,000	(64)납부번호
	₩	40,993,674	(58)보험료	35,000	(60)공제금액		(65)부가가치세과표	4,870,052
(61)세종	(62)세 액	※ 관세사기재란			(66) 세관기재란	
관 세	3,279,490					

(2) 종량율(원/1CBM당) ⇒ 기본 요율: 1,600원/ 1일 할증: 250원

역시 CBM이라는 것은 견적서 Reamrks 부분에서와 같이 '중량톤(M/T)과 용적톤(CBM) 중 많은 것'을 뜻합니다. 예를 들어, 부피가 5CBM 무게가 3,500kg인 물품이 있다고 가정합니다. 이때 3,500kg을 CBM으로 변경하면, 해상에서 1CBM이 1,000kg이니, 3.5CBM이 됩니다. 5CBM과 3.5CBM 중에 더 큰 값은 5CBM이니, 5CBM이 계산을 할 때의 기준이 되는 R/T가 되겠습니다.

따라서 5CBM에 기본 요율 1,600원을 곱하면, 8,000원이라는 값을 얻을 수 있습니다. 여기에 하루 단위로 할증이 붙는데, 보관일수가 13일이라면 5CBM 곱하기 13일 곱하기 250원 합니다. 그러면 16,250원이 되고 8,000원을 더하면, 24,250원이 종량율로 얻어진 값이 됩니다.

이렇게 종가율과 종량율에 의해서 얻어진 각각의 값으로써, 54,000원과 24,250원의 합계 78,250원이 보관료로 청구되겠습니다.

작업료 계산

(1) 하차료: 7,500원, (2) 상차료: 7,500원, (3) 기타 작업료: 2,500원

이들은 모두 R/T를 기준으로 발행됩니다. 앞에서 '보관료'를 설명하면서 5CBM이 R/T였으니, 5CBM을 기준으로 각각 계산하면 되겠습니다.

따라서 하차료는 5CBM 곱하기 7,500원 하여 37,500원, 상차료 역시 37,500원이 발생할 것이며, 기타 작업료는 5CBM 곱하기 2,500원 하여 12,500원 발행됩니다. 이들 값을 모두 더하면 87,500원으로써 본 값이 작업료로 청구되겠습니다.

참고로 보세창고료는 창고료와 작업료를 합한 값으로 청구되는 경우도 많겠습니다.

---

8. C-Terms에 대한 이해와 CIF Landed

실무자들이 흔히 가격조건(Price Term)이라 말하고 사용하는 인코텀스(Incoterms)는 법

이 아니라 규칙입니다. ICC[1]에서 인코텀스 2010을 총 11가지 조건으로 구성하여, 매도인 (Seller, 수출자)과 매수인(Buyer, 수입자) 사이에서 거래할 때 계약서를 장황하게 작성하면 불편함으로, 그 11가지 조건 중의 하나를 선택하여 계약하면 편할 것이니, 이를 사용하면 좋겠다는 내용이라 할 수 있습니다. 따라서 실무에서 FOB를 사용할 때, 인코텀스의 FOB 조항 그대로 거래를 진행하지 않는 경우도 많습니다.

　제시한 조건은 CIF Landed 조건입니다. C-Terms는 기본적으로 수입지의 터미널(항구, 공항, ICD 등)에 운송수단이 도착하는 시점까지 발생한 비용을 수출자가 견적에 포함 시켜야하는 조건입니다. 그러나 해당 운송수단이 수입지 터미널에 도착하여, 그 운송수단으로부터 물품을 양륙하는 비용(THC, Terminal Handling Charge)부터는 C 조건의 가격에는 포함되지 않으며, 그러한 비용부터는 수입자가 해당 당사자들에게 직접 결제해야 합니다.
　C-Terms에는 CFR[2], CIF, CPT, CIP 조건이 있으며, 이론적으로 CFR, CIF 조건은 해상 운송 건에서 사용되며, CPT, CIP는 복합운송 건에 사용 가능합니다. 앞에서 언급한 '수입지 터미널'은 수입지의 항구 및 공항이 있으며, 또한 수입지 내륙에 위치한 컨테이너 기지(ICD, Inland Container Depot) 역시 포함될 수 있을 것입니다. 실제로 미국으로 수출할 때 CPT 혹은 CIP 조건을 사용하여 지정장소를 미국 내륙 컨테이너 기지로 지정하기도 합니다. 그러면 수입지로써 미국 항구에 배가 입항하는 시점까지의 비용, 항구에서 물품을 양륙하여 내륙의 컨테이너 기지에 철도 차량이 도착하는 시점까지의 비용이 모두 수출자의 견적에 포함됩니다.

　그러나 CIF 뒤에 Landed 조건이 붙으면 지정된 수입지의 터미널에서 발생하는 비용까지 수출자의 견적에 포함되어야 할 것입니다. 어찌 보면, DAT 조건과 유사한 조건이 될 수 있으나, DAT 조건의 지정 지점은 비용분기점이자 위험분기점이 됩니다. 그러나 C-Terms는 뒤의 지정 지점이 비용분기점으로써 역할만 할 뿐 위험분기점은 CFR, CIF의 경우 FOB와 동일하고, CPT, CIP의 경우에는 FCA 조건과 동일하다 할 수 있습니다.

1　국제상업회의소, International Chamber of Commerce
2　Cost and Freight의 약자로서 'Incoterms 1980'의 C&F(CNF)에서 'Incoterms 1990'으로 개정되면서 CFR로 변경되었으며, 'Incoterms 2000'을 거쳐 현재의 'Incoterms 2010'까지 CFR이라는 용어로 사용되고 있습니다.

9. CPT 혹은 CIP 조건 뒤의 수입지 내륙지점 지정

이론적으로 C 조건을 사용함에 있어 해상 건이면, CFR 혹은 CIF 중의 하나를 선택합니다. 그리고 복합운송 조건으로써 CPT 혹은 CIP 조건은 통상 항공 건일 때 많이 사용합니다(물론, 실무에서는 항공 건이라 할지라도 CFR 혹은 CIF를 사용).

무엇보다 인코텀스 뒤의 지정장소로써 비용분기점을 수입지의 항구 혹은 공항이 아니라, 수입지 내륙에 위치한 터미널(Terminal, 이를테면 ICD(내륙 컨테이너 기지))로 하고, CPT 혹은 CIP 조건 중의 하나를 사용하는 경우가 심심치 않게 있습니다. 그러한 예로써 다음의 2가지 예를 제시해봅니다.

A. CPT Bishkek, Kyrgyzstan

▶ 선사는 내륙의 비슈케크(Bishkek)까지 서비스하지 않고, 례원강 항구(Lianyungang Port, 연운항)까지만 서비스합니다. 따라서 선사 B/L(Master)에는 Place of Delivery로써 Bishkek가 기재되지 않고, 포워더 B/L(House)에 기재될 것입니다.

한국의 수출자가 중앙아시아 키르기스스탄의 수입자에게 물품을 공급함에 있어 한국 부산항에서 중국 렌원강 항구까지 해상운임, 그리고 렌원강 항구에서 다시 키르기스스탄 비슈케크까지 철도운임(TCR)을 포함한 가격으로써, CPT Bishkek로 수출 가능합니다.

이러한 경우, 비용분기점은 철도 차량이 비슈케크 터미널에 도착하는 순간까지로, 차량에서 물품을 양륙하는 비용부터는 수입자가 직접 해당 당사자들에게 비용 결제해야 할 것입니다[1]. 비슈케크 터미널에 철도 차량이 도착하는 순간까지의 비용은 모두 수출자의 견적에 포함되어 있고, 수입자는 그러한 비용을 수출자에게 결제하는 상황이라 하겠습니다.

기타의 조건과는 다른 게 C 조건은 뒤의 지정장소가 비용분기점으로의 역할만 하고, 위험분기점은 모두 수출지에 위치합니다. CPT의 위험분기점은 FCA 조건과 동일하니 수출지에서 수출자가 지정된 포워더에게 물품을 전달하는 순간이 바로 위험분기점이 될 것이며, 따라서 해당 지점에서 비슈케크까지의 사고 위험은 모두 수입자에게 있으니 수입자가 적하보험 가입(부보) 여부를 결정해야 할 것입니다. 물론, CIP 조건으로 계약하였다면, 위험분기점이 CPT와 동일하나 수출자가 견적에 적하보험료를 포함시켜서 수입자에게 받았으니, 수출자는 수입자를 위해서 적하보험 가입하고 보험증권(Insurance Policy)을 수입자에게 전달해야겠습니다(피보험자, 즉 Assured[2]는 수입자가 됨).

a) Demurrage Charge의 발생과 청구

본 상황에서 비용분기점은 비슈케크 터미널이며, 해상에서 철도로 운송 수단이 전환되는 시점으로써 렌원강 항구의 CY에 컨테이너가 잠시 머물러 있을 수 있습니다. 그러나 그 대기 시간이 상당하면 Demurrage Charge가 발생할 수 있으며, 해당 지점의 비용 커버는 수출자에게 있으니, 해당 비용은 수출자에게 따로 청구될 수 있습니다.

b) Detention Charge의 발생과 청구

컨테이너는 통상 선사 소유(COC, Carrier Own Container)이며, FCL 건에서 화주는 포워더를 통하여 선사에 컨테이너를 임대합니다. P.O.D.(양륙항, Port of Discharge)에서 양륙된 컨테이너가 CY에 반입되고 반출되면, 반출 시점에서 반납 시점까지 하루 단위로 Detention Charge가 발생합니다. 이때 선사에서는 일정 기간까지는 해당 비용을 받지 않겠다는 Free Time을 제시합니다. 그 Free Time 이내로 화주는 CY로부터 반출된 컨테이너를 사용 후 선사가 지정한 CY로 반납하면, Detention Charge는 청구되지 않고 Free Time을 넘어서 반납하면 하루 단위로 Detention Charge가 청구됩니다[3].

그러나 렌원강 항구의 CY에서 반출되어 철송되는 해당 컨테이너가 다시 렌원강 항구 CY

---

1 만약, 비슈케크 터미널에서 발생하는 비용 역시 한국 수출자의 견적가에 포함하려면, D 조건 중의 하나를 선택해야 할 것입니다. 예를 들어, DAT Bishkek 혹은 DAP Bishkek가 될 수 있을 것입니다.

2 Assured는 피보험자로서 보험금 청구권자를 의미합니다.

3 Detention Charge에 대한 자세한 설명 105쪽 참고.

로 반납되려면 상당한 시간이 걸리며, Detention Charge가 발생하지 않을 수 없습니다.

따라서 이러한 경우, 화주 자신이 소유한 컨테이너를 사용하거나 혹은 중앙아시아를 전문으로 서비스하는 포워더의 컨테이너(SOC, Shipper Own Container[1])를 사용하기도 합니다. 해당 포워더는 중앙아시아로 수출되는 물량도 있고, 중앙아시아에서 다시 수입되는 물량도 있기에 한국에서 출발한 컨테이너가 비슈케크로 이동하여 공 컨테이너 상태로 다시 한국으로 들어오지는 않을 것입니다.

B. CPT Atlanta CY

앞에서의 CPT Bishkek 조건과 비슷한 상황으로써 CPT Atlanta CY 조건입니다. 통상 C 조건 뒤에는 수입지의 터미널로써 항구 혹은 공항이 지정장소로 지정되나, 내륙의 터미널 다시 말해서 ICD(Inland Container Depot)가 지정될 수도 있습니다.

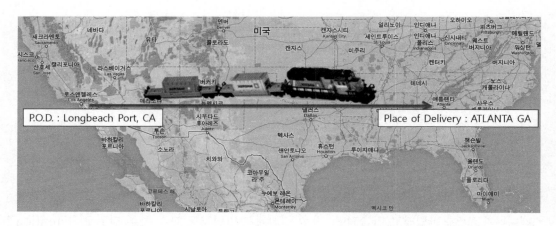

P.O.D. : Longbeach Port, CA

Place of Delivery : ATLANTA GA

▶ 선사는 Longbeach Port와 Atlanta ICD와 계약을 하고 CY를 사용합니다. 그리고 Busan Port-Longbeach PortAtlanta ICD까지의 비용을 모두 운임(Freight)으로 하여 견적 제시할 것입니다.

한국 수출자와 미국 수입자 간에 매매계약을 체결함에 있어 가격조건을 CPT Atlanta CY로 한다면, 먼저 선박으로 한국에서 미국 Longbeach Port까지 운송[2]할 수 있습니다. 그리고 롱비치 항구에서 컨테이너를 양륙하여 롱비치 항구 CY에 반입 후 열차가 위치한 곳

---

1 SOC는 수출자(Shipper)가 소유한 컨테이너라는 개념보다는 COC가 아닌 컨테이너를 SOC라고 해석하는 경향이 강하다고 보면 될 것입니다.

2 부산항에서 롱비치 항구까지 Transit Time 대략 10일~14일 정도.

까지 이동하고, 열차에 적재 후 철송으로 Atlanta ICD까지 운송합니다. 본 경우는 선사가 Busan PortLongbeach PortAtlanta ICD까지의 비용을 모두 해상운임(Ocean Freight)으로 견적 제시하기 때문에 앞에서 설명한 CPT Bishkek 조건처럼 Demurrage Charge와 Detention Charge의 발생에 대해서 심각하게 고민할 필요가 없을 것입니다. 즉, COC를 사용해도 큰 문제가 되지 않을 것이기에 CPT Bishkek처럼 SOC를 사용해야 한다는 문제로부터 자유로워질 수 있을 것입니다.

마지막으로 롱비치 항구에서 철송으로 내륙까지 보다 신속하게 운송을 원하는 경우, 선사 쪽으로 연락하여 Hot Delivery 요청하게 되면, 그러한 요구와 같이 다른 화물보다 운송시간을 줄일 수도 있을 것입니다[3]. 때로는 항구에서 신속히 컨테이너를 양륙하기 위해서 갑판 위에 컨테이너를 적재하는 경우가 있는데, 그렇게 되면 적하보험 관련하여 문제가 발생할 수 있습니다. 또한, 배가 운송 과정 중에 움직이기에 갑판 위 컨테이너가 분실된다든지, 파도의 영향으로 컨테이너에 손상이 가고, 컨테이너 내부 화물에 대해서도 영향이 가해질 수 있습니다. 따라서 신속한 운송이 요구되는 화물일지라도 갑판 위 적재는 피하는 것이 좋습니다.

| 참고 | MLB와 All Water의 차이점 |

MLB(Mini Land Bridge)는 수입지로써 미국 LA Longbeach에 배가 입항하여 철송으로 Atlanta ICD 와 같은 곳으로 이동하는 것이며, All Water는 파나마 운하를 거쳐서 뉴욕 및 마이애미 등의 항구까지 운송하는 것입니다.

---

[3] 선사 쪽으로의 Hot Delivery 요청에 의해서 운송시간을 줄일 수 있다는 것은 수출지 항구에서 수입지 항구까지의 배 운송시간, 롱비치 항구에서 내륙 CY까지의 철도 운송시간 등 물리적인 시간을 줄일 수 있다는 뜻이 아닙니다. 물리적인 시간은 줄이기 힘들 것입니다. Hot Delivery는 담당자의 힘으로 다른 화물보다는 운송시간을 단축 시킬 수 있도록 하는 것이라 할 수 있습니다.

10. 중개무역 건 OB/L → Surrender 혹은 Surrender → OB/L

한국의 중개자(B)는 미국 업체(A)와 계약하여 물품을 구입하는 Buyer가 되고, 다시 호주 업체(C)와 계약하여 물품을 판매하는 Seller가 됩니다. 따라서 A는 인보이스(Commercial Invoice, 상업송장)를 발행하여 B에게 대금결제 청구합니다. 그리고 B는 C에게 다시 판매하는 것으로써 B는 A에게 받은 인보이스 가격 대비 자신의 마진을 붙여서 인보이스 발행하여 C에게 대금결제 청구합니다. 상업송장(이하 '인보이스')은 수출자가 작성하는 대금 청구 서류입니다.

따라서 A는 Shipper A(대금 청구자), Consignee B(대금결제자)로 기재한 인보이스를 B에게 전달하면서 대금 청구하며[1], B는 A의 인보이스 단가에 B 자신의 마진 포함하여 Shipper B, Consignee C[2] 로 인보이스 Switch 작업을 거쳐서 C에게 전달하면서 대금 청구합니다. 이렇게 인보이스는 자연스럽게 B가 스스로 Switch 하며, 팩킹리스트 역시 그렇습니다.

그러나 운송서류(B/L 혹은 화물운송장)는 화주가 발행하는 것이 아니기에 A에게서 인보이스 등과 함께 전달[3] 받은 운송서류를 B가 직접 Switch할 수 없습니다. 운송서류 Switch는 A에서 C로 물품 운송 서비스하는 포워더의 한국 대리점 포워더를 통해서 진행 가능합니다[4].

---

1   결제조건이 L/C 이외의 조건에서는 인보이스의 Consignee에는 대금결제자로서 수입자 상호 기재.
2   인보이스는 대금 청구하는 서류로써 인보이스의 Shipper는 대금 청구하는 자이며, Consignee는 대금 결제하는 자가 됩니다. 따라서 인보이스의 Shipper와 Consignee는 상호 매매계약 체결하는 자가 됩니다.
3   무역 거래에서 수출자가 선적서류(Shipping Documents)를 수입자에게 전달하는 방법은 양 당사자 간의 결제조건에 영향을 받습니다. T/T라면 양 당사자 간에 직접 주고받는데 OB/L은 특송으로, SWB 및 AWB과 같은 화물운송장은 이메일로 전달합니다. L/C는 수출자가 수출지 은행으로 매입 신청할 때 전달하기에 수입자 역시 은행 통해서 선적서류 인수합니다. 자세한 내용은 『어려운 무역실무는 가라. 서술편(2012년 초판발행)』을 참고 하세요.
4   중개무역에서 B/L Switch 필요성과 그 과정에 대한 자세한 내용은 『어려운 무역실무는 가라. 서술편(2012년 초판발행)』을 참고 하세요.

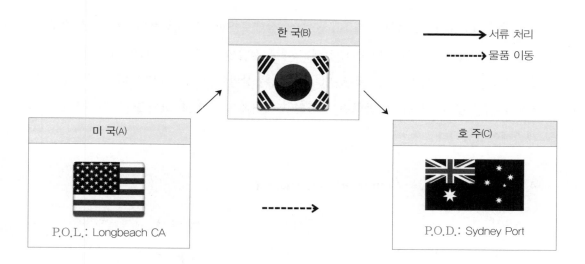

▶ 물품이 A에서 B로 운송되고 B국에서 다시 Shipment Booking 하여 C로 운송하면, 중계무역으로써 A-B 구간 및 B-C 구간에 각각 운송서류가 발행됩니다. 이때 B국에서는 반송통관이 진행됩니다. 본 경우에는 운송서류를 Switch 할 여지가 없습니다.

해상 건으로써 A국에서 OB/L이 Full Set[5] 발행되면, B는 A에게 Full Set 모두를 전달받습니다. 그리고 필요에 의해서 B가 해당 OB/L에 대한 Shipper, Consignee, Notify를 Switch(변경) 원하는 경우, A에서 C로 운송 서비스 진행한 포워더의 B국에 위치한 파트너 포워더에게 요청합니다. 이때 A에게 전달받은 OB/L Full Set을 모두 B국 포워더에게 전달하며, OB/L 상태를 유지하면서 Switch 진행 후 OB/L을 C에게 전달할 수 있습니다. B는 C에게 OB/L 상태로 전달해야 하니 이메일 혹은 팩스로는 전달할 수 없고 특송(Courier Service) 사용해야 할 것입니다.

혹은 B는 A에게서 OB/L을 전달받았으나 B국의 포워더에게 Full Set 전달 후, Switch 요청하면서 OB/L 상태가 아닌 Surrender 처리 요청하여, Surrender 처리된 운송서류를 B는 이메일로 첨부하여 C에게 전달할 수도 있습니다.

다른 경우로서 A국에서 OB/L이 발행되어 Surrender 처리된 상태에서 B에게 이메일로 전달될 수도 있고, 애초부터 A가 소유권을 포기하여 발행된 SWB(역시 Surrender 처리된 운송서류)가 이메일로 B에게 전달되기도 합니다. B는 이렇게 Surrender 처리된 운송서류를 B

5　B/L이 3부를 기본 SET로 발행되는 이유에 대해서는 108쪽을 참고 하세요.

국의 포워더에게 Switch 요청할 때 Surrender 상태로 Switch 완료하여 전달받을 수도 있고, OB/L로 전달받아서 C에게 OB/L 상태 그대로 전달할 수도 있을 것입니다.

모두 포워더가 발행한 House 건이라면 상기 모든 상황이 가능할 것입니다. 주의점은 A국에서 B가 OB/L을 Full Set 받았다면, B국의 포워더에게 Switch 요청할 때 Full Set 모두를 제출해야겠습니다.

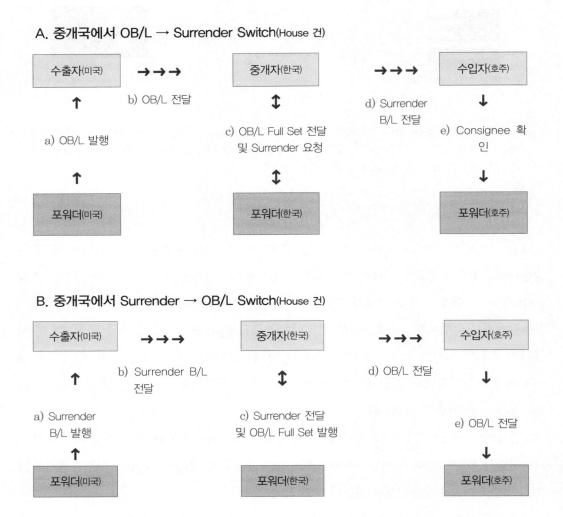

A. 중개국에서 OB/L → Surrender Switch(House 건)

| 수출자(미국) | → → → | 중개자(한국) | | → → → | 수입자(호주) |

↑ b) OB/L 전달 ↕ d) Surrender B/L 전달 ↓

a) OB/L 발행 c) OB/L Full Set 전달 및 Surrender 요청 e) Consignee 확인

↑ ↕ ↓

| 포워더(미국) | 포워더(한국) | 포워더(호주) |

B. 중개국에서 Surrender → OB/L Switch(House 건)

| 수출자(미국) | → → → | 중개자(한국) | → → → | 수입자(호주) |

↑ b) Surrender B/L 전달 ↕ d) OB/L 전달 ↓

a) Surrender B/L 발행 c) Surrender 전달 및 OB/L Full Set 발행 e) OB/L 전달

↑ ↓

| 포워더(미국) | 포워더(한국) | 포워더(호주) |

11. 중개무역, 중개자의 포워더 지정에 대한 중요성

거래관계	수출자(A, 미국) 중개자(B, 한국) 수입자(C, 호주)

- B는 A와 매매계약서 작성 및 수입자
- B는 C와 매매계약서 작성 및 수출자
- B와 A, B와 C 모두 결제조건 T/T

물품의 이동	미국(A) → 호주(C)

- 미국에서 물품이 선적되어 호주로 바로 이동함으로 B/L은 한 번 발행
- 이 경우, B가 A에게 B/L 받아서 C와의 거래에 맞게 B/L Switch 할 수도
- 미국에서 물품을 선적하여 한국으로 운송 후, 한국에서 다시 선적하여 호주로 운송하는 '중계무역'은 B/L이 각각 2건 발행되니 B/L Switch 필요 없음

자금의 이동	미국(A) → 한국(B) → 호주(C)

B/L을 통하여 중개자 B는 A와 C를 서로 직접적으로 알 수 없게 할 수 있습니다.

이를 위해서 B는 A에게서 받은 B/L의 Shipper, Consignee, Notify를 변경(Switch)하는 B/L Switch 요청을 A에서 C로 물품 운송 서비스 진행한 포워더의 한국 대리점에 요청합니다.

하지만 이는 A가 C의 정보를 혹은 C가 A의 정보를 B/L이라는 서류상으로만 알 수 없도록 할 뿐, A가 호주에서 수입하는 자가 누군지 알려고 한다면, 혹은 C가 미국에서 수출하는 자가 누구인지 알려고 한다면 알아낼 수도 있습니다. A는 A국의 포워더에게 요청하여 C국에서 물품을 찾아간 수입자가 누군지 확인해줄 것을 요청할 수도 있고, 반대로 C가 C국의 포워더에게 요청하여 A국에서 물품을 발송한 수출자가 누군지 확인해줄 것을 요청할 수도 있을 것입니다.

또한, 수입자로서 C는 C국의 포워더에게 수출지에서 A가 발행한 인보이스를 요청하여 A와 B와의 거래에서의 가격을 확인하려 할 수도 있습니다. 만약, 이러한 상황이 실제로 발생하면 B 입장에서는 여간 난감해지는 상황이 아닐 수 없습니다.

이러한 문제가 발생할 수 있기 때문에 중개자로서 B는 A와의 거래에서 가격조건을 결정할

때 B 자신이 포워더를 지정하는 가격조건으로 계약해야 하고, 역시 B는 C와의 거래에서 자신이 포워더를 지정할 수 있는 가격조건으로 계약 진행을 해야겠습니다. 그리고 B는 자신이 지정한 한국 포워더에게 A국에 있는 대리점 및 C국에 있는 대리점에 입단속 할 것을 요청해야겠습니다.

EXW, F-Terms	C-Terms, D-Terms
– Forwarder 지정권리 수입자에게 – 운임 후불(Freight Collect) – 수입자 입장에서 물품이 수입지에 도착한 것을 확인 후 운임 결제	– Forwarder 지정권리 수출자에게 – 운임 선불(Freight Prepaid) – 포워더 입장에서 물품이 수출지에 있을 때 수출자에게 운임 결제받음

12. 원상태 수출 건 및 중개무역 건의 일반 C/O Switch

* 참고로 FTA C/O는 Switch 할 수 없으며, 다음 내용은 모두 일반 C/O에 대한 Switch 내용이라 할 수 있습니다.

A. 외국에서 수입한 물품을 원상태로 재수출할 때 일반 C/O Switch

──────────── 〈상황〉 ────────────

한국에 위치한 무역회사는 미국 거래처로부터 일반 C/O(Certificate of Origin)를 받아서, 수입한 미국산 물품을 수입한 원상태 그대로 호주 바이어에게 마진을 붙여서 판매합니다. 문제는 호주 바이어가 해당 물품에 대한 일반 C/O를 요구합니다.

현재 미국에서 한국으로 수입한 물품을 한국에서 제조 공정을 거치지 아니하고 수입한 원상태 그대로 호주로 수출하는 상황입니다[1]. 이때 해당 물품은 비록 한국에서 수출되지만, 원산지는 여전히 미국산[2]이며, 따라서 한국 업체가 호주 업체로 전달하는 일반 C/O의 원산지 역시 미국산으로 기재되어 있어야 할 것입니다.

---

1 '원상태 수출'에 대한 이해는 187쪽 각주 No. 3 참고.
2 관련 내용 251쪽 「한국에서 외국으로 수출한 물품은 모두 MADE IN KOREA일까?」 참고.

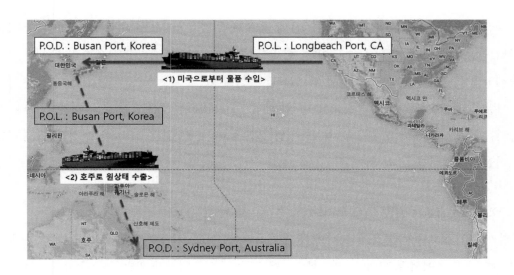

한국 업체는 호주 업체에 미국 업체로부터 받은 C/O(Exporter 미국 업체, Consignee 한국 업체로 발행)를 그대로 전달할 수 없으니 대한상공회의소 무역인증서비스센터 쪽으로 미국 업체로부터 받은 C/O를 근거로 Exporter(Shipper) 한국 업체, Consignee 호주 업체로 하여 C/O Switch(변경) 요청해야 할 것입니다.

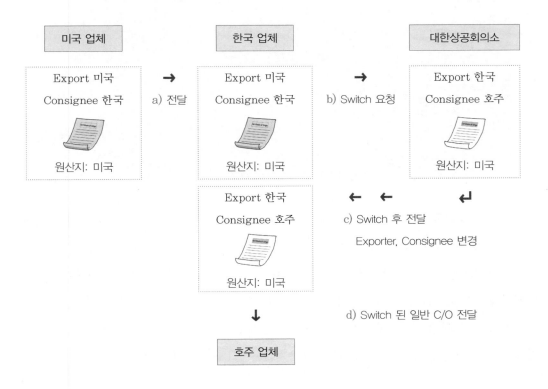

따라서 한국 업체는 무역인증서비스센터 쪽으로 일반 C/O 발행 요청하면서 미국 업체로부터 받은 C/O를 첨부해야 할 것이며, 한국에서 수출신고 후 수리받음에 따라 발행되는 수출신고필증 번호 역시 C/O 신청할 때 필요할 것입니다.

이렇게 발행된 C/O에는 Shipper 한국 업체, Consignee 호주 업체로 기재될 것이나, 원산지는 여전히 Made in U.S.A.가 될 것입니다. 물론, C/O 상의 선적정보는 한국과 호주로 되어있을 것입니다.

B. 중개무역에서 일반 C/O Switch

중개무역 건으로써 물품이 미국에서 호주로 바로 가고, 중개자가 한국에 있는 경우에 일반 C/O가 미국에서 발행되었으며, 최종 수입자로서 호주 업체가 일반 C/O를 요구하는 상황입니다.

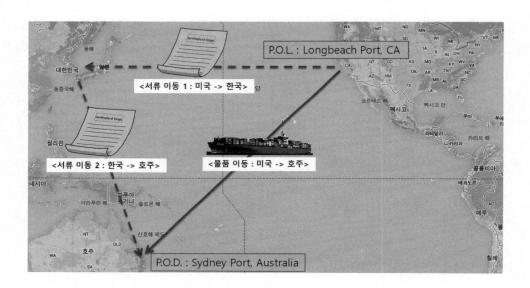

물품은 미국에서 호주로 바로 이동하지만, 서류는 미국-한국, 한국-호주 사이에 매매계약을 체결하였기 때문에 미국에서 한국으로, 그리고 한국에서 호주로 이동됩니다. 따라서 기타의 선적서류와 함께 미국에서 발행된 일반 C/O는 미국 업체에 의해서 한국 업체로 전달됩니다. 그러면 한국 업체가 해당 C/O를 대한상공회의소 무역인증서비스센터로 Switch 요청합니다. 이때 한국 업체는 미국 업체로부터 받은 C/O와 물품이 미국에서 호주로 바로 갔다는 사실을 입증하는 운송서류(B/L 혹은 화물운송장)를 첨부합니다.

13. 중개무역 건, 수출국에서 일반 C/O 발행될 때 Consignee

〈상황〉

한국에 위치한 수출자는 홍콩 업체와 매매계약 체결하여 거래하나, 물품은 한국에서 미국으로 바로 이동합니다. 홍콩 업체는 일반(비특혜) 원산지증명서(C/O, Certificate of Origin)를 요구하고 있습니다. 그런데 원산지증명서상의 Consignee를 홍콩 업체가 아닌 미국 업체로 할 것을 요구합니다.

거래 요약
- 물품 이동: 한국 → 미국 - 서류 이동: 한국 → 홍콩 → 미국 - 결제 이동: 한국 → 홍콩 → 미국 - 계약 관계: 한국과 홍콩 매매계약, 홍콩과 미국 매매계약

한국 수출자가 상공회의소 무역인증서비스센터 쪽으로 일반(비특혜) C/O 신청할 때, Shipper는 한국, Consignee는 홍콩이 됩니다. 물론, 일반 C/O 상의 목적국은 미국이 될 수 있습니다. 일반 C/O 상의 Consignee는 수출신고필증 상의 '구매자'가 됩니다. 그리고 한국에서 발행된 일반 C/O를 한국 업체가 홍콩 업체로 기타의 선적서류와 함께 원본으로 전달하게 되며, 홍콩 업체가 해당 일반 C/O를 홍콩 상공회의소 통해서 Switch 하여 미국 업체로 전달해야 할 것입니다.

수출국으로서 한국에서 발행된 일반 C/O

1. Exporter (Name, address, country) A COMPANY #000 ABC building 11-1 Nonhyundong Kangnamgu Seoul Korea Tel: (02) 0000-0000 Fax: (02) 0000-0000	Reference No. 001-11-0110001 Reference Code. 1ab1-ab1a	**ORIGINAL**
	CERTIFICATE OF ORIGIN issued by **THE KOREA CHAMBER OF COMMERCE & INDUSTRY** Seoul, Republic of Korea	
2. Consignee (Name, address, country) B COMPANY 8/F ABC Commercial Centre 3001 Hennessy Rd Wanchai, HONG KONG Tel : (852) 222 0000 Fax : (852) 333 0000	3. Country of Origin THE REPUBLIC OF KOREA	
4. Transport details FROM : BUSAN KOREA TO : NEW YORK, USA BY : HJ. ABC 0101B ON : DEC. 28. 2011	5. Remarks Invoice number & date : ABC-0101, 0102 & 2011-12-05	

▲ 일반(비특혜) C/O는 상공회의소 무역인증서비스센터 통해서만 발급받을 수 있습니다. 기관발급으로써 세관에서도 발급받을 수 있는 C/O는 특혜 C/O로써 FTA C/O가 있습니다.

▲ Consignee는 홍콩 업체로써 한국의 Exporter와 매매계약 체결하여, 본 건의 수출신고필증 상의 '구매자'와 일치하겠습니다. 그리고 물품은 한국에서 미국으로 이동한다는 사실이 '4. Transport details'에서 확인됩니다.

수출신고필증(상단)

수출신고필증(수출이행)

UNI-PASS   ※ 처리기간 : 즉시

제출번호	12312-11-123123U	(5)신고번호	(6)신고일자	(7)신고구분	(8)C/S구분
(1) 신 고 자	ABC관세사사무실 홍길동	000-00-00-00000000	2011-06-30	일반P/L신고	

(2)수 출 대 행 자	A Company		(9)거래구분 11	(10)종류 A	(11)결제방법 TT
(통관고유번호)	ABC-0-00-0-00-0	수출자구분 C	일반형태	일반수출	단순송금방식
수 출 화 주	A Company		(12)목적국	(13)적재항	(14)선박회사
(통관고유번호)	ABC-0-00-0-00-0		US U.S.A	KRINC 인천항	(항공사)
(주소)	서울 강남 논현 000-0 XX B/D #000		(15)선박명(항공편명)	(16)출항예정일자	(17)적재예정보세구역
(대표자)	홍길동	(소재지) 111	(18)운송형태		(19)검사희망일
(사업자등록번호)	211-87-00000		10 ETC		
(3)제 조 자	카스톤		(20)물품소재지		
(통관고유번호)	카스톤-0-00-0-00-0		123 인천중구XX동 000		
제조장소	111 산업단지부호 111		(21)L/C번호		(22)물품상태 N
(3)구 매 자	B Company		(23)사전임시개청통보여부 A	(24)반송 사유	
(구매자부호)	ABC00000		(25)환급신청인 2 (1 : 수출대행자/수출화주, 2 : 제조자)		
			간이환급 NO		

▲ 물품이 한국에서 미국으로 이동함에 따라서 '(12)목적국'은 미국(U.S.A)이나, '(3)구매자'는 홍콩의 업체로 신고되었습니다. 상공회의소 무역인증서비스센터 통해서 일반 C/O를 EDI로 신청할 때 수출신고필증 '(5)신고번호'를 기재하여 신고하게 되며, 일반 C/O의 '2. Consignee'와 '4. Transport details'는 각각 수출신고필증 상의 '(3) 구매자'와 '(12) 목적국'과 일치하게 발행됩니다.

14. 지시식 B/L(Negotiable) & 기명식 B/L(Non-Negotiable)이 발행되는 각각의 경우

1) 지시식 B/L이 발행되는 경우(유통가능선하증권)

B/L은 해당 B/L의 Consignee가 To order와 같이 지시식으로 발행되면, B/L 소지인이

해당 B/L에 배서(Endorsement)하여 타 회사에 전달하면(배서하여 B/L 넘기는 자는 양도인), 그 소유권이 함께 넘어갑니다. 그리고 그 소유권을 양도(배서를 통한 소유권, 즉 권리 이전)받는 자(B/L 양수인[1])가 B/L에 기재된 물품의 주인으로서 수입지에 도착한 물품의 수입신고 및 세액 납부합니다[2].

지시식 B/L의 배서를 통한 소유권(권리) 이전 과정

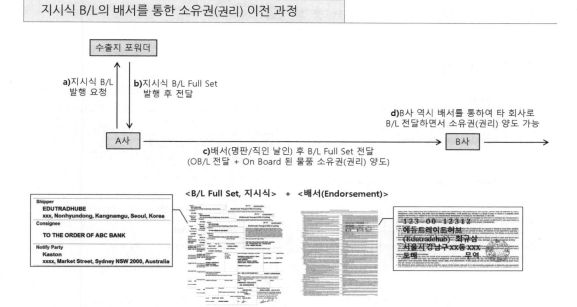

해당 물품의 최초 주인은 수출자일 것이며, 수출지 포워더는 물품을 On Board 완료 후 B/L을 수출자의 요청에 따라 지시식으로 발행하여 수출자에게 전달했을 것입니다. 이 시점에서 On Board 된 물품의 소유권(권리)를 가진 자로서 주인은 수출자입니다[3]. 그러나 수출자가 B/L의 뒷면에 배서(수출자의 명판/도장을 날인하는 것)하여 타 회사에 전달하면, 해당 B/L을 인수한 회사는 해당 B/L 상에 기재된 물품의 소유권(권리)까지 양도받은 회사(양수인)가 됩니다. 즉, B/L 상의 물품의 주인은 B/L을 인수한 자가 되겠습니다. 물론, 이때 해당 물품에 대한 결제도 이루어질 것입니다.

---

1 B/L은 선하증권으로써 그 물품의 소유권(권리)은 B/L의 소지인이 타인에게 넘기면서 함께 넘어갑니다. 이때 소유권을 넘기는 자는 양도인이 되며, 그 소유권을 양도받는 자는 양수인이 됩니다.
2 B/L(선하증권)은 유가증권입니다. 유가증권에 대한 개념은 58쪽을 참고해주세요.
3 B/L을 발행하는 포워더가 지시식 B/L을 수출자에게 전달할 때 포워더는 배서하지 않습니다.

그리고 그 회사는 다시 해당 B/L의 뒷면에 배서하여 다른 회사로 물품의 소유권을 넘기면서 결제가 이루어질 수 있으며, 수입지 포워더는 수입지에 도착한 물품을 해당 B/L[1]을 제시하는 자에게 전달하겠습니다. 쉽게 말해서 지시식 B/L은 배서를 통하여 그 물품의 소유권이 B/L과 함께 넘어갈 수 있는 유통 가능한 선하증권(Negotiable B/L)이라 할 수 있습니다. 물론, 이렇게 회사에서 회사로 배서를 통하여 B/L을 넘기는 것은 곧 물품을 사고파는 것과 같기에, 그러한 과정에서 결제가 이루어질 수 있습니다.

결제조건 L/C에서 발행된 지시식 B/L

Shipper **EDUTRADHUBE** **xxx, Nonhyundong, Kangnamgu, Seoul, Korea**	**B/L No.** **XXXJKFLD8978**
Consignee **TO THE ORDER OF ABC BANK**	**Multimodal Transport Bill of Lading** Received by the Carrier from the shipper in apparent good order and condition unless otherwise indicated herein, the Goods, or the container(s) or package(s) said to contain the cargo herein mentioned, to be carried subject to all the terms and conditions appearing on the face and back of this Bill of Lading by the vessel named herein or any substitue at the Carrier's option and/or other means of transport, from the place of receipt or the port of loading to the port of discharge or the place of delivery shown herein and there to be delivered unto order or assigns. This Bill of Lading duly endorsed must be surrendered in exchange for the Goods or delivery order. In accepting this Bill of Lading, the Merchant agrees to be bound by all the stipulations, exceptions, terms and conditions on the face and back hereof, whether written, typed, stamped or printed, as fully as if signed by the Merchant, any local custom or privilege to the contrary notwithstanding, and agrees that all agreements or freight engagements for and in connection with the carriage of the Goods are superseded by this Bill of Lading
Notify Party **Kaston** **xxxx, Market Street, Sydney NSW 2000, Australia**	

Pre-carriage by	Place of Receipt	**Party to contact for cargo release**
		XXX Ultimo Road Sydney NSW 2000, Australia
Vessel **Voy. No.** **ISLET ACE** **832W**	**Port of Loading** **BUSAN, KOREA**	**TEL : 00-0000-0000 FAX : 00-0000-0000** **ATTN : GERRIT DEKKER**
Port of Discharge **SYDNEY, AUSTRALIA**	**Place of Delivery**	**Final Destination (Merchant's reference only)**

▶ 3국 무역이 아닌 이상 운송서류의 Shipper는 L/C 상의 '59 Beneficiary'가 되며, Consignee와 Notify는 L/C 46A Documents Required 조항에서 요구하는 내용 그대로 적용합니다.

▶ 상기와 같이 Consignee[2]가 'TO THE ORDER OF 개설은행'으로 발행되면, 수출자는 수출지 매입은행으로 B/L을 전달할 때 배서하지 않으며, 'TO ORDER' 혹은 'TO ORDER OF SHIPPER'인 경우 수출자는 배서하여 B/L을 매입은행으로 전달합니다[3]. 수입자의 경우는 'TO THE ORER OF 개설은행' 혹은 'TO ORDER' 혹은 'TO ORDER OF SHIPPER' 중에 어떤 내용이 B/L의 CONSIGNEE에 기재되던 상관 없이 개설은행으로부터 B/L을 인수할 때, 그 소유권을 넘겨받는다는 뜻으로써 개설은행으로부터 배서를 받아야겠습니다.

▶ 흔하지는 않지만, Consignee에 'TO THE ORDER OF APPLICANT'를 기재하여 발행 요구하는 L/C가 개설되기도 합니다. 본 경우는 수출자와 개설은행의 배서 없이 수입자(Applicant)가 B/L을 인수하는 것이라 할 수 있습니다. 이때 개설은행은 B/L을 소유하고 있는 상태라 하더라도 B/L 상의 물품에 대한 소유권 행사는 할 수 없습니다.

---

1 수입지 포워더는 해당 건이 지시식 B/L 발행 건이기 때문에 D/O 내주기 전에 배서를 통하여 이전된 물품의 소유권이 최종적으로 수입지 포워더에게 D/O 요청자에게 있는지 확인해야 할 것입니다. 이때 수입지 포워더는 해당 B/L을 당연히 회수해야겠습니다.

2 B/L의 Consignee를 어떻게 기재할 것인지에 대한 내용은 L/C 46A Documents Required 조항의 B/L 요구 문장에서 확인 가능.

3 B/L 배서에 대한 자세한 내용 57쪽 참고.

지시식 B/L이 발행되는 경우는 통상 수출자와 수입자 간의 결제조건이 L/C인 경우입니다. 최초 물품이 주인은 수출자나 은행으로 물품의 소유권을 넘기면서 수출자가 선결제를 받고,[4] 은행은 다시 그 소유권을 수입자에게 넘기면서 결제 받거나(At Sight L/C) 혹은 일정 기간 이후에 결제(Usance L/C)받습니다.

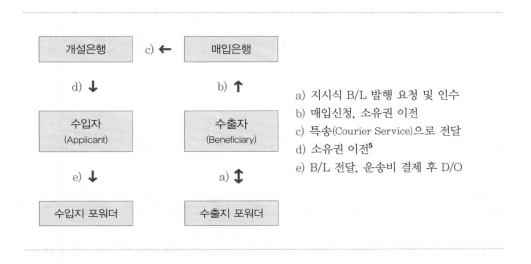

a) 지시식 B/L 발행 요청 및 인수
b) 매입신청, 소유권 이전
c) 특송(Courier Service)으로 전달
d) 소유권 이전[5]
e) B/L 전달, 운송비 결제 후 D/O

결제조건 L/C는 수입자가 자신의 돈을 직접 수출자에게 결제하지 않고, 그만큼의 담보를 은행에 제공함으로써 은행이 중간에서 수출자에게 B/L 등 서류를 전달받으면서 은행 자신의 돈을 선결제하여 해당 물품의 소유권을 확보하고, 수입자에게 소유권을 넘기는 의미에서 B/L을 전달하면서 수입자에게 대금결제 받는 것이라 할 수 있습니다. 따라서 최초 물품의 소유권은 수출자나 B/L을 바로 수입자에게 넘기지 않고 중간에 은행에 소유권을 넘기고, 수출자는 은행에 대금결제를 받습니다. 그리고 수입지에서 최종적으로 물품을 포워더에게 찾는 자는 수입자이니, 은행이 다시 수입자에게 그 소유권을 넘겨야 합니다. 따라서 해당 건의 B/L은 지시식으로 발행되어 배서를 통해서 그 소유권의 양도 및 양수가 이루어질 필요가 있습니다. 결국, 배서를 통한 유통가능선하증권이어야 한다는 뜻이 되겠습니다.

---

4 수출자는 B/L 등의 서류를 수출지 은행에 전달하고 수출지 은행으로부터 일반적으로 즉시, 즉 At Sight로 결제받겠습니다. 물론, 여러 가지 조건을 충족해야겠습니다. 조건 1)수출지 은행이 판단하기에 수출자가 통지은행으로부터 통지받은 신용장과 수출자가 수출지 은행에 제출하는 선적서류 등이 일치할 것. 조건 2)수출지 은행이 판단하기에 수출자의 신용도에 문제 없을 것. 조건 3)수출지 은행이 판단하기에 대금지급 확약은행으로써 개설은행 및 개설 국가의 신용도에 문제없을 것.

5 개설은행이 배서하여 수입자에게 B/L 전달합니다.

2) 기명식 B/L이 발행되는 경우(비유통가능선하증권)

B/L의 Consignee에 특정 회사의 상호가 기재되는, 즉 기명식 B/L이 발행되면, 최초 물품의 주인은 수출자라 할 수 있으나, 해당 건의 물품을 수입지에서 찾을 수 있는 자는 Consignee에 기재된 자로서, 타 회사가 해당 B/L을 가지고 수입지 포워더에게 운송비를 결제하고 물품전달을 요구하더라도, 수입지 포워더는 Consignee에 기재된 회사가 아닌 타 회사에 기본적으로 물품을 넘길 수 없습니다[1]. 즉, 기명식 B/L은 배서를 통한 유통이 되는 것이 아니기에 비유통선하증권(Non-Negotiable B/L)이 됩니다.

결제조건 T/T에서 발행된 기명식 B/L	
Shipper **Kaston** xxxx, Market Street, Sydney NSW 2000, Australia	**B/L No.**　**XXXJKFLD8978**
Consignee **EDUTRADHUBE** xxx, Nonhyundong, Kangnamgu, Seoul, Korea	**Multimodal Transport Bill of Lading** Received by the Carrier from the shipper in apparent good order and condition unless otherwise indicated herein, the Goods, or the container(s) or package(s) said to contain the cargo herein mentioned, to be carried subject to all the terms and conditions appearing on the face and back of this Bill of Lading by the vessel named herein or any substitue at the Carrier's option and/or other means of transport, from the place of receipt or the port of loading to the port of discahrge or the place of delivery shown herein and there to be delivered unto order or assigns. This Bill of Lading duly endorsed must be surrendered in exchange for the Goods or delivery order. In accepting this Bill of Lading, the Merchant agrees to be bound by all the stipulations, exceptions, terms and conditions on the face and back hereof, whether written, typed, stamped or printed, as fully as if signed by the Merchant, any local custom or privilege to the contrary notwithstanding, and agrees that all agreements or freight engagements for and in
Notify Party **Same As Above**	
Pre-carriage by ｜ **Place of Receipt**	**Party to contact for cargo release** XXX JUNG-GU SEOUL 111-111 KOREA TEL : 00-0000-0000　FAX : 00-0000-0000
Vessel　Voy. No. **ISLET ACE**　**832W** ｜ **Port of Loading** **SYDNEY, AUSTRALIA**	**TEL : 00-0000-0000　FAX : 00-0000-0000 ATTN : HONG GIL-DONG**
Port of Discharge **BUSAN, KOREA** ｜ **Place of Delivery**	**Final Destination (Merchant's reference only)**

▶ Consignee에 수입지에 위치한 수입자가 기재된 기명식 B/L입니다.
▶ 만약, 중개무역 건으로써 Consignee가 한국 업체인데 Port of Discharge가 미국이라면, 미국에 위치한 수입자가 해당 건의 물품을 포워더에게 전달받기 위해서, 본 B/L의 Consignee를 미국에 위치한 수입자로 변경(Switch)하여 미국 수입자에게 전달되어야 할 것입니다.

수출지에서 수출자는 수출지 포워더에게 기명식 B/L을 전달받고, 이를 Consignee에게 넘기기 전에는 On Board 된 물품의 소유권은 수출자에게 있습니다. 수출자와 수입자 사이에 On Board 된 물품에 대해서 결제가 이루어지면, 수출자는 해당 B/L을 수입자에게 그대

1　B/L의 Consignee와 수입지의 Consignee 국내 거래처 간에 양수도 계약을 하는 경우, B/L 상의 Consignee가 아닌 타 회사로써 양수인이 해당 건의 물품을 포워더로부터 전달받을 수 있습니다(참고 60쪽 '4). 기명식 운송서류의 양수도 계약'). 그리고 우리나라 상법 130조(60쪽 참고)에는 기명식이라도 배서를 통하여 소유권(권리) 이전이 가능한 것으로 나와 있습니다. 그러나 실무에서 통상적으로 기명식 B/L에 대한 소유권(권리) 양도 및 양수는 양수도 계약서를 작성하여 Consignee(양도인)와 타 회사(양수인) 간 이루어진다 할 수 있습니다.

로 전달하여 그 소유권을 Consignee에게 넘깁니다. 물론, 애초에 수출자와 수입자 사이에 계약하기에 On Board 후 상당 기간 이후에 결제하는 후결제 조건으로 진행할 수도 있으며, 이러한 경우는 On Board 후에 결제받지 않고 OB/L을 수입자에게 넘깁니다. 즉, 후결제 조건에서는 결제받지 않고 그 물품의 소유권을 수출자가 수입자에게 넘깁니다. 아무튼, 기명식 B/L은 수출자가 배서를 하지 않고 Consignee에게 B/L을 넘깁니다.

그러나 수출자가 OB/L 소유한 상태에서 결제받았다면, OB/L 그대로 특송(Courier Service)으로 시간과 비용을 투자하여 수입자에게 전달하는 것보다는, Surrender 처리하여 이메일로 전달하는 것이 경제적이고 효율적일 수 있습니다. 그리고 On Board 전에 T/T 100% 선불 받거나 On Board 이후에 상당 시간 지나서 후결제를 받아도 수출자가 문제없다고 판단되면, OB/L을 발행받지 않고 애초부터 수출자가 On Board 된 물품의 소유권을 주장할 수 없는, 즉 수출자가 On Board 된 물품의 소유권을 포기(Surrender)한 SWB(Seaw Waybill, 해상화물운송장)를 발급받아서 이메일로 수입자에게 전달할 것입니다.

이와 같은 상황에서 수출자는 물품의 소유권을 포기한 상태이기 때문에 운송서류를 넘기면서 그 소유권을 넘긴다는 의미는 아닙니다. 소유권을 주장할 수 없는 상태의 운송서류를 수입자에게 넘기는 이유는 a)거래 물품이 수출지에서 정상적으로 On Board 되었음을 수입자에게 증명하고, b)무엇보다 해당 운송서류의 Consignee가 수입자라는 사실을 수입자는 수입지 포워더에게 확인받아야 물품을 찾을 수 있기 때문입니다. 즉, 자신이 Consignee라는 사실을 확인시키고 운송비를 결제하면 D/O를 받습니다.

Shipment Advice(선적통지) 하면서 운송서류 전달
(By E-mail or By Fax)

수출자

수입자

2. 운송서류 전달
(수출자 → 수입자)

On Board된 물품 권리 포기하였음에도 운송서류 전달 이유
a) 수출지에서 On Board된 사실 수입자에게 입증
b) 수입지에서 물품을 찾는자로서 Consignee가 수입자라는 사실 확인 시켜야

1. On Board 완료 수출자의 물품 권리 포기(Surrender)
(기 발행된 OB/L의 Surrender 처리 or 화물운송장 발행(SWB, AWB))

수출지

수입지

Negotiable로서 B/L의 Consignee가 지시식으로 발행된 지시식 B/L은 On Board 된 물품의 최초 소유권자로서 Shipper의 배서와 함께 B/L이 타인에게 전달되면, 해당 건의 물품 소유권이 양도되는 역할을 합니다. 그러면 P.O.D.에서 해당 건의 물품을 전달받아서 D/O를 받게 되는 Consignee는 배서를 통한 양도 과정에서 수시로 변경될 수 있습니다.

반면에 B/L의 Consignee가 특정 회사로 기재된 기명식 B/L은 유가증권이나 Non-Negotiable로서 배서를 통하여 On Board 된 물품의 소유권을 Shipper가 해당 B/L의 Consignee에 기재된 회사 이외의 다른 회사에 양도할 수 없습니다. 그리고 유가증권이 아닌 화물운송장(Waybill, Surrender 처리된 건 포함)은 애초부터 지시식으로 발행될 수 없기에 Consignee가 기명식으로 발행되는데, 이러한 운송서류 역시 Shipper에 의해서 해당 운송서류에 기재된 Consignee는 변경되지 못합니다. 다시 말해서, 기명식 B/L은 On Board 된 물품의 소유권을 Shipper가 배서를 통하여 타인에게 전달하면서 Consignee가 변경되는 것이 아니며, 화물운송장의 경우는 Shipper가 애초부터 On Board 된 화물의 소유권을 포기한 것이니, Shipper에 의한 소유권 양도의 개념을 적용할 수 없을 것입니다.

결국, 기명식 B/L과 화물운송장은 Shipper에 의해서 Consignee가 변경되지 못하여, 이들 운송서류가 발행될 때, 지정된 Consignee가 자신의 국가에 위치한 자신의 거래처와 양수도 계약서를 작성하여 양수도 하면, Consignee는 양수자가 될 수 있습니다.

---

15. OB/L에 대한 Surrender 처리와 SWB에 대한 이해

A. O/B/L과 Surrender 처리

해상은 기본적으로 B/L이 발행되며, B/L은 유가증권이자 그 자체가 원본 서류로써 FULL SET(3부) 발행됩니다. 실무에서는 일반적으로 B/L 앞에 Original이라는 단어를 붙이며, 이를 줄여서 OB/L이라고 합니다.

Surrender는 권리를 포기한다는 뜻입니다. 수출물품의 소유권은 해당 물품이 외국으로 나가는 선박에 On Board 되기 전 수출자가 가지고 있으며, On Board가 된 후에 OB/L이 발행되어 수출자가 해당 OB/L을 손에 잡고 있으면 계속 해당 물품의 소유권은 수출자에게 있다 할 수 있습니다[1]. 따라서 On Board 된 물품이 수입지에 도착하더라도 수입자는 수출자에게 OB/L을 전달받지 못하면, 수입지 포워더에게 운송비 결제하고 자신이 Consignee 임을 주장 하더라도 D/O를 받지 못합니다. OB/L이 수출지에서 발행되어 Surrender 처리 않았다면, 수입자는 해당 OB/L을 수입지 포워더에게 전달해야 하기 때문입니다.

그래서 수출자는 물품 On Board 후에 수입자와 결제 관련 등에 문제가 발생하면 OB/L을 수입자에게 전달하지 않거나 Surrender 처리해주지 않을 때도 있습니다. 그러면 수입자는 수입지에서 D/O 받지 못하고 물품을 수입지 보세구역에서 반출시키지 못합니다. 즉, 수입지 보세구역에 해당 물품이 보관 중일지라도 해당 물품의 소유권은 OB/L을 손에 잡고 있는 수출자에게 있습니다.

---

1 결제조건 L/C 건에서는 물품의 권리를 수출자가 은행에 넘겨서 대금결제 받고, 은행이 다시 수입자에게 넘기면서 대금결제 받는 것이니, Consignee를 지시식(To Order)으로 발행하여 배서를 통해서 양도해야 합니다. 그러나 T/T 결제조건에서는 Consignee에 수입자 상호를 기재하는 기명식 B/L을 발행하여 해당 Consignee만 수입지에서 D/O 받을 수 있도록 발행합니다(비유통성). 즉, 기명식 B/L은 배서하여 물품의 양수도가 이루어지지 않습니다. 기명식 B/L 건에서는 '양수도계약서'를 B/L의 Consignee와 제3자가 작성하면, 그 제3자가 Consignee 대신 D/O 받기도 합니다.

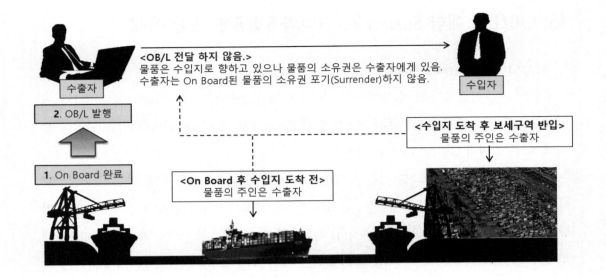

<OB/L 전달 하지 않음.>
물품은 수입지로 향하고 있으나 물품의 소유권은 수출자에게 있음.
수출자는 On Board된 물품의 소유권 포기(Surrender)하지 않음.

수출자

2. OB/L 발행

1. On Board 완료

수입자

<수입지 도착 후 보세구역 반입>
물품의 주인은 수출자

<On Board 후 수입지 도착 전>
물품의 주인은 수출자

B. Surrender와 SWB의 이해

Surrender는 기 발행된 OB/L을 소유하면서 On Board 된 물품의 소유권(권리)을 주장하는 물품의 주인으로서 수출자가 그 물품의 소유권을 포기할 의사를 밝히며, 해당 OB/L 발행자로서 수출지 포워더에게 전달하여(Full Set, 3부 모두 전달해야) On Board 된 물품의 권리를 포기하는 것이라 할 수 있습니다[1]. Surrender 처리되면, 기존 OB/L은 없는 것으로써 원본은 더 이상 존재하지 않으며(No. of Original: Zero), 사본 운송서류로써 해당 서류에는 'SURRENDERED' 혹은 'TELEX RELEASE'라는 문구가 운송서류 상에 날인됩니다. 이때 무엇보다 포워더 전산상으로 Surrender 처리가 되어야겠습니다[2].

실무에서 종종 수입자가 수출자에게 'SURRENDERED'라고 날인된 운송서류를 받아서 수입지 포워더에게 운송비 결제 후 Consignee 확인받고 D/O 요청했는데, 포워더 전산으로 Surrender 처리되지 않아서 D/O 내 줄 수 없다고 하는 경우가 종종 있습니다.

---

1 OB/L의 Surrender 처리는 해당 OB/L을 발행한 수출지 포워더에 의해서 수출자의 요청에 따라 이루어지며, 수출지 포워더는 기 발행된 OB/L의 Full Set을 회수해야겠습니다. 그러면 Surrender라는 문구가 날인되어 발행되며, 더 이상 해당 서류는 유가증권으로의 역할을 못하며, 단순히 어떤 물품이 수출지에서 On Board 되었음과 수입지에서 물품을 찾는 자로서 Consignee가 누구인지 확인시켜주는 역할을 하게 됩니다.

2 SWB 혹은 Surrender 처리된 운송서류 상 'No. of Original B/L' 부분이 있습니다. 이곳에서 '0(Zero)'라고 기재되어 있을 것입니다. 때에 따라서 Surrender 처리된 운송서류 상에 '0(Zero)' 표시가 아닌 'THREE/3'로 되어 있는 경우가 있는데, 이는 포워더 전산상으로 Surrender 처리되었다면 Original B/L은 존재하지 않는 것입니다. 참고로 Original B/L은 Full Set 즉, 3부 발행되며 'No. of Original B/L' 부분에 'THREE/3'과 같이 기재됩니다.

SWB(해상화물운송장)는 OB/L 발행되지 않은 상태에서 애초부터 사본으로 발행되는 운송서류로써, 수출자가 On Board 이후의 물품의 권리를 주장할 의사가 없을 때, OB/L 발행 없이 Surrender(포기)한 상태에서 발행되는 운송서류라 할 수 있습니다.

OB/L을 발행받고 이후 해당 OB/L을 Surrender 처리한 운송서류(실무에서 Surrender B/L이라 함) 및 애초에 발행될 때부터 OB/L 발행 없이 Surrender 처리되어 발행되는 SWB는 수출자가 손에 잡고 있더라도 On Board 된 물품의 소유권(권리)을 주장할 수 없습니다. 수출자에 의해서 물품의 소유권 포기된 운송서류이기 때문입니다[3].

정리

B/L(선하증권)이 발행되면 해상화물운송장(SWB)은 발행되지 않은 것이며, 해상화물운송장이 발행되면 선하증권은 발행되지 않은 것입니다. 즉, B/L과 해상화물운송장은 양자택일이 됩니다. 그러나 실무에서 Surrender B/L이라고 하는 것은 OB/L이 발행되고 수출자의 권리 포기 의사를 수출지 포워더가 받아준다면, OB/L 개념은 없어지고 Surrender 혹은 Telex Release라는 문구가 날인된 운송서류로 변경됩니다.

C. Surrender 처리 상황(수출자의 On Board 물품 소유권 주장이 필요치 않은 상황)

물품의 주인으로서 수출자 입장에서 해당 물품의 대금을 수입자에게 결제받았다면, 수출자는 해당 물품에 대한 소유권을 자신이 계속 가질 필요가 없게 됩니다. 그리고 수출자는 On Board 된 물품이 수입지에 도착하였을 때 수입자가 신속히 수입통관 진행할 수 있도록 적절한 조치를 사전에 취해야 합니다. OB/L 발행 건이면 OB/L을 신속히 특송으로 전달하고, 특송으로 전달할 이유가 없으면 Surrender 처리하여 이메일로 전달합니다. 그리고 애초부터 OB/L 발행 이유가 없다면 SWB 발행하여 이메일로 수입자에게 전달합니다.

---

3 항공 건에서 발행되는 AWB 역시 SWB와 같은 화물운송장으로써 수출자가 On Board 된 물품의 소유권을 주장할 수 없겠습니다.

경우 a)

a) 수출자가 수입자에게 T/T in Advance를 받았다면(On Board 전 결제 받음), 해상 건임에도 애초에 OB/L 발행을 포워더에게 요청하지 않고, 사본[1]으로써 SWB(해상화물운송장) 혹은 Express Bill을 발행 요청하면 될 것입니다. SWB, Express Bill[2]은 OB/L처럼 원본이 아니라 사본으로써 수입자는 수입지에서 수입지 포워더에게 운송비를 결제하고 Consignee가 수입자 자신임을 확인시켜주면 D/O 받을 수 있습니다.

경우 b)

b) 수출자가 On Board 후에 수입자로부터 결제받는 조건일 때, 수출자는 On Board 이전에 결제받지 못했으니 자신이 물품의 소유권을 확보하기 위해서 OB/L 발행 요청하여 OB/L을 확보합니다[3]. 그 후 물품이 수입지에 도착하기 전에 혹은 도착 시점에 수입자로부터 결제받으면 수출지 포워더에게 OB/L 전달 후 Surrender 처리 요청합니다. Surrender 처리가 완료되면 수입자는 그 Surrender 처리된 운송서류를 수출자에게 이메일로 전달받아서, 수입지 포워더에게 운송비 결제 및 Consignee가 수입자 자신임을 확인시켜주고 D/O 받을 수 있습니다.

본 상황에서 물품이 수입지 항구에 도착하였고 수입자로부터 결제까지 완납 받은 수출자가 OB/L을 Surrender 처리 요구하지 않고, 특송(Courier Service)을 사용하여 수입자에게 OB/L을 전달한다면 수입지에서 수입자는 OB/L 전달받기 전에 D/O 못 받습니다. 따라서 본 상황에서는 OB/L에 대해서 Surrender 처리 하는 것이 보다 적절할 것입니다.

경우 c)

c) 수출자가 선결제(T/T in Advance)를 받은 상황이지만 OB/L 발행하여 수입자에게 특송으로 전달하는 상황과 d) 95 Days After B/L Date와 같이 수입지에 해상 건의 물품이 도착하고도 상당한 시간이 지난 후에 수출자가 결제받는 조건에서 수출자가 OB/L을 역시 특송으로 수입자에게 전달하는 상황에 대해서 알아보겠습니다.

c) 상황은 일반적으로 운송시간(Transit Time)이 상당할 때의 경우입니다. 선결제를 받았으니 수출자가 물품의 권리를 포기하여 애초부터 SWB 혹은 Express Bill 발행 요청하면 되지만, 그렇게 하지 않고 OB/L 발행해서 특송으로 수입자에게 전달할 수도 있습니다. 수출지 항구에서 수입지 항구까지 선박의 운송시간이 상당하기에 특송으로 보내면 수입자가 OB/L을 먼저 전달받아서 수입지 포워더에게 Arrival Notice 받고 운송비 결제 후 D/O 받으면 문제없습니다. 그러나 결제조건 T/T에서 선결제 받은 경우, 수출자는 OB/L 발행보다는 수출지 포워더를 통하여 SWB를 발행받아서 해당 운송서류를 수입자에게 이메일로 전달하는 것이 업무의 효율성을 높이는 길이 될 수도 있습니다.

---

1 이때 사본이라 함은 원본을 Copy 한 서류가 아닙니다. 그 서류를 발행할 때부터 원본이 아닌 사본으로 발행한다는 뜻입니다. 따라서 OB/L을 Surrender 처리하는 경우에 원본은 더 이상 존재하지 않는 것이며, SWB, Express Bill은 처음부터 원본 없이 사본으로 발행되는 운송서류라 할 수 있습니다.

2 OB/L 발행되는 경우에는 OB/L 그 자체를 그대로 수입자에게 전달해야 하나, 사본으로써 SWB 혹은 Express Bill은 이메일로 전달해도 상관없습니다.

3 이러한 경우, OB/L 발행하지 않고 사본 운송서류 발행한다면 수입지에서 수입자가 수출자의 허락 없이 물품을 찾아가게 됩니다. 예 c)의 상황은 이와 별개의 상황입니다.

d) 상황은 후결제 조건으로써 수출지에서의 On Board Date(B/L Date)를 기준으로 95일이 되는 날이 수입자의 결제기일입니다. 한국에서 유럽까지의 운송시간이 35일 정도 되는 것을 보더라도 운송시간이 95일이 되는 운송 구간은 없다 할 수 있습니다[4]. 물품이 수입지에 도착하면 수입자는 D/O를 받아야 하기에 OB/L 발행 건에서 OB/L이 필요한데, 문제는 이 시점까지 해당 거래 건에 대한 결제기일이 도래하지 않았으니 수입자는 수출자에게 결제할 특별한 이유가 없습니다. 그럼에도 수출자는 On Board 후 95일 이후까지 결제받기로 하였으니 OB/L을 특송으로 수입자에게 신속히 전달하거나 Surrender 처리후 이메일로 전달하여 수입지에서 수입자의 수입통관 지연이 되지 않게 해야 할 것입니다. d)상황에서 매매계약 상 후결제 조건으로써 수입지에 해당 물품이 도착하고도 상당한 시간 이후에 결제가 이루어지는 건이니, 수출자가 수입자를 100% 믿고 물품을 공급하였다는 뜻입니다. 따라서 수출자는 OB/L 발행없이 애초부터 SWB를 발행하여 업무 진행하는 것이 수출자와 수입자 모두에게 편한 방법이 될 수 있을 것입니다.

16. 운송서류, 배서를 통하여 소유권(권리) 이전과 Consignee의 양수도 계약

1) 배서를 통한 물품의 소유권(권리) 이전 개념

유통 가능(Negotiable)과 비유통(Non-Negotiable)의 차이는 해당 서류에 배서(Endorsement)를 통하여 그 물품의 소유권(권리)을 타인에게 양도 가능한 가입니다. 배서를 통한 On Board 된 물품의 소유권이 양도 가능하기 위해서는 기본적으로 선하증권(B/L, 유가증권)이 발행되어야 하며, Consignee가 기명식(특정 회사 상호 기재)이 아니라 지시식(To Order 등으로 기재)으로 발행되어야겠습니다.

반면에, 화물운송장(Waybill), 예를 들어 AWB(항공화물운송장), SWB(해상화물운송장)는 B/L처럼 유가증권으로써 해당 서류를 가진 자가 해당 건의 물품에 대한 소유권을 주장 할 수 있는 것이 아니라, 그러한 서류를 가지고 있더라도 해당 건의 물품에 대한 소유권 주장을 할 수 없는 권리 포기된 운송서류입니다. 그러한 의미에서 화물운송장은 On Board 된

---

4 T/S Port에서 다른 배로 T/S(환적) 되는데, 상당한 시간이 지체되는 경우가 종종 있습니다. 그 지체되는 시간이 한 달 이상 되면 포워더가 수출자 및 수입자에게 On Board 이전에 통지한 수입지 항구에 선박이 도착하는 예정 시간으로써 E.T.A.가 그만큼 늦어집니다. 결과적으로 운송시간(Transit Time)이 T/S Port에서 지체된 시간만큼 늘어나서, 2달 이상 되는 예상치 못한 상황이 발생할 수도 있으니 참고하길 바랍니다.

물품의 권리가 애초에 포기된 것이니 해당 서류에 배서를 통하여 물품의 소유권을 넘긴다는 개념으로 접근하면 안 됩니다. 따라서 지시식으로 발행될 수 없고, 수입지에서 물품을 찾는 자가 누구인지 Consignee에 기재하는 기명식으로 발행됩니다. 결국, 화물운송장은 배서를 통하여 물품의 소유권을 타인에게 양도하는 개념과는 거리가 멀다 할 수 있는[1] Non-Negotiable입니다.

참고   유가증권이란

유가증권은 금전적 가치가 있는 증서입니다. 본 증서는 비록 종이로 되어 있으나, 그 종이 상의 금액에 대한 청구권 혹은 그 종이 상의 물품에 대한 소유권을 주장할 수 있는 증서가 됩니다. 예를 들어, 어음 혹은 수표는 화폐증권으로써 유가증권이며, 선하증권(B/L)은 상품증권으로써 역시 유가증권이 됩니다.

---

2) On Board 된 물품의 소유권 주장과 Consignee 개념

수출지에서 On Board 된 물품의 소유권을 주장하기 위해서는, 일단 B/L이 발행되어야 합니다(B/L은 Orignal로 Full Set(3부) 발행됨). OB/L이 발행되었다는 것은 On Board 된 물품의 소유권을 수출지의 Shipper(송화인)가 포기(Surrender)하지 않았다는 것이며, 최초 해당 OB/L을 발급받는 자가 Shipper이니, On Board 된 물품이 최초 소유권자는 Shipper가 되겠습니다[2].

그리고 운송서류의 Consignee는 '수입지에서 물품을 찾는 자'로서 수화인입니다. 그래서 수입지 포워더는 운송서류 상의 Consignee의 상호를 확인하고 D/O 요구하는 자와 일치하는지까지 확인 후 Consignee가 물품을 찾아갈 수 있도록 처리합니다. 이러한 식으로 운송서류가 기명식이면 운송서류 상의 Consignee에게 '일반적으로' D/O를 주고, 지시식이면 배서를 통하여 소유권 이전 여부를 확인 후 D/O 내줍니다. 이때 당연히 Consignee는 수출지

---

1   화물운송장은 그 서류를 가지고 있더라도 그 물품의 소유권을 주장할 수 없는 권리 포기(Surrender)된 운송서류라 할 수 있습니다. 따라서 해당 서류에 배서를 통하여 그 물품을 타인에게 양도할 수 없습니다. 그리고 해당 서류의 Consignee, 즉 수화인이 특정 회사로 기재되어 있기 때문에 기본적으로 Consignee 이외의 자가 수입지 포워더에게 D/O 받을 수 없습니다(양수도 계약 작성 시 제외).

2   그러한 Shipper가 OB/L을 다시 해당 OB/L을 발행한 수출지 포워더에게 Full Set 전달하면서 권리 포기하겠다고 하면, Surrender 처리되어 OB/L은 없어집니다.

에서 발행된 OB/L을 수입지 포워더에게 전달하면서 자신이 수입지에서 물품을 찾는 자라는 사실을 확인시켜줘야 합니다.

3) Shipper로부터 OB/L을 전달받은 자가 수입지에서 물품을 찾는가?

A. 지시식 B/L 발행의 경우

On Board 된 물품의 최초 소유권자인 Shipper는 해당 물품의 소유권을 타인에게 넘겨 최종적으로 수입지에서 물품을 찾는 자가 해당 물품의 소유권을 확보하여 수입지 포워더에게 D/O 받을 수 있도록 합니다. 소유권 양도(권리 이전)를 위해서 지시식 B/L에 Shipper의 회사 명판/직인을 날인하는 배서를 통하여 Shipper 자신이 가진 On Board 된 물품의 소유권을 타인에게 양도한다는 뜻을 해당 B/L 상에 남깁니다. 물론, 지시식 B/L을 전달함에 있어 On Board 된 물품의 소유권까지 양도되니 Shipper는 B/L 전달과 함께 해당 물품에 대한 대금결제를 받거나 외상으로 진행할 수 있겠습니다.

이렇게 타인에게 전달된 B/L과 물품의 소유권은 다시 배서를 통하여 전달 및 소유권 이전이 가능하겠습니다. 아무튼, 최종적으로 수입지에서 해당 물품의 찾는 자로서 Consignee는 지시식 B/L을 전달받는 경우 이전 소유권자의 배서가 정상적으로 되어 있는지 확인해야 하며, 해당 B/L을 수입지 포워더에게 전달 후 D/O 요청해야겠습니다.

B. 기명식 B/L 발행의 경우

배서를 통하여 유통이 불가능한 B/L입니다. 이미 수입지에서 물품을 찾는 자로서 Consignee가 정해져서 발행된 B/L이 기명식선하증권(Straight B/L)입니다. 그러나 기명식 B/L이든 지시식 B/L이든 유가증권은 맞습니다. 따라서 On Board 된 물품의 최초 소유권자는 Shipper가 됩니다.

Shipper는 해당 OB/L을 Surrender 처리하지 않는 이상 OB/L 상태 그대로 Consignee에게 전달해야겠습니다. 최초 물품의 소유권자로서 Shipper가 OB/L을 Consignee에게 전달할 때 지시식이 아니기 때문에 배서하지 않고 그대로 전달하며, OB/L 전달과 함께 물품의 소유권은 Consignee에게 넘어간다 할 수 있습니다. 그리고 해당 OB/L을 전달받는 Consignee는 수입지 포워더에게 이를 그대로 전달하여 D/O 받을 수 있습니다.

그러나 Consignee가 수출지에서 On Board 되었으나 아직 수입지에 도착하지 않은 혹은 수입지 보세구역에 장치되어 있는 물품을 자신이 수입 신고하지 않고 타인에게 양도를 원할 때 '양수도 계약서'를 작성하면, 그 물품의 소유권은 이전 가능합니다. 즉, Consignee가 A사이고 A사로부터 보세물품을 양수를 원하는 자가 B사라면, 양자 간에 양수도 계약서를 작성하면 해당 건의 OB/L 상의 물품의 소유권은 A사에서 B사로 다시 넘어갈 수 있습니다.

참고로 우리나라 상법 제130조에는 기명식인 경우에도 배서를 통하여 양도 가능하다고 기술하고 있습니다. 그러나 실무에서 일반적으로 기명식 B/L은 배서를 통한 양도보다는, 양수도 계약서를 양도자와 양수자 간에 작성하여 OB/L 상의 물품의 소유권을 양수도 한다 할 수 있습니다.

4) 기명식 운송서류의 양수도 계약

운송서류가 기명식 B/L 혹은 화물운송장(SWB 혹은 AWB, 기명식으로 발행)으로 발행되고 Consignee가 수입자로 기재되었을 때, Consignee 자신이 타인에게 물품의 양도를 원하는 경우가 있습니다.

일단 선하증권으로써 기명식 B/L은 On Board 된 물품의 소유권 포기 없이 최초 소유권자로서 Shipper가 Consignee에게 OB/L 전달하면서 소유권을 이전하였으니, OB/L을 확보한 Consignee가 물품의 소유권자로서 타인과 양수도 계약서를 작성하여 물품의 소유권을 양도 가능하겠습니다.

그러나 화물운송장은 On Board 된 물품의 소유권을 포기한 상태로써 Shipper가 화물운송장을 Consignee에게 전달하면서 그 소유권이 이전되는 것이 아니기에, Consignee 역시 타인과 양수도 계약서를 작성하여 수입지에 도착하기 전의 물품 혹은 수입지 보세구역에 반입된 물품의 소유권 이전을 한다는 개념은 다소 앞뒤가 맞지 않는다 할 수 있습니다. 그러나 실무에서는 화물운송장이 발행된 건에 대해서도 해당 화물운송장의 Consignee는 국내 거래처와 양수도 계약서를 작성하여, 수입지에 도착 전 물품 혹은 보세구역에 반입되어있는 물품의 소유권을 넘기는 양수도 계약서를 작성합니다. 그리고 양수자는 양도자로서 해당 운송서류 상의 Consignee에게 화물운송장을 전달받아서 수입지 포워더에게 D/O 받으며 수입지 세관에 수입신고 역시 양수자가 진행하게 됩니다.

17. 해상 건에서 Negotiable B/L 발행되고, 항공 건에는 Non-Negotiable AWB 발행 이유

해상 건은 수출지를 출항한 배가 수입지 항구에 입항하는 시간까지를 말하는 운송시간(Transit Time)이 상당합니다. 그래서 On Board 후 발행된 B/L이 수출자의 손을 떠나서 수입자의 손에 들어갔음에도 수입지 항구에 배가 입항하지 않는 경우가 많습니다. 이와 같은 상황에서 수입자는 물품이 수입지에 도착하지 않았기 때문에 물품의 판매를 진행하여 현금화할 수 없게 됩니다. 따라서 B/L을 유통 가능하게 하여 물품의 소유권을 B/L이라는 서류로 양도(유통)할 수 있도록 하고 있습니다. 지시식 B/L은 배서를 통하여 양도하고, 기명식 B/L은 양수도 계약서를 작성하여 유통하게 됩니다.

반면에, 항공 건은 수출지에서 On Board 후 하루 내에 통상 수입지에 항공기가 도착하고, 특히나 항공 건은 항상 급한 화물입니다. 따라서 수입지에서 신속한 수입통관이 이루어져야 할 필요가 충분히 있습니다. 항공 건은 수출지의 공항을 떠나 물품 자체가 수입지의 공항으로 하루면 도착하는데, 해상 건처럼 B/L을 만들어 서류로 물품의 양도가 이루어질 필요가 특별히 없을 것이며, 이렇게 하면 해당 서류가 수출지에서 수입자에게 전달되어져야 하는데, On Board 후 발행되니 물품보다 늦게 도착하여 항공화물임에도 수입지에서의 신속한 통관이 이루어지지 못할 것입니다. 따라서 항공 건은 유가증권으로써 소유권 이전, 즉 유통할 수 있는 B/L과 같은 형태가 아니라 유통불가로써 Non-Negotiable로 발행된다 할 수 있다. 항공 건은 AWB 상의 Consignee를 정확히 기재하여 수입지에서 물품을 찾는 자가 확인되고 운송비를 결제받으면 수입지 포워더는 D/O 내줍니다.

18. 동일 구간에 대해서 수출, 수입 운임 차이 발생 이유

a) 컨테이너 수급 불균형의 이유

중국 A Port와 한국 B Port가 있습니다. A에서 B로 이동되는 컨테이너는 상당하지만, B에서 A로 이동하는 컨테이너는 적은 경우, 컨테이너는 자연히 B Port에 많이 쌓이게 됩니다.

중국 A Port		한국 B Port

많은 양 이동

상대적으로 적은 양 이동

컨테이너 수량 점점 하락(↓)   컨테이너 수량 점점 증가(↑)

이러한 상황이 지속된다면 A Port에 컨테이너가 바닥나게 되고, A Port에서 B Port로 물품의 이동이 불가하게 됩니다. 즉, A Port에 컨테이너가 부족하여 선적할 수 없는 상황이 발생할 수도 있다는 것입니다. 이를 방지하기 위해서 선사 입장에서는 B Port에 쌓여만 가고 있는 컨테이너를 A Port에 옮겨 두 지역의 불균형한 컨테이너의 수급에 균형을 맞추게 됩니다. 물론, B Port에서 A Port로 화물 이동을 원하는 화주가 많지 않기에 공 컨테이너라도 이동하는 경우가 있으며, 이러한 비용을 보존하기 위해서 선사는 CIC(Container Imbalance Charge[1], 컨테이너 불균형 비용)를 포워더에게, 그리고 포워더는 화주에게 청구합니다.[2]

---

1 Container Imbalance Surcharge라 하여 CIS로 표현하기도 합니다.

2 CIC가 청구되는 이유는 공컨테이너의 이송 비용과 터미널 보관료에 대한 보존 명목으로도 청구될 것입니다. 그리고 CIC는 수입국의 터미널에 운송수단이 도착한 이후에 발생하는 비용으로 구분합니다. 따라서 과세가격을 수입지의 터미널에 운송수단이 도착하는 순간까지의 비용으로 보는 우리나라에서는 CIC가 과세가격에 포함되지 않습니다. 반면, O/F에 포함되는 개념으로서 BAF는 수입지에서 수입자에게 청구되더라도 과세가격에 포함됩니다.

중국 A Port   한국 B Port

O/F: USD50/ 40FT DV[3]

O/F: USD30/ 40FT DV

그리고 이러한 상황에서 선사는 컨테이너 수량이 점점 줄어드는 A Port와 상대적으로 컨테이너 수량이 점점 늘어나는 B Port 즉, 동일 구간에 대한 해상운임(O/F, Ocean Freight)을 달리 적용하기도 합니다. 다시 말해서, A Port에서 B Port로 이동하는 40FT Dry Container의 운임에 비해서 B Port에서 A Port로 이동하는 운임을 낮추어 받기도 한다는 것입니다. 모두 한쪽 지역의 컨테이너 수급 불균형에 따른 선사의 결정이며, 그 결과로써 동일 구간에 대한 수출 건과 수입 건의 해상운임에 차이가 발생하는 경우가 있습니다.

b) 특정국에서 많은 물량이 수출되는 경우

한국중국미국으로 운행되는 선박이 있다고 가정합니다. 한국에서보다 중국에서 엄청난 물량이 미국으로 이동됩니다. 그러면 중국 쪽에서는 한정된 선박에 한정된 Space가 있기에 중국 수출자의 Shipment Booking이 자연스럽게 어려워질 것입니다. 선사는 이를 이용하여 중국에서 선적되는 화물에 대한 운임을 높게 책정합니다. 그래도 수출되는 물량이 많고 선사에 Shipment Booking 하여 Space 확보가 어려우니 중국 쪽에서는 운임이 높다 하더라도 Shipment Booking 하여 선적을 진행할 것입니다.

그렇다면 선사 입장에서는 높은 운임에 높은 마진을 남길 수 있는 중국에서 많은 물량을 배에 선적하길 원하게 되고, 상대적으로 낮은 운임과 낮은 마진을 남기는 한국에서 물량을 배에 선적하길 원치 않게 됩니다.

결국엔 한국 수출자는 점점 Space 확보가 어려워질 것이며, 선사는 포워더를 통하여 들어오는 수출자의 볼멘소리에도 한국에서 물량을 많이 선적하지 않는 결정을 할 수도 있겠습니다.

---

3 DV는 Dry Van으로써 Dry Container를 뜻합니다. 그리고 RF는 Reefer Container(냉동 컨테이너), FR는 Flat Rack Container입니다.

19. 기 발행된 B/L의 수정 혹은 재발급

A. B/L이 발행되기까지의 과정

수출지에서 수출자가 수출화물을 포장하여 포워더가 지정한 반입지에 Cargo Closing Time까지 반입 완료하고, Documents Closing Time까지 팩킹리스트 및 수출신고필증을 전달합니다(필요에 따라서 인보이스(C/I)를 함께 전달하기도[1]). 그리고 Shipment Booking 한 Schedule과 같이 외국으로 나가는 배/항공기에 적재(On Board)[2] 완료됩니다. On Board 이후에 포워더는 On Board Date를 기재한 운송서류(B/L 혹은 화물운송장)를 발행하여 수출자에게 전달합니다.

B. B/L에 오타 발견과 수정 혹은 재발행 요청

그런데 해상 건으로써 Original B/L이 Full Set(3부) 발행되어 수출자가 전달받았는데, 오타를 발견했습니다. 예를 들어, B/L의 Consignee에 Kaston이라는 상호가 기재되어야 하는데, Kastone이 기재되었습니다. B/L의 Consignee는 대단히 중요한 부분입니다. 기명식 B/L이 발행될 때 수입자의 상호로써 Kaston이 정확히 기재되어야 합니다. 그래야 수출자가 수입자에게 전달한 해당 B/L로써 수입자는 수입지 포워더로부터 물품을 찾을 수 있습니다.

---

1 수출자가 포워더에게 Documents Closing Time까지 기타의 서류와 인보이스(상업송장)를 함께 전달하는 이유는 크게 2가지가 있습니다. 첫 번째로 수출자가 포워더에게 통관까지 대행 의뢰한 경우로서, 이때 포워더는 자신과 연결된 관세사 사무실로 해당 인보이스를 전달하면서 통관 대행 의뢰하기 때문입니다. 두 번째 이유는 수출자가 포워더에게 해당 건의 물품에 대한 적하보험 가입(부보) 요청을 하는 경우입니다(수출신고 및 적하보험 가입할 때 인보이스가 필요). 원칙은 수출자가 직접 관세사 및 적하보험사에 연락하여 수출대행 의뢰 및 적하보험 가입 진행해야 하는데, 실무에서는 수출자가 운송 서비스를 주 업으로 하는 포워더에게 이러한 업무까지 진행 요청하기도 합니다.

2 해상 및 항공 건 구분 없이 외국으로 나가는 배/항공기에 물품을 On Board 하는 것을 '적재'라 합니다. 그리고 해상 건에 대해서는 '선적'이며, 항공 건에 대해서는 '기적'입니다. 그러나 실무에서는 해상 및 항공 구분 없이 '선적'이라 표현하는 경우가 많습니다.

Consignee 부분 수정된 B/L

Shipper **EDUTRADHUBE** xxx, Nonhyundong, Kangnamgu, Seoul, Korea		**B/L No.** XXXJKFLD8978
Consignee ~~Kastone~~ Kaston xxx Market Street, Sydney NSW 2000, Australia		**Multimodal Transport Bill of Lading**
Notify Party **Same As Above**		Received by the Carrier from the shipper in apparent good order and condition unless otherwise indicated herein, the Goods, or the container(s) or package(s) said to contain the cargo herein mentioned, to be carried subject to all the terms and conditions appearing on the face and back of this Bill of Lading by the vessel named herein or any substitue at the Carrier's option and/or other means of transport, from the place of receipt or the port of loading to the port of discahrge or the place of delivery shown herein and there to be delivered unto order or assigns. This Bill of Lading duly endorsed must be surrendered in exchange for the Goods or delivery order. In accepting this Bill of Lading, the Merchant agrees to be bound by all the stipulations, exceptions, terms and conditions on the face and back hereof, whether written, typed, stamped or printed, as fully as if signed by the Merchant, any local custom or privilege to the contrary notwithstanding, and agrees that all agreements or freight engagements for and in connection with the carriage of the Coods are superseded by this Bill of Lading
Pre-carriage by	Place of Receipt	Party to contact for cargo release **XXX Ultimo Road Sydney NSW 2000, Australia** **TEL : 00-0000-0000 FAX : 00-0000-0000** **ATTN : GERRIT DEKKER**
Vessel Voy. No. **ISLET ACE 832W**	Port of Loading **BUSAN, KOREA**	
Port of Discharge **SYDNEY, AUSTRALIA**	Place of Delivery	Final Destination (Merchant's reference only)

▶ Consignee의 오타로써 'Kastone'에 붉은 줄과 도장이 날인되고, 정확한 수입자의 상호로써 'Kaston'이 기재됨으로써 해당 B/L이 수정됩니다. 실제로 이러한 오타가 발행되면 수정하는 것보다는 재발행하여 깔끔한 운송서류를 수출자가 결제조건에 따라서 수입자에게 전달하는 것을 권합니다.

그래서 수출자는 오타가 발생한 B/L을 포워더에게 전달하여 수정 요청 혹은 재발행을 요청하려 합니다. 수정 요청하게 되면 기존 B/L에 붉은색으로 두 줄이 그어지고 도장이 날인되며, 재발행은 완전히 새롭게 발행됩니다. 재발행되면 포워더 쪽에서 재발행 Fee라는 명목으로 수수료 3만 원 정도 청구될 수 있습니다. 만약, 해당 B/L이 포워더가 발행한 House B/L이 아니라 Line B/L이면, 수수료가 좀 더 발생할 수도 있을 것입니다.

C. Check B/L(Draft B/L)의 확인 필요성

상기와 같이 오타 혹은 기타 운송서류 상에 잘못된 내용이 기재되어 그대로 발행되는 것을 사전에 방지할 수 있습니다. 그것이 바로 Check B/L 혹은 Draft B/L이라 하는 실제 B/L이 발행되기 전에 B/L 초안을 수출자가 포워더에게 받아서 확인하는 절차입니다. 포워더가 자발적으로 Check B/L을 발행하여 수출자에게 전달 후 최종 확인 요청하는 경우도 있고, 수출자가 요청해야 발행해주는 경우도 있습니다.

수출자는 포워더가 B/L로써 역할을 할 수 있는, 즉 수출물품이 외국으로 나가는 배/비행기에 On Board 되고 나서 발행되는 On Board Date 날짜가 기재되는 On Board B/L(Shipped B/L)을 발행받기 전에 반드시 포워더에게 Check B/L 발행 요청하여 잘못된 부분이 없는지 상세히 확인 후 잘못된 점은 바로잡으라 요구하고, 잘못된 점이 없으면 그대로 On Board B/L 발행 요청해야겠습니다.

이렇게 Check B/L이 발행되고 확인하는 과정이 실제 업무 진행하는 실무자에게 불필요하고 시간 낭비가 될 수도 있으나, 잘못 발행되어 수정 혹은 재발행 과정을 거치는 상황에 직면하는 것보다는 훨씬 현명한 업무 스타일이 될 것입니다.

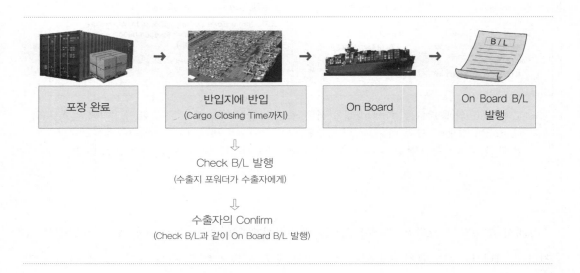

20. 수입 컨테이너 반납과 수출 컨테이너 픽업

한국의 A사는 FCL 건으로써 부산항에 도착한 40FT Dry Container 한 대를 수입 통관 완료 후 내륙운송 업체 통해서 수원 공장으로 내륙운송 진행합니다. 그리고 수원 공장에서 지게차를 이용하여 컨테이너 안에 적재된 화물을 적출(Unstuffing, Devanning)하고, 선사로부터 임대한 컨테이너를 선사가 지정한 반납지로 지정된 일자까지 반납 완료합니다. 이때 공 컨테이너의 반납은 양륙항으로써 부산항이 아니라 통상 인근에 위치한 CY이며, 본 경우는 부곡 CY(의왕 ICD) 혹은 인천항 CY가 될 가능성이 농후하다 할 수 있습니다.

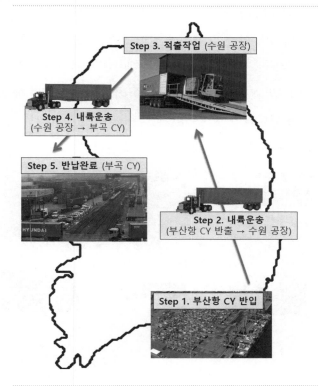

Step 3. 적출작업 (수원 공장)

Step 4. 내륙운송
(수원 공장 → 부곡 CY)

Step 5. 반납완료 (부곡 CY)

Step 2. 내륙운송
(부산항 CY 반출 → 수원 공장)

Step 1. 부산항 CY 반입

〈참고 1〉 통상 부산항에서 40FT Dry Container를 경기도권으로 내륙운송하여 적출 작업 후 공 컨테이너를 반납지로써 인근의 부곡 CY에 반납하는 시점까지의 내륙운송비가 60만 원 정도 되는데, 그 반납지가 부곡 CY아 이니라 부산항이 되면 내륙운송비는 추가 발생할 수 있습니다[1].

〈참고 2〉 FCL 건으로써 화주가 임대한 컨테이너가 Dry Container(일반 컨테이너)가 아니라 Reefer Container, Open Top Container 등과 같은 특수 컨테이너라면 반납지로써 부곡 CY가 아닌 부산항에 위치한 CY가 지정될 수 있습니다. 그러면 내륙운송비가 추가적으로 발생할 수 있으니, 이러한 컨테이너를 임대하는 화주는 컨테이너 반납지가 어디이며 추가 내륙운송비가 발생하는지 여부를 사전에 체크할 필요성이 있을 것입니다.

부산항에서 해당 컨테이너를 픽업하여 A사의 수원 공장까지 내륙운송 한 기사님은 빨리 A사의 공장에서 적출 작업 완료된 공 컨테이너를 부곡 CY에 반납하고, 새로운 40FT Dry Container를 부곡 CY에서 픽업 후 수출자로서 B사의 청주 공장에 들어가야 합니다. 통상적으로 컨테이너 내륙 운송 기사님들은 수입 컨테이너를 반납하고 수출 컨테이너를 픽업하여 다시 항구로 이동하는 스케줄을 원합니다.

그러한 의미에서 A사의 컨테이너가 A사의 수원 공장에 오전 시간에 도착하여 적출 작업 역시 지게차가 이용되어[2] 오전 시간 내로 이루어져 부곡 CY에 가능한 빨리 반납되어야 할 것이며, B사의 수출 건 컨테이너를 당일 부곡 CY에서 픽업하여 B사의 청주 공장에 들어가서 역시 B사가 지게차를 이용하여 적입(Stuffing, Vanning) 작업 후 항구로 이동할 수 있습니다.

---

1 이러한 왕복 비용을 실무에서는 '라운드 비용'이라 말하는 경우도 있으니 참고하기 바랍니다.

2 도크 시설이 없는 화주의 공장/창고(Door)에서는 86쪽과 같은 이동식 도크 장비, 혹은 기타의 방법으로 컨테이너 작업을 진행할 수 있을 것입니다.

경우에 따라서 FCL 건에서 컨테이너가 화주의 공장/창고에 도착했는데, 지게차를 화주가 준비해두지 않아서 적입/적출 작업하는데 상당한 시간이 소요되는 경우도 있습니다. 컨테이너 기사님은 화주의 공장/창고에서 대기하는 시간이 있습니다. 컨테이너 사이즈에 따라서 그 시간은 차이가 있는데, 만약 3시간이라면 3시간 안에 적입/적출 작업을 완료해야 하고 완료하지 못하면 지체료(컨테이너 대기료)를 부담해야 할 수 있습니다.

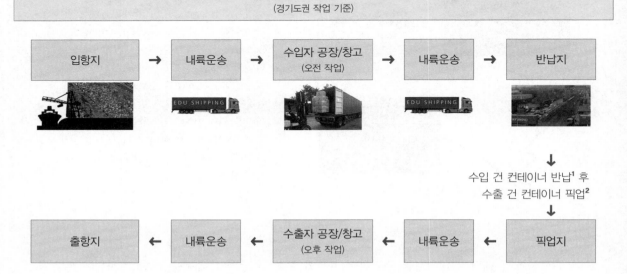

수입 건 컨테이너 작업은 오전, 수출 건 컨테이너 작업은 오후
(경기도권 작업 기준)

입항지 → 내륙운송 → 수입자 공장/창고 (오전 작업) → 내륙운송 → 반납지

수입 건 컨테이너 반납[1] 후
수출 건 컨테이너 픽업[2]

출항지 ← 내륙운송 ← 수출자 공장/창고 (오후 작업) ← 내륙운송 ← 픽업지

▶ 컨테이너 기사님은 수입 건의 경우, 가능한 오전 일찍 수입자의 공장/창고에 도착하면, 그 컨테이너를 인근 CY 반납 후 새로운 수출 건 컨테이너를 수출자의 공장/창고까지 운송하는데 시간적 여유를 확보할 수 있습니다. 그래서 수입 건은 가능한 오전 일찍 수입자의 공장/창고에 도착하는 것에 대해서 다소 호의적이라 할 수 있습니다.
▶ 수출 건에 대해서 경기도권에 수출물품의 공장/창고가 있는 경우, 상황에 따라서는 오전 작업이 이루어지기도 합니다. 예를 들어, 수출자의 공장/창고가 수원이고 인근의 인천 CY 혹은 부곡 CY에서 그 전날 컨테이너를 기사님이 픽업하여 다음 날 아침에 수출자의 공장/창고에 들어가서 적입 후 부산항으로 컨테이너 차량에 의해 내륙운송 될 수도 있을 것이다. 혹은, 부곡 CY에서 공컨테이너를 오전에 픽업해서 수출자의 공창/창고에서 작업 후 다시 부곡 CY로 반입하여 철도로 부산항까지 운송할 수도 있을 것입니다.
▶ CY마다 다르지만 24시간 컨테이너 픽업과 반납이 가능한 곳도 있고, 픽업과 반납에 정해진 시간이 있는 경우도 있으니 참고하기 바랍니다.

---

1 컨테이너 사용 후 반납하는 것으로서 Damage 없어야.
2 상태 양호한 컨테이너(sound container) 픽업해야 할 것.

21. 수입과 수출을 동시에 하는 화주의 컨테이너 반납과 임대

때에 따라서 한국의 A사가 수입과 수출을 동시에 하는 경우가 있고, 수입 시점과 수출 시점이 겹치는 경우가 있습니다. 그렇다면 한국 A사는 40FT Dry Container 1대의 수입 건을 통관 완료하여 수입자의 수원 공장에서 수입화물을 적출할 것이며, 해당 컨테이너에 수출화물을 바로 적입 후 수출 진행을 원할 수 있습니다.

그러나 이것은 가능하지 않다고 할 수 있습니다. 수입 건에 대한 컨테이너는 선사가 지정한 반납지로 정해진 일자까지 반납하여 전산처리 되어야 합니다. 따라서 수입할 때 사용한 컨테이너는 정상적으로 해당 컨테이너의 소유회사로써 선사에 반납하고, 수출을 위해서는 새로운 컨테이너를 포워더를 통하여 동일 선사 혹은 다른 선사로부터 임대 후 사용해야 할 것입니다.

22. 해상 건, FCL과 LCL의 통관 과정, 그리고 CY와 CFS

A. 선박의 종류

해상 건으로 화물(Cargo)을 운송할 때는 선박을 사용합니다.

선박은 크게 2가지고 구분할 수 있는데, 화물을 컨테이너에 적입하여 그 컨테이너를 선박에 적재 후 운송하는 컨테이너 선박과 컨테이너에 적입 불가한 벌크 화물을 그대로 선박에 적재하여 운송하는 벌크선이 있습니다(물론, 컨테이너 화물과 벌크 화물을 함께 적재하는 선박도 존재함). 벌크 화물을 다루는 무역회사도 많지만, 컨테이너에 적입하여 운송되는 컨테이너 화물이 일반적일 것입니다.

B. FCL 건, 컨테이너의 임대와 적입/적출 당사자

컨테이너에 적입되어 운송되는 화물은 기본적으로 a)컨테이너가 필요하고 b)그 컨테이너에 물품을 적입(Stuffing, Devanning), 혹은 컨테이너로부터 물품을 적출(Unstuffing, Devanning)하는 작업이 이루어져야 할 필요가 있습니다.

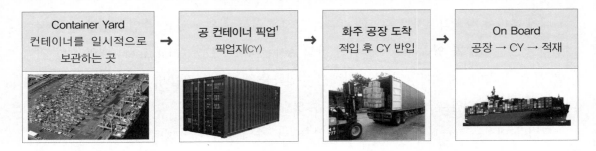

FCL 건- 컨테이너 소유사로부터 컨테이너 임대와 사용, 그리고 반납

| Container Yard 컨테이너를 일시적으로 보관하는 곳 | 공 컨테이너 픽업¹ 픽업지(CY) | 화주 공장 도착 적입 후 CY 반입 | On Board 공장 → CY → 적재 |

▶ 본 상황은 컨테이너를 임대하는 건이니 FCL 건이라 할 수 있음.

▶ 상기는 수출지의 상황이며, 수입지에서는 반대로 진행.

▶ 수출지에서 컨테이너 임대하여 수입지까지 운송 후 반납해야 하며, 수입자 공장/창고에서 컨테이너 내부 화물을 적출하여 컨테이너 소유사가 지정한 Detention Free Time 이내에 반납하지 못하면, 컨테이너라는 장비 사용 후 늦은 반납으로 인한 지체료로써 Detention Charge 발행될 수도.

▶ 상기와 같이 진행하면 CFS에 반입하지 않고 화주가 수출지에서 적입, 그리고 수입지에서 적출 작업을 직접 하기에 CFS Charge는 발생하지 않음.

참고 CY에서 공 컨테이너 Pick Up 할 때

수출자는 수출지 포워더에게 Shipment Booking 하는 과정에서 전달받는 Container Booking No.를 내륙운송회사 컨테이너 기사님께 전달하여, 해당 기사님이 픽업지 CY에서 공컨테이너를 픽업할 수 있도록 합니다. 그리고 수출 물품이 있는 곳으로 공컨테이너가 도착하면 Damage 여부를 확인합니다. 만약, Damage가 있으면 다시 반납하고 상태 좋은 컨테이너(Sound Container)를 다시 Pick Up 요청해야 할 것이며, 이러한 과정에서 비용 발생과 시간이 지연되어 수출자는 피해를 봅니다.

컨테이너 기사님은 픽업지에서 공컨테이너를 픽업할 때 Damage 여부에 대해서는 확인할 것이나, 수출자가 사전에 따로 구두로 전달, 혹은 내륙운송사/포워더와 이메일 등으로 이와 같은 문제 발생 시 책임은 누구에게 있다는 내용을 문서화 해두는 작업이 필요할 수도 있을 것입니다.

---

a) 컨테이너의 임대

먼저, 화주(수출자 혹은 수입자)는 통상적으로 컨테이너를 소유하고 있지 않으니 컨테이너 소유회사를 통하여 컨테이너를 임대해야 할 것입니다. 일반적으로 컨테이너를 소유한 회사는 선사로써 선사가 소유한 컨테이너를 COC(Carrier's Own Container)라 하는데, 화주는 포워더를 통하여 컨테이너를 선사로부터 임대합니다.

1　실무에서는 CY에서 공 컨테이너를 컨테이너 차량의 샤시에 상차하는, 즉 Pick Up 하는 것을 '뜬다'라고 표현하기도 합니다. 그리고 공 컨테이너(Empty Container)를 '깡통'이라 표현하기도 합니다.

참고로 컨테이너는 일반적으로 COC이나, 컨테이너를 전문적으로 대여하는 회사가 있고 포워더가 컨테이너를 소유한 경우도 있으며, 때에 따라서는 화주가 컨테이너를 소유하고 있는 경우도 있습니다. 이러한 컨테이너를 SOC(Shipper's Own Container)라 합니다.

b) 컨테이너로 화물 적입/적출 그리고 CY 활용

화주는 포워더를 통하여 선사로부터 컨테이너를 임대[2]하고, 해당 컨테이너를 내륙운송 업체에 Container Booking No.(포워더에게 Shipment Booking 할 때 포워더가 화주에게 통지) 전달하면서 CY에서 공 컨테이너 픽업 후 수출화물이 위치한 수출자의 공장/창고로 운송 요청합니다. 이를 Door Order라 합니다.

CY는 항구 내에 위치한 CY와 항구 밖에 위치한 CY가 있습니다. 다시 말해서 허치슨 CY 등과 같이 부산 항구 내에 위치한 CY가 있으며, 부곡 CY(의왕 위치)와 같은 내륙에 위치한 CY(ICD, Inland Container Depot)도 있습니다. 화주가 컨테이너를 임대하여 공 컨테이너를 내륙운송 업체를 통해 픽업 할 때, 이러한 CY에서 픽업하며 수입지에서 화물을 적출하고 반납할 때 역시 CY로 반납합니다.

그리고 수출지에서 선박에 컨테이너를 적재하기 위해, 부두의 CY로 수출자에 의해서 화물이 적입된 컨테이너를 포워더가 통지한 Cargo Closing Time까지 반입해야 할 것이며, 수입지에서 선박이 도착하면 컨테이너를 양륙하여 CY에 반입되고, 수입신고 수리되고 D/O 받으면 CY에서 반출됩니다[3]. 이때 수출지의 수출자 공장/창고에서 수출자에 의해서 적입 완료한 컨테이너를 내륙운송 업체를 통해 바로 CY로 반입하고, 수입지에서는 CY에 반입된 컨테이너를 역시 내륙운송 업체 통해 CY로부터 반출하여, 수입자의 공장/창고에서 수입자에 의해 적출 작업을 진행합니다. 그 이후 공 컨테이너를 반납지로써 지정된 CY로 반납합니다.

여기서 알 수 있듯이 컨테이너를 화주가 임대하여 진행하는 FCL 건은 무조건은 아니지만, 일반적으로 적입 및 적출 작업이 누군가(콘솔사, 즉 혼재업자)에 의해서 대행되는 것이 아니라 화주가 직접 진행합니다. 결국, 이러한 상황에서 적입/적출 작업비로써 CFS Charge 는 발생하지 않습니다.

---

2 FCL 건에서 화주는 포워더를 통하여 공 컨테이너의 Booking을 진행합니다. 이때 화주는 포워더에게 특별히 컨테이너에 Damage가 있거나 냄새가 심한 컨테이너(물론, 적출 후 컨테이너 청소 후 화주에게 임대함)가 아닌 상태 좋은 컨테이너를 요청할 필요도 있습니다. Damage 없이 상태 좋은 컨테이너를 Sound Container라고 하며, 냄새나지 않는 컨테이너를 Odorless Container라고도 하니 참고하기 바랍니다.

3 보세구역에서 물품을 반출하기 위해서는 D/O와 수입신고필증이 필요합니다. 해당 건이 보세운송 건이라면 D/O만 있으면 반출 가능합니다.

FCL 건은 화주가 컨테이너 자체를 임대하여 사용하는 것이며, 통상 물량이 그만큼 많기 때문에 임대한 컨테이너 자체를 화주의 공장/창고로까지 운송하여 화물의 적입 및 적출을 화주가 직접 진행합니다. 그러나 무조건 FCL 건이라 해서 컨테이너 자체를 화주의 공장/창고로 운송하여 화주가 적입 및 적출 작업을 직접 하는 것은 아닙니다. FCL 건일지라도 필요에 의해서 LCL 건처럼 CFS에 반입될 수 있으며, 그렇다면 적입 혹은 적출 작업을 화주가 직접 하지 않고 혼재업자가 대신 진행하니 CFS Charge가 발생합니다.

C. LCL 건, 컨테이너 내부 공간 임대와 적입/적출 당사자

LCL이라는 것은 화주가 컨테이너 자체를 임대하여 화물을 운송하는 것이 아니라 컨테이너 안의 일정한 공간을 임대하여 사용하는 것입니다. 따라서 운임 및 운송 관련 비용 역시 FCL은 하나 컨테이너 당 발생하지만, LCL은 임대한 공간 대비로 발생한다 할 수 있습니다[1].

FCL (컨테이너 임대)	LCL (컨테이너 내부 공간 임대)
O/F: USD 350/20FT와 같이 견적 (임대한 컨테이너 당 견적)	O/F: USD 25/R.Ton과 같이 견적 (임대한 공간 당 견적)

이러한 LCL 건은 FCL 건처럼 공 컨테이너를 화주 공장/창고로 내륙운송하여 화주가 직접 컨테이너에 화물을 적입 혹은 적출 작업하는 것이 아닙니다. 컨테이너를 화주 공장/창고로 내륙운송하게 되면, 그에 따른 비용이 상당히 발생합니다. 소량의 화물이라면 탑차와 같은 일반 트럭에 화물을 적재하여 내륙운송하는 것이 내륙운송비(Trucking Charge)를 절감하는 방법이 될 것입니다.

그러한 점에서 수출지에서도 일반 트럭에 화물을 적재하여 항구로 이동시키고, 수입지에

---

1 FCL 견적서 및 LCL 견적서 '어려운 무역실무는 가라 Part 1' 참고.

서도 항구에서 일반 트럭으로 화물을 수입자에게 운송될 것입니다. 문제는 해당 화물을 운송할 선박은 컨테이너선이기에 소량의 화물이더라도 반드시 컨테이너에 적입되어야 합니다. 그렇다면 수출지에서 포장된 화물을 수출지 항구에서 받아서 컨테이너에 적입 작업을 대행할 회사가 필요합니다. 역시 수입지에서도 컨테이너 그대로 내륙운송되어 수입자에게 도착하는 것이 아니라 컨테이너로부터 화물을 적출 후 일반 트럭을 활용하여 수입자에게 전달되어야겠습니다. 따라서 수입지 항구에 컨테이너가 양륙되면 이를 받아서 화물의 적출 작업을 대행할 회사가 필요합니다.

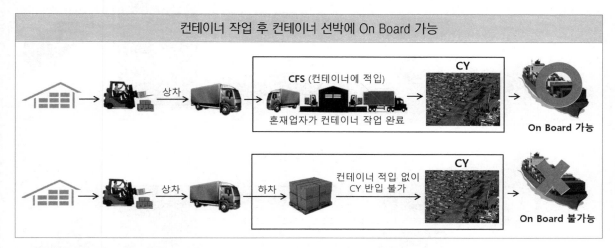

▶ 혼재업자에 의해서 컨테이너 작업(적입 혹은 적출)이 이루어지는 장소가 바로 CFS로써 혼재업자가 보유한 보세창고가 됩니다. 포워더는 화주에게 FCL 화물 Shipment Booking 받으면 선사로 전달하여 선사로부터 B/L 받으며, LCL 화물 Shipment Booking 받으면 혼재업자에게 전달하여 혼재업자로부터 B/L 받습니다. 물론, 수입지에서 D/O 역시 선사 B/L의 경우 선사 혹은 선사 대리점 포워더로부터 D/O 받으며, 혼재업자 B/L의 경우 수입지 혼재업자 통해서 D/O 받습니다.

이렇게 수출지에서 적입, 수입지에서 적출 작업 대행하는 회사를 혼재업자, 즉 콘솔사라[2] 합니다. 그리고 수출지에서 콘솔사가 물품을 받아서 컨테이너에 적입 작업을 진행하고, 수입지에서 콘솔사가 컨테이너로부터 적출 작업을 진행하는 보세창고가 바로 CFS(Container Freight Station)이 됩니다.

물품이 이러한 CFS에 반입되면 창고료가 발생하는 것은 당연하고, 적입 혹은 적출 작

---

2 참고로 혼재업자(콘솔사)는 해상 LCL 건에 대해서만 혼재업무 진행하는 것은 아닙니다. 항공 건에 대해서도 혼재업무 진행합니다.

업에 대한 CFS Charge가 발생하며 수출지의 CFS에서 CY까지의 셔틀운송비 및 수입지 CY에서 CFS까지의 셔틀운송비가 발생할 수 있습니다. 이렇게 수출지 및 수입지에서 CFS Charge는 각각 발생하지만, 보세창고료와 셔틀운송비(Drayage Charge)는 통상 수입지에서 발생할 것입니다.

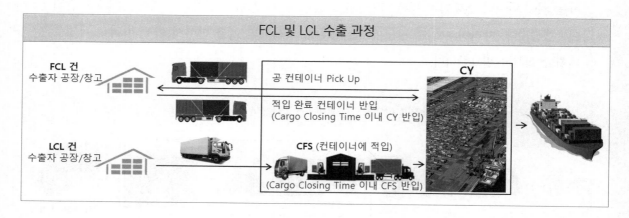

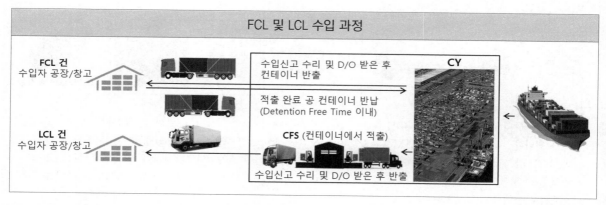

▶ 수출지의 CFS에서 CY까지, 수입지에서 CY에서 CFS까지 컨테이너 운송비를 셔틀비용, 즉 Drayage Charge라고 합니다. 통상 수출지에서는 발생하지 않고 수입지에서는 발생할 수 있습니다.

23. 소량화물을 콘솔(혼재)하는 콘솔사(혼재업자)

A. 해상 건에서의 혼재업자 역할

콘솔사(consolidator), 즉 혼재업자는 해상 건에서의 소량화물뿐만 아니라 항공 건의 화물에 대해서도 콘솔 업무 진행합니다. 먼저 해상 건에서 화주가 하나의 컨테이너를 임대하여 진행하는 FCL 건이 아닌 일반적인 LCL 건의 화물을 CFS(컨테이너 화물 집결지/작업장)로 집결시켜서 컨테이너에 적입합니다. 그리고 컨테이너선에 On Board 되어 수입지의 항구에 도착하면, 다시 CFS에서 해당 컨테이너는 혼재업자에 의해서 개장되어 물품이 적출된 후에 각각의 Consignee에게 전달됩니다.

이와 같은 건에서 혼재업자는 혼재업자 자신이 컨테이너를 임대하여 소량화물을 받아서 (실화주는 포워더에게 Shipment Booking하고, 포워더는 소량화물의 경우 혼재업자에게 Shipment Booking[1]) 해당 컨테이너에 물품을 채웁니다. 그래서 혼재업자 입장에서는 하나 컨테이너에 소량화물을 충분히 적재해야 이익이 그만큼 많이 남을 것입니다.

경우에 따라서 특정 화주의 소량화물이 2단 적재가 안 되거나 혹은 하나의 물품인데, 한 쪽이 길게 튀어나오는 화물은 다른 화주 화물의 적재를 그만큼 하지 못하게 하니 그에 따른 보상의 명목으로 Position Charge가 청구될 수도 있습니다(항공 건에 대해서도 동일할 것). 혹은 1CBM 정도 되는 물품인데, 무게가 5,000kg인 중량화물(Weight Cargo)이어서 다른 화물을 좀 더 적재할 수 없게 하는 건의 화물에 대해서는 1CBM당 O/F(Ocean Freight)가 계산되는 것이 아니라 1CBM을 1,000kg으로 봐서[2] 5CBM이라 판단하여 O/F를 청구합니다.

상기 설명에서 주의해야 하는 것은, 화주가 포워더를 통하여 선사로부터 컨테이너 자체를 임대하여 진행하는 FCL 건은 무조건 CFS로 반입되지 않고 혼재업자에 의해서 컨테이너 적입/적출 작업이 이루저지 않는다는 것은 아닙니다.

---

1 FCL 건은 포워더가 선사에 Shipment Booking 하니 선사가 발행하는 B/L이 Master B/L이 되며, 이를 기초로 포워더는 House B/L을 발행하여 화주에게 전달합니다. 그리고 LCL 건에 대해서는 포워더가 선사가 아닌 혼재업자(콘솔사)에게 Shipment Booking 하니 혼재업자가 발행하는 B/L이 Master B/L이 되며, 이를 기초로 포워더는 House B/L을 발행하여 화주에게 전달합니다.

2 우리나라 같은 경우 해상 건으로써 1CBM은 1,000kg으로 봅니다.

B. 해상 건에서의 혼재업자 역할

혼재업자가 해상 건에서 컨테이너를 선사에 직접 임대하여 소량화물을 받아서 해당 컨테이너를 채워서 마진을 남깁니다. 반면, 항공은 컨테이너 개념이 없는 운송 건이라고 보면 됩니다. 그래서 '컨테이너 화물 작업장 혹은 집결지'라고 할 수 있는 CFS(Container Freight Station)가 항공 건에서 존재하지 않습니다. 그냥 공항 보세창고입니다.

항공 건에서 혼재업자는 항공사에 일정한 물량, 예를 들어 1ton의 물량을 Booking 하여 포워더를 통하여 소량의 항공화물을 전달받습니다. 그리고 1ton을 채움으로써 마진을 남길 수 있을 것입니다. 혼재업자는 항공 건에서 많은 물량을 항공사에 Booking 하기 때문에 항공사로부터 경쟁력 있는 운임을 받을 것입니다. 따라서 포워더가 화주에게 항공 건 Booking 받아서 그 화물을 그대로 항공사에 Booking 하여 진행하는 운임보다, 포워더가 콘솔사에 Booking 하여 진행하는 것이 중간에 콘솔사가 들어오더라도 더 좋은 운임으로 진행할 수도 있습니다. 물론, 화주로부터 항공화물의 운송 대행 요청받은 포워더가 다른 화주의 물량을 포함하여 상당한 물량을 움직일 수 있는 포워더라면 콘솔사를 중간에 두지 않고 항공사로부터 좋은 운임을 받을 수 있을 것이니, 콘솔사에 Booking 하지 않아도 될 것입니다.

24. CFR Busan Port와 DAP Busan Port의 차이점, 그리고 보세 창고비

A. C 조건과 D 조건의 개념 차이

C 조건하에서 수출자가 수입자에게 제시하는 가격에는 지정된 장소로써 수입지의 터미널에 운송수단이 도착하는 시점까지의 비용을 포함합니다. 따라서 C 조건 뒤에 지정장소에서 발생한 비용부터는 수입자가 직접 커버해야 합니다.

반면에, D 조건하에서 수출자가 수입자에게 제시하는 가격에는 기본적으로 수입지의 터미널에 운송수단이 도착하는 시점까지의 비용과 해당 터미널에서 발생하는 비용까지 포함하고 있습니다. 수입지 터미널에서 발생하는 비용 중에 대표적인 비용이 바로 THC일 것입니다.

B. D 조건에서의 수입지 보세창고비

DAP Busan Port와 DAP Buyer's Daegu Warehouse[1]는 가격에서 차이가 있으며, 그 차이점은 부산 항구에서 대구에 위치한 수입자의 내륙 창고까지의 내륙운송비를 수출자가 제시한 가격에 미포함되어있느냐, 혹은 포함되었느냐의 차이입니다[2].

문제는 이들 조건 중에 어느 하나로 진행하던지 혹은 기타의 D 조건으로 진행함에 있어, 수입자로서 한국에 위치한 자가 보세창고에 반입된 물품에 대해서 신속히 통관 진행하지 않고 어떠한 이유로 상당히 오랜 시간 통관을 지연함으로써 발생한 보세창고비를 과연 누가 부담할 지입니다. 만약, 해당 건이 CFS라는 보세창고에 반입되는 LCL 화물이 아니라[3] FCL 건으로 CY에 반입되어 통관을 기다리는 화물인데, Free Time을 지나서 오랜 시간 수입통관을 하지 않았다면, Storage Charge와 Demurrage Charge가 발생할 것이며 여기에 할증까지 붙어서 상당한 비용이 발생할 수 있습니다.

수출자는 D-Terms 중의 하나로 상대와 매매계약 체결할 때, 이와 같은 상황이 발생할 수 있다는 것을 충분히 인지하고 매매계약서에 따로 항목을 만들어 상호 합의해두는 것이 적절하다고 판단합니다.

Price Term : DAP 내륙지점 ─────────────────→

수입지에서 통관 지연에 따른 추가 비용은 수출자와 수입자 중 누가 부담하는가?

→ 추가 발생되는 비용으로서 FCL 건은 Storage, Demurrage, LCL 및 항공 건은 보세창고료 등.
→ 매매계약서 작성할 때, 계약서에 명시하는 것이 적절.
　 예) 가격조건이 비록 'DAP 내륙지점'이나 수입 통관 지연에 따른 비용은 수입자가 부담한다.

1　DAP는 인코텀스 2010에서 존재하는 조건입니다. 실무에서는 DAP보다는 DDU를 더 많이 사용하며 DDU는 인코텀스 2000에 존재하였으나, 인코텀스 2010으로 넘어오면서 DDU는 없어지고 대신 DAP가 새로 만들어졌습니다. DDU와 DAP는 동일 조건으로 이해하면 될 것입니다.

2　DAP Buyer's Daegu Warehouse는 수입지의 터미널에서 Daegu Warehouse까지의 내륙운송비를 포함하고 있는 조건입니다.

3　물론, 보세창고에 반입되어 상당 기간 반출하지 않으면 보세창고료 역시 발생합니다.

25. Doc CLS(DC)와 Cargo CLS(CC), 그리고 Full

수출자는 지정된 포워더에게 Shipment Schedule 받으면 해당 서류상에서 선사명, E.T.D.(출발 예정일), E.T.A.(도착 예정일)[1], 그리고 Documents Closing Time(서류제출마감시간. Doc CLS) 및 Cargo Closing Time(수출화물반입마감시간) 등의 정보를 확인할 수 있습니다.

수출지에서 포워더가 제시한 Shipment Schedule을 확인하고 수출자가 Shipment Booking 하면 해당 건의 배가 출항하는 날(E.T.D.)을 기준으로 하루 이틀 전까지 수출 물품은 수출지 항구의 반입지로써 CFS, 혹은 CY로 반입 완료되어야 합니다. 이를 Cargo CLS(CC)라고 하며, 화물 반입에 Deadline이라 할 수 있습니다.

그리고 포워더를 통하여 수출하는 건에 대해서 외국으로 나가는 배/비행기에 물품을 On Board 하기 위해서는 수출하려는 물품이 수출지 세관에 수출 신고되어 수리되었음이 수출 신고필증에 의해서 확인되어야 합니다. 따라서 Doc DOC(DC)까지 수출자는 관세사 통해서 수출신고 의뢰하고 수리받은 입증서류로써 수출신고필증[2]을 포워더에게 전달해야겠습니다.

이때 함께 제출하는 서류로써 팩킹리스트(P/L, Packing List)가 있는데, 포워더는 운송서류(B/L 혹은 화물운송장) 작성할 때 수출자가 제시한 팩킹리스트를 참고합니다. 그리고 때에 따라서는 수출자가 작성한 인보이스(C/I, Commercial Invoice) 역시 함께 제출하기도 합니다.

마지막으로 이러한 용어를 사용할 때 'Full'이라는 단어를 사용하기도 합니다. 먼저 Doc Closing Time에서의 Full은 업무 마감시간으로써 18시를 나타내며, Cargo Closing Time에서의 Full은 23~24시 정도를 나타냅니다.

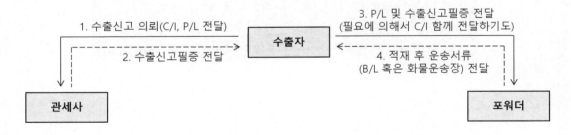

1. 수출신고 의뢰(C/I, P/L 전달) | 3. P/L 및 수출신고필증 전달 (필요에 의해서 C/I 함께 전달하기도)

수출자

2. 수출신고필증 전달 | 4. 적재 후 운송서류 (B/L 혹은 화물운송장) 전달

관세사 | 포워더

---

1 E.T.D.와 E.T.A는 모두 예정 시간입니다. 따라서 E.T.D.에 정확히 배가 출항할 것이라, 그리고 E.T.A.에 정확히 배가 입항할 것이라 생각하면 안 됩니다. 운송 스케줄에는 변수가 있을 수 있기에 말 그대로 예정 시간이라 인지해야 할 것입니다.

2 참고로 수출신고필증은 수출물품이 국내에 위치한 상태에서 수출 신고하여 세관으로부터 수리받으면 발행되는 '적재전 수출신고필증'과 수리된 물품이 외국으로 나가는 배/비행기에 On Board 되면, 즉 수출 이행되면 발행되는 '수출 이행 수출신고필증'으로 구분되어 2번 발행됩니다. Documents Closing Time까지 수출자가 포워더에게 전달하는 수출신고필증은 '적재전 수출신고필증'이 될 것입니다.

26. 일반 컨테이너 사이즈와 적재 가능 박스/파레트 계산 방법

컨테이너 사이즈에 따른 적재 가능 부피와 무게는 다음과 같습니다.

| Dry Container |

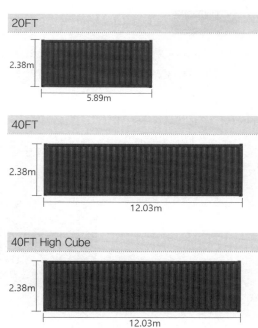

20FT

40FT

40FT High Cube

		20FT	40FT	40FT High Cube
Interior Dimensions				
Width	(폭)	2.35m	2.35m	2.35m
Length	(길이)	5.89m	12.03m	12.03m
Height	(높이)	2.38m	2.38m	2.68m
Tare Weight(컨테이너 자체 중량)				
ton		2.15ton	3.70ton	3.80ton
lbs		4,739 lbs	8,156 lbs	8,377 lbs
Cubic Capacity				
Cubic meters		33.0 cbm	67.0 cbm	76.0 cbm
Cubic feet		1,179 cu. FT	2,393 cu. FT	2,714 cu. FT

그러나 컨테이너에 적입되는 물품의 사이즈와 해당 물품을 지게차로 이동시키기 위해서 혹은 기타의 목적으로 사용하는 파레트(Pallet)의 사이즈는 동일하지 않습니다. 그래서 실무자로서 컨테이너에 거래하는 물품의 박스가 몇 개 들어갈지 혹은 파레트가 몇 개 들어갈지 고민하기도 합니다.

참고	1 feet = 0.3048m

1 feet(ft)는 센티로 30.48cm이며, 미터로는 0.3048m입니다. 따라서 20ft × 0.3048m 하면, 20ft에 대한 미터 값은 6.096m가 됩니다(상기 컨테이너 제원에서의 사이즈는 컨테이너 내부 값).

A. 컨테이너에 적입 가능한 박스 수량 계산

Carton 사이즈

가로: 0.55m
세로: 0.90m
높이: 0.75m

이와 같은 박스를 20FT Dry Container에 파레트 작업 없이 적재할 때, 몇 개의 박스가 들어갈 것인지에 대한 계산을 해보겠습니다. 일단 20FT Dry Container의 길이 사이즈는 5.89m 정도이고 상기 박스의 가로 사이즈는 0.55m이니, 10개가 한 줄로 들어갑니다. 그리고 20FT Dry Container의 폭이 2.35m이고 박스의 세로 사이즈가 0.90m이니, 2개 들어갑니다. 물론, 가로로 10개 넣고 세로로 2개 넣으면 Dead Space가 발생하는데, 그 공간에는 더 이상 상기 박스를 넣을 수 없으니 1단 적재의 경우 총 20박스가 들어갑니다.

만약, 2단 이상 적재하더라도 문제없는 물품이라면, 20FT Dry Container의 높이가 2.38m이고 상기 박스의 높이가 0.75m이니, 3단까지 적재 가능할 것입니다. 따라서 20FT Dry Container에 상기 박스는 Dead Space를 고려하여, 총 60박스 정도 적재 가능하다고 보면 될 것입니다.

그러나 일반적으로 물품을 컨테이너에 적입 및 적출할 때 지게차를 이용합니다. 따라서 지게차의 포크가 물품을 들어 올릴 수 있도록 파레트 작업을 하게 됩니다. 이렇게 물품을 파레트 위에 올렸다면 파레트의 CBM(부피) 역시 계산하여 컨테이너에 박스가 몇 개 적입 가능한지 확인해야 할 것입니다.

B. 컨테이너에 적입 가능한 파레트 수량 계산

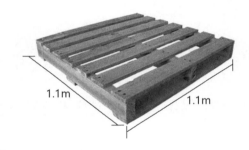

1.1m   1.1m

　파레트의 사이즈는 다양하다 할 수 있습니다. 제시한 파레트의 사이즈는 가로, 세로 각각 1.1m입니다. 20FT Dry Container의 길이 사이즈는 5.89m 정도이고 상기 파레트의 가로 사이즈는 1.1m이니, 파레트 5개가 한 줄로 들어갑니다. 그리고 20FT Dry Container의 폭이 2.35m이고 파레트의 세로 사이즈가 1.1m이니, 2개 들어갑니다. 따라서 1단 적재의 경우 총 10박스가 들어갑니다. 만약, 2단 적재 가능한 물품이라면, 20FT Dry Container에 20개까지 들어갈 수 있을 것입니다.

▶ 파레트 작업한 물품을 컨테이너 내부에 2단 적재한 모습입니다. Dead space가 있으며, 이로 인한 물품의 움직임을 방지하기 위해서 Dunnage Bag을 활용할 수 있습니다. (참고 124쪽)

물론, 나무 등을 사용하여 Shoring 할 수도 있습니다.

▶ Dunnage Bag을 활용하지 않은 사진(좌측)과 활용한 사진(우측)의 모습.

27. 40FT x 1 사용하지 않고 20FT x 2 사용하는 이유

79쪽 표에 보면 20FT와 40FT Dry Container의 제원이 있습니다. 컨테이너 길이와 적재 가능한 부피(CBM)가 20FT에 비해서 40FT가 2배 정도 된다는 사실을 확인할 수 있습니다. 한 번 수출하는데 55CBM 정도 되는 물량을 수출하는 경우, 40FT 하나 컨테이너 사용하면 충분히 운송 가능합니다.

그러나 그 물량의 Gross Weight가 38ton이라고 가정해봅시다. 20FT 및 40FT 등의 컨테이너에는 적재 가능한 부피(CBM)도 있으나, 적재 가능한 무게(Weight)도 존재합니다. 만약, 40FT 하나 컨테이너에 38ton의 화물을 적재하면 과적으로 단속에 걸려 벌금을 청구받을 수 있고, 더욱이 크레인으로 컨테이너를 이동시킬 때 컨테이너 바닥이 내려앉을 수도 있습니다.

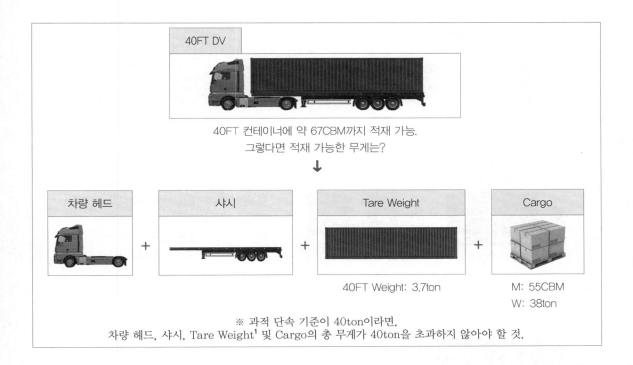

40FT DV

40FT 컨테이너에 약 67CBM까지 적재 가능.
그렇다면 적재 가능한 무게는?
↓

차량 헤드 + 샤시 + Tare Weight + Cargo

40FT Weight: 3.7ton

M: 55CBM
W: 38ton

※ 과적 단속 기준이 40ton이라면,
차량 헤드, 샤시, Tare Weight[1] 및 Cargo의 총 무게가 40ton을 초과하지 않아야 할 것.

　따라서 55CBM이라는 부피는 40FT에 충분히 적재 가능한 부피의 화물이지만, 무게가 상당하기 때문에 40ft 하나 컨테이너를 사용하여 운송할 수 없습니다. 이러한 경우, 20FT 컨테이너 2대를 사용하여 부피와 무게를 분산시킬 필요가 있겠습니다.

　하나의 컨테이너 차량은 차량 헤드, 컨테이너 샤시, 컨테이너, 그리고 화물(Cargo)로 구성되어 있으며, 이들의 총합계가 일정한 범위를 초과하면 과적이 됩니다. 결국, 40FT 하나 컨테이너에 55CBM이라는 부피는 충분히 적입되나, 그 무게가 과적에 걸릴 정도라면 2대의 컨테이너 차량을 사용하여 무게를 분산해야겠습니다.

1　컨테이너 자체 중량.

Cargo

M: 55CBM
W: 38ton

20FT 샤시 사용

25CBM, 20ton   20CBM, 18ton

▶ 실제로 20FT Container 샤시는 많지 않아 수배하기 힘들 수 있습니다. 그래서 20FT Container의 경우, 샤시가 아닌 일반 트럭의 짐칸에 컨테이너를 상차하여 운송하는 경우도 있습니다. 아니면 20FT Container이지만 40FT Container 하나 상차할 수 있는 샤시로 운송하는 경우도 있습니다.

※ 참고로 40FT가 20FT 컨테이너보다 부피가 2배 크다 하여, 해상운임(O/F)이 40FT가 20FT보다 2배, 그리고 내륙운송비(Trucking Charge) 역시 40FT가 20FT보다 2배 높은 것은 아닙니다. 크게 차이 나지 않을 수도 있겠습니다.

다음으로 경우에 따라서는 40FT 하나 컨테이너를 사용하지 않고 20FT 2대 컨테이너 사용하는데, 20FT 컨테이너에 대해서 각각 차량에 개별적으로 적재하여 운송하지 않고, 40FT 컨테이너 샤시에 20FT 컨테이너를 콤바인하여 운송하는 경우도 있을 것입니다.

예를 들어, 부피가 55CBM으로 40FT 컨테이너에 충분히 적입되지만, 무게가 28ton입니다. 40FT 컨테이너에 28ton이라는 화물을 적재하고 과적이 아닐지라도, 크레인으로 해당 컨테이너를 이동시킬 때 무게로 인해서 공중에 떠있는 컨테이너의 바닥이 내려앉을 수 있습니다. 따라서 20FT 컨테이너 2대를 사용하여 무게를 분산시켜서, 크레인으로 컨테이너를 이동하여도 문제없도록 해야 할 것입니다.

Cargo

M: 55CBM
W: 28ton

20FT x 2 콤바인

▶ 이때, 헤드 바로 뒤 컨테이너의 문은 헤드 바로 뒤
에 위치해야 하며, 차량 끝 부분의 컨테이너의 문
은 차량 뒤에 있어야 합니다. 화주의 공장/창고에
서 컨테이너를 개장하여 적입/적출 할 때, 헤드와
샤시를 분리하여 작업합니다.

상기는 하나의 Shipper가 하나의 Consignee에게 40 FT 하나 물량을 수출함에 있어 과
적 문제로 20 FT 2대를 사용하는 경우입니다. 그러나 하나의 Shipper가 Consignee 2개
회사로 20 FT 하나 컨테이너를 각각 수출하는데, 수출 물품이 위치한 Shipper의 공장/창
고에서 각각의 Consignee로 발송되는 화물의 컨테이너 작업이 같은 날 진행되는 경우도 있
을 것입니다[1]. 그렇다면 40 FT 샤시에 20 FT 2대를 상차하여 Shipper는 적입작업을 할 수
있을 것입니다. 이때 동일한 반입지로서 CY에 반입되었다 하더라도 On Board 시점은 각각
다를 수 있을 것이며 선사 역시 다를 수 있을 것입니다.

28. Container Portable Dock, 도킹 작업

Dock은 사전적인 의미로써 부두라는 뜻도 있지만, 화물적재플랫폼이라는 의미도 있습니
다. 공장/창고는 다음과 같이 컨테이너 차량으로 물품을 Loading 하거나 혹은 컨테이너 차
량으로부터 물품을 Unloading 할 수 있는 장소가 있는데, 이곳을 Dock이라 합니다. 특히,
보세창고는 이와 같은 Dock이 있으며, 이곳에서 도킹 작업이 이루어집니다.

---

1 본 경우 Consignee 별로 수출신고할 것이며, 수출신고필증은 각각 발행됩니다. 물론 운송서류 역시 Consingee 별로 발행
  됩니다.

그러나 모든 화주(제조사 포함) 공장/창고에 이러한 시설이 되어있지 않습니다. 그래서 이동 가능한, 즉 Portable Dock이 필요합니다. 컨테이너는 샤시 트레일러[1] 위에 있기 때문에 지게차가 바닥에서 샤시 트레일러 위에 놓여진 컨테이너 안으로 들어갔다 나올 수 없습니다.

▶ 좌측과 같이 컨테이너 차량과 지게차만 있는 경우, 지게차가 컨테이너 내부와 외부를 이동하면서 물품 적입/적출 작업을 할 수 없습니다.

따라서 Container Portalbe Dock 혹은 Mobile Dock 등이라고 표현하는 장비가 필요할 것입니다.

만약, Portable Dock을 보유하고 있지 않다면, 지게차로 컨테이너 뒤쪽에 물품을 올리거나 내리는 작업을 하고, 사람이 핸드파레트트럭(Hand Pallet Truck)을 활용하여 화물을 컨테이너 내부에서 이동시켜야 할 것입니다(98쪽 참고).

29. Off Load, Over Load, Roll Over

수출 화주가 포워더에게 Shipment Booking 완료하였는데, 해당 스케줄과 같이 선박/항공

---

1 컨테이너 샤시. 컨테이너를 이동시킬 때 차량 헤드 뒤에 연결된 트레일러.

기에 On Board 되지 못하는 경우를 말합니다. 여러 이유가 있겠지만, 수출자의 패킹리스트 상의 중량과 비교하여 실제 물품의 중량이 많이 나가면 선사/항공사에서 해당 물품을 자체적 인 판단에 의해서 On Board 시키지 않는 경우가 종종 있습니다(적재중량 초과). 혹은 반입지 에 Cargo Closing Time보다 늦게 반입된 화물에 대해서 역시 On Board 시키지 않는 경우 가 있을 수 있을 것입니다. 이러한 선사/항공사의 결정은 '선 처리 후 통보'됨으로써 선사/항공 사와 수출 화주 중간에서 운송 서비스하는 포워더 입장에서도 아주 난처한 상황이 됩니다.

30. 컨테이너 운송 건으로서 LCL 화물의 Co-Load

A. 참고 사항

수출 화주는 포워더에게 해상 FCL 및 LCL 구분 없이 Shipment Schedule 받아서 Shipment Booking 진행합니다. 이때 포워더는 CY에서 공 컨테이너(Empty Container, 깡통)를 픽업('뜬다'라는 표현 사용)하여 수출자의 공장/창고(Door)로 Door Order 후 적입 (Stuffing, Vanning, 까대기)과 쇼링(Shoring, Lashing[2]) 작업 끝내고 선적항(Port of Loading) CY에 반입하면 본선에 On Board 하는 FCL 건에 대해서는 선사로 Shipment Booking 합니다. 또한, FCL 건[3]이지만 CFS를 활용하여 적입과 쇼링 작업을 해야 하는 상 황이 있는데, 이 역시 비록 CFS를 활용하지만 FCL 건이기 때문에 포워더는 해당 건에 대한 Shipment Booking은 선사로 하겠습니다[4,5].

반면 LCL 건은 혼재업자(이하 '콘솔사'라 한다)에 Shipment Booking 합니다. 컨테이너에 적입되어 운송되는 화물 중에 LCL 화물은 이렇게 콘솔사가 지정한 CFS(보세창고, 컨테이너 화 물 작업장)로 반입되고 콘솔사에 의해서 컨테이너에 적입되어 만재화물로서 FCL 화물[6]이 만들 어집니다.

---

2 컨테이너와 화물을 고정하는 작업.

3 컨테이너 소유사로서 선사의 컨테이너(COC, Carrier's Own Container)를 임대하여 사용하는 건을 FCL이라 합니다. 그래서 FCL 운송비는 컨테이너 당으로 발생됩니다.

4 모든 CFS가 혼재업자(콘솔사)에 의해서 운영되는 것은 아니며 선사가 운영하는 곳도 있음.

5 해당 CFS가 선사와 제휴한 곳이냐 아니냐에 따라서 업무가 다소 다를 수 있는데, 책 '어려운 무역실무는 가라 Part 1. 서술 편' 139쪽 '참고, FCL건에서 선사의 책임 구간' 부분을 참고하기 바랍니다.

6 여기에서 FCL 화물의 의미는 말 그대로 Full Container Load로서 하나의 컨테이너에 화물을 만재(Full)하는 것을 뜻합니다. 그러나 통상적인 FCL 화물의 의미는 하나의 화주가 하나의 컨테이너 자체를 임대하는 것이라고 보면 될 것입니다.

이때 CFS로 반입되는 화물의 형태는 일반적으로 하나의 컨테이너에 여러 회사의 소량 화물이 함께 적입되는 화물로서 LCL 화물[1]이 있고, 또한 CFS에 반입되나 하나의 화주가 하나의 컨테이너를 모두 사용하는 FCL 건이 있습니다[2]. 하기에서 설명하고 있는 Co-Load 건에 관한 내용은 말 그대로 여러 화주의 LCL 화물을 Booking 받아서 하나의 컨테이너에 만재하여 FCL 화물로 만드는 경우라 할 수 있습니다.

B. LCL 화물의 Co-Load 및 Co-Loader

포워더는 수출 화주에게 LCL 화물에 대해서 Shipment Booking 받고 이를 다시 콘솔사에게 Shipment Booking 합니다. 이후 CFS에 LCL 화물이 반입되면, 콘솔사는 다른 포워더에게 Booking 받은 또 다른 LCL 화물 중에 동일한 운송 구간으로 운송되는 화물을 함께 하나의 컨테이너로 적입 작업합니다. 즉, A, B, C 등의 포워더에게 Booking 받은 동일 구간으로 운송되는 LCL 화물을 하나의 컨테이너에 함께 혼재(콘솔, Consolidation)합니다.

컨테이너 운송 건에서 Co-Load라는 말이 LCL 화물 운송에서 사용될 때, 콘솔사에 의해서 각각의 LCL 화물이 공동(Together)으로 하나의 컨테이너에 혼재(Consolidation)되어 적하(Load, 화물을 배나 차에 실음)되는 것이라고 보면 적절할 것입니다. 그리고 이렇게 각각의 LCL 화물을 공동으로 적하 작업 진행하는 자로서 콘솔사를 Co-Loader라고 보면 적절할 것입니다.

참고로 콘솔사 입장에서의 Co-Load는 포워더에게 A Port에서 B Port까지 이동하는 LCL 화물의 혼재를 의뢰받았으나 A 콘솔사는 해당 구간으로 이동하는 물량이 많지 않거나 기타 경쟁력이 없을 때, 타 콘솔사로서 B 콘솔사에 해당 물품을 넘겨서 혼재 의뢰할 수 있습니다. 콘솔사 근무자는 이러한 상황에 대해서 Co-Load라고 하는 경우도 있으니 참고하기 바랍니다.

C. 콘솔사 입장에서의 Co-Loader와 콘솔사의 영업 상대

콘솔사(혼재업자)는 하나의 컨테이너의 여러 화주의 화물을 가능한 한 많이 적입해야 합니다. 이를 위해서 LCL로 수출입 진행하는 업체를 상대로 영업하여 물량을 확보하게 됩니다. 이때 콘솔사는 실화주(무역회사) 중에서도 수출입하는 화물 중에 LCL 화물이 많은 업체 상대로 영업할 수도 있을 것이나, 여러 실화주에게 LCL 화물에 대한 운송 의뢰를 받는 포워

---

1 하나의 컨테이너를 하나의 화주가 임대하는 건이 아니라 하나의 컨테이너 내부 공간을 임대하는 건.
2 하나의 화주가 하나의 컨테이너를 임대한 건이지만 수출자의 공장/창고로 공 컨테이너를 Door Order 하여 진행하는 것이 아니라 CFS에 반입하는 건.

더를 상대로 영업하는 경우가 대부분이 할 수 있습니다. 이유는 콘솔사 입장에서 여러 실화주를 상대하는 것보다는 여러 실화주에게 LCL 화물을 운송 의뢰받는 1개 포워더를 상대하는 것이 관리 등의 측면에서 효율적이기 때문입니다. 그렇다면 콘솔사가 실화주에게 견적하는 운송비보다 포워더에게 견적하는 운송비가 낮을 것입니다.

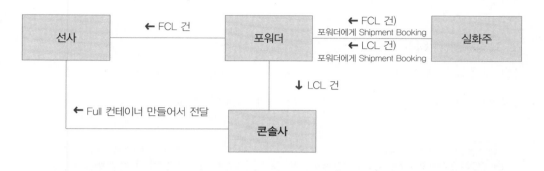

31. 차량 운행 제한 중량(과적)과 차량의 크기

도로법에서는 도로 구조의 보전과 차량 운송으로 인한 위험을 방지하기 위해서 도로에서 운행되는 차량을 제한하고 있습니다. 크게 차량의 무게와 차량의 사이즈에 대한 제한을 두고 있으며 이는 도로법시행령 제79조에서 확인 가능합니다.

그럼에도 수출입되는 화물은 그 화물(해체 불가) 자체의 무게만으로도 도로법시행령 제79조에서 말하고 있는 총중량(차량 헤드, 컨테이너 샤시, 컨테이너 및 내품의 총 중량) 40ton이 넘어가는 경우가 존재합니다. 혹은 총중량이 40ton이 넘어가지는 않으나, 그 사이즈가 역시 도로법시행령 제79조에서 정하는 범위를 초과하는 경우도 존재합니다.

이러한 화물의 운송은 국토교통부 신고하여 허가를 받은 후 운송해야 문제가 발생하지 않겠습니다.

A. 관련 규정

도로법 제77조(차량의 운행 제한 및 운행 허가) ① 도로관리청은 도로 구조를 보전하고 도로에서의 차량 운행으로 인한 위험을 방지하기 위하여 필요하면 대통령령으로 정하는 바에 따라 도로에서의 차량 운행을 제한할 수 있다. 다만, 차량의 구조나 적재화물의 특수성으로 인하여 도로관리청의 허가를 받아 운행하는 차량의 경우에는 그러하지 아니하다.

도로법시행령 제79조(차량의 운행 제한 등) ② 도로관리청이 법 제77조 제1항에 따라 운행을 제한할 수 있는 차량은 다음 각 호와 같다.

1. 축하중(軸荷重)이 10톤을 초과하거나 총중량이 40톤을 초과하는 차량
2. 차량의 폭이 2.5미터, 높이가 4.0미터(도로 구조의 보전과 통행의 안전에 지장이 없다고 도로관리청이 인정하여 고시한 도로의 경우에는 4.2미터), 길이가 16.7미터를 초과하는 차량

B. 과적 차량의 허가

화물 자체의 무게가 상당하여 축하중이 10톤을 초과하거나 총중량이 40톤을 초과한다면 http://www.opermit.go.kr로 신고하여 운행 허가받아야겠습니다.

C. 제한 차량의 허가

차량의 폭이 2.5미터, 높이가 4.0미터, 길이가 16.7미터를 초과하는 차량에 대해서는 http://www.opermit.go.kr로 신고하여 운행 허가받아야겠습니다.

32. 특송, 운임 착불 & 선불 조건, 그리고 DDP 조건

1) 운임 착불 조건으로 발송(EXW, FCA 혹은 FOB)

EXW Seller's Office 혹은 FCA Seller's Office 조건[1]으로 특송 사용하여 물품을 발송하는 경우, 특송 운임은 수입지에서 물품을 받는 수입자가 직접 특송사에 결제합니다.

이렇게 특송 운임을 착불 조건으로 발송할 때는 다음의 내용을 수출자가 수입자에게 받아서 특송사에 전달 후 확인받아야 하겠습니다.

　　a) 수입자의 Account No.(특송사와 운송 계약 후 받는 고객번호)
　　b) 수입자의 상호
　　c) 수입 국가명(일부 국가로는 운임 착불로 서비스하지 않는 경우도)

2) 운임 선불 조건으로 발송, DAP

수출자가 특송사와 운송 계약하여 Account No.(고객번호)를 보유하고 있는 경우가 있고 그렇지 못한 경우가 있습니다. Account No. 없이 특송사에게 Pick up 요청하면 특송 기사님께서 포장된 물품이 위치한 곳으로 왔을 때 수출자는 해당 운임을 결제해야 할 것입니다. 반면, 수출자가 Account No.가 있다면 물품이 발송되고 일정 기간 이후에 해당 특송사로부터 비용 청구받을 것입니다.

1　EXW Seller's Office와 FCA Seller's Office 조건은 해당 건의 운송을 포워더에게 의뢰하여 따로 관세사 사무실에 통관 의뢰하지 않고, 특송을 사용하여 특송사에 통관 의뢰하면 두 조건의 가격은 동일합니다. 그 이유는 특송 운임에는 통관 수수료가 포함되어(EMS 제외) 있기 때문입니다. 물론 특송 운송 건에 대해서도 특송사가 아닌 타 관세사에게 통관 의뢰하면 통관 수수료는 별도 발생 될 것입니다.

3) DDP 조건으로 발송할 때

DDP 조건은 기본적으로 수입지에서 발생하는 통관 수수료와 세액을 수출자가 부담함으로써 그 비용을 수출자가 미리 계산하여 수출 단가에 포함해서 수입자에게 결제받습니다. 그러나 이러한 수입지에서 발생하는 비용을 수출자가 결제할 수 없으니 운송사로서 특송사가 대납합니다. 물론 수입 통관 수수료는 특송 운임에 포함되어 있으니 해당 비용은 제외하고, 수입지에서 발생하는 세액은 특송사가 대납 후 향후 수출자에게 청구하는 구조를 가집니다[1].

따라서 수출자가 DDP 조건으로 물품을 특송 사용하여 발송할 때 Account No.를 보유하고 있어야 할 것입니다.

참고 보세창고료

참고로 특송 사용하여 물품을 발송할 때 수출지 공항 창고에 반입되고 수입지에 도착한 이후에 역시 수입지 공항 창고에 반입됩니다. 수출지에서는 공항 창고에 반입되고 얼마 지나지 않아 바로 항공기에 On Board 진행하지만, 수입 창고에 반입되고 나서는 수입 통관이 늦어질 수도 있으며 그로 인하여 보세창고료가 발생할 수 있습니다. 특송회사마다 다소 다를 수 있으나, 수입지 창고에 반입되고 수일 이내로 수입통관 완료하여 반출하면 수입지 창고료가 별도 청구되지 않기도 하는데, 그 정해진 무료로 보관할 수 있는 기간(Free Time)이 지나서 반출하게 되면 수입지에서의 창고료가 별도 청구될 수 있을 것입니다.

---

1 EMS는 통관 서비스 및 수입지에서 발생하는 세액을 수출자를 대신하여 대납 후 수출자에게 청구하는 서비스 하지 않음. 따라서 DDP 조건일 때 EMS로는 발송 불가할 것.

33. Consignee로서 권리와 On Board 화물의 소유권은 구분해야

A. 운송서류에 대한 기본 개념

운송서류는 크게 B/L과 화물운송장(Waybill)으로 구분됩니다. 화물운송장에 속하는 SWB와 AWB은 애초 발행될 때부터 수출자가 On Board 된 화물의 소유권을 주장할 수 없는 즉, 처음 발행될 때부터 Surrender 처리된 운송서류로써 Consignee가 운송비만 결제하면 기본적으로 수입지에서 D/O가 발행됩니다. 흔히들 Surrendered B/L이라 하는 운송서류는 유가증권으로서 B/L이 먼저 발행되고 그 B/L의 소지인으로서 즉, On Board 물품의 소유권을 가진 수출자가 해당 화물에 대한 권리(소유권)을 포기(Surrender)하겠다는 표시를 하고 B/L 3부를 수출지 포워더를 통해서 Surrender 처리한 것으로 Surrendered 혹은 Telex Released라는 내용이 날인되는 운송서류입니다.

반면에 해상 건에서 B/L이 발행되고 수출자의 판단에 의해서 Surrender 처리되지 않았다면, On Board 된 화물의 소유권은 B/L을 소지한 자에게 있습니다. 그래서 B/L이 존재하는 건에 대해서는 아무리 수입지에서 해당 건의 Consignee가 수입지 포워더에게 운송비 결제하더라도 D/O가 발행되지 않고, 소유권이 Consignee에게 넘어왔다는 증거로서 Consignee가 수입지 포워더에게 수출지에서 발행된 B/L을 함께 전달해야겠습니다.

B. Consignee 의미와 On Board 화물의 소유권

상기에서 언급하였듯이, 화물운송장 건은 On Board 된 화물의 소유권이 포기된 상태로 소유권은 누구에게도 없습니다. 단지 수입지에서 화물을 누가 찾아가느냐 즉, Consignee 개념만 존재합니다. 따라서 수입지 포워더가 Consignee의 D/O 요청을 받았을 때 화물 소유권이 Consignee로 넘어왔는지는 확인하지 않습니다. 그러나 B/L이 발행되고 Surrender 처리되지 않은 건은 아무리 해당 B/L의 Consignee가 B/L Copy를 제시하면서 운송비 결제까지 결제하더라도 수입자가 On Board 화물의 소유권을 수출자에게 넘겨받았다는 증빙으로서 B/L을 제시하지 못하면 D/O 발행될 수 없습니다.

C. 신용장 거래에서 On Board 된 화물의 소유권 이전과 Consignee

최초 B/L 소지인으로서 수출자(Beneficiary)가 해당 B/L을 은행에 전달함으로써 On Board 된 화물의 소유권은 수출자에게서 은행으로 넘어갑니다. 이때 소유권이 넘어간다 해서 Consignee로서 권리도 함께 넘어가는 것은 아닙니다. 해당 B/L의 Consignee가 To Order와 같은 지시식으로 발행된 경우, Shipper의 배서가 된 B/L을 넘겨받아야 은행은 물품의 소유권과 함께 Consignee로서 권리 모두 넘겨받습니다.

참고로 B/L의 Consignee가 수출자 지시식(To Order 혹은 To Order of Shipper)이 아니나 개설은행 지시식(To the Order of 개설 은행)인 경우는 수출자가 배서하지 않고 B/L을 그대로 은행에 전달하겠습니다. 이후에 은행은 B/L과 해당 B/L에 은행 배서를 하여[1] 수입자 (Applicant)에게 전달하니 수입자 역시 화물의 소유권과 Consignee로서 권리까지 넘겨받아서 최종적으로 수입자가 D/O를 요청하여 화물을 인수하는 자(Consignee)가 되겠습니다.

34. b/l 소지인의 on board 물품 소유권과 d/o 요청 가능한 자의 구분 필요

B/L이 발행 경우, Consignee만 확인되어서는 수입지에서 Consignee가 D/O를 수입지 포워더에게 요청할 수 없습니다. 이유는 해상 운송 건으로서 Surrender 처리(SWB 발행 혹은 OB/L 발행 후 Surrender 된 건) 되지 않고, Original B/L 상태 그대로를 유지하고 있는 경우로, On Board된 물품의 소유권을 Consignee가 전달받지 못했기 때문입니다.

비록 Consignee로 지정된 자(B/L 발행될 때부터 지정된 경우 '기명식' 혹은 배서를 통하여 지정되는 경우 '지시식')가 수입지 포워더에게 D/O를 요청할 수는 있으나, 그 소유권을 넘겨받은 상태에서 Consignee가 D/O를 요청해야겠습니다. 따라서 Consignee로 지정된 자는 Surrender 처리 되지 않은 상황에서는 반드시 수출지에서 발행된 B/L 그대로를 전달받아야겠습니다. 그래야 On Board 된 물품의 소유권이 최종적으로 Consignee에게 넘어오

---

1 Shipper 지시식인 경우, 수출자(Beneficiary)와 은행의 배서가 된 B/L을 수입자(Applicant)가 인수하게 됩니다. 개설은행 지시식인 경우, 수출자의 배서는 없고 은행의 배서만 된 B/L을 수입자가 인수하겠습니다.

게 되어 Consignee가 B/L 상에 기재된 물품의 소유권을 가지게 되고 D/O 역시 요청 가능합니다.

실무자는 On Board 된 물품의 소유권을 B/L 소지인이 가진다는 개념으로서 유가증권의 개념을 이해해야 하며, On Board 된 물품의 소유권이 Surrender 되지 않은 상태에서 수입지에서 수입지 포워더가 D/O를 발행하기 위해서는 그 물품의 소유권이 수입자에게 넘어와야 하며 수입자는 Consignee로 확인되어야 한다는 사실 역시 구분하여 이해하고 있어야 합니다.

B/L 발행 건에서는 아무리 Consignee가 수입지 포워더에게 D/O 요청해도 포워더는 D/O 발행할 수 없습니다. 그러나 B/L이 발행되지 않고 화물운송장(B/L 발행 없이 On Board 되는 물품에 대한 권리를 Surrender 한 건, 해상에서는 SWB, 항공은 AWB)이 발행되거나 기발행된 B/L을 Surrender 처리한 경우(On Board 된 물품의 소유권 유지하다가 포기한 경우)에는 유가증권으로서 B/L이 존재하지 않는 건이니 소유권을 언급할 이유가 없어집니다. 결국, 이러한 경우에는 Consignee만 확인되면 수입지 포워더는 Consignee에게 운송비를 결제받고 Consignee의 요구대로 D/O를 발행해야 할 것입니다.

35. Line B/L이 발행되는 경우

경우 a	실화주 간의 결제조건이 L/C 건으로서, 46A Documents Required 조항에서 특별히 선사 발행 B/L로서 Line B/L을 요구하는 경우[2].
경우 b	수출자가 수출지 포워더 지정(Nomi, C-Terms 혹은 DAP[3])하는 상황에서 지정된 수출지 포워더가 수입국에 파트너(포워더)가 없는 경우.
경우 c	수출자가 수출지 포워더 지정(Nomi, C-Terms 혹은 DAP)하는 상황에서 수입자가 포워더 없이 선사로부터 D/O 받아서 업무 진행 원하는 경우.

2 L/C에서 특별히 B/L의 발행 주체를 명시하지 않은 경우는 House B/L 발행을 Beneficiary로서 수출자가 포워더에게 요청하여 이를 수출지 은행으로 제출해도 하자가 아니겠습니다.

3 D 조건에서 DAT는 실무에서 사용하지 않기에 제외되었으며, DDP는 수입지에서 발생하는 세액 및 관세사 수수료(Customs Clearance Fee)를 포워더가 대납 후 수출자에게 청구해야 하기에 수입지 포워더가 존재해야겠습니다. 아울러 DAP는 인코텀스 2010 버전에서 처음 언급된 조건이나, 인코텀스 2000에 존재하는 DDU와 동일한 조건으로서 실무에서는 DAP와 DDU는 구분 없이 사용된다 보면 되겠습니다.

상기한 '경우 a)'는 비록 Line B/L이 발행되어 운송 계약이 선사와 실화주 간의 Direct 형태이나, 포워더가 수출지 및 수입지에서 운송 업무에 대해서 핸들링을 해주는 상황에 가깝습니다. 따라서 실화주는 Ocean Freight 구간에 운송 업무, 부두에서의 부대비용 발생 부분 및 내륙운송 업무에 대해서 포워더와 협의하여 포워더의 도움을 받을 수 있겠습니다.

반면, '경우 b)'는 수출지에는 지정 포워더가 존재하나 수입지에는 포워더가 존재하지 않는 경우라 할 수 있습니다. 따라서 수입지의 수입자는 수입지에 위치한 선사를 통하여 Arrival Notice(A/N, 도착통지)를 받고 Ocean Freight에 대한 비용 결제 후 D/O 요청합니다. 이후에 내륙운송 업무(선사가 Door Service 하지 않는 지역)에 대해서는 별도로 내륙운송사에게 내륙운송 요청해야 하고, P.O.D.에서의 화물 반출 역시 수입자가 직접 업무 진행해야 하는 불편함이 따르겠습니다.

마지막으로 '경우 c'에 대한 내용입니다.

수출자가 지정한 수출지 포워더는 수입지에 파트너가 존재함에도 수입자가 특별히 Line B/L을 요청할 수도 있습니다. 이때 수출지 Port에서 수입지 Port까지만 선사가 서비스하는 운송 구간이라면 'CFR 수입지 Port'로 거래가 이루어질 것이며, 선사의 서비스가 수출지 Port에서 수입지 Port를 지나서 수입지 내륙의 CY까지 이어진다면[1] 'CPT 수입지 내륙 CY' 혹은 'DAP 수입지 내륙 CY'와 같은 형태로 실화주 간의 거래가 이루어질 수도 있겠습니다. 본 경우는 Line B/L 발행 건이고 특히나 수출지 포워더가 수입지 파트너 포워더를 지정하지 않고 진행하는 건[2]이기 때문에 상기 '경우 b'처럼 선사로부터 수입자는 A/N 받아서 운송비 결제 후 D/O 요청하게 되면 Final Destination까지의 운송은 수입자가 별도로 내륙운송사 수배하여 운송 요청해야 할 수 있겠습니다.

---

1 유럽, 아프리카 및 미주와 같은 경우는 선사의 서비스가 Port를 지나서 내륙 CY까지 이어지기도 합니다. 그러면 수출지로서 한국의 Port에서 수입지 Port를 지나서 해당 CY까지의 운송비용이 Ocean Freight로 일괄 견적 및 청구될 수 있습니다.
2 '경우 a)'는 Line B/L 건이나 수출지 및 수입지 포워더가 핸들링해주는 건인 반면, '경우 c)'는 수출지 포워더가 수입지에 자신의 파트너가 있음에도 지정하지 않고 진행하는 건이라 할 수 있습니다.

Ⅱ. 질의응답을 통해 배우는 운송 업무

1. 정기선과 부정기선

> **질문** 무역을 공부하는 학생입니다. 수업시간에 정기선과 부정기선에 대한 설명을 들었습니다. 그런데 잘 이해가 되지 않네요. 자격증 시험 볼 때도 이러한 용어가 나왔는데 사실 정확히 잘 모르겠습니다. 쉽게 설명해주시면 감사하겠습니다.

💬 **답변** 말 그대로 정기선(Liner)은 정기적으로 정해진 스케줄에 의해서 움직이며, 일반적으로 컨테이너선이 그렇습니다. 컨테이너선의 스케줄과 운임은 선사에서 공지하며 해당 스케줄에 맞추어서 포워더는 화주에게 Shipment Booking 받아서 운송 서비스를 진행합니다(Shipping Gazette).

반면, 부정기선은 정해진 스케줄에 의해서 정기적으로 움직이는 것이라기보다는 통상 배를 용선(선박을 빌려주는 것)하여 부 정기적으로 운송됩니다. 일반적으로 컨테이너로 운송할 수 없는 중장비, 곡물 등의 벌크 화물을 벌크선으로 운송할 때 Fixture Note를 작성하여 부정기선을 활용한다 할 수 있습니다.

정기선과 부정기선을 이해할 때, 노선버스와 전세버스 개념을 접목시키면 쉽습니다. 서울-대전, 서울-대구, 서울-부산 구간은 늘 사람들이 많이 오갑니다. 그러니 정기적으로 정해진 비용으로 운송되는 노선버스로써 정기선이 투입됩니다. 반면, 서울-월출산 구간은 오가는 사람들이 정기적이지 않고 그 수요가 크지 않기 때문에 노선버스가 존재하지 않습니다. 그래서 버스를 빌리는 전세버스, 즉 배를 용선해서 운송할 수 있을 것입니다.

2. On Ground 작업 및 콤바인

질문 포워더에서 근무하고 있는 신입사원입니다. 오늘 상사분이 업체와 전화 통화하시는데, On Ground 및 콤바인이라는 용어를 사용하더군요. 이게 정확히 무슨 뜻인가요?

💬 **답변** 1. On Ground 작업: 통상 컨테이너 샤시 위에 컨테이너를 상차한 상태에서 물품을 적입(Stuffing, Vanning) 혹은 적출(Unstuffing, Devanning) 작업하는데, 경우에 따라서는 땅바닥에 두고 컨테이너 작업을 하는 경우가 있습니다. 이러한 작업을 On Ground 작업이라 합니다.

화주의 공장/창고에서 컨테이너 작업할 때도 On Ground 작업이 이루어질 수 있을 것이나, 통상 CFS에서 On Ground 작업은 이루어질 것입니다. 화주의 공장/창고에서 컨테이너 작업할 때는 일반적으로 트럭 헤드에 연결된 샤시 위에 컨테이너를 상차한 상태에서 지게차를 이용해서 컨테이너 작업 진행합니다.

On Ground 작업
리치 스택커(Reach Stacker)라는 장비를 가진 CFS에서 통상적으로 진행하는 작업으로써, 땅바닥에 컨테이너가 놓여 있기 때문에 지게차가 컨테이너 내부까지 자연스럽게 들어갈 수 있습니다(In Out 가능). 따라서 Portalbe Dock이 필요하지 않습니다.

이동식 Dock을 활용한 작업
Portable Dock은 화주의 공장/창고에 Dock[1]이 설치 되지 않는 경우 따로 보유하고 있습니다. 만약, 보유하고 있지 않다면, 지게차로 컨테이너 뒤쪽에 물품을 올려서 사람이 핸드파레트트럭(Hand Pallet Truck)을 활용하여 컨테이너 내부에서 화물 정리 작업을 진행합니다.

Hand Pallet Truck[2]
본 장비는 파레트 위에 올려진 무거운 물품을 사람의 힘으로 좁은 공간에서도 손쉽게 이동할 수 있게 해주는 장비입니다. 화주의 공장/창고뿐만 아니라 CFS와 같은 보세창고 등에서 활용되고 있습니다.

---

1 Dcok에 대한 내용은 85쪽 '28. Container Portable Dock, 도킹 작업'을 참고해주세요.
2 실무자들은 '작키'라고도 하니 참고해주세요.

On Ground 작업을 하면, 바닥에 놓여진 컨테이너를 컨테이너 샤시 위로 올려야 합니다. 이때 필요한 장비가 리치 스택커(Reach Stacker)라는 장비입니다. 본 장비를 제작하는 회사로써 Kalmar가 있는데, 작업 현장에서 Kalmar에서 제작한 리치 스택커는 리치 스택커라 하지 않고 Kalmar라고 부르기도 합니다. 리치 스택커는 상당히 고가이기 때문에 화주가 보유하기는 힘들고 CFS에서는 보유하고 있는 경우가 있습니다. 따라서 화주의 공장/창고에서 On Ground 작업을 하기 힘들 것이며, CFS에서도 Dock이 부족한 경우에 On Ground 작업이 이루어지고 리치 스택커를 이용하여 컨테이너 샤시에 컨테이너를 올리거나 내리는 작업이 이루어질 것입니다.

리치 스택커(Reach Stacker)

2. **콤바인:** 일반적으로 트럭 헤드에 연결되는 컨테이너 샤시는 40FT 사이즈라 할 수 있습니다. 20FT 전용 샤시는 드물며 때에 따라서 20FT는 일반 트럭의 짐칸에 그대로 올려서 운송되기도 합니다. 40FT 사이즈의 샤시 위에 40FT만 올리는 것이 아니라 20FT 2개 컨테이너를 올리는 경우가 있습니다. 이를 콤바인이라 합니다.

콤바인하는 예로써 수출자는 하나인데 Consignee가 2곳이라면, 각각의 물품을 발송해야 할 것이며 B/L 역시 각각 발행되어 Consignee에게 전달되어야 할 것입니다. 혹은 국내의 수출자 A, 수출자 B가 모두 20FT 사용해서 수출하는데, 내륙 운송사 입장에서는 시간

절감 효과를 보기 위해서 40FT 사이즈 샤시에 20FT 콤바인하여 운송할 수 있을 것입니다.

참고로 샤시에 20FT 두 대를 올릴 때, 샤시 앞면(트럭 헤드와 연결되는 부분)에 첫 번째 20FT 컨테이너 문이 올 수 있게 하며, 두 번째 20FT 컨테이너의 문은 샤시 뒷면에서 열 수 있도록 해야 할 것입니다. 그래야 화주의 공장/창고에서 차량 헤드와 샤시를 분리하여 20FT 컨테이너 2대의 문을 모두 열고 컨테이너 작업이 가능하겠습니다.

3. 포워더가 무역회사와 선사/항공사 사이에서 존재하는 이유

질문 수출과 수입을 병행하는 무역회사에서 무역사무를 담당하는 직원입니다. 수출건도 그렇고 수입 건도 그렇고 요즘에는 경쟁 업체들이 많이 생겨서 단가 인하에 대한 압력이 많습니다. 수출 건의 경우는 FTA의 도움으로 수출자로서 저희 업체가 외국 수입자에게 FTA C/O를 발급해주면, 그만큼 수입자가 FTA 관세혜택을 수입지에서 받으니 단가 인하 압력이 덜 합니다. 그러나 최근에 환율이 낮아지고 있어 수출 건에 대해서 마진의 폭이 점점 줄어들고 있습니다.

그리고 수입 건 역시 외국 수출자에게 FTA C/O를 받아서 FTA 협정세율을 적용받아 국내거래처에 납품할 때 협정세율 정도 마진이 늘어났습니다. 그러나 국내거래처도 저희가 협정세율을 적용받는다는 사실을 알기에 국내 공급가를 인하할 것을 요구하고 있습니다.

결국에는 해상 및 항공운임(Freight)과 내륙에서 발생하는 내륙운송비와 같은 운송 관련 비용을 줄일 수밖에 없더군요. 그래서 생각한 것이 포워더를 더 이상 사용하지 않고 화주로서 선사, 혹은 항공사와 직접 거래하면 그만큼 포워더가 중간에서 취하는 마진과 수수료를 줄일 수 있으니 이익일 듯합니다.

이와 같은 폐사의 의견에 대해서 조언을 구합니다.

💬 **답변** A. 포워더를 사용해야 하는 이유: 업무에 대한 효율성 따져야.

무역회사, 즉 실화주는 운송에 특화된 회사가 아닙니다. 무역회사는 취급 물품에 대한 지식을 보유하면서 해당 물품에 대한 유통망을 확보하여 시장에 판매하는 자로서 장사하는 회사입니다. 수출자라면 전시회 등의 방법으로 지속적인 오더 가능한 외국 바이어를 자신의 고객으로 만들기 위해서 노력해야 하며, 수입자라면 국내 유통망을 확보한 이후 믿을 수 있는 수출자를 찾아서 안정적으로 물품 공급받도록 해야 할 것입니다.

따라서 운송 업무는 운송 업무에 특화된 회사로써 포워더에게 대행 의뢰하고 무역회사는 자신의 본 업무에 더욱 집중하여 경쟁력을 키울 필요가 있을 것입니다.

통관 업무도 마찬가지입니다. 종종 무역회사 근무자분들께서 수출통관, 혹은 수입통관 역시 직접 관세청 유니패스를 통해서 진행하고 싶다 말하는 경우가 있습니다. 통관에 특화된 회사는 관세사 사무실이며 이들에게 통관 서비스를 대행 의뢰하여 일정 수수료를 결제하고, 무역회사는 자신의 본업에 충실히 하는 것이 업무에 대한 효율성을 높이는 방법이라고 생각합니다.

B. 포워더를 사용해야 하는 이유: 포워더로 인한 운송비 절감 효과.

많은 분들은 무역회사와 선사/항공사 사이에 포워더가 존재함으로써 중간에서 포워더가 마진과 수수료[1]를 취하니 무역회사가 직접 선사/항공사에 견적 받아서 운송 업무 진행을 직접 하는 것이 비용적인 면에서 더 저렴할 것이라 생각합니다. 그러나 이는 잘못된 생각입니다. 규모의 경제 효과가 있습니다.

포워더는 여러 화주에게 물량을 확보하여 선사/항공사에 전달하니 규모의 경제를 누릴 수 있습니다. 반면에, 화주는 그 물량이 일반적으로 크지 않으며 그러한 이유로 규모의 경제를 누릴 수 없으니, 무역회사가 직접 선사/항공사로부터 받는 견적이 포워더가 동일 조건으로 받는 견적보다 낮을 확률은 거의 없다고 봐야 할 것입니다.

C. 포워더는 선사의 대리인, 그리고 화주의 대리인

포워더는 선사를 대신해서 화주에게 운송 업무에 대한 서비스를 제공하는 회사이니 포워더의 다른 이름은 선사 대리점이 될 수 있을 것입니다. 선사 입장에서는 포워더 한 곳을 관리하는 것이 편한 법이지 여러 화주를 상대하는 것은 피곤할 수 있습니다.

선박 사고가 발생하고 선사가 해결해야 할 문제가 발생하였을 때, 선사가 여러 화주와 그

---

1 포워더는 선사/항공사에 특정 구간에 대한 운임(Freight)을 받아서 여기에 자신의 마진을 붙여 화주에게 견적합니다. 그리고 포워더는 통상적으로 여기에 운송 서비스에 대한 수수료(H/C, Handling Charge)를 건당(/B/L) 청구합니다.

문제를 해결하는 것보다 몇몇 포워더를 상대하면 선사 입장에서는 문제 해결에 있어 훨씬 효율적일 것입니다. 어찌 보면, 포워더는 선사가 화주와 상대하기 껄끄러운 운임 인상 문제 등에 대해서도 포워더를 앞으로 내세우고 있다 하여도 과언은 아닐 것입니다.

물론, 포워더는 화주를 대신해서 선사와 운송 업무를 하는 것이니 화주의 대리인이기도 할 것입니다. 운송 업무에 대한 지식이 부족하고 물량이 적은 화주가 선사와 직접 거래하기 에는 앞에서 언급하였듯이 무리가 있을 것입니다.

화주에게 특화되지 않은 운송 업무를 포워더가 화주 대리인으로서 대신 선사와 업무를 진행해주니, 화주 입장에서도 업무를 효율적으로 할 수 있을 것입니다.

결론적으로 운송 업무는 포워더에게 하청 주는 것이 업무에 대한 효율성을 높이고, 비용적인 면에서도 이익이 될 수 있다는 것입니다.

4. CFS를 사용하는 상황

> **질문** 안녕하세요? 포워더에 입사한 지 얼마 안 되는 신입사원입니다. FCL 건은 CFS 로 반입되지 않는다고 생각했었는데, FCL 건임에도 불구하고 LCL 건처럼 CFS 로 반입되는 경우가 있다는 사실을 알게 되었습니다. CFS를 활용하는 사례를 알고 싶습니다.

💬 **답변** CFS는 컨테이너로 운송되는 화물의 작업장으로서 혼재업자가 운영하는 보세창고 입니다. LCL 화물뿐만 아니라 FCL 건임에도 상황에 따라서 CFS로의 반입이 필요한 경우 가 있습니다.

```
수입 건
```

  a) LCL 건
  b) FCL 건
    – CBM과 Weight가 크지 않아 컨테이너 내륙운송이 불필요한 경우(내륙운송비 절감)

- 최초 수입 건으로서 수입요건이 존재하는 경우
- 분할통관이 필요한 경우
  (여러 품목 중 일부 품목에 수입요건이 있는 경우, 세액 납부가 부담스러운 경우, 기타)
- 수입 신고 전 물품의 상태 확인이 필요한 경우(불량 등 위약 물품 여부 확인 가능)
  c) 기타 보세구역에서 해당 건의 컨테이너 개장이 필요한 경우(수입신고 수리 전 보세 상태)

수출 건

a) LCL 건
b) FCL 건
- 하나의 Shipper가 여러 국내 공급자에게 물품을 받아서 하나의 Consignee에게 발송하는 경우[1]
- CBM과 Weight가 20 FT DV에 Full로 적입되지는 않으나, LCL 견적보다 FCL 견적이 낮은 경우
- LCL로 충분히 진행 가능한 CBM과 Weight이지만 화물의 특성상 혼재가 불가능한 물품의 경우
- Shoring이 필요한 물품이나 공 컨테이너 Door Order 해서 수출자가 직접 Shoring 할 수 없을 때
  c) 기타 혼재 업자를 활용하여 수출물품의 적입 작업 요청이 필요한 경우

5. Storage, Demurrage, Detention Charge

질문 수입자입니다. 보통 한 달에 한 번 정도 40FT 한 대 수입하는데, 입항 전 신고하여 입항하면 부두에서 바로 통관 진행해왔습니다. 그런데 지난달 40FT 한 대 수입하면서 여러 가지 이유로 부산항 CY에 반입된 이후 상당기간 지나서 수입 신고를 진행하였습니다.

문제는 본 건에 대해서 포워더가 청구한 내역에 보니, 기존에는 발생하지 않았던 Storage Charge와 Demurrage Charge가 청구되었습니다. 청구된 이유에 대해서 알고 싶습니다.

● 답변 일반적으로 컨테이너는 선사의 재산(COC: Carrier Own Container)으로써 화주는 그러한 선사의 재산을 빌려서 물품을 운송하게 됩니다. 수출지를 떠난 컨테이너선(Container Vessel)은 수입지로써 부산항에 도착하였고, 그 선박에서 하역된 컨테이너는 부두의 CY로

---

1 공컨테이너가 여러 국내 공급자의 Door를 돌면서 적입 작업하는 것보다는, 하나의 집결지에 해당 화물을 집결시켜 적입 작업하는 것이 유리할 것.

반입됩니다. 즉, 선사로부터 임대한 컨테이너가 CY라는 땅에 반입되는 것입니다.

1. Storage Charge

CY는 컨테이너가 일시적으로 보관(장치)되는 땅(보세구역)입니다. 컨테이너를 자동차라고 한다면 CY는 주차장과 같다 할 수 있습니다. 주차장에 자동차를 주차하면 그 주차한 시점부터 주차장을 떠나는 시간까지 주차비를 지불해야 합니다. 마찬가지로 컨테이너가 CY에 반입되면 반입되는 날부터 하루 단위로 주차비를 지불해야 하는데, 그러한 비용이 바로 Storage Charge입니다. Storage Charge의 청구 주체는 터미널이며 최종적으로 CY에 컨테이너를 주차한 당사자로서 화주에게 청구됩니다.

그런데 반입일로부터 하루 단위로 Storage Charge는 발행되지만, 무료(Free)로 주차, 즉 보관(장치)할 수 있는 기간을 설정해줍니다. 10일을 주었다면, 10일 동안 보관하여도 보관료는 무료(Free)가 되며, 그러한 기간으로써 10일은 Free Time이 됩니다. Free Time 이내에 수입자가 수입통관 완료하여 CY로부터 반출하지 않으면, 11일부터는 하루 단위로 발생하는 Storage Charge를 터미널이 포워더를 통하여 화주에게 청구합니다. 결론적으로 Storage Charge는 컨테이너 주차장으로써 CY에서 청구하는 컨테이너 주차비라고 이해하면 쉬울 것입니다.

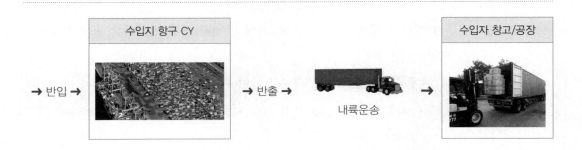

▶ Storage Charge는 CY라는 땅에 컨테이너를 보관함에 따라 발생하는 보관료(터미널 → 화주 청구).
▶ Demurrage는 CY에 반입된 컨테이너의 반출 지체료(선사 → 화주 청구).
▶ Storage 및 Demurrage는 모두 CY에 컨테이너 반입 시점부터 발생하여 반출 시점까지 하루 단위로 발생. 하루 단위로 그 비용이 일정하지 않을 수도(할증).
▶ 청구 주체가 다르며 Free Time도 각각 다름.
▶ 선사가 제시한 Demurrage에 대한 Free Time이 촉박한 경우 선사에 요청(화주 → 포워더 → 선사)하여 조율 가능하나, 터미널이 제시한 Storage에 대한 Free Time은 조율에 어려울 수 있음.

2. Demurrage Charge

수입지 CY에 반입된 컨테이너는 선사의 소유입니다. 선사 입장에서는 CY에 반입된 컨테이너를 수입자가 가능한 빨리 수입 통관 완료하여 반출해야, 공 컨테이너를 조속히 반납받아서 다른 화주에게 빌려줄 수 있습니다. 따라서 선사는 수입자에게 CY에 반입된 컨테이너를 반입 후 며칠까지 반출할 것을 요구하며, 그 기간이 지나서부터는 하루 단위로 비용을 청구하게 됩니다. 선사가 정해준 기간으로써 해당 기간 동안은 Demurrage Charge가 발행되지 않는, 즉 Free Time이며 그 기간 이내까지도 반출하지 않으면, 그 다음 날부터 선사는 포워더를 통하여 수입자에게 Demurrage Charge를 청구합니다.

참고로 FCL 건에서 CY에 반입된 컨테이너에 대해 수입 신고하여 수리받은 것과는 상관없이 Free Time 이내로 반출하면, Storage Charge와 Demurrage Charge는 발생하지 않을 것입니다.

3. Detention Charge

수입자가 CY에 반입된 컨테이너에 대해서 수입신고 후 수리받고 내륙의 공장/창고로 컨테이너 그대로 운송하였습니다. 그리고 물품을 적출 후 다시 컨테이너의 주인으로서 선사가 지정한 반납지로 반납해야 할 것입니다. 이때 선사는 CY에서 반출된 이후에 언제까지 반납할 것을 요구합니다. 다시 말해서, 컨테이너라는 장비를 빌려 갔으면 사용 후 다시 반납해야 할 것이며, 그 반납 기한을 넘기면 반납 지체에 따른 피해보상 명목으로 지체료를 장비 주인이 장비를 빌려간 자에게 청구하는 것은 당연한 일입니다.

예를 들어, CY에서 반출 일자 기준으로 반납까지 14일을 주었다면, 그 14일 동안에 컨테이너라는 장비를 추가 비용 없이 사용할 수 있으나(이때 14일이라는 기간이 Free Time), 그 시간이 넘어서까지 반납하지 않으면 반납 지체에 따른 컨테이너 소유사로써 선사가 입는 피해가 발행되며, 그에 대해서 비용 청구하겠다는 뜻입니다. 이러한 비용을 Detention Charge라 하며 Free Time 넘어서 하루 단위로 비용 발생합니다.

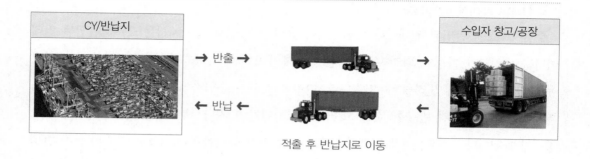

| CY/반납지 | → 반출 → | | → | 수입자 창고/공장 |

적출 후 반납지로 이동

▶ Detention Charge는 컨테이너라는 장비를 화주가 CY에서 반출하여 사용하고 반납해야 하는 시간을 넘겼을 때 청구하는 비용.

▶ 컨테이너라는 장비 주인으로서 선사는 화주로부터 해당 장비를 제때 반납받아서 다른 화주에게 빌려주어 또 다른 이익을 창출해야.

▶ 즉, CY에서 반출되는 시점부터 반납 시점까지 하루 단위로 발생.

▶ 그러나 Free Time 존재하며, 그 이후 하루 단위로 발생.

Detention이라는 단어는 Detain이라는 '(경찰서·교도소·병원 등에) 구금하다', '(어디에 가지 못하게) 붙들다'라는 뜻을 가진 단어에서 파생되었다 할 수 있을 것입니다. 선사 소유의 컨테이너를 화주가 빌려서 반납하지 않고 계속 붙들고 있으면, 선사가 청구하는 수수료입니다. 다른 예로써, 수출지에서 수출자의 공장에 도착한 컨테이너 차량은 3시간 정도의 대기 시간을 가지며, 그 시간 내로 수출자는 컨테이너로 물품 적입 작업을 완료해야겠습니다. 만약, 그 시간을 넘기면 대기료가 발생하는데, 이때에도 화주가 컨테이너 차량을 허용된 시간 (Free Time)을 초과하여 붙들고 있으니 Detention Charge라는 개념을 적용할 수 있을 것입니다.

이렇게 Detention Charge는 컨테이너뿐만 아니라 기타 타인 소유의 장비를 대여한 자가 허용된 사용 시간을 초과하였을 때, 장비 소유사가 다른 곳으로 대여하여 취할 수 있는 수익을 취하지 못함으로 인하여 청구받는 비용이라 보시면 적절할 것입니다.

Combined 지역

기본적으로 Demurrage Charge와 Detention Charge는 다른 개념으로 각각 발생합니다. 그래서 Free Time 역시 각각 제시됩니다. 그러나 경우에 따라서 특정 지역의 경우, 'Combined 지역'이라 하여 Demurrage와 Detention을 통합하여 하나의 Free Time을 제시하는 경우가 있습니다. 예를 들어, 15일을 Free Time으로 주어졌다면 CY 반입 시점부터 CY 반출 시점까지(Demurrage), 그리고 CY에서 반출된 컨테이너로부터 물품을 적출하여 공 컨테이너를 지정된 반납지로 반납하는 시점(Detention)까지 합하여 Free Time 15일이 제시되고, 그 이전에 공 컨테이너 반납하면 특별한 비용이 발생하지 않고, 이후 반납되면 하루 단위로 Detention Charge가 청구되는 개념이라 할 수 있습니다.

Demurrage & Detention Charge

항목/Type			Guided Tariff			
			Free Time	Rate per day(KRW)		
				Over Day	20FT	40FT
IN/OUT	Demurrage	Dry	10	1~10	11,000	16,500
				11~20	22,000	33,000
				21~30	33,000	44,000
				31일 이후	44,000	55,000
		RF	3	1~	44,000	66,000
		OT&FR	3	1~	44,000	66,000
	Detention	Dry	6	1~10	8,500	13,000
				11~20	16,500	26,000
				21일 이후	22,000	33,000
		RF	3	1~	16,500	27,500
		OT&FR	3	1~	16,500	27,500

▲ 상기 Trariff는 하나의 예로 이해해주길 바랍니다.

참고

COC는 선사가 컨테이너 소유사로 Demurrage와 Detention Charge는 선사가 견적하며 Free Time 역시 선사가 통지하겠습니다. 반면, SOC(선사 이외의 자가 소유한 컨테이너)를 사용하면, 선사가 컨테이너 주인이 아니니 그 컨테이너 주인과 별도의 협의해야 할 것입니다.

6. B/L은 왜 3부(Full Set)를 기본 Set으로 발행되는가?

> **질문** 해상 건에서 B/L 발행되는 경우에 항상 3부를 하나의 Set로 해서 발행됩니다. 그래서 이를 수출지 포워더가 B/L 3부(Full Set) 모두를 수출자에게 전달하고, 수출자 역시 수입자에게 결제조건에 따라서 3부 모두를 전달하는 것으로 압니다.
>
> 해상화물운송장(SWB) 혹은 항공화물운송장(AWB)이 발행되는 경우는 그냥 1부 발행하여 진행하는데, 왜 항상 B/L은 3부 발행되는지 이유를 알고 싶습니다.

💬 **답변** B/L은 수출지의 포워더에 의해서 발행될 때, 3부(3통)가 한 번에 발행됩니다. 그리고 수출지 포워더는 수출자에게 해당 B/L을 전달하고 다시 수출자는 수입자에게 B/L을 전달합니다. 이때 B/L은 원본이기 때문에 이메일 혹은 팩스로 주고받을 수 없고 서류봉투에 넣어서 양자 간에 주고받아야 합니다[1].

수출자가 수입자에게 직접 B/L 전달하는 경우는 결제조건 T/T의 경우이며, 수출자가 B/L을 은행에 전달하여 수입자가 은행으로부터 B/L 전달받는 경우는 L/C, 혹은 추심결제(D/A, D/P) 조건인 경우가 대표적이라 할 수 있습니다. 본 경우, 모두 수출지의 발송자는 수입지의 수신자에게 B/L을 서류봉투에 넣어서 특송업체(Courier Service)를 통해서 발송하며, 항공 운송에 의해 상대에게 전달됩니다.

이때 문제는 하나의 서류봉투에 B/L 3부 모두를 넣어 발송하면, 발송 과정에서 불미스러운 사건이 발생하였을 때 B/L 3부 모두를 분실한다는 것입니다. 예를 들어, 항공기의 사고 혹은 오발송으로 인하여 B/L이 사라지는 경우가 있을 수 있겠습니다.

B/L은 유가증권으로써 그 서류가 곧 물품입니다. 금액이 10만 불 되는 물품이 B/L 상에 기재되어 있다면 해당 B/L은 10만 불에 대한 가치가 있고, 그러한 B/L이 분실되었다는 것은 곧 10만 불의 가치가 있는 물품의 분실을 의미합니다.

이러한 문제의 발생을 대비하여 과거에 B/L의 발송은 각각의 서류봉투에 B/L을 넣어서 2번 나누어 발송하였습니다. 그러나 현재는 특별히 그러하지 않고 3부 모두를 한 번에 발송

---

1 물론, B/L을 스캔하여 이메일로 발송하거나 혹은 팩스로 전달하기도 합니다. 그러나 유가증권으로의 기능을 하는 B/L을 상대에게 전달하는 것은 On Board 된 물품의 소유권을 넘기는 것으로써, B/L 원본 상태 그대로 전달해야 의미가 있습니다. B/L을 이메일 혹은 팩스로 전달하는 것은 수출자가 수입자에게 Shipment Advice(선적통지)할 때와 이렇게 B/L이 발행되었다는 것을 상대에게 통지할 때 필요할 것입니다.

하는 것이 통상의 예이나, 과거의 관습과 필요성 때문에 현재에도 B/L은 3통을 기본 Set로
하여 발행됩니다.

B/L Full Set(3부)

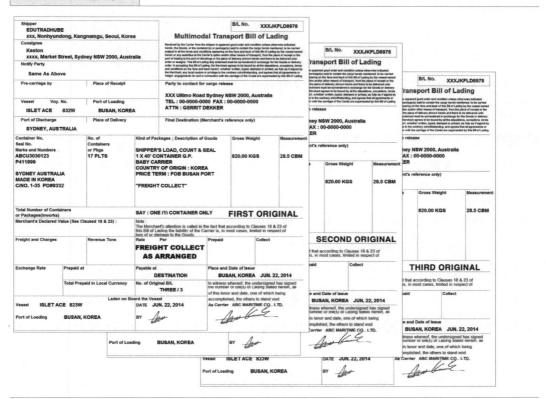

▲ 3부 모두에 'ORIGINAL'이 기재되기도 하며, 'Original', 'Duplicate', 'Triplicate'로 각각 날인되어 3부
발행되기도 합니다.

7. B/L이 지시식 혹은 기명식으로 발행되는 상황과 이유

> **질문** B/L이 발행됨에 있어 B/L의 Consignee에 To order와 같은 내용이 기재되어 지시식으로 발행되는 경우가 있고, Port of Discharge로써 수입지에서 해당 건의 화물을 전달받는 자 상호가 기재되는 기명식으로 발행되는 경우가 있습니다. 통상 L/C 거래할 때 지시식 B/L이 발행되고, 그 외의 결제 조건 건에서는 기명식 B/L이 발행되는데, 그 이유에 대해서 알고 싶습니다.

💬 답변 **1. 해상 운송시간이 상당한 경우의 건**

해상으로 운송되는 건에서 선하증권(B/L)은 Full Set(3부) 발행되며, 통상적으로 해상 건은 운송시간(Transit Time, T Time)이 상당하기 때문에 수입자(Consignee)가 수출자(Shipper)에게 원본선하증권(Original B/L)을 Full Set으로 받아서 상당 시간 지난 이후에 배가 입항하고 수입지 포워더에게 B/L 원본을 전달하여 D/O 받고 수입통관 진행합니다.

그러나 B/L을 기명식이 아닌 지시식으로 발행하면, 해당 건의 물품이 수입지의 항구에 도착하기 전에 수입자는 국내거래처로 B/L에 배서를 통하여 B/L을 넘길 수 있습니다. 즉, 물품이 수입지 항구에 도착하기 전에 물품을 국내거래처로 판매할 수 있다는 것[1]입니다(B/L이 곧 물품).

물론, 기명식 B/L이 발행되는 경우는 배서를 통하여 물품의 권리를 양도할 수는 없으나(기명식 B/L은 비유통선사증권이며, 지시식 B/L은 유통가능선사증권), B/L 상의 Consignee와 Consignee의 수입지 국내거래처 사이에 양수도 계약서를 작성하면 물품의 권리는 Consignee에서 Cosignee의 국내거래처로 넘어갈 수 있습니다. 기명식 B/L 건에서 양수도 계약 시점은 해당 건의 물품이 수입지 항구에 입항하기 전에 하든 입항 이후에 보세구역에 반입 전 혹은 반입 후에 하든 문제 되지 않을 것입니다.

2. 결제조건에 따른 영향

사실 B/L의 Consignee가 기명식으로 발행되느냐 혹은 지시식으로 발행되느냐는 수출자

---

1   지시식 B/L이 발행되어 물품이 수입지에 도착하기 전에 배서를 통하여 물품의 소유권을 넘기는 것은 사실 이론적으로 문제없는 상황이라 할 수 있습니다. 그러나 실무에서는 대부분 결제조건에 따라서 B/L이 기명식 혹은 지시식으로 발행됩니다. L/C에서는 지시식 B/L을 요구하고 T/T와 D/A, D/P와 같은 거래에서는 기명식 B/L이 발행됩니다.

와 수입자 간의 결제조건에 무엇인지가 가장 큰 영향을 행사한다 할 수 있습니다. 실제로 B/L의 Consignee를 지시식으로 기재하여 발행하는 경우는 일반적으로 결제조건이 신용장(L/C) 건이며, 이외의 결제조건하에서는 대부분 Consignee를 기명식으로 하여 발행합니다.

결제조건 L/C는 최초 물품의 주인으로서 수출자가 그 물품에 대한 권리를 은행에 양도하면서, 즉 B/L을 은행으로 넘기면서 선적대금을 받습니다. 그리고 은행은 수입자에게 물품에 대한 권리를 B/L에 배서를 통하여 수입자에게 넘기면서 그 대금을 수입자로부터 회수하게 됩니다. 이렇게 On Board 한 물품에 대한 물품의 소유권은 지시식 B/L에서는 배서를 통하여 유통 가능합니다.

8. BAF 및 CAF의 커버 당사자 및 과세가격 포함

질문 중국에서 물품을 수입하는 한국에 위치한 수입자입니다. 중국 수출자와 매매계약할 때 가격조건(Price Term)을 CFR로 진행하였습니다. 따라서 해상운임(O/F, Ocean Freight)을 물품 가격에 포함하여 중국 수출자에게 지불하였으며, 중국 수출자가 포워더를 지정하여 수출지에서 운임을 결제하는 상황입니다.

따라서 BAF, CAF는 해상운임의 할증료 개념으로써 이 역시 중국 수출자가 중국 포워더에게 결제하는 것으로 알고 있었으나, 물품이 인천항에 도착하고 수입지(한국) 포워더에게 청구받은 운송비 청구서에 BAF가 있습니다. 해당 포워더에게 CFR 조건에서 BAF는 중국 수출자가 커버하는 것이기에 수출자에게 청구하라 했으나, 해상 구간에 따라서 선사의 결정에 의해 수출지에서 발생하면 수출자에게 청구하고 수입지에서 발생하면 수입자에게 청구된다고 합니다. 다시 말해서, 인코텀스에 따라서 O/F처럼 청구되는 것이 아니라 하네요. 관련하여 답변 받고 싶습니다.

D/O를 받기 위해 어쩔 수 없이 BAF를 수입자인 폐사가 결제하였는데, 문제는 BAF가 과세가격에 '가산금액'으로 포함되어 납부할 세액이 다소 증가했다는 것입니다. 관세사에서는 '가산금액'으로 포함된다고 하는데 정확한 것인지 알고 싶습니다.

💬 답변 **1. BAF & CAF 커버 당사자에 대해서**

BAF & CAF는 O/F(해상운임)에 포함되는 O/F의 할증료 개념이라 할 수 있으나, BAF & CAF의 청구는 인코텀스(가격조건)에 의해서 O/F가 수출자, 혹은 수입자에게 Pre-paid[1], 혹은 Collect[2]로 청구되는 것과는 별개의 개념으로 보는 것이 적절할 것입니다.

즉, O/F는 수출자와 수입자 사이에서 매매계약 당시에 결정한 가격조건에 따라서 포워더가 수출자 혹은 수입자에게 청구합니다. 반면에, BAF & CAF에 대해서 포워더는 수출자와 수입자 사이에서 결정된 가격조건과 상관없이, 해당 화물을 운송한 선사의 결정에 따라서 수출자 혹은 수입자에게 청구한다 할 수 있습니다. 다시 말해서, 선사가 특정 운송 구간에 대해서 BAF & CAF를 수출지에서 청구한다고 공지하면, 포워더는 수출자와 수입자 사이의 가격조건과 상관없이 수출지에서 수출자에게 청구합니다. 혹은 선사가 특정 운송 구간에 대해서 BAF & CAF를 수입지에서 청구한다고 공지하면, 포워더는 역시 수출자와 수입자 사이의 가격조건과 상관없이 수입지에서 수입자에게 청구합니다. 물론, 운송 구간에 따라서 BAF & CAF가 발생하지 않는 구간도 있습니다[3].

따라서 수출자와 수입자는 상호 매매계약에 의해서 결정된 가격조건을 기초로 포워더를 지정할 때 BAF & CAF가 발생하는지, 만약 발생한다면 수출지에서 발생하는지 아니면 수입지에서 발생하는지 사전에 포워더를 통하여 확인할 필요가 있습니다. 그에 따라서 수출자는 견적가를 조정할 수도 있을 것입니다.

실무에서 수출자와 수입자 사이에 결정된 가격조건이 CFR로써 O/F를 수입자가 수출자에게 물품의 가격에 포함하여 결제하는 조건인데, 수입지 포워더가 수입지에서 BAF가 발생하였다고 수입자에게 BAF를 청구하는 경우가 있습니다. 이에 대해서 수입자 입장에서는 포워더에게 항의할 수도 있을 것이나, 수입지 포워더가 청구한 운송비 인보이스의 BAF를 포함한 총액을 결제해야 D/O를 받을 수 있고, D/O를 받아야 보세구역/창고에서 수입을 원하는 물품을 반출할 수 있으니, 수입자는 해당 비용을 결제해야겠습니다.

결론적으로 BAF & CAF는 가격조건에 따라서 운임과 함께 청구된다기보다 선사의 결정에

---

1 C-Terms, D-Terms에서는 수출자가 수입자에게 제시한 가격에 O/F가 포함되어 있으니, 수출자는 수입자에게 물품의 가격에 O/F를 포함하여 결제받고 수출지에서 수출자가 수출지 포워더에게 O/F 결제해야 할 것입니다. 따라서 이러한 가격조건에서는 Freight Pre-paid가 됩니다.

2 EXW, F-Terms에서는 수출자가 수입자에게 제시한 가격에 O/F가 포함되지 않았으니, 수입자는 수출자에게 O/F를 결제하지 않습니다. 물품이 수입지에 도착한 이후 수입자가 직접 수입지 포워더에게 O/F를 결제하니, 이러한 가격조건에서는 Freight Collect가 됩니다.

3 참고로 All in Price라 하여 O/F에 BAF와 같은 할증료를 포함하여 견적 및 청구되는 경우도 있습니다.

의해서 다양하게 청구될 수 있으니, 수출자 혹은 수입자는 포워더에게 해당 구간에서 BAF & CAF가 수출지에서 발생하는지 수입지에서 발생하는지, 혹은 All in Price인지, 혹은 해당 운송 구간에서는 발생하지 않는지를 확인 후 거래 진행하는 것이 적절하다고 봅니다.

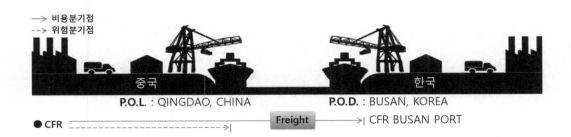

물품이 중국에서 한국으로 수입됨에 있어 해당 건의 가격조건은 CFR입니다. 따라서 O/F는 수출자로서 중국 업체가 견적한 가격에 포함되어 있습니다. 그러한 의미에서 한국 수입자는 O/F에 포함되는 개념으로써 BAF & CAF가 수출지에서 수출자에게 청구될 것이라 판단하면 안 되며, 수입지에서 수입자에게 청구될 수도 있습니다.

다음의 '운송비 청구서'는 수입지 포워더가 한국의 수입자에게 운송비를 청구한 내역입니다. 가격조건이 CFR이기에 O/F는 제외되었으나, BAF & CAF는 수입자에게 청구되었습니다.

INVOICE(운송비 청구서)

REF NO.	IOF1409-22	ISSUING DATE	2014-09-15
H.B/L NO.	ABB120120	M.B/L NO.	
VSL/VOY.	ANL/830W	P.O.L.	QINGDAO, CHINA
PACKAGE	5 PT	P.O.D.	BUSAN, KOREA
GROSS WEIGHT	870.00 KG	MEASUREMENT	6.8 CBM
INCOTERMS	CFR BUSAN PORT	CONTAINER	LCL

DESCRIPTION	CUR	PER	RATE	AMT (CUR)	EX-RATE	AMOUNT (KRW)
B.A.F. (BUNKER ADJUSTMENT FACTOR)	USD	R/T	14.00	95.20	1050.20	99,979
C.A.F. (CURRENCY ADJUSTMENT FACTOR)	USD	R/T	5.00	34.00	1050.20	35,707
T.H.C. (TERMINAL HANDLING CHARGE)	KRW	R/T	5,500		1.00	37,400
W/F(WHARFAGE)	KRW	R/T	335		1.00	2,278
DRAYAGE CHARGE	KRW	R/T	7,500		1.00	51,000
DOC FEE(DOCUMENT FEE)	KRW	B/L	30,000		1.00	30,000
C.F.S. CHARGE	KRW	R/T	6,500		1.00	44,200
C.C.C. (CONTAINER CLEANING CHARGE)	KRW	R/T	2,000		1.00	13,600
H/C(HANDLING CHARGE)	USD	B/L	50.00	50.00	1050.20	52,510
TOTAL						366,674

BAF & CAF는 운임에 포함되는, 다시 말해서 배가 수입지의 항구에 입항하기 전에 발생하는 비용으로 봅니다. 수입지로써 우리나라에서 관세를 계산할 때, 그 기준이 되는 과세대상에 들어가는 가격을 과세가격이라 합니다. 우리나라의 과세가격은 수입지로써 우리나라의 터미널(항구/공항)에 운송수단(배/항공기)이 입항하는 시점까지 발생한 물품의 가격을 상승시키는 모든 비용이라 할 수 있습니다(CIF 가격에 근접하는 가격). 그러한 의미에서 BAF & CAF는 수입 신고할 때 과세가격에 포함 시켜서 BAF & CAF에 대해서도 수입신고 물품의 HS Code 상 관세율만큼의 관세가 발생하며, 발생한 관세는 납부해야 합니다.

결국엔 상기 CFR 조건으로 한국으로 수입함에 있어 O/F는 물품의 가격에 포함되었지만, 수입지에서 BAF & CAF가 발생하면, '가산금액'으로 BAF & CAF가 들어가서 과세대상이 됩니다.

UNI-PASS **수 입 신 고 필 증** ※ 처리기간 : 3일

(1)신고번호 12312-11-123123U	(2)신고일 2011/09/12	(3)세관.과 000-00	(6)입항일 2011/09/12	(7)전자인보이스 제출번호
(4)B/L(AWB)번호 KKK20012312	(5)화물관리번호 11KK0000000-0000-000		(8)반입일 2011/09/12	(9)징수형태 11

(10)신 고 인 ABC관세사사무실 홍길동	(15)통관계획 D 보세구역장치후	(19)원산지증명서 유무 N	(21)총중량 105KG
(11)수 입 자 엠솔 (엠솔-0-00-0-00-0 A)	(16)신고구분 A 일반P/L신고	(20)가격신고서 유무 N	(22)총포장갯수 1CT
(12)납세의무자 (엠솔-0-00-0-00-0 / 211-87-00000) (주소) 서울 강남 논현 000-0 XX B/D #000 (상호) 엠솔 (전화번호) (이메일주소) (성명) 최규삼	(17)거래구분 11 일반형태수입	(23)국내도착항 ICN 인천공항	(24)운송형태 40-ETC
	(18)종류 K 일반수입(내수용)	(25)적출기 NL NETHERL (26)선기명 AB123	NL
(13)운송주선인 ㈜ABC 포워딩 (14)해외거래처 AAA TRADING COMPANY	(27)MASTER B/L 번호 12300000000		(28)운수기관부호

(29)검사(반입)장소 00000000-XXXES (XX항공화물터미널A)

● 품명 . 규격 (란번호/총란수 : 999/999)

(30)품 명 CLEANING PREPARATINOS	(32)상 표 NO
(31)거래명 CLEANING PREPARATINOS	

(33)모델·규격 ULTRA LIQUID SOAP	(34)성분	(35)수량 590 BX	(36)단가 (USD) 58.5	(37)금액 (USD) 34,515.00

(38)세번부호 3402.90-3000	(40)순중량 45 KG	(43)C/S 검사 S 청CS검사 생략	(45)사후기관
(39)과세가격 (CIF) $ 34642 ₩ 37,083,994	(41)수 량 (42)환급물량	(44)검사변경 (46)원산지 NL-B-Y-B	(47)특수세액

(48)수입요건확인 (발급서류명)

(49)세종	(50)세율(구분)	(51)감면율	(52)세액	(53)감면분납부호	감면액	*내국세종부호
관	6.50(C 가가)		2,410,460		본 수입신고필증은 수입통관사무처리에 관한 고시 제 X-X-X조 규정에 의거 수입	
부	10.00(A)		3,949,440			

(54)결제금액 (인도조건-통화종류-금액-결제방법) CFR - USD - 34,515 - LU	(56)환 율 1,070.50
(55)총과세가격 $ 34,642 ₩ 37,083,994	(57)운 임 0 (58)보험료 0	(59)가산금액 135,686 (60)공제금액 0	(64)납부번호 0123-000-00-00-0000000-0 (65)부가가치세과표 39,494,453

(61)세종	(62)세 액	※ 관세사기재란	(66) 세관기재란
관 세	2,410,460		- 이 물품을 수입통관 후 단순가공하거나 낱개·산물·분할 또는 재포장하여 판매하거나 시공할 경우, 관련 법령에 의거 원산지표시를 하여야 하고, 양도(양수자의 재양도 포함)시에는 양수인에게 이 의무를 서면으로 통보하여야 하며, 이를 위반시에는 관세법 제276조 및 대외무역법 제54조에 의거 처벌을 받게 됩니다. - 이 물품은 사후심사결과에 따라 적용세율이 변경 될 수 있습니다.
개별소비세			
교 육 세			
주 세			
교 육 세			
농 특 세			
부 가 세	3,949,440		
신고지연가산세			
미신고가산세			
(63)총세액합계	6,359,900	(67)담당자 홍길동 000000	(68)접수일시 2011-09-12, 12:55 (69)수리일자 2011/09/12

XX평항세관관인
관세사 홍길동
전자서류수입통관증명

업태=도매.소매 종목=무역,전자상거래   세관·과 : 000-00   신고번호 : 12312-11-123123U   Page : 1/1

* 수입신고필증의 진위 여부는 관세청 통관포탈시스템(http://portal.customs.go.kr) 또는 수출입통관정보시스템(http://kcis.ktnet.co.kr)에 조회하여 확인하시기 바랍니다.
* 본 수입신고필증은 세관에서 형식적인 요건만을 심사한 것이므로 신고내용이 사실과 다른 때에는 신고인 또는 수입화주가 책임을 저야 합니다.

▶ BAF(₩99,979) & CAF(₩35,707)의 합계가 '(59)가산금액'에 기재되었으며, 가산금액은 '(55)총과세가격'에 포함되어 '(49)세종'의 관세율 및 부가가치세율에 의해서 '(61)세종'에서 각각 계산되어 나타납니다.

9. 2개 이상의 서로 다른 오더, 하나 B/L 발행하여 운송하는 이유

질문 수입하는 회사에 입사한 지 얼마 되지 않는 초보자입니다. 처음 입사했을 때는 정말 상사분들이 무슨 말을 하는지 왜 저에게 화내시는지도 몰랐는데, 몇 달 지나고 나니 뭔가 조금씩 이해되고 있는 것 같은 기분입니다.

폐사는 한국에 위치한 수입자로서 미국에서 물품을 수입하고 있습니다. 미국 A사에 여러 건의 오더를 진행하여 Order Confirmation 받은 상태이고, On Board 될 것을 기다리고 있습니다. 오늘 제 사수가 말하기를, 미국 수출자에게 여러 건의 오더 중에 PO#14105, PO#14120은 하나의 B/L로 묶어서 On Board 진행할 것을 요청하라고 합니다. 그러면 운송 관련 비용을 조금이라도 낮출 수 있다고 하네요. 그런데 어떤 비용을 낮출 수 있으며, 이렇게 업무 진행함으로써 직면하게 되는 장단점이 무엇인지 알고 싶습니다.

💬 **답변** **1. 포워더 청구 비용 절감:** 운송서류(B/L 혹은 화물운송장)가 발행되면 포워더는 운송서류 발급비라는 명목으로 Document Fee를 운송서류 발행 건당 일정 비용을 청구합니다. 그리고 포워더가 운송 서비스 진행함으로써 취하는 포워더의 수수료(H/C, Handling Charge) 역시 건당 발행되는 비용입니다.

하나의 운송 건으로 진행할 수 있음에도 불구하고 각각 운송서류를 발행하면, 이러한 비용이 추가적으로 발생하기에 오더 번호가 다르더라도 하나의 건으로 운송 가능하다면 운송서류를 한 건으로 발행하여 진행하는 것도 나쁘지 않을 것입니다.

2. 수입지에서의 관세사 통관 수수료: 수입 신고할 때는 운송서류 건 별로 수입신고 진행됩니다. 따라서 관세사 통관 수수료(Customs Clearance Fee) 역시 운송서류 건당 일정 요율에 의해서 발생할 것입니다.

3. 본 상황은 A라는 수출자와 B라는 수입자 간의 거래 진행입니다. 수출자 A가 받은 PO#14105와 PO#14120 모두 동일한 수입자로서 B에게 오더받은 것이기에, 하나의 운송서류(B/L 혹은 화물운송장)로 운송 혹은 각각 운송서류를 발행하여 진행 가능합니다. 또한,

PO#14120에 대해서, 즉 하나의 오더에 대해서 분할선적(Partial Shipment) 역시 가능합니다.

그러나 수출자 A가 받은 PO#14105는 수입자 B에게 오더받은 것이고, PO#14120에 대해서는 수입자 C에게 오더받은 것이라면, B/L은 각각 발행되어야 할 것입니다. 수입자 B와 수입자 C가 동일 국가에 위치한 수입자라 할지라도 운송서류는 각각 발행되어 수입자 B와 수입자 C로 각각 전달되어야지만 수입지에서 이들이 통관하는데 문제가 없겠습니다.

4. 만약, 해당 건이 한국에서 수출된다고 가정한다면, 수출신고는 2개의 오더 건에 대해서 함께 하고 운송서류는 각각 발행될 수도 있을 것입니다. 즉, 수출신고에 따른 통관 수수료는 요율에 의해서 한 번만 발생할 수 있고 운송서류는 2건으로 발행될 수 있으나, 상기 No. 1에서의 비용은 추가 발생할 것입니다. 물론, 이렇게 수출신고를 하나의 건으로 2개의 오더를 묶어서 진행하는 경우, 세관에 수출 신고된 수출자와 수입자의 정보는 2건으로 각각 발행된 운송서류 상의 수출자(Shipper)와 수입자(Consignee)가 동일해야 할 것입니다.

10. 해상 LCL 건에 대한 보세창고료 발생

질문 수입업체입니다. 부산으로 물품이 들어오는데 LCL 건으로써 보세창고에 반입되고 당일 반출한 건입니다. 다시 말해서, 전산상으로 반입 잡혀있는 것을 확인하고 관세사 사무실로 수입신고 의뢰하였으며, P/L 건으로 떨어져서 세액 납부 후 수리받았습니다. 그리고 운송비는 포워더에게 폐사가 직접 결제하여 D/O 받았으며, 보세창고에서 물품은 정상적으로 반출 후 공장으로 입고 완료되었습니다. 그런데 통관 진행 당시 대략적으로 확인한 관련 청구서를 다시 보니, 보세창고료가 생각보다 많이 발생하였습니다. 반입된 당일 반출되었는데도 이렇게 보세창고료가 발생하는 이유를 알고 싶습니다.

답변 1. 물품이 보세창고에 반입되면 반출되기까지 보세창고료는 당연히 발생합니다. 이때 보세창고료라 함은 순전히 보관하는 데에 대한 보관료만을 말하는 것이 아니라, 물품을 차량으로부터 하차하고 또 상차함에 있어 지게차 및 사람을 사용하는 데에 대한 비용 역시 포함된 비용이 될 것입니다(상차료 및 하차료). 따라서 반입된 당일 물품을 반출하더라도 보세창고료라는 명목으로 비용이 발생하고 화주에게 해당 비용이 청구될 수 있습니다.

2. 보세창고료가 상당히 발생한 경우, 화주는 관세사 혹은 포워더를 통해서 보세창고료를 청구한 보세창고에 보세창고료를 보다 낮춰 달라고 요구할 수 있습니다(네고 가능). 이때 보세창고료를 낮추어 주는 경우도 있는데, 낮아지는 비용은 말 그대로 보관료 부분에서 그렇다고 할 수 있으며, 상·하차에 따른 인건비 등의 비용은 보세창고에서도 낮출 수 없을 것입니다.

3. 창고료는 종가세와 종량세를 합하여 청구합니다. 귀사께서 동일한 부피의 물품을 여러 번 수입하지만, 그 물품의 인보이스 가격에 차이가 있으면 창고료는 다를 수 있습니다[1].

화주는 이러한 구조를 알고 보세창고에서 무조건적으로 부당한 비용을 청구하는 것은 아님을 알아야 할 것입니다.

11. 항공 수입 건의 보세창고료 발생

질문 CPT Incheon Airport 조건으로 물품을 한국으로 수입하는 업체입니다. 물품이 인천공항 보세창고에 반입되고 수입신고를 바로 진행하였으며, 문제없이 수리되어 반입된 당일 날 반출 완료하였습니다. 그런데 창고료 명목으로 금액이 발생하였습니다. 항공 건의 경우 반입되고 24시간 이내에 반출되면 별도의 창고료가 발생하지 않는다고 하는데, 어떻게 된 것인지 모르겠습니다. 설명 부탁드립니다.

💬 **답변** 항공 건으로써 수입지 공항 보세창고에 물품이 반입되고 일정 시간 이내에 반출하면 별도의 창고료는 발생하지 않을 수도 있습니다[2]. 그러나 THC(Terminal Handling

---

1 창고료 계산 과정은 30쪽 '7. 보세창고료 계산 방법'을 참고해주세요.
2 물품이 보세창고에 반입되고 별도의 창고료가 발생하지 않는 Free Time은 포워더를 통하여 화주가 직접 확인해보는 것이 정확할 것입니다.

Charge)는 발생합니다.

따라서 본 상황에서는 창고료 명목으로 비용이 청구되었지만, 창고료보다는 THC가 청구된 상황이 될 수 있을 것 같습니다. 정확한 것은 청구 당사자로서 포워더 측에 문의하여 확인할 필요가 있어 보입니다.

참고로 THC는 터미널에서 화물을 처리하면 비용으로써 항공 건뿐만 아니라 해상 건에서도 발생합니다.

12. 항공 건에서 THC와 CFS Charge 발생하는가?

질문 매번 해상 LCL로 물품을 수입하다가, 이번에 항공 건으로 수입 진행하게 되었습니다. 해상 LCL로 진행할 때는 항구 터미널에서의 화물 처리 비용으로써 THC(Terminal Handling Charge)와 컨테이너를 CY에서 CFS로 보세운송 후 적출 작업하는 비용으로써 CFS Charge가 청구되는 것이 당연하다고 여겼습니다. 항공 건에서도 이러한 비용이 청구되는지 알고 싶으며, 청구된다면 해상 LCL 건과 동일한 의미로 해석하면 되는지요?

💬 **답변** 1. 항공 건에서의 THC 발생: THC는 Terminal Handling Charge입니다. 이때 Terminal이라 함은 항구 및 공항이 될 수 있습니다. 수출지 터미널에서 운송수단으로써 배 혹은 항공기에 물품을 On Board 하는 비용으로써 THC가 발생하며, 수입지 터미널에서 운송수단으로써 배 혹은 항공기로부터 물품을 양륙(Discharge)하는 비용으로써 THC가 발생한다 할 수 있습니다. 다시 말해서, THC는 해상 건뿐만 아니라 항공 건에서도 발생합니다.

2. CFS Charge는 컨테이너 적입 or 적출 작업비: CFS는 Container Freight Station으로써 '컨테이너 화물 작업장'이라 할 수 있습니다. CFS는 단일 화주가 1개 컨테이너를 임대하여 사용하는 건을 의미하는 FCL 화물을 위해서 필요하다기보다는, 여러 화주가 1개 컨테이너의 공간을 임대하여 운송할 필요가 있는 LCL 화물을 위해서 일반적으로 필요합니다.

수출지 CFS에서는 각 화주의 LCL 화물을 집합시켜서 컨테이너에 혼재(콘솔)하는 적입 작업이 이루어지며, 수입지 CFS에서는 해당 컨테이너로부터 각 화주의 화물을 분류하는 적출 작업이 혼재업자(콘솔사)에 의해서 각각 이루어집니다. 따라서 이와 같이 CFS에 반입되어 반출되는 화물에 대해서는 수출지 및 수입지에서 각각 별도의 CFS Charge가 발생합니다[1].

결국, CFS는 보세창고인데, 일반적인 보세창고라기보다는 컨테이너에 적출 혹은 적입 작업이 혼재업자(콘솔사)에 의해서 이루어지는 보세창고라 할 수 있습니다.

3. 항공 건에서 발생하지 않는 CFS Charge: 항공 건은 FCL과 LCL 개념이 없습니다. 그러나 항공 건은 해상 LCL과 비슷한 과정을 가지고 있습니다. 수출지에서 수출자가 포워더에게 Shipment Booking 하면 반입지로써 공항 보세창고를 지정합니다. 이곳에서 항공화물을 인도받아 On Board 절차가 진행됩니다. 그리고 수입지 공항에 항공기가 도착하면 해당 화물은 역시 공항 보세창고로 반입되어 반출을 기다립니다.

해상 건에서 존재하는 CFS가 비록 보세창고이나, 컨테이너 작업(적입 혹은 적출 작업)이 이루어지는 곳이라는 의미가 강합니다. 따라서 컨테이너 작업비로써 CFS Charge가 발생하며 보세창고로는 별도 청구됩니다.

항공 건에서 역시 보세창고를 사용하지만, 해상 건에서처럼 컨테이너 작업이 이루어지는 곳이라는 개념에서는 다소 거리가 있다 할 수 있습니다. 물론, 반입 후 Free Time 이후 반출되면 일정한 보세창고료는 발생할 수 있습니다.

13. 보세창고에서 발생한 파손

질문 해상 LCL 건으로 물품이 부산 항구로 들어와서 CFS에서 적출된 후 폐사 인근의 보세창고로 보세운송하였습니다. 그리고 문제없이 반입까지 완료하였습니다.

그런데 해당 건의 물품은 가공식품인데, 수출지 제조사가 '한글표시사항'을 제조

---

1 참고로 FCL 화물이라 해서 무조건 CFS에 반입되지 않는 것은 아닙니다. FCL 화물이지만 필요에 따라서는 CFS에 반입되어 적입 및 적출 작업 후 반출되는 경우도 있습니다. 그러면 FCL 화물에 대해서도 CFS Charge와 보세창고료가 추가 발생할 수 있습니다. 물론, CY에서 CFS로의 운송에 따른 비용으로써 Drayage Charge 역시 발생할 수 있습니다.

할 때 포장에 적용하지 않아 보세창고에서 폐사가 '한글표시사항' 스티커 작업을
해야 합니다.

그러한 이유로 담당 직원이 스티커 제작 후에 보세창고에서 해당 물품의 박스를
개봉하였습니다. 그런데 내부에 있는 물품이 파손된 상태였습니다.

해당 건에 대해서는 적하보험 가입(부보) 하지 않았는데, 어찌 처리해야 할지 난
감합니다. 조언 구합니다.

💬 **답변** 1. 보세창고에서는 물품을 반입 잡아줄 때, 물품의 외관상 파손이 있으면 반입 잡
지 않고 화주에게 연락을 취합니다. 그러나 본 경우는 보세창고에서 순조롭게 반입을 잡았
기 때문에 물품 반입 당시에 외관상 파손은 없었던 것으로 보입니다. 그리고 그 이전에 보세
운송 과정에서도 외부로부터의 충격이 가해져야 내부 물품이 파손될 것인데, 외관상에는 문
제없기 때문에 운송 과정에서의 파손 여부 역시 파악이 힘들 것 같습니다.

참고로 물품의 포장은 외부로부터 들어오는 운송 과정 중의 통상적인 충격은 흡수할 수
있도록 포장해야 합니다. 그래서 충격에 약한 물품은 매매계약 당시에 포장 방법에 대해서
도 협의합니다. 그리고 많은 수출자는 자신이 물품 포장을 할 때 사진 촬영을 하여 보관하
며, 때로는 그러한 사진 자료를 수입자에게 Shipment Advice 하면서 전달하기도 합니다.
다음 선적 건에 대해서는 수출자에게 이러한 요구를 하는 것이 좋을 것 같습니다.

2. 때로는 보세창고에서 지게차를 이용하여 물품을 옮기는 과정에서 지게차의 포크가 포
장을 뚫어서 내부 물품이 파손되는 경우도 있습니다. 그리고 지게차의 포크로 이동 과정 중
에 물품이 파레트에서 떨어져서 파손되기도 합니다. 그러나 이 모든 경우는 포장에 충격이
가해지기에 포장에 그 흔적이 남습니다.

3. 본 경우는 보세창고에서 정상적으로 반입 잡은 이후에 발생한 파손으로써 보세창고의
과실로 인한 물품의 파손이 될 수도 있는 상황 같습니다. 만약, 그렇다면 해당 보세창고와
문제를 해결해야 할 것입니다.

14. B/L와 FCR(Forwarder Cargo Receipt)의 차이점

질문 포워더에서 근무하고 있습니다. 오늘 윗분들이 B/L과 FCR에 대한 차이점에 대해서 대화를 하더군요. B/L은 무엇인지 알겠는데, FCR은 뭔지 잘 이해되지 않습니다. 설명 부탁드립니다.

💬 **답변** FCR은 Forwarder Cargo Receipt입니다. 포워더가 수출지에서 수출자에게 물품을 수령 후 발급할 수 있는 서류로써 물품이 수출지에서 외국으로 나가는 배에 On Board 되었음은 입증하지 못합니다. 단순히 포워더가 수출자로부터 물품을 수취하였다는 화물인수증이라 할 수 있습니다.

반면에, B/L이라는 것은 On Board B/L(=Shipped B/L), 즉 Port Of Loading(P.O.L.)에서 물품이 외국으로 나가는 배에 선적되었음을 나타내는 날짜가 기재되어야 B/L로써 역할을 합니다. FCR은 B/L도 아니고 On Board 되었음을 입증하지도 못합니다.

15. 컨테이너 반납할 때 파손으로 인한 수리 비용 발생

질문 FCL 건으로 40FT Dry Container 한 대 사용하여 물품 수입하였습니다. 공장에서 물품 적출 완료하고 컨테이너 반납지로써 부곡 CY에서 컨테이너 기사님이 해당 컨테이너를 반납하려는데, 내부에 손상이 있다면서 반납받지 않고 수리비를 청구해왔습니다.

전달받은 컨테이너 내부의 손상 사진을 보니, 물품을 수출지에서 적입하거나 수입지에서 적출할 때 지게차의 포크에 의해서 손상된 것은 아닌 듯합니다. 폐사(수입자)의 공장에서 적출 작업을 한 직원에게 문의해보니, 컨테이너 문을 열었을 때 물품 고정 작업(쇼링)을 한 벨트가 단단히 고정되어 있지 않고 일부가 풀려있었다고 합니다.

폐사의 부주의로 인한 컨테이너 손상이 아닌 운송 과정 중의 손상인 듯한데, 그럼에도 이러한 비용을 폐사가 부담해야 하는 것인가요?

💬 **답변** 1. 물품을 컨테이너에 적입하면 대부분 물품과 컨테이너 사이에 공간이 발생합니다. 따라서 컨테이너에 적재된 물품이 운송 과정 중에 움직이지 않도록 고정작업을 해줘야 합니다[1].

이때 목재로 물품을 컨테이너와 고정할 수 있으며, 벨트와 같은 고정 장치를 활용하여 물품을 컨테이너에 고정시킬 수도 있습니다. 이러한 것을 Shoring 혹은 Lashing이라고 합니다.

이때 목재를 활용하여 고정 작업을 할 때는 해당 목재에 열처리 혹은 훈증 처리하여 병충해로부터 안전한 목재라는 사실이 확인되어야겠습니다.

〈열처리〉
최소 온도가 56℃로 최소 30분간 지속적으로 유지하면서 열로써 병해충을 제거하는 방법.

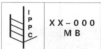
〈메틸브로마이드 처리(훈증)〉
메틸브로마이드라는 살충제로써 목제의 병해충을 훈증하는 방법.

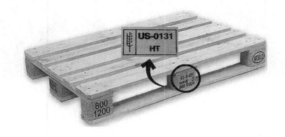

▶ 목재로 만들어진 파레트에도 열처리(TH) 혹은 훈증(MB) 처리 하였음이 날인되어 있어야 합니다.

그리고 더니지백(Dunnage Bag)이라고 하는 에어백을 활용할 수도 있습니다. 더니지백은 컨테이너 좌우로 물품을 붙이면 중간에 공간이 남습니다. 여기에 더니지백을 넣어서 부풀리면 해당 물품은 컨테이너에서 고정됩니다.

---

1 Door Order하여 수출자가 직접 적입 작업하는 건은 수출자가 Shoring 작업까지 할 필요가 있습니다. CFS로 반입되는 건에 대해서는 혼재업자가 해당 작업을 적입 작업과 함께 진행할 것입니다.

▶ 컨테이너에 적입한 물품의 고정 작업을
  하지 않았거나 부실하게 한 결과.

▶ Dunnage Bag

▼ 컨테이너에 적입한 물품이 움직이지 않
  도록 Dunnage Bag을 활용한 모습.

2. 이렇게 수출지에서 수출자는 물품을 컨테이너에 적입하고 해당 물품이 운송 과정 중에 상하 좌우로 움직이지 않게 적절히 고정 작업을 해줘야 합니다. 수출자가 이러한 고정 작업을 하지 않거나 부실하게 하여 수입지에 도착한 물품에 손상이 발생하고, 혹은 컨테이너 자체에 손상이 발생하면 수출자가 해당 비용은 보상해야 할 것입니다.

16. 해상 건에서의 CCF, 항공 건에서의 CCF 차이점

질문 항상 해상으로 물품을 수입하는 업체입니다. 그러나 이번에 다소 급한 물품이 있어 항공 건으로 일부를 수입 진행하였습니다.

해상으로 물품을 수입할 때, 포워더의 운송비 인보이스(청구서)에 보면 CCF라 해서 Container Cleaning Fee가 발생하고, 해당 비용의 청구 이유에 대해서 알고 있기에 결제를 해왔습니다.

그러나 이번에는 항공 건으로 수입함에 있어 CCF라는 명목으로 비용을 청구받았습니다. 포워더 쪽에 문의해보니 Collect Fee(착지불수수료)라고 하는데, 포워더의 설명이 잘 이해되지 않습니다. 쉽게 설명해주시면 좋겠습니다.

💬 **답변** 1. 해상에서 청구되는 CCF 혹은 CCC: 해상 건은 물품이 컨테이너에 적재되어 운송됩니다. 물품이 적재되어 수입지에서 물품은 컨테이너로부터 적출됩니다(FCL 건은 통상 수입자의 공장/창고에서, LCL 건은 CFS에서). 이때 운송 과정 중에 컨테이너에 적재된 물품에서 분진 혹은 기름 등이 배출되어 컨테이너 바닥에 남습니다. 만약, 물품이 식품이고 냉동 컨테이너를 사용한 경우 식품의 냄새가 고입니다.

사용 완료 후 반납받은 컨테이너를 청소하여 깨끗한 상태로 다시 다른 화주가 사용할 수 있도록 해야 할 것입니다. 따라서 컨테이너 청소비가 발생하며, Container Cleaning Fee(CCF) 혹은 Container Cleaning Charge(CCC)라는 명목으로 화주에게 청구합니다. 이러한 비용은 FCL의 경우 하나 컨테이너 당 발생하며, LCL은 R.ton당 발생합니다.

2. 항공에서의 CCF 혹은 CCC: 항공에서도 컨테이너를 사용하지만, 항공은 컨테이너가 없다고 생각하는 것이 보다 적절할 것입니다. 따라서 항공에서 말하는 CCF 혹은 CCC는 해

상에서의 Container 청소비가 아니라, Collect Fee 혹은 Collect Charge, 즉 착지불수수료라는 것입니다. 이는 수입지 포워더가 수출지 포워더에게 운송비 결제할 때 발생하면, 환차손과 송금 수수료를 화주에게 청구할 때 청구 명목으로 사용되는 용어입니다.

3. 항공 건에서 EXW, F-Terms에서 CCC 혹은 CCF 발생: 수출지의 포워더가 수출지 항공사에 Air Freight(A/F, 이하 Freight)를 선결제합니다. 그래서 Master AWB 상에는 항상 Freight가 선불(PP)로 표기되며, 수출지 포워더는 실화주간에 가격조건에 따라서 다시 Freight를 ⓐ수출자에게 청구 혹은 ⓑ수입지 포워더를 통하여 수입자에게 청구합니다. ⓐ의 경우, 수출지 포워더는 Debit Note를 발행하여 수출자에게 Freight 청구하는 것이 아니라, 운송비 인보이스를 발행하여 항공사에 결제한 Freight에 자신의 마진을 붙여서 청구합니다. ⓑ의 경우, 수출지 포워더는 Debit Note를 발행하여 수입지 포워더에게 Freight 청구하며, 수입지 포워더는 마진을 붙여서 운송비 인보이스를 발행하여 수입자에게 운송비를 청구합니다. 이때의 마진에 대해서 수출지 포워더와 수입지 포워더는 Profit Share 할 것입니다.

마지막으로 ⓑ의 경우에서 환차손과 송금 수수료가 발생할 수 있습니다. 이것이 항공 건에서의 CCC 혹은 CCF가 되겠습니다.

17. C 조건으로 수출할 때 수입지의 THC는 수입자가 커버

질문 CIF Keelung Port, Taiwan 조건으로 물품을 한국에서 대만으로 수출합니다. 한국 부산항에서 발생하는 THC는 수출자로서 폐사가 대만 수입자에게 견적한 견적가에 포함되는 것이 당연하다고 생각하는데, 수입지 항구로써 Keelung Port에서 발생하는 THC는 폐사의 견적가에 포함해야 하는지, 아니면 수입자가 수입지 포워더에 결제하기에 미포함해야 하는 것인지 알고 싶습니다.

💬 **답변** 쉽게 생각하면 됩니다. CIF를 포함한 C-Terms의 비용분기점은 모두 C 조건 뒤에 지정된 수입지의 터미널(항구, 공항 혹은 ICD)에 운송수단이 도착하는 순간까지라고 보면

됩니다. 즉, 운송수단으로써 배/항공기 등이 C 조건 뒤의 터미널에 도착하는 순간까지의 비용을 수출자는 C 조건 가격에 포함 시켜서 수입자에게 결제받으며, C 조건 뒤의 터미널에서 발생하는 비용부터는 수입자가 별도로 포워더를 통하여 각 당사자들에게 결제한다고 보면 됩니다.

따라서 C 조건 뒤의 지정장소로써 수입지 터미널에서 발생하는 모든 비용부터는 C 조건 가격에 포함되어 있지 않으니 수입자가 커버해야겠습니다. 그러한 의미에서 수입지 터미널에서 발생하는 THC 역시 수입자가 포워더를 통해서 청구 당사자에게 결제해야겠습니다.

만약, C 조건 뒤에 지정장소로써 수입지 내륙에 위치한 CY로써 ICD가 지정되어 있다면 (예: CPT Chicago CY, USA), 비용분기점이 해당 ICD에 운송수단이 도착하는 시점까지가 됩니다. 따라서 수입지 항구/공항까지의 비용과 내륙지 ICD까지의 비용 모두가 C 조건 가격에 포함되어 있으니, 이러한 경우에 수입지 항구/공항에서의 THC는 수출자가 직접 포워더에게 결제해야 할 것입니다.

결론적으로 C 조건으로 진행하는 경우, C 조건 뒤의 지정장소에 운송수단이 도착하는 시점까지의 비용을 수출자가 수입자에게 청구하여 결제받으며, 지정장소에서부터 발생하는 비용은 수입자가 포워더에게 결제한다고 보면 적절하겠습니다.

18. LOI(Letter of Indemnity, 각서)가 무엇이며, 발행되는 사례 및 Clean B/L 의미

질문 수출자입니다. 통지은행으로부터 신용장(L/C)을 받아서 신용장 44C S/D(선적기일)까지 선적해야 하는데, 문제가 발생하여 S/D(선적기일)가 지나서 On Board 되는 Shipment Schedule을 Booking 하였습니다. L/C Amend를 수입자에게 요청할 수 없는 상황이라 포워더에게 실제 물품은 8월 10일에 On Board 되는데, 신용장 S/D가 8월 9일이니 B/L의 On Board Date를 실제 선적일인 8월 10일이 아닌 하루 앞당겨서 8월 9일로 기재하여 발행 요청하였습니다(Back Date).

그런데 포워더 쪽에서 대응하기를 House B/L을 수출자인 폐사가 요청하였다면, 해당 포워더가 책임지고 Back Date 요청 응해줄 수 있다고 합니다. 그러나 본 건은 중동 L/C로써 해당 L/C에서 선사가 발행하여 이를 포워더가 그대로 화주에게 전달하는 Line B/L을 요구한 건으로써 Back Date 요청을 선사에서 받아주지 않을 가능성이 농후하다고 합니다.

그러면서 Back Date 요청을 받아 준다 하더라도 그냥 응해주는 것이 아니라, 선사가 LOI 작성을 요구할 수도 있다고 합니다. LOI에는 Back Date 하여 B/L을 발행함으로써 발생할 수 있는 차후 문제를 수출자가 모두 책임진다는 내용을 기재해야 한다 하는데, LOI가 무엇인지 잘 모르겠습니다. 설명 부탁드립니다.

💬 **답변** 1. LOI(Letter of Indemnity)는 쉽게 말해서 각서입니다. 다시 말해서, 각서를 작성하는 당사자가 해당 서류상에 기술하는 내용에 대해 책임지겠다는 뜻을 가지고 있습니다. 그러한 의미에서 각서 작성자는 그 기재된 내용이 차후에 자신에게 미칠 영향이 어떤 것인지에 대해서 충분히 검토한 후 각서, 즉 LOI를 작성해야겠습니다. OB/L에 대한 Surrender 처리를 수출자가 요구할 때 포워더가 수출자에게 LOI 작성을 요구하는 경우도 종종 있을 것입니다.

2. 본 상황은 정상적인 On Board Date를 B/L에 기재하는 것이 아니라, Back Date 하

여 L/C 거래에서 수출자가 하자 네고하지 않고, 클린 네고할 수 있도록 하는 것이 그 목적이라 할 수 있습니다. 따라서 수출자는 LOI를 작성함에 있어 Back Date로 인한 차후 책임은 모두 자신이 커버하겠다고 기재한 후 수출자의 명판/도장을 날인하면 될 것입니다.

3. 일반적으로 LOI는 '파손화물보상장'이라고 많이 알려져있습니다. 파손화물보상장이 발행되는 경우는 Dirty B/L(Foul B/L, Claused B/L)이 발행되는 것을 방지하기 위해서 수출자가 모든 내용을 책임지겠다는 각서의 의미로써 발행하여, 선사에 전달하면 선사는 Clean B/L(무고장선하증권)을 발행합니다.

다시 말해서, 수출지에서 선사가 물품을 적재할 때는 물품의 외관상 파손이 없어야 합니다. 그럼에도 선사가 물품을 적재하여 B/L을 발행하면, 해당 B/L의 Remarks와 같은 공란에 물품에 파손이 있음을 기재하게 됩니다. 이렇게 물품에 하자가 있음을 나타내는 문구가 기재된 B/L이 고장선하증권이며, 이를 Dirty B/L 혹은 Foul B/L이라고 합니다. 신용장 거래에서는 Dirty B/L을 은행이 하자 처리하거나 인수 거절할 수도 있습니다[1].

그러면 수출자는 피해를 보게 됩니다. 따라서 수출자 입장에서는 외관상 파손된 물품이 선박에 적재되더라도 B/L에는 하자 문구가 없는, 즉 Clean B/L을 발행받아야 합니다. 물품의 외관상 파손이 있음에도 하자 문구가 기재되지 않은 Clean B/L을 수출자가 받기 위해서 해당 파손에 대한 모든 책임을 수출자가 커버한다는 내용의 각서로써 LOI를 작성하여 선사에 전달하면, 선사는 하자 문구가 기재되지 않은 Clean B/L을 발행하게 됩니다[2].

Clean B/L(무고장선하증권)에 대한 추가 설명[3]

'고장(故障)'은 사전적인 의미로 '기계나 설비 따위의 기능에 이상이 생기는 일'을 뜻합니다.
본선에 화물을 선적할 때 화물의 포장, 수량 등에 어떤 고장 또는 하자, 예컨대 파손, 수량부족, 유손(濡損) 등이 발생할 경우, B/L의 비고란(Remarks)에 화물의 고장 문언을 기재하게 되며, 이러한 B/L을 Foul B/L 혹은 Dirty B/L이라 하며 고장선하증권이라 합니다.

---

1 수출지에서 Clean B/L이 발행되어야 하는 것은 해당 건의 결제조건이 L/C가 아닌 다른 결제조건에서도 마찬가지일 것입니다. 수출지에서 물품이 하자인 상태로 On Board 되면 당연히 수입지에서도 하자 상태의 물품을 수입자는 받게 되고, 이로 인하여 정상적인 물품을 받아야 하는 수입자는 피해를 떠안게 됩니다. 따라서 수출지에서는 당연히 외관상 하자가 없는 상태의 물품이 On Board 되어 Clean B/L이 발행되어야 할 것입니다.
2 물품이 적재될 때 외관상 파손이 있는지 여부에 따른 Dirty B/L 혹은 Clean B/L 발행, 그리고 그에 따른 LOI의 발행 등의 상황은 컨테이너로 운송되는 건보다는 중장비 등 컨테이너로 운송될 수 없는 벌크 화물 운송 건에서 보다 많이 해당한다고 볼 수 있을 것입니다.
3 전창원(1993), 「무역운송실무」, 일신사

〈고장 문언의 예〉
- rain work, some wet(우중 하역, 유화 있음)
- 6 cased broken(6상자 파손)
- 2 packages short in dispute(2개 부족, 논의 중)

그러나 이러한 고장 문언이 기재되지 않고 깨끗한 채로 발행된 선하증권을 Clean B/L, 즉 무고장선하증권이라 합니다. Clean B/L은 양호한 상태로 수량이 맞다는 것을 명시하기 위해서 'Shipped on board in apparent good order and condition'이란 문구가 기재됩니다.
이렇게 고장이라는 것은 물품에 이상이 있다는 것이며, 이상이 있으면 해당 건의 B/L에 기재하고 이상이 없으면 기재하지 않습니다. 그러나 본선에 화물이 선적될 당시에 물품이 이상이 없어야 수입지에서 수화인으로서 수입자에게 피해가 없을 것입니다.

19. D/O(Delivery Order) 개념과 보세구역에서 반출하기까지

질문 수입지 포워더에게 운송비 인보이스(청구서) 받고 운송비를 직접 혹은 관세사를 통해서 결제하면 포워더가 D/O를 내주는 것으로 압니다. 그런데 수입자로서 폐사는 D/O라는 서류를 한 번도 보지 못했고 그저 D/O가 발행됐다는 말만 들었습니다. 포워더는 D/O를 발행하여 수입자에게 전달하는 것이 아닌 것 같은데 누구에게 발행하는 건가요?
그리고 수입지 보세구역/창고에 반입된 물품을 반출하기 위해서는 D/O만 있으며 가능한 것인가요?

💬 **답변** 1. D/O(Delivery Order) 개념: D/O는 화물인도지시서입니다.
수입지 포워더는 수입지에 도착한 화물에 대한 운송비를 수입자에게 청구하며, 수입자로부터 운송비를 결제받아야 물품을 전달(Cargo Release)할 것입니다. 그런데 수입지에 도착한 화물은 포워더가 보관하는 것이 아니라, 수입신고수리 전의 화물(보세물품)로써 보세구역/창고[1]에 일시 장치(보관)되어 있습니다.

---

1 보세창고도 보세구역이나 편의상 이해하기 쉽게 하기 위하여 '보세구역/창고'로 표현하겠습니다. CY는 보세구역이 될 것이며, CFS는 보세창고가 될 것입니다.

따라서 포워더는 수입자에게 직접 혹은 관세사를 통하여 운송비를 결제받으면[2], D/O라는 서류를 발행하거나 운송서류(B/L 혹은 화물운송장)에 D/O 내용을 날인하여 보세구역/창고에 전달하면서 수입자에게 해당 화물을 인도할 것을 요청합니다. 보세구역/창고에서는 이러한 D/O가 있어야지만 반입된 물품을 반출해줍니다. 이때 해당 건이 보세운송 건이 아니라면[3] 반출을 위해서 D/O만 있으면 안 되고, 관할지 세관에 수입 신고하여 수리를 정상적으로 받았다는 수입신고필증이 함께 필요합니다.

결론적으로 포워더가 발행하는 D/O는 수입자에게 전달하는 것이 아니라 해당 화물을 보관하고 있는 보세구역/창고로 전달하는 것이니, 수입자로서는 D/O라는 서류를 볼 기회는 수입통관 과정에서 특별히 없을 것입니다.

그러나 수입자는 D/O가 어떤 의미를 가지고 있는 서류인지에 대해서는 알고 있어야 합니다.

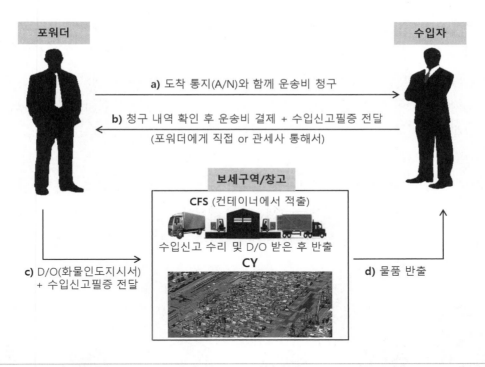

---

2 일반적으로 수입지에서 물품 도착 사실을 통지받는 자(Notify)는 수입자(Consignee)로서 수입자는 자신이 사용하는 관세사 정보를 포워더에게 알려주고, 포워더의 운송비 청구서를 관세사에 전달 요청합니다. 그리고 관세사는 '통관 예상비 청구서'라는 서류를 작성함에 있어 해당 서류에 세액(관부가세), 관세사 수수료, 그리고 포워더 운송비 등 수입 통관할 때 발생하는 예상 비용을 기재하여 수입자에게 일괄 청구합니다. 그리고 그 돈을 수입자에게 결제받으면 관세사 사무실에서 각각의 당사자에게 결제하는데, 포워더에게는 운송비를 결제하며 이후에 D/O가 발행 즉, 떨어집니다.

3 보세운송 건 즉, 해당 보세구역/창고에서 국내의 다른 보세구역/창고로 보세운송하는 건에 대해서는 D/O만 있으면 반출 가능합니다. 보세물품, 즉 수입 신고하여 수리받기 전 상태의 물품 운송 건이니, 당연히 수입신고필증은 존재하지 않습니다.

2. **입항지에서 수입통관 진행 건:** 입항지로써 항구 혹은 공항의 보세구역/창고에서 수입신고하여 세액 납부하면 세관으로부터 수리받을 수 있으며, 정상적으로 수입 신고하고 세관으로부터 수리받았다는 입증서류로써 수입신고필증을 받을 수 있습니다.

이러한 건에 대해서는 입항지 보세구역/창고에서 물품을 반출하기 위해서는 D/O와 수입신고필증이 필요합니다.

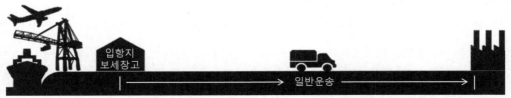

a) D/O 및 수입신고필증 제출하여 반출　　　**b)** 수입신고 수리 된 건으로서 보세물품이 아닌 내국물품

3. **보세운송[1] 건에서 D/O 필요:** CFS[2]에 반입되는 해상 건 혹은 공항 보세창고에 반입되는 항공 건의 경우, 내륙의 보세창고로 보세운송하여 해당 보세창고에서 수입신고를 진행하기도 합니다. 그러면 입항지 CFS 혹은 공항 보세창고에 화물을 장치한 상태에서 수입통관을 진행하는 것이 아니기에 세관으로부터 수입신고수리 역시 받지 않아서 수입신고필증이 없는 상태입니다.

상기 No. 2에서 설명한 상황은 입항지에서 수입 신고하여 세관으로부터 수리받은 건의, 즉 더 이상 보세물품이 아니라 내국물품 상태의 화물을 보세구역/창고로부터 반출하는 경우입니다. 이처럼 보세운송 신고하여 보세운송을 진행하지 않는 건이라면 D/O와 함께 수출신고필증이 있어야 반출 가능합니다. 그러나 보세운송 건이라면 수출신고필증 없이 D/O만 있으면 반출 가능하겠습니다.

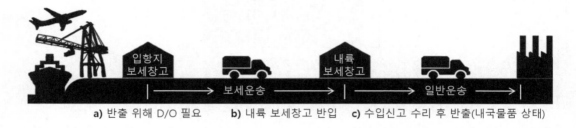

a) 반출 위해 D/O 필요　　**b)** 내륙 보세창고 반입　　**c)** 수입신고 수리 후 반출(내국물품 상태)

1 　보세운송이란 수입신고 수리되기 전의 보세물품을 A라는 보세구역/창고에서 B라는 보세구역/창고로 운송하는 것을 말합니다.

2 　컨테이너에 물품을 적입 혹은 컨테이너에 적재된 물품을 적출하는 보세창고입니다.

20. Weight Cargo(중량화물)와 Volume Cargo에 대한 이해

질문 외국에 고정 바이어가 있으며, CFR 조건하에서 LCL로 수출하는 회사입니다. 매번 수출하는 아이템이 정해져 있는데, 이번에 새로운 아이템을 수출하였습니다. 바이어와의 매매계약서상 가격조건이 CFR인지라 수출자로서 폐사가 운임견적을 포워더에게 받아서 해당 운임을 CFR 견적가에 포함시켰습니다.

그 이후 물품을 수출하였고 포워더로부터 운송비 청구서를 받았습니다. 그런데 본 건의 견적서를 바탕으로 폐사가 예상한 비용보다 훨씬 더 많은 비용이 청구되어, 포워더에게 문의해보았더니 해당 물품은 중량화물이라고 하더군요.

폐사는 매번 LCL 건으로 수출함에 있어 CBM당 비용을 계산했기에, 본 건 역시 CBM당 계산했는데, 중량화물은 그렇게 계산하는 것이 아니라고 합니다. 설명 부탁드립니다.

답변 1. 우리나라는 해상 건에서 1CBM을 1,000kg으로 보며, 항공 건에서의 1CBM은 약 167kg으로 봅니다. 귀사가 기존에 해상 건으로 수출하였던 화물은 1CBM에 1,000kg이 안 되는 화물로 추측됩니다. 그러한 화물을 Volume Cargo라 하며 해상 건에서는 CBM당 계산됩니다.

반면에, 해상 건으로써 1CBM 당 1,000kg이 넘는 화물은 Weight Cargo(중량화물)라 하며, 실제 CBM당 계산하는 것이 아니라 실제 kg을 CBM으로 변경 후 계산합니다.

2. 다음의 운송비 청구서는 CFR Shanghai Port 조건으로 한국 부산항에서 중국 상하이항으로 해상 수출되는 LCL 건에 대한 내용입니다. Gross Weight(G.W., 총중량[3])는 8,500kg이며, Measurement(CBM, 부피) 4.5 CBM입니다.

해상 건에서 1CBM을 1,000kg으로 보기에 본 건의 화물은 중량화물이 됩니다. 따라서 8.5CBM을 기준으로 모든 운송 관련 비용이 계산된 것을 확인할 수 있습니다.

---

3 총중량은 수출 물품에 대한 수출 포장까지 완료한 상태의 중량을 말하며, 순중량(N.W., Net Weight)은 수출 물품 자체에 대한 중량을 말합니다.

INVOICE(운송비청구서)

REF NO.	OOF1408-10	ISSUING DATE	2014-08-25
H.B/L NO.	ABB120120	ON OBARD DATE	2014-08-25
VSL/VOY.	ISLET / 230W	P.O.L.	BUSAN PORT KOREA
PACKAGE	6 PT	P.O.D.	SHANGHAI PORT CHINA
GROSS WEIGHT	8,500.00 KG	MEASUREMENT	4.5 CBM
INCOTERMS	CFR SHANGHAI PORT	CONTAINER	LCL

DESCRIPTION	CUR	PER	RATE	AMT(CUR)	EX-RATE	AMOUNT(KRW)
OCEAN FREIGHT	USD	R.TON[1]	12.00	102.00	1,150.50	117,351
TERMINAL HANDLING CHG	KRW	R.TON	5,500		1.00	46,750
C.F.S. CHG	KRW	R.TON	6,500		1.00	55,250
DOCUMENT FEE	KRW	B/L	25,000		1.00	25,000
WHARFAGE CHG	KRW	R.TON	323		1.00	2,746
HANDLING CHG	USD	B/L	25.00	25.00	1,150.50	28,763
TOTAL						275,860

3. LCL 화물은 CFS에서 혼재업자(콘솔사)가 컨테이너에 적입합니다. 20FT 컨테이너에 적재 가능한 무게는 통상 18톤~20톤 정도가 되며[2], CBM은 33CBM 정도까지 적재 가능하나 실제로는 25CBM 정도 적재 가능합니다[3].

상기와 같은 중량화물은 부피(CBM)는 얼마 되지 않으나 무게가 상당하여, 좀 더 많은 다른 화주 화물을 컨테이너 적재할 수 있는 공간이 있음에도 이를 불가능하게 합니다. 그로 인한 손해는 중량화물의 화주가 커버해줘야 할 것입니다. 상기 기술한 내용을 화주 입장에서는 이와 같이 받아들이면 부당한 느낌을 크게 받지 않을 것입니다.

4. 해상 건에 대해서 1CBM을 1,000kg으로 보는 기준은 우리나라뿐만 아니라 외국의 모든 나라가 그러한 것은 아닙니다. 미국 같은 경우는 1CBM을 1,000kg 한참 못되게 보기도 합니다. 참고되길 바랍니다.

---

1 R.Ton, 즉 계산톤에 대한 자세한 내용은 책 『어려운 무역실무는 가라. 서술편(2012년 초판발행)』을 참고해주세요.

2 실제로는 20FT에 20ton 조금 넘게까지 적재하기도 합니다.

3 20FT 컨테이너에 33CBM이 들어간다는 것은 가로, 세로, 높이 각각 1m의 박스로써 1CBM 박스 33개가 빈 공간(Dead Space) 없이 들어간다는 뜻입니다. 일반적으로 빈 공간 없이 컨테이너에 적입되는 일은 거의 없을 것입니다.

21. Dry Van, DC, HC, RF, FR 등에 대한 이해

질문 수출자입니다. 포워더가 발행한 청구서 및 기타 서류를 보니 20FT DV라는 표현이 있습니다. 궁금해서 과거 자료를 보니, 1 x 20 S.T.라는 표현도 있고, DC 및 FR이라는 표현도 있습니다. 설명 부탁드립니다.

💬 **답변** 1. 먼저 20FT 컨테이너를 20 혹은 TEU(Twenty-foot equivalent units)라고 표현하며, 40FT 컨테이너를 40 혹은 FEU(Forty-foot equivalent units)라고 표현합니다. 그리고 Container를 VAN이라고도 하고 Dry Container는 일반 컨테이너로써 Dry Van 즉, DV라고 표현하는 경우가 있습니다. 또한, Dry Contianer를 줄여 DC라는 표현도 사용합니다.

2. S.T.(Standard Container) 및 G.P.(General Purpose)는 일반 컨테이너라고 보면 될 것입니다. 아래 운송서류에서 1 x 40 CONTAINER S.T.라는 표현을 쓰고 있습니다. 40FT Dry Container 하나 컨테이너로 운송되는 건이라는 뜻이 됩니다.

Pre-carriage by	Place of Receipt	Party to contact for cargo release		
		XXX Ultimo Road Sydney NSW 2000, Australia		
Vessel Voy. No. **ISLET ACE 832W**	Port of Loading **BUSAN, KOREA**	TEL : 00-0000-0000 FAX : 00-0000-0000 ATTN : GERRIT DEKKER		
Port of Discharge **SYDNEY, AUSTRALIA**	Place of Delivery	Final Destination (Merchant's reference only)		
Container No. Seal No. Marks and Numbers ABCU3030123 P411999 SYDNEY AUSTRALIA MADE IN KOREA C/NO. 1-35 PO#9332	No. of Containers or Pkgs **17 PLTS**	Kind of Packages ; Description of Goods **SHIPPER'S LOAD, COUNT & SEAL 1 X 40' CONTAINER S.T. BABY CARRIER COUNTRY OF ORIGIN : KOREA PRICE TERM : FOB BUSAN PORT** **"FREIGHT COLLECT"**	Gross Weight **820.00 KGS**	Measurement **28.5 CBM**

3. 기타 특수 컨테이너로써 Reefer Contianer(RF, 냉동 컨테이너), Open Top Cotainer(OT), 그리고 Flat Rack Container(FR) 등이 있습니다.

Reefer Container		Flat Rack Container	

		20FT	40FT				20FT	40FT
Interior Dimensions					**Interior Dimensions**			
Width	(폭)	2.94m	2.94m		Width	(폭)	2.35m	2.35m
Length	(길이)	5.45m	11.58m		Length	(길이)	5.89m	12.03m
Height	(높이)	2.20m	2.20m		Height	(높이)	2.38m	2.38m
Tare Weight(컨테이너 자체 중량)					**Tare Weight**(컨테이너 자체 중량)			
ton		2.93ton	3.9ton		ton		2.15ton	3.70ton
lbs		6,062 lbs	8,708 lbs		lbs		4,739 lbs	8,156 lbs
Cubic Capacity					**Cubic Capacity**			
Cubic meters		27.9 cbm	56.1 cbm		Cubic meters		33.0 cbm	67.0 cbm
Cubic feet		986 cu. FT	2,000 cu. FT		Cubic feet		1,179 cu. FT	2,393 cu. FT

Open Top Container

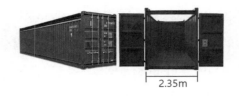

2.35m

		20FT	40FT
Interior Dimensions			
Width	(폭)	2.35m	2.35m
Length	(길이)	5.89m	12.06m
Height	(높이)	2.39m	2.39m
Tare Weight(컨테이너 자체 중량)			
ton		2.15ton	3.70ton
lbs		4,739 lbs	8,156 lbs
Cubic Capacity			
Cubic meters		33.0 cbm	67.0 cbm
Cubic feet		1,179 cu. FT	2,393 cu. FT

22. 포워더에게 인보이스(C/I)를 전달 필요성이 있는가?

질문 한국에서 호주로 물품을 수출하는 회사에 다닙니다. 포워더에게 Shipment Booking 할 때 Cargo Closing Time과 Documents Closing Time이 있으며, Documents Closing Time까지 팩킹리스트와 수출신고필증을 전달하면 되는 줄 압니다. 그러나 포워더 쪽에서 폐사가 발행한 인보이스(상업송장, C/I)까지 요구하는데, 그 이유에 대해서 알고 싶습니다.

💬 **답변** 1. 수출신고필증이 필요한 이유: 포워더 건으로써 외국으로 나가는 배/비행기에 물품을 On Board 하기 위해선 수출 물품에 대해 수출지 세관으로 수출 신고하고 수리를 받아야 합니다. 그러한 일련의 과정을 정상적으로 진행하여 수리받았다는 사실을 증명하는 서류가 수출신고필증입니다. 수출 건에 대한 신고필증은 '적재전 수출신고필증'과 '수출이행 수출신고필증'으로 구분되며, On Board 전이기에 '적재전 수출신고필증'을 포워더에게 Documents Closing Time까지 전달하면 되겠습니다.

2. 팩킹리스트가 필요한 이유: 포워더는 물품이 외국으로 나가는 배/비행기에 물품이 On Board 되면 운송서류(B/L 혹은 화물운송장)를 발급하여 수출자에게 전달합니다. 이때 포워더가 SR(Shipping Request)하는 과정에서 운송서류 발급까지 팩킹리스트의 내용을 근거로 업무를 진행합니다. 운송서류를 보면 품명, 포장단위, 중량, 부피, 그리고 화인(Shipping Mark) 정보 등 수출자가 발행한 팩킹리스트의 내용이 들어갑니다. 반면에, 인보이스에 기재되는 물품의 가격 정보는 운송서류 상에 기재되지 않겠습니다.

3. 인보이스(상업송장, C/I)는 필요에 의해서 전달: 수출자는 포워더에게 자신이 발행한 인보이스를 반드시 전달해야 하는 것은 아닙니다. 수출자가 포워더에게 인보이스 전달하는 이유는 수출자가 포워더에게 운송 서비스 업무뿐만 아니라 다음의 포워더 업무 이외의 업무까지 대행 요청하였기 때문이라 할 수 있습니다.

a) 수출신고 업무를 포워더에게 요청한 경우

수출자가 자신과 직접 연결된 관세사 사무실에 수출자 자신이 직접 요청하여야 할 수출통관(수출 신고하여 관할지 세관으로부터 수리받기까지의 일련의 과정) 대행 업무를 관세사 사무실에 직접 요청하지 않고, 운송 서비스를 주 업으로 하는 포워더에게 요청하는 경우가 있습니다. 그러면 포워더는 자신과 연결된 관세사에 수출신고 업무 대행을 다시 요청(의뢰)합니다.

수출 신고할 때는 팩킹리스트뿐만 아니라 인보이스가 필요한데, 그 이유는 가격신고를 해야 하기 때문입니다. 따라서 수출자가 포워더에게 수출통관 대행 업무까지 요청할 때는 포워더에게 인보이스 역시 전달하게 됩니다. 물론, 본 경우에는 인보이스와 팩킹리스트만 먼저 포워더에게 전달하고, 포워더와 연결된 관세사 사무실에 수출 신고하여 수리받으면, 해당 관세사 사무실이 포워더와 수출자에게 각각 수출신고필증을 전달할 것입니다. 그러나 수출자가 직접 지정한 관세사 사무실에 수출신고 의뢰하는 경우는 포워더에게 인보이스 전달할 필요가 통상 없습니다. 앞에서 언급하였듯이 포워더는 운송서류를 발행함에 있어 운송서류 상에는 인보이스에 기재된 가격 정보는 들어가지 않으며, 가격 정보는 수출 신고할 때 필요하겠습니다.

b) 적하보험 가입(부보) 업무를 포워더에게 요청한 경우

CIF 혹은 CIP 조건에서는 수출자가 수입자에게 결제받는 대금에 적하보험료가 포함되어 있기 때문에 수출자는 무조건 보험 가입 신청해야 하며, 이때 피보험자(Assured)를 수입자로 해야 합니다. 그리고 EXW, F-Terms 및 CFR, CPT 조건에서의 Freight 구간[1]에 대한 사고 책임은 수입자가 있으니, 적하보험 가입 결정(선택)은 수입자가 합니다. 따라서 해당 조건하에서의 계약 건에서는 수출자는 Freight 구간에 대한 적하보험 가입에 신경 쓰지 않아도 됩니다. 그러나 D-Terms에서의 Freight 구간에 대한 사고 책임은 수출자가 커버하니 수출자가 자신을 피보험자로 하여 적하보험 가입(부보) 여부를 결정(선택)합니다.

가능한 적하보험에 가입하는 것이 좋으며, 화주가 직접 적하보험회사에 연락하여 가입 진행하는 것이 정상적인 절차라 할 수 있습니다. 그러나 이러한 업무까지 포워더에게 의뢰하는 경우가 있으며, 이때 적하보험에 가입하기 위해서 해당 건의 가격정보가 필요[2]하니, 수출자는 포워더에게 인보이스를 전달해야 할 것입니다.

정상적인 진행 절차

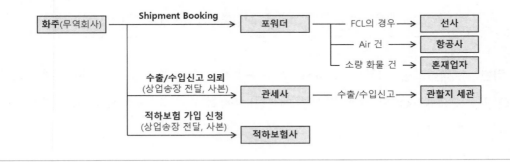

---

1 수출지 터미널에서 외국으로 나가는 운송수단(배/항공기 등)에 수출물품이 On Board되어 수입지 터미널에 운송수단이 입항하는 시점까지의 구간.
2 적하보험 가입할 때, 물품의 HS Code 및 상대국 정보 등도 필요합니다. 특정 국가로 이동되는 건에 대해서는 적하보험 가입 진행이 불가한 경우도 있습니다.

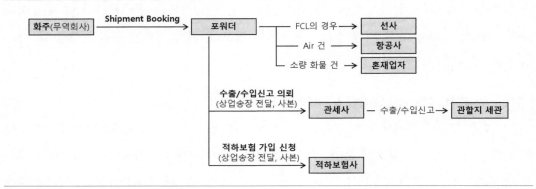

포워더에게 일괄 의뢰한 경우

23. 적하보험과 무역보험의 차이점

질문 가격조건 CIF, 그리고 결제조건 T/T 30%, Deposit 70%, 30 Days After B/L Date로 외국 수입자와 매매계약 체결한 한국에 위치한 수출자입니다. CIF 조건에서 수출자로써 폐사가 적하보험사에 연락하여 적하보험 가입 진행해야 한다는 개념은 알고 있습니다. 그런데 사장님께서 30%는 선불 받지만, 나머지 잔액(Balance)은 수출 이행 후 결제받는 조건으로써, 결제받는데 위험성이 있으니 수출보험 가입에 대해서 체크 요청하셨습니다.
적하보험과 수출보험의 차이점에 대해서 문의드립니다.

💬 **답변** 1. 적하보험: 적하는 Cargo로써 화물을 뜻합니다. 즉, Cargo에 대한 보험입니다. 운송 과정 중에 Cargo의 파손, 분실 등에 대한 피해를 커버하기 위해서 적하보험회사에 적하보험 가입합니다.

적하보험료	= 인보이스 금액 x 희망이익 110% x 구간 요율 x 당일 최초공시환율

– '인보이스 금액'은 FOB, CIF 등 가격조건의 기준 없이 단순히 인보이스 금액
– '희망이익'은 항상 110%가 아니라 조정이 될 수 있음.
– 적하보험 '요율'은 HS Code, 운송수단, 팩킹 등의 영향을 받을 수 있음.

2. **무역보험(수출보험&수입보험):** 무역보험은 '한국무역보험공사(https://www.ksure. or.kr)' 통해서 가입할 수 있는 보험으로써 수출보험과 수입보험으로 구분됩니다. 수출보험의 경우, 수출자가 수입자로부터 선적대금을 결제를 받지 못할 것에 대비하여 가입하는 보험이라고 보면 될 것입니다.

24. OB/L과 SWB 및 Surrender 처리한 운송서류의 차이

질문 폐사는 수출자이며, 외국 수입자와 거래함에 있어 결제조건은 T/T입니다. 해상 건으로써 OB/L이 발행되는 경우도 있고, SWB(Sea Waybill, 해상화물운송장)가 발행되는 경우도 있습니다. 혹은 OB/L 발행하여 수출지 포워더에게 Surrender 처리 요청하기도 합니다. 각각의 차이와 그리하는 이유에 대해서 알고 싶습니다.

답변 1. On Board 된 물품의 소유권: 수출자는 물품을 외국으로 나가는 배/비행기에 On Board 하기 전에 그 물품의 소유권을 가진 주인입니다. 그리고 해당 물품이 외국으로 나가는 배/비행기에 On Board 되어 Original B/L, 즉 OB/L이 Full Set(3부) 발행되어 포워더로부터 해당 B/L을 전달받아서 수출자가 이를 확보하면 On Board 되어 한국을 떠난 물품이라 할지라도 해당 물품의 소유권은 수출자에게 있습니다. 해당 물품을 선적한 배가 수입지의 항구에 도착하여 수입지의 보세구역에 반입되었다 해도, 수출자가 해당 B/L을 계속 소유하고 있다면 해당 물품의 소유권은 수출자에게 있습니다.

만약, 수출자가 OB/L을 수입자에게 특송(Courier Service)을 통해 전달하였다면, 그 물품의 소유권은 수출자로부터 수입자에게 넘어간다 할 수 있습니다[1]. 물론, Consignee가 기

---

1 결제조건 T/T에서 수출자가 수입자에게 OB/L을 전달할 때는 OB/L 그 상태 그대로 전달되어야 하기에 특송 서류 봉투에 넣어서 전달합니다.

명식으로 발행된 기명식 B/L인 경우, Consignee는 수입자로 기재되어 있어야 수입자는 수입지에서 수입지 포워더에게 운송비 및 OB/L 전달하고 D/O 받을 수 있습니다.

▲ OB/L을 수출자가 수입자에게 원본 그대로 전달하는 것은 해당 물품의 소유권을 넘긴다는 뜻입니다. 이때 OB/L에 대한 소유권은 이메일 혹은 팩스로 전달되지 않기에 OB/L 상태 그대로 특송 서류 봉투에 넣어서 전달합니다.

▲ OB/L을 특송으로 전달하면 특송 비용이 발생하며, 수입자가 해당 OB/L을 전달받기까지 수일이 소요됩니다. 물품이 수입지에 도착한 상황에서 수출자가 OB/L을 수입자에게 발송은 하였으나, 수입자가 OB/L을 특송사에 전달받지 못하여 D/O 받지 못하는 상황이 발생할 수 있습니다. 따라서 실무에서는 OB/L 발송하는 것보다는 OB/L을 발행받아서 소유권 주장할 필요가 없어지면, 수출지 포워더에게 Surrender 요청하여 Surrender 처리되면 해당 운송서류를 Fax 혹은 이메일로 수입자에게 전달합니다(56쪽 '경우 b'의 상황).

▲ OB/L이 발행되어 수출자에 의해 특송으로 수입자에게 전달된 경우, 수입자는 반드시 OB/L을 회수하여 해당 OB/L 상의 Consignee가 수입자 자신임을 수입지 포워더에게 확인시킨 후(수입자는 OB/L Full Set을 수출자에게 전달받아서, 다시 수입지 포워더에게 Full Set을 그대로 전달) 운송비를 결제해야 비로소 D/O 받을 수 있습니다.

▲ Cargo(화물)의 이동은 운송수단에 의하며, 해당 건의 선적서류의 전달은 원본의 경우 특송으로, 사본의 경우 이메일 혹은 팩스로 전달됩니다. 다시 말해서, 화물과 서류는 각각 별도로 수출지에서 수입지로 이동 및 전달되겠습니다.

2. 결제조건 T/T에서 OB/L 발행과 Surrender 처리: On Board 후 OB/L이 발행되어 수출자가 수출지 포워더에게 OB/L 전달받았습니다. 수출자는 수입자와의 계약에서 On

Board 후 수일 이내로 해당 건에 대한 대금결제를 받기로 했습니다. 수출자 입장에서는, 일단 수입자를 믿고 배에 물품을 On Board 하였으나, 수입자가 결국 결제하지 않으면 낭패입니다. 따라서 OB/L 발급받아서 On Board 되어 수입지로 향하고 있는 물품에 대한 소유권을 확보하여 수입지 항구에 물품이 도착하여도 해당 물품의 소유권을 수출자가 가질 수 있도록 합니다[1].

그런데 On Board 후 수출자는 해당 건에 대한 대금결제를 받았습니다. 이때 수입지 항구로 향하고 있는 혹은 수입지 항구에 도착한 물품에 대한 소유권을 수입자에게 넘겨서 수입자가 해당 물품을 찾아갈 수 있도록 해야 합니다.

그러나 Original B/L로써 이를 수출자가 수입자에게 전달하기 위해서는 특송을 이용해야 합니다. 문제는 특송을 사용하면 비용이 발생할 뿐만 아니라 중간에 분실될 수 있으며, 수출지에서 수입지로 OB/L이 이동되는데 수일이 소요됩니다. 다시 말해서, 불필요한 비용이 발생하며 무엇보다 수일의 시간이 지체됨으로써, 이미 수입지 항구에 물품이 도착한 상황에서는 수입지 항구에서 수입자가 물품을 찾지 못하게 됩니다.

따라서 수출자는 OB/L을 특송으로 보내지 않고, 해당 OB/L을 발행한 수출지 포워더에게 OB/L을 전달하여 Surrender 처리 요청합니다[2]. 이때 Surrender라는 것은 권리 포기라는 뜻으로써 수출자가 가진 물품의 소유권을 표기하겠다는 뜻이 됩니다. 수출자 입장에서는 On Board 된 물품에 대한 대금결제를 수입자에게 받았으니, 해당 건의 물품 소유권을 수출자 자신이 계속 가지고 가는 것은 적절치 못합니다.

이렇게 Surrender 처리되면 OB/L은 없어지는 것이며, 수입자는 수입지에서 수입지 포워더에게 해당 건은 Surrender 처리되었고, 수입자 자신이 Consignee라는 사실 확인시켜주면서 운송비를 결제합니다. 그러면 수입지 포워더는 전산으로 Surrender 처리된 것을 확인 후 D/O 내줄 것입니다. 때에 따라서 수입지 포워더 전산에서 Surrender 확인되지 않아서 D/O 받지 못하는 경우도 있습니다.

상기와 같이 OB/L 발행 후 Surrender 처리 하는 것은 대부분 수출지에서 On Board는

---

1 이와 같이 On Board 된 물품의 소유권을 수출자가 가지고 있어야 하는 경우는 결제 문제뿐만 아니라, 기타 다른 경우에도 수출자는 필요에 의해서 그리할 수 있을 것입니다.

2 Surrender 처리 필요성은 수출자가 느낄 수도 있고 수입자가 느낄 수도 있습니다. 그러나 해당 물품의 소유권은 수출자에게 있으니 수출자의 판단으로 진행합니다. 그리고 OB/L이 발행된 상태에서의 Surrender 처리 진행은 반드시 해당 OB/L을 발행한 수출지 포워더에게 OB/L Full Set을 전달하여 요청해야겠습니다. 수입지 포워더 혹은 기타 다른 포워더에게 기 발행된 OB/L Full Set 전달하여 Surrender 요청할 수 없습니다.

해야 하는데, 아직 해당 건의 결제가 확실히 되지 않았을 때라 할 수 있을 겁니다. 그러나 On Board 후 수출자가 그 물품의 소유권을 계속 확보할 필요성이 있는 기타의 경우도 있을 것입니다.

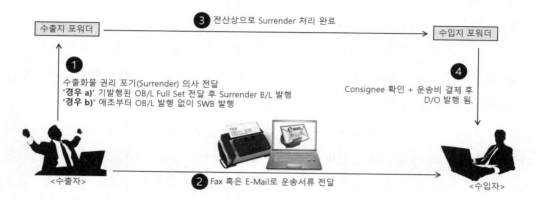

③ 전산상으로 Surrender 처리 완료

수출지 포워더 ⟶ 수입지 포워더

① 수출화물 권리 포기(Surrender) 의사 전달
'경우 a)' 기발행된 OB/L Full Set 전달 후 Surrender B/L 발행
'경우 b)' 애초부터 OB/L 발행 없이 SWB 발행

④ Consignee 확인 + 운송비 결제 후
D/O 발행 됨.

<수출자>

② Fax 혹은 E-Mail로 운송서류 전달

<수입자>

▲ 수출자가 물품의 권리를 포기하였기 때문에 소유권 이전 행위는 발생하지 않습니다. 따라서 OB/L은 없는 상태입니다. 그러나 수입지에서의 화물의 인수하는 자는 운송서류 상의 Consignee입니다. 수입자는 자신이 해당 건의 화물의 Consignee라는 사실을 서류상으로 수입지 포워더에게 확인받기 위해서, 수출자에게 Fax 혹은 이메일로 운송서류를 전달받습니다.

▲ 비록 Surrender 처리된 건이지만, 수입지에서 해당 건의 물품을 인수하는 자는 Surrender 처리된 운송서류 상의 Consignee입니다. 운송서류 상의 Consignee 이외의 자로서 A사가 수입지 포워더에게 물품전달을 요구하더라도 해당 포워더는 D/O 내줄 수 없습니다. 단, 해당 운송서류 상의 Consignee가 A사에게 물품을 양도한다는 내용이 있다면, A사는 해당 건의 화물에 대한 운송비 결제 후 D/O 받을 수도 있겠습니다.

<수출지 터미널>

Cargo 이동

<수입지 터미널>

▲ 수출자가 수출지 포워더에게 수출화물에 대한 권리를 포기(Surrender)하겠다고 했으면, On Board 이후 해당 화물의 소유권을 수출자는 주장 할 수 없습니다. 따라서 수입자와의 결제 문제가 해결되지 않은 상태에서 수입지에 도착한 화물에 대해 수출자가 포워더에게 D/O 내주지 말 것을 요구할 수도 없습니다. 그러나 OB/L 발행 건에서 수출자가 OB/L 가지고 있다면, D/O 내주지 말 것을 소유권을 가진 수출자는 포워더에게 요청할 수 있습니다.

3. OB/L 발행 없이 애초부터 SWB 발행되는 경우: T/T 결제조건은 선불(T/T in Advance)과 후불(예: T/T 35 Days After B/L Date), 혹은 분할결제(예: T/T 30% with Order 70% Before Shipment)로 구분될 수 있습니다. 수출자가 수입자와 계약할 때 애초부터 On Board 되고 일정 기간 이후에 결제받겠다고 계약했다면, 그리고 수출자가 On Board 후 해당 물품의 소유권을 유지할 필요가 굳이 없는 경우에는 애초부터 OB/L 발행 없이 SWB 발행을 포워더에게 요청할 수 있습니다. SWB는 Sea Waybill로써 처음부터 수출자가 On Board 된 물품의 소유권을 포기한, 즉 소유권을 행사할 수 없는 운송서류라 할 수 있습니다.

따라서 애초부터 SWB 발행하면 기 발행된 OB/L을 다시 해당 B/L을 발행한 수출지 포워더에게 전달하여, Surrender 처리 요청할 필요가 없겠습니다. 결국, 장단점이 있는 것입니다.

4. 서류처리: T/T 결제조건으로써 OB/L을 그대로 수출자가 수입자에게 전달하는 경우는 원본이기에 그대로 전달해야 합니다. 따라서 특송 서류 봉투에 OB/L을 넣어서 그대로 전달해야겠습니다. 반면에, OB/L을 Surrender 처리한 경우와 애초부터 Surrender 된 SWB의 경우는 스캔하여 이메일에 첨부 후 수입자에게 전달해도 문제없겠습니다.

25. 화주와 관세사 사무실이 달리 인지하는 분할선적의 개념

질문 수출자입니다. 외국 거래처와 매매계약할 때 종종 분할선적 허용(Partial Shipment: Allowed)하여 분할선적 진행합니다. 폐사가 분할선적 할 때는 매번 하나의 계약 건에 대해서 두 번 이상 선적 진행함에 있어, 첫 번째 선적 후 일정 시간이 지난 이후에 그다음 선적을 진행해왔습니다. 그래서 각각의 선적 건별로 인보이스, 팩킹리스트 및 운송서류가 발행되었으며 결제 역시 선적 건별로 진행되었습니다.

그런데 이번에 하나의 매매계약 건에 대해서 수출 신고하려는 건이 있는데, 본 건에 대해서 외국 거래처가 운송서류는 분할해서 2건으로 발행 요구합니다.

관련하여 폐사의 관세사 사무실에 문의하니, 하나의 수출신고 건에 대해서 운송서류가 2개가 발행되는 건이니 '분할선적'이라 합니다.

폐사가 알고 있는 분할선적 개념과는 다소 다른 것 같습니다. 설명 부탁드립니다.

💬 **답변** 1. **분할선적에 대한 개념 차이:** 무역회사 쪽에서 분할선적이라는 개념과 세관 업무 하시는 분들이 이해하는 분할선적의 개념은 차이가 있습니다. a)무역회사 쪽에서는 하나의 오더 건 혹은 하나의 계약 건(매매계약서 또는 신용장 등에서)을 기준으로 2번 이상 나누어서 선적하면 분할선적이라 합니다. 그러나 세관 업무를 하는, 예를 들어 b)관세사 사무실 쪽에서의 분할선적 개념은 하나의 수출신고 건에 대해서 2번 이상 분할하여 선적이 이루어지고, 운송서류도 선적된 만큼 발행되면 분할선적이라 합니다.

2. **분할선적에 따른 선적서류의 발행:** 전자(a))의 경우는 각각의 선적 건 별로 인보이스, 팩킹리스트 및 운송서류가 발행됩니다. 반면, 후자(b))의 경우 운송서류는 선적 건 별로 발행될 수 있으나, 인보이스와 팩킹리스트는 하나의 건으로 발행될 수도 있습니다. 단, 선적 건 별로 팩킹리스트 상으로 구분되어져야 할 것입니다.

후자의 경우도 전자의 경우처럼 인보이스를 선적 건 별로 발행할 수도 있으나, 수출자가 관세사 사무실에 전달하는 인보이스는 통상 한 건으로 발행하여 전달하고, 외국 수입자의 요청이 있을 때, 외국 수입자에게는 선적 건별로 발행하여 전달하기도 할 것입니다.

물론, 후자의 경우, 인보이스를 한 건으로 발행하던 선적 건별로 발행하던 선적은 분할되어 이루어졌으니, 운송서류는 각각의 선적 건별로 발행될 것입니다.

참고 경우 b)에서 팩킹리스트의 발행

포워더는 SR(Shipping Request) 하는 과정에서 운송서류 발급까지 팩킹리스트의 내용을 근거로 업무 진행합니다. 팩킹리스트에는 품명, 포장단위, 중량, 부피, 그리고 화인(Shipping Mark) 정보 등이 기재되는데, 운송서류에도 본 내용은 기재되니 운송서류의 발행 과정에서 수출자가 발행한 팩킹리스트는 필요하겠습니다. 따라서 운송서류가 하나의 수출신고 건에 대해서 2회 이상 발행되는 건(경우 b)에서 팩킹리스트는 운송서류 건당 구분되어 발행되거나, 팩킹리스트가 하나 발행되더라도 팩킹리스트 상에 각각의 운송서류에 어떤 물품이 기재되어야 한다는 내용을 구분하여 수출자는 발행해야 할 것입니다. 인보이스는 가격 명세서로써 운송서류 상에 물품의 가격 정보는 기재되지 않으니, 구분하여 발행할 필요는 특별히 없겠습니다.

계약 내용	〈계약서 내용〉	〈Conditions〉
	* Sales Contract No.: SC-15013 * Item: Model A * Q'ty: 500 CTNs * Price Term: FOB Sydney Port	* Partial Shipment: Allowed * By Air: 50 CTNs * Vessel: 450 CTNs * Date of Shipment(S/D): Jun. 5, 2015

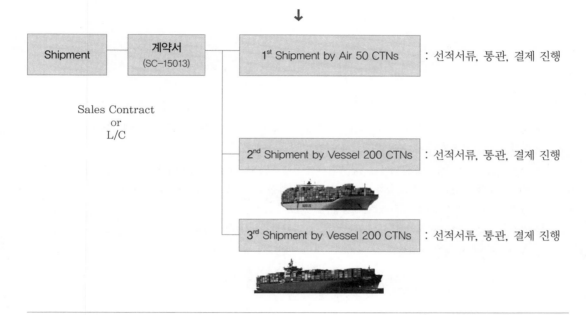

▲ 분할선적 할 때, 상기와 같이 항공기로 50 CTNs, 그리고 선박으로 450 CTNs로 지정되어 있으면, 해당 조건 그대로 선적 진행해야 합니다. 그러나 상기 조건에서는 선박으로 450 CTNs 운송할 것을 요구하였을 뿐 선박으로 한 번에 선적할 것을 요구하지 않고 있습니다. 수출자와 수입자 상호 협의에 의해서 선박으로 2회 이상 선적 진행하여도 상관없습니다. 물론, S/D(선적기일) 이내까지 계약물량 모두 On Board 완료해야겠습니다.

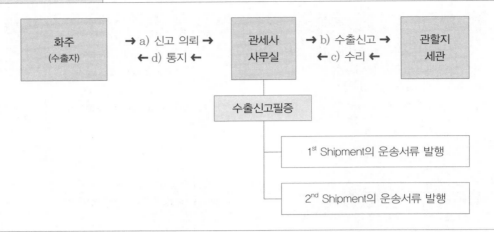

▲ 수출신고는 한 번 진행하였으니, 관세사 수수료(Customs Clearance Fee)는 1회 발생합니다.

▲ 본 건은 운송서류가 2회 이상 발행되나, 수출자와 수입자는 동일합니다. 수입자가 2개 이상 될 때는 당연히 각각 수출신고 진행해야 하며, 운송서류도 각각 발행합니다.

▲ 수출 신고한 물품(수출신고필증 1건)의 운송서류를 2회 이상 발행합니다. 이때 수출 신고한 물품을 a)하나의 동일한 운송수단(배/항공기)에 모두 선적하여도 상관없으며, 운송서류별로 b)다른 운송수단 혹은 다른 항차에 선적 진행하여도 상관없을 것입니다.

▲ 기본적으로 운송서류가 2회 이상 발행되니, 운송서류 건당(/BL) 발생하는 운송 관련 비용은 운송서류의 발행 횟수 대비 각각 포워더가 화주에게 청구할 것입니다.

26. 항공 건에서 Volume을 Wieght로 변경하여 Chargable Weight 확인

질문 항상 해상 LCL 건으로 운송 진행하다가 이번에 외국 바이어의 요청에 의해서 항공 건으로 수출 진행하게 되었습니다. 포워더가 견적을 kg 단위로 제시하였는데(예를 들어, USD55/kg), 그러면서 실제 Gross Weight를 기준으로 그 견적이 적용되지 않을 수도 있는 화물이라고 합니다.

무슨 말인가 물어보니 Volume을 Weight로 변경하여 계산한 값과 Gross Weight를 비교하여 더 큰 값에 견적가를 곱한다고 하네요. Volume을 Weight

로 변경하는 것에 대해서 설명을 들었는데, 정확히 어떻게 이 상황을 정리해야 할지 모르겠습니다. 도움 기다립니다.

💬 **답변** 1. 항공 건에서 Volume을 Weight로 변경하는 법: 항공 건(By Air)에서 1CBM은 167kg[1]으로 판단합니다. 항공화물의 가로, 세로 및 높이를 측정하여, 이를 미터(meter)로 변경 후 CBM을 구하고, 이 값에 167kg을 곱하여 Volume Weight를 구할 수도 있습니다.

그러나 보다 간단한 방법으로써 항공화물의 부피(CBM), 즉 Volume을 Weight로 변경할 때, 해당 화물의 '가로(cm) x 세로(cm) x 높이(cm)/ 6,000'하여 얻은 값이 Volume Weight가 됩니다. 이때 화물의 가로, 세로 및 높이를 곱할 때 미터(meter)가 아니라, 센티(cm)의 값으로 곱합니다.

이렇게 얻어진 Volume Weight와 실제 Gross Weight[2] 중에 큰 값이 운임을 계산하는 계산톤(R.Ton, Revenue Ton), 다시 말해서 Chargable Weight가 됩니다.

2. 제시된 상황에 대한 판단: 본 건은 항공 건으로써 가로, 세로, 높이가 각각 160cm, 150cm, 85cm의 Gross Weight 195kg의 화물입니다. 그리고 제시된 Volume을 Weight로 변경하면 340kg이 나옵니다. 그렇다면 340kg이 Chargable Weight가 되며, 견적에서 USD55/kg으로 되어 있으니, 340kg에 USD55를 곱하여 항공운임은 계산될 것입니다.

$$\frac{160cm \ x \ 150cm \ x \ 85cm}{6,000} = 340kg$$

---

1   100cm x 100cm x 100cm / 6,000하면 166.6666666667이라는 값이 나오며 반올림하여 167kg.
2   Net Weight는 화물 자체 중량입니다. 운임은 화물을 최종 수출 포장 상태의 모든 무게를 고려한 Gross Weight를 기준으로 청구되겠습니다.

27. 컨테이너 내륙운송비 Tariff

질문 폐사는 매번 LCL 건으로 물품이 부산항으로 입항하면 CFS에 반입하여 탑차 사용해서 물품을 받아왔습니다. 그런데 이번에 수입 물량이 많아져서 40FT 하나 컨테이너로 진행하는 건이 있습니다. 포워더에게 문의하니 부산항에서 대구에 위치한 폐사의 공장까지 내륙운송비(왕복)가 대략 50만 원대 중반으로 나옵니다. 포워더에게 다소 비싼 거 같다고 말하니, 국토교통부에서 발표한 요율을 기준으로 나오는 비용이라고 하네요. 국토교통부 어디서 컨테이너 내륙운송비 요율을 확인할 수 있는지요?

💬 **답변** 다음과 같은 절차로 국토교통부에서 발표한 '컨테이너 육상운송 요율표'를 확인할 수 있습니다.

'컨테이너 육상운송 요율표' 확인 경로
국토교통부(http://www.molit.go.kr) → 상단 메뉴 '알림마당' → 하위메뉴 '공지사항' → 등록일자 모두 삭제하고 '주제어'에 '운임'이라고 검색.

컨테이너 육상운송운임 요금표

1. 모든 컨테이너 육상운임 요금(이하 "운임"이라고 한다)은 왕복운임
   을 적용한다. 다만, 제 2항의 경우에는 편도운임을 적용한다.

가. 부산기점 왕복운임

(단위 : 원)

구분 / 행선지	40FT	20FT	구분 / 행선지	40FT	20FT
울산광역시	355,000	320,000	창 녕 군	507,000	456,000
창 원 시	338,000	304,000	합 천 군	610,000	549,000
창원시(마산구)	332,000	299,000	밀 양 시	364,000	328,000
창원시(진해구)	316,000	284,000	울 주 군	325,000	293,000
함 안 군	377,000	339,000	김해시(양산)	216,000	194,000
진 주 시	476,000	428,000	부산광역시(기장군)	216,000	194,000
하 동 군	566,000	509,000	경 주 시	422,000	380,000
고 성 군 1	512,000	461,000	영 천 시	507,000	456,000
사 천 시	502,000	452,000	경 산 시	555,000	500,000
통 영 시	512,000	461,000	대구광역시	594,000	535,000
거 제 시	632,000	569,000	대구광역시(달성군)	596,000	536,000
의 령 군	474,000	427,000	청 도 군	596,000	536,000
거 창 군	661,000	595,000	고 령 군	665,000	599,000
함 양 군	711,000	640,000	칠 곡 군	694,000	625,000
산 청 군	610,000	549,000	구 미 시	675,000	608,000

28. 환적으로 인한 입항 스케줄 지연

질문 한국에 위치한 수출자입니다. 호주 수입자와 가격조건 CFR Sydney Port,
Australia로 매매계약 체결 후 폐사가 포워더 지정하여 부산항에서 On Board
진행하였습니다. Shipment Booking 한 선박의 스케줄은 E.T.D. 3월 12
일, E.T.A. 3월 29일이었습니다. 이유는 호주 수입자가 4월 3일까지는 물품이
Sydney Port에 도착해야 한다는 요청을 받았기 때문입니다.

그런데 문제는 호주 수입자가 4월 1일 현재까지 배가 입항하지 않았다는 겁니다. 그래서 포워더에게 문의해보니 T/S Port(환적항)에서 문제가 생겨 일주일 정도 머무르다가 On Board 되었기에 E.T.A.보다 일주일 이상 늦게 도착할 것 같다고 합니다. 그렇다면 입항지 Sydney Port에 폐사가 수입자에게 약속한 4월 3일까지 물품이 도착하지 않을 수 있다는 결론이 나옵니다.

해당 포워더에게 Shipment Schedule 정보를 받아서 Booking 할 때까지 T/S 된다는 정보를 보지 못했고 전달받은 사항도 없었습니다. 어떻게 해결할지 모르겠네요.

💬 **답변** 수출지 항구에서 출발한 배가 수입지 항구까지 Direct로 가는 경우도 있을 것이나, 대부분의 경우는 대표적인 T/S Port에서 환적하여 다른 배로 물품을 옮겨 다시 운송하게 됩니다. 그런데 T/S Port에서 물품이 신속히 다른 배로 On Board 되지 못하고 일주일 혹은 한 달 이상 머무르는 경우가 있습니다. 그 결과 자연히 수출국에서 수출자가 포워더에게 전달받은 해당 선적 건의 E.T.A. 이내에 Port of Discharge에 배가 도착하지 못하게 됩니다.

이러한 상황은 포워더 입장에서도 예측하기 힘듭니다. 따라서 화주에게 Schedule 전달할 때 E.T.A.(Estimated Time of Arrival)라 해서 '도착 예정일'이라는 표현을 사용합니다. 화주는 포워더의 입장도 고려하여 최초 선적 Schedule 요구할 때 Direct Schedule 있는지 여부를 확인해볼 필요가 있을 것입니다. 그러나 수출지와 수입지의 거리가 상당한 경우, 대부분 T/S뿐만 아니라 경유(Via)까지 하기 때문에 수출지에서 일정 부분 여유 있는 선적 Schedule을 Booking 하는 것을 권합니다.

참고로 항공 건 역시 Direct 노선이 없는 경우가 있습니다. 그러면 T/S 하게 되고 운송시간(Transit Time)이 하루 이상 될 수 있으며, T/S Airport에서 T/S 지연으로 인해서 상당 시간 이후에 수입지 공항에 도착하는 경우도 종종 있겠습니다.

29. 특송 건에서의 가격조건(인코텀스) 결정

질문 포워더 통해서 수출입하다가 종종 특송을 사용하는 경우가 있습니다. 폐사는 수출 건으로서 포워더에게 운송 서비스 요청할 때, 항공 운임(Air Freight)을 가격에 포함 시키지 않을 때는 가격조건 FCA Incheon Airport로 수입자에게 견적하고, 항공 운임을 가격에 포함 시킬 때는 CPT Sydney Airport로 견적합니다. 그런데 특송 사용할 때는 특송 운임이 Door to Door 비용이라 포워더 통해서 운송할 때의 가격조건을 그대로 사용해야 할지 모르겠습니다. 특송 운임을 수출자로서 폐사가 제시하는 가격에 포함하게 되면 DAP를 사용하고, 특송 운임을 착불로 진행할 때는 EXW 혹은 FCA를 사용하는 것이 적절한지요?

💬 **답변** 특송은 국제택배 회사로서 이들이 제시하는 운임은 기본적으로 Door to Door 비용입니다. 그래서 수출자가 직접 특송 운임을 특송 회사에 결제하는 조건으로 매매 계약했다면, 수입자에게 제시하는 가격에 특송 운임이 포함되어 있어야 할 것입니다(특송 운임 선불 조건). 반대로 수입자가 수입지에서 물품을 받을 때 특송사에 수입자가 직접 특송 운임을 결제하는 조건으로 매매 계약했다면, 수출자가 제시하는 가격에는 특송 운임이 포함되어 있지 않을 것입니다(특송 운임 착불 조건).

여기서 특송회사의 서비스는 수출자가 위치한 곳으로 특송 기사님이 내방하여 해당 물품을 전달받아 탑차로 수출지 공항으로 이동 후 항공기에 적재 후 수입지 공항에 도착 후 다시 탑차로 수입자가 위치한 곳까지 특송 기사님이 내방하여 해당 물품을 전달합니다. 이러한 모든 과정에서의 운송비를 특송회사는 일반적으로 특송 운임으로 통합하여 일괄적으로 제시합니다.

〈Seller〉 Airport / 특송이 일괄적으로 서비스 진행. 특송 운임은 Door to Door 비용 (내륙운송료 + 항공운송비 + 통관 수수료) / 특송 운임 / Airport 〈Buyer〉

따라서 수출자가 특송 운임을 수출지에서 직접 결제하는 조건(Prepaid)은 CFR 수입지 공항, CPT 수입지 공항 혹은 DAP Buyer's Warehouse가 적절할 것으로 보입니다. 반면 수입자가 특송 운임을 물품 받은 이후에 결제하는 조건(Collect)은 EXW Seller's Warehouse, FCA Seller's Warehouse[1] 혹은 FOB 수출지 공항이 적절할 것으로 보입니다.

참고로 특송 건에서 특송 운임을 수입지에서 수입자가 후불로 결제하기 위해서는 해당 특송사와 계약 후 Account No.를 받아야 통상적으로 가능할 것입니다.

30. 오픈탑 컨테이너에 Inguage 화물 적입과 크레인

질문 폐사는 장비를 수출하는 회사입니다. 수출하는 물품은 길이(Lenth)가 11m 정도 되고, 폭(Width)과 높이(Height)는 각각 2m 조금 안 됩니다. 문제는 지게차로 길이가 상당한 이러한 물품을 Dry Container에 적입하는 것은 어렵고 가능하다 하더라도 위험이 따릅니다.
이러한 물품을 Container에 적입하여 운송하려면 어떠한 방법이 있는지요?

답변 1. Open Top Container의 활용: 오픈탑 컨테이너는 20FT와 40FT가 존재하며, 일반 Dry Container와 비교했을 때 외관상 비슷하나 컨테이너의 윗부분이 개방되어 있습니다. 일반 Dry Container는 컨테이너의 문을 활용하여 화물의 적입과 적출이 가능한 반면, 오픈탑 컨테이너는 Dry Container처럼 문을 활용하여 지게차로 화물의 적입과 적출을 할 수도 있고, 지게차의 사용에 문제가 있는 경우에는 크레인으로 화물의 적입과 적출 역시 가능합니다.

이렇게 얻어진 Volume Weight와 실제 Gross Weight[2] 중에 큰 값이 운임을 계산하는 계산톤(R.Ton, Revenue Ton), 다시 말해서 Chargable Weight가 됩니다.

---

1 DHL, Fedex와 같은 특송사는 특송 운임에 관세사 통관 수수료가 포함되어 있으니, 이들 특송사를 사용하는 건에서 EXW Seller's Warehouse와 FCA Seller's Warehouse의 가격은 동일할 것입니다. 아울러 이러한 특송사의 특송 운임은 Door to Door 비용이니 EXW, FCA 및 FOB 구분 없이 특송 운임 착불 조건이며, 가격조건이 다르더라도 수출자의 C/I 단가는 동일할 것입니다.

2 Net Weight는 화물 자체 중량입니다. 운임은 화물을 최종 수출 포장 상태의 모든 무게를 고려한 Gross Weight를 기준으로 청구되겠습니다.

Open Top Container

▶ 크레인을 활용한 Ingauge 화물 적입 작업

2. **Ingauge 화물 적입**: 귀사의 물품은 길이가 11m나 되어 지게차로 적입 작업하는 중에 중심을 잃고 화물이 떨어져서 큰 사고에 직면할 수 있습니다. 따라서 이러한 화물은 지게차를 사용하기보다는, 중심을 잡아 크레인을 활용하여 컨테이너 윗부분 개방된 공간으로 화물의 적입이 이루어져야 할 것입니다.

여기서 귀사의 화물은 컨테이너 사이즈를 초과하는 Outgauge 화물이 아니라 컨테이너에 충분히 적재 가능한 ingauge 화물입니다. 그렇다면 Flat Rack Container가 아니라 Open Top Container를 사용해도 될 것이며, 적입 작업을 위해서 지게차가 아닌 크레인을 수배해야 할 것입니다.

3. **40FT Open Top Container의 제원**: 12.06m(Lenth), 2.35m(Width), 2.39m(Hegith)

참고	냉동 컨테이너로 운송되는 물품은 어떤 것들이 있을까?

냉동 컨테이너(Reefer Container, RF)는 영하의 온도를 유지해야 하는 물품의 운송에서 사용할 수도 있으나, 냉동 컨테이너를 사용하는 이유는 일정한 온도와 일정한 습도를 유지하기 위해서 사용한다고 보는 것이 보다 적절할 것입니다.

해상 운송 시간은 상당하고 날씨의 변화에 따라서 습도와 온도가 상승함으로써 컨테이너 내부에 적입된 물품에 영향을 미칠 수 있습니다. 그래서 냉동 컨테이너의 활용은 식품뿐만 아니라 의약품, 고무 및 전기제품의 운송에서도 사용되고 있습니다.

일반 Dry Container를 사용하면 운송 중의 컨테이너 내부 온도가 30~40도 이상 올라갈 수도 있습니다. 따라서 일정한 온도와 습도의 유지가 필요한 물품은 냉각기가 장치된 냉동 컨테이너를 사용할 필요가 있으며, 이러한 냉각기의 사용으로 인한 운임은 일반 Dry Container보다는 상당히 높다 할 수 있습니다.

제 2 장

수출입 통관 업무

I. 풀어쓰는 통관 이야기

1. 화인(Shipping Mark) 정보의 표시 필요성

A. 해상 LCL 및 항공화물에서

화인을 화물의 박스 외관에 반드시 표시해야 하는 것은 아닙니다[1]. 화인이 표시되는 화물은 일반적으로 내륙 운송할 때 컨테이너로 운송되지 않고 탑차 등을 사용하여 기타 다른 화물과 혼재되는 화물로써, 보세창고에 반입되는 해상 LCL 및 항공 건의 화물이라 할 수 있습니다. 화인이 표시되는 이유는 내륙 운송을 위해서 탑차 등에 혼재될 때, 그리고 보세창고에 반입되고 관련 업무를 하는 분에게 해당 화물의 화주가 누구이며 어느 항구/공항으로 가는 물품으로써 화물 취급할 때, 주의사항이 있는지 등을 알려주기 위한 수단으로서 표시된다고 보면 적절할 것입니다.

따라서 박스 외관에 화인을 표시하지 않는 것보다는 표시하는 것이 좋으며, FCL 건이더라도 표시하는 것이 수입국에서의 유통 과정에 도움될 수 있습니다.

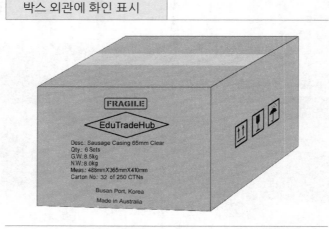

박스 외관에 화인 표시

---

1   참고로 화인 정보가 기재되지 않은 화물은 무인화물(No Mark)이라 합니다.

B. 해상 FCL에서

FCL 건은 하나의 화주가 컨테이너를 임대한 건으로써, 해당 컨테이너에 적재된 화물은 모두 동일 화주의 화물입니다. 따라서 기타 다른 화주의 화물과 혼재되지 않고 수출지에서, 그리고 수입지에서 컨테이너 그대로 보세구역에 보관(장치)되고 내륙운송됩니다. 다시 말해서, FCL 건은 일반적으로 수출지에서 CFS라는 혼재업자가 운영하는 보세창고에 물품이 반입되지 않고, 수출자가 공 컨테이너 Door Order 하여 수출자 자신이 적입 작업하여 바로 CY에 반입되며, 수입지에서 역시 통상 CY에 반입되어 바로 반출됩니다. 이렇게 FCL 화물은 CFS에 반입되어 다른 화주 물품과 혼재되거나 컨테이너에 적입되지 않은 상태에서 다른 화주의 화물과 동일한 공간에 보관될 확률이 낮습니다.

그런 점에서 FCL 건은 운송 과정 중에 혹은 보세 상태에서 다른 화물과 구분해야 할 상황에 노출될 확률이 낮기에, 화인 정보를 박스 외관에 기재하지 않아도 큰 문제가 되지 않을 수도 있습니다. 컨테이너에 적입된 상태에서 보세구역에 장치되는 시간은 있으나 이때는 컨테이너 자체에 번호가 있기 때문에 다른 컨테이너와 구분 가능하겠습니다.

그러나 이러한 FCL 화물 역시 수입지에서 컨테이너로부터 적출 후 유통될 때는 박스 상태로 유통되기에 박스 외관에 화인 정보가 기재되어 있으면 취급할 때 어떠한 주의(Fragile, With Care 등)를 기울여야 하는지 등등의 정보를 확인할 수 있게 되니, FCL 건이더라도 화인은 적절히 표시하여 향후 수입지에서 유통될 때 활용될 수 있도록 하는 것이 좋겠습니다.

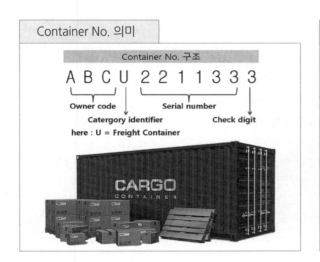

▲ Container No.는 컨테이너의 뒷면(문), 측면 및 내부에 표시되어 있습니다.

Container No. / Seal No. Marks and numbers	Number and	kind of packages : description of goods		Gross Weight	Measurement
SSGU7142388 / SGG112205	861 CTNs	SHIPPER'S LOAD AND COUNT	CY/CY	11,393.00KGS	60.442CBM
EDUTRADEHUB SYDNEY MADE IN KOREA		1 X 40` HC CNTR 46 ROLLS & 830 CNTS (90,060 YDS) 100% COTTON PRINTED PO# 1410350　46 ROLLS　11,226 YDS 　　　　　　394 CTNS　39,330 YDS PO# 1410355　421 CTNS　39504 YDS			
				ON BOARD DATE	
		PRICE TERM : FOB BUSAN PORT		Nov. 3. 2014	
		*** FREIGHT COLLECT ***			
Total No. of containers/packages (refer to clause 13.5 on reverse side regarding limitation)		Freight Payable at Sydney		Excess Value Declaration : Refer to cluase 13.3 and 13.4 on reverse side	

C. 매매계약서 작성할 때 화인 표시 요청

SHIPPING MARK
Each Box shall be born the mark "James" in diamond with port mark, running case numbers, and the country of origin as follows ;

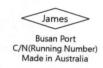

Busan Port
C/N(Running Number)
Made in Australia

　도착보고와 화인 정보 필요성

CFS[1]로 반입되는 물품[2]에 대해서, 해당 물품의 내륙운송 기사님은 수출자가 작성한 Packing List로 도착보고 합니다. 그런데 해당 물품의 박스 외관에 화인(Shipping Mark) 정보가 기재되어있지 않은 경우, 도착보고가 정상적으로 되었다 하더라도 다른 물품과 한눈에 확실히 구분되지 않을 수 있습니다. 그래서 해당 물품에 대해서 Shipment Booking 한 스케줄로 컨테이너 작업 되어 On Board 되지 않을 수도 있으며, 다른 곳으로 이동되어 낭패를 보기도 합니다. 따라서 가능한 화인 정보를 물품의 박스 외관에 기재하는 것이 좋겠습니다.

1 컨테이너 작업하는 곳(물품을 컨테이너에 적입, 혹은 컨테이너로부터 적출하는 콘솔사 작업장)으로서 보세창고입니다.
2 LCL 뿐만 아니라 FCL 건도 반입될 수도 있음.

2. 선적서류(Shipping Documents)의 구성

1) 선적서류 기본 세트

기본적으로 선적서류(Shipping Documents)는 운송서류(B/L 혹은 화물운송장)와 인보이스(C/I, Commercial Invoice), 그리고 팩킹리스트(P/L, Packing List)가 하나의 세트로 구성되어 있습니다. 관세사 사무실에는 해당 서류의 원본 제시가 필요하지 않고 스캔 후 이메일로 전달하는 것이 통상의 예이며, 포워더 쪽으로는 B/L을 제외하는 인보이스와 팩킹리스트는 이메일로 전달해도 되겠습니다. 그러나 Original B/L 발행의 경우, 수출지에서 발행된 OB/L을 수입자가 수출자에게 직접(T/T 결제조건일 때), 혹은 은행 통해(신용장 혹은 D/A, D/P와 같은 추심결제 방식일 때) 전달받아서 수입지 포워더에게 원본 상태 그대로 전달해야겠습니다. 물론, 화물운송장(AWB, SWB) 혹은 실무에서 Surrender B/L이라 하는 Surrendered 기재된 운송서류가 발생하였다면, 해당 서류는 이메일로 수출자와 수입자 사이에 그리고 화주와 포워더 사이에 주고받겠습니다.

A. 수출 건에 대한 선적서류 전달

수출자는 관세사 사무실에 수출 신고할 때, 외국으로 나가는 배/비행기에 물품을 On Board 하기 전 상태로써 On Board 이후 수출지 포워더에 의해서 발행되는 운송서류(B/L 혹은 화물운송장)는 발행되기 전입니다. 따라서 관세사 사무실에 인보이스와 팩킹리스트를 스캔하여 이메일로 전달하면서 수출신고 의뢰합니다. 이후 수출신고필증(적재전[3])이 발행되면 관세사 사무실 통해서 전달받아서 팩킹리스트와 함께 수출신고필증을 수출지 포워더에게 이메일로 Shipment Booking 한 운송 건의 Documents Closing Time 이전에 전달합니다[4].

B. 수입 건에 대한 선적서류 전달

수입자는 관세사 사무실에 인보이스, 팩킹리스트, 그리고 운송서류(B/L 혹은 화물운송장)를 스캔하여 이메일로 전달하면서 수입통관 의뢰합니다. 그리고 포워더에게 역시 이들 서류를

---

3 수출신고필증은 적재 전(On Board)에 수출신고 수리받아서 발행받는 '적재전 수출신고필증'과 이후 적재 후 발행되는 '수출이행 수출신고필증'으로 구분되어 발행됩니다. 반면, 수입신고필증은 수입신고 후 세액 납부하고 수리되면 한 번 발행됩니다.
4 수출지 포워더에게 수출자가 팩킹리스트와 수출신고필증과 함께 인보이스를 전달하는 경우도 있습니다. 관련해서 138쪽 '3. 인보이스(상업송장, C/I)는 필요에 의해서 전달'을 참고해주세요.

전달함에 있어 인보이스와 팩킹리스트는 스캔 후 이메일로 전달하여도 상관없습니다. 그러나 B/L이 발행된 경우에는 수출지에 발행된 원본 그대로 수입지 포워더에게 전달해야 합니다. 물론, 화물운송장 건은 이메일로 인보이스 및 팩킹리스트와 함께 첨부하여 전달하여도 상관없겠습니다.

2) 아이템에 따른 통관 상 필요한 추가 서류

통관 과정에서 품목(HS Code)별로 필요한 추가 서류가 있을 수도 있습니다[1]. 예를 들어, 취급 아이템이 식품이라면, 식약처로 식품 등의 수입 신고할 때 필요 추가 서류로써 제조공정도(Manufacturing Flow Chart), 성분분석표(Composition), 검역증(Health Certificate) 등이 있을 것입니다[2].

식품을 수입하는 수입자는 제조공정도와 성분분석표를 수출자에게 전달받아야 하는데[3], 수출자가 해당 물품을 직접 제조하지 않고 수출만 하는 회사라면 혹은 제조사의 협조를 받지 못한다면, 본 서류의 확보가 어려울 수도 있습니다. 그리고 거래 품목은 수입지에서 식품 등의 수입신고를 할 때 검역증이 추가적으로 필요하다면, 원본을 수출자로부터 수입자가 전달받아서 식약처로 제출해야 할 것입니다.

이렇게 거래 품목에 따라 추가적으로 필요한 서류가 있을 수 있는데, 대부분 HS Code 상의 수입요건을 요건 확인 기관으로부터 받을 때 요구되는 서류가 되겠습니다. 따라서 수입자는 수입 물품의 HS Code를 관세사 혹은 관세청/세관으로 문의 후 정확히 확인해야 하며, 해당 HS Code의 수입요건을 받기 위해서 어떠한 서류를 수출자로부터 확보해야 하는지 역시 확인합니다. 그 이후 매매계약 전에 수출자에게 확인된 서류를 확보하여 전달할 수 있는 입장에 있는지 문의하여 가능하다 하면 계약 진행하고, 불가능하다 하면 계약 진행 여부를 고민해야 할 것입니다.

이유는 이를 확인하지 않고 오더 후 물품이 수입지로 이동하는 시점에 혹은 물품이 수입지 보세구역에 도착한 시점에서 요청하였는데, 수출자가 이들 서류를 수입자에게 전달할 수 없는 상황이면, 수입자는 수입요건 받지 못할 것이고, 해당 물품은 전량 폐기처분 혹은 반

---

1 물론, 기본적인 선적서류로써 인보이스와 팩킹리스트, 그리고 운송서류만 있어도 통관 가능한 품목도 많습니다.
2 제조공정도, 성분분석표 및 검역증에 대한 추가적인 설명과 양식은 책 『어려운 무역계약·관리는 가라』를 참고해주세요.
3 제조공정도와 성분분석표는 EDI로 식품 등의 수입 신고할 때 전산상으로 해당 서류 내용을 입력해야 하기 때문에 필요하며, 또한 한글표시사항에 성분을 기재할 때 성분분석표의 내용 확인이 필요하겠습니다.

송(Ship Back)해야 할 수도 있습니다. 만약, 수출자가 수입자에게 해당 건에 대해서 대금결제를 100% 받았다면, 수출자는 수입자의 반송 요청을 거부할 수 있고, 그렇다면 전량 폐기처분 하거나 제3국의 Buyer를 찾아서 중계무역의 형태로 업무 진행해야 할 것입니다[4].

d) 세관에 수입신고 불가.
(요건 확인 '적합' 받아야 수입신고 가능)

c) 필요서류 수출자로부터 확보 못함.
식품등의수입신고 진행 불가.

보세구역 반입 **b)** HS Code상 수입요건 존재(식품)

a) 외국에서 한국으로 물품 이동

e) 폐기처분 or 수출자에게 반송 or 제3국 Buyer 확보 후 반송
(반송 신고 할 때 세관에 사유서 제출)

3) 원산지 확인을 위한 서류(C/O)

거래 물품의 원산지를 확인하기 위해서 일반 C/O(Certificate of Origin, 원산지증명서)가 필요할 수도 있으며, 수입지에서의 관세 혜택을 받기 위해서 특혜 C/O로써 FTA C/O가 필요할 수 있겠습니다.

일반 C/O는 단순히 거래 물품의 원산지만을 서류상으로 증명합니다. 그러나 FTA C/O는 거래 물품의 원산지를 서류상으로 확인하는 것은 기본이고, 수입지에서 기본세율 혹은 WTO 협정세율보다 낮은 FTA 협정세율을 적용받아 수입자의 관세 부담을 줄여주는 역할까지 합니다. 물론, 이들 서류상의 원산지는 거래 물품의 현품 상에 각인된 원산지와 일치해야 합니다.

실제로 수입신고 후 P/L, 서류제출 혹은 물품검사 중의 물품검사로 지정되어 현품 확인

---

4 참고로 반송은 보세구역에 반입된 물품에 대해서 수입자가 수입 신고하고 싶으나 못하여 다시 외국으로 보내는 것, 그리고 수입자가 의도적으로 수입 신고하지 않고 외국으로 보내는 것 모두 반송입니다. 전자는 통상 수입요건을 확인받지 못했거나 HS Code 확인하지 않고 보세구역에 반입 후 수입 신고하려고 HS Code 확인했으나 관세율이 너무 높은 경우 반송하는 경우가 될 것이며, 후자는 중계무역 건이 될 것입니다. 즉, 중계무역도 반송 신고 건이며, 반송할 때는 반송에 대한 사유를 기재한 사유서를 작성하여 세관에 제출해야 할 것입니다.

결과, C/O 상의 원산지와 일치하지 않는 경우가 발생하기도 합니다. FTA C/O가 발행된 건이라면 서류상으로 FTA 협정세율을 적용받기 충분하지만, 현품에 원산지가 다르다면 FTA 협정세율 적용받는데 문제가 될 수 있습니다. 결론은 원산지 입증서류로써 C/O 상의 원산지와 실제 물품에 각인된 원산지는 일치해야겠습니다.

C/O와 현품의 원산지 일치해야

▲ C/O 상의 원산지가 중국이면, 현품에 각인된 원산지 역시 중국으로 되어있어야 합니다.

▲ 물품의 원산지 표시는 HS Code를 확인하면 원산지표시 '대상' 물품인지 '비대상' 물품인지 확인 가능합니다. 원산지표시 '대상' 물품이면 현품에 원산지가 각인되어 있어야겠습니다.

3. 관세율 적용 순위에 대한 이해- 조정관세, 할당 관세 등 설명 포함

관세율 적용 순위[1]	
순위	관세율 종류
1	덤핑방지관세, 보복관세, 긴급관세, 특정국물품 긴급관세, 상계관세, 농림축산물에 대한 특별긴급관세 (1순위 세율은 다른 순위 세율의 높낮이와 관계없이 최우선 적용)
2	편익관세, 국제협력관세(WTO, FTA협정세율) (2순위 세율은 3, 4, 5, 6순위의 세율보다 낮은 경우 우선 적용) 농림축산물양허관세 (농림축산물양허관세는 세율이 높은 경우라도 기본세율 및 잠정세율에 우선하여 적용)
3	조정관세, 계절관세, 할당 관세(할당 관세는 4순위보다 낮은 경우 적용)
4	일반특혜관세
5	잠정관세
6	기본관세

수입되는 물품에 대해서는 관세를 부과합니다. 관세를 계산하는 방법은 다음과 같습니다.

관세 = 과세가격[2](CIF와 근접하는 가격) x 수입신고 물품의 HS Code 상 관세율

이때 정해진 수입신고 물품의 HS Code 상 관세율은 1품목 1세율이 아니라, 1품목 多 세율입니다. 그래서 하나의 품목, 즉 하나의 HS Code를 조회하였을 때 확인되는 여러 세율 중의 하나 세율이 결정되면 해당 세율만큼 과세가격 대비 관세가 발생합니다. 다시 말해서, 2103.90-1030으로 분류되는 고추장을 수입을 원한다면 다음과 같이 1품목당 여러 세율이 있다는 것이 확인되고, 그중에 '관세율 적용 순위'에 의해서 하나의 세율을 선택 후 수입 신고하여 세액 납부하게 됩니다.

---

1 관세법 제50조(세율적용의 우선순위).
2 과세가격의 의미는 수입국으로써 우리나라의 터미널(항구/공항)에 운송수단(배/항공기)이 입항하는 순간까지 발생한 수출자의 포함한 모든 가격과 해당 물품의 가치를 높일 수 있는 비용 등이 되겠습니다.

HS Code 검색 경로	고추장, 2103.90-1030 검색 결과					

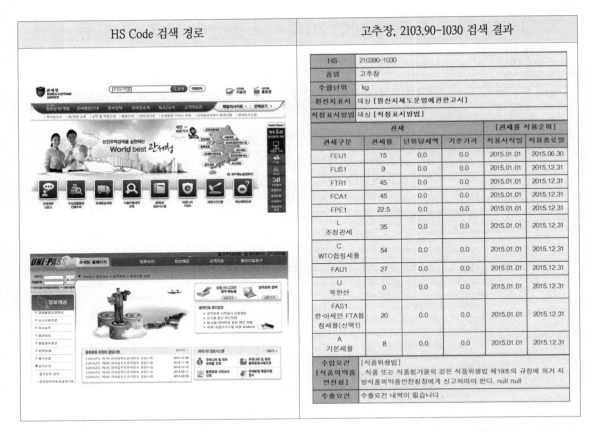

고추장, 2103.90-1030 검색 결과						
HS	210390-1030					
품명	고추장					
수량단위	kg					
원산지표시	대상 [원산지제도운영에관한고시]					
적정표시방법	대상 [적정표시방법]					
	관세				[관세율 적용순위]	
관세구분	관세율	단위당세액	기준가격	적용시작일	적용종료일	
FEU1	15	0.0	0.0	2015.01.01	2015.06.30	
FUS1	9	0.0	0.0	2015.01.01	2015.12.31	
FTR1	45	0.0	0.0	2015.01.01	2015.12.31	
FCA1	45	0.0	0.0	2015.01.01	2015.12.31	
FPE1	22.5	0.0	0.0	2015.01.01	2015.12.31	
L 조정관세	35	0.0	0.0	2015.01.01	2015.12.31	
C WTO협정세율	54	0.0	0.0	2015.01.01	2015.12.31	
FAU1	27	0.0	0.0	2015.01.01	2015.12.31	
U 북한산	0	0.0	0.0	2015.01.01	2015.12.31	
FAS1 한·아세안 FTA협정세율(선택1)	20	0.0	0.0	2015.01.01	2015.12.31	
A 기본세율	8	0.0	0.0	2015.01.01	2015.12.31	
수입요건 [식품의약품안전청]	[식품위생법] . 식품 또는 식품첨가물의 것은 식품위생법 제19조의 규정에 의거 지방식품의약품안전청장에게 신고하여야 한다, null null					
수출요건	수출요건 내역이 없습니다 .					

▲ 관세청(http://www.customs.go.kr) → 우측 Quick Menu '품목분류' 클릭 → 우측 '품목분류 검색' 클릭 → 검색창에서 찾고자 하는 HS Code 입력 후 '검색'

A. FTA 협정세율의 적용

상기 품목을 수입 신고할 때, '관세율 적용 순위'에 의해서 2순위로써 WTO 협정세율과 함께 FTA 협정세율을 가장 우선적으로 적용받을 수 있을 것입니다. 그러나 WTO 협정세율은 한-미 FTA 협정세율(FUS1) 등 기타의 FTA 협정세율보다 관세율이 높으니, 수입자는 FTA 협정세율을 수입 신고할 때 적용받기를 원할 것입니다. FTA 협정세율 적용을 받기 위해서는 기본적으로 FTA 수출체약국으로부터 FTA C/O에 의해서 원산지가 확인되고, 운송서류(B/L 혹은 화물운송장)에 의해서 직접운송기준 충족되어야겠습니다[1].

---

1 FTA 협정세율을 적용받기 위한 필요조건과 과정 등에 대해서는 책 『어려운 FTA 실무는 가라』를 참고해주세요.

B. 기본세율과 WTO 협정세율의 적용

그리고 기본세율과 WTO 협정세율만을 두고 봤을 때 WTO 협정세율이 54%로써 기본세율 8%보다 세율이 상당히 더 높습니다. 따라서 수입자는 기본세율 8%로 신고를 원할 것이나, 적용 순위가 기본세율은 6순위고 WTO 협정세율은 2순위입니다. 그럼에도 2순위의 경우, 3, 4, 5, 6순위의 세율보다 낮은 경우 적용하면 되니, 수입자는 WTO 협정세율과 기본세율 중의 하나를 결정해야 할 때는 더 낮은 세율을 적용하면 되겠습니다.

C. 조정관세의 적용

문제는 상기 고추장으로 분류되는 세 번(HS Code)의 경우에 조정관세 35%가 있습니다[2]. 조정관세[3]는 '관세율 적용 순위' 3순위로써 6순위 기본세율보다 적용 순위가 높습니다. 따라서 본 품목의 수입자는 기본세율 8%로 신고할 수 없고 조정관세 35%로 수입 신고할 수 있겠습니다.

이때 조정관세는 WTO 협정세율보다 순위가 낮아서 WTO 협정세율을 우선적으로 적용할 수 있으나, 앞에서 설명한 것과 같이 2순위 WTO 협정세율은 3, 4, 5, 6순위의 세율보다 낮은 경우 우선 적용되기에 WTO 협정세율이 아닌 조정관세를 적용받겠습니다. 그리고 2순위로써 FTA 협정세율은 조정관세보다 낮기에 FTA 협정세율을 조정관세보다 우선 적용받을 수 있으나, 문제는 상기에서 설명하였듯이 FTA C/O에 의해서 원산지 확인 및 운송서류에 의해서 직접운송기준을 충족 받아야겠습니다.

조정관세   출처: 기획재정부, 「2015년 탄력관세(할당·조정) 운영계획」 중

조정관세는 국내외 가격 차·시장점유율 등을 고려하여 국내 산업보호가 필요한 품목에 대해서 부과합니다[4].

▶ 국내 산업보호 필요성이 큰 찐쌀(50%), 표고버섯(40%), 당면(26%), 합판(10%) 등 11개 품목은 조정관세율을 전년과 동일하게 적용.

▶ 국내 산업보호 필요성이 상대적으로 적은 냉동민어(40→28%), 냉동명태(25→22%), 활 뱀장어(27→22%), 고추장(45%→35%) 등 4개 품목은 조정관세율을 전년보다 인하하여 적용.

---

2 상기 '적용 시작일'과 '적용 종료일'을 보면, 2015년 1월 1일부터 2015년 12월 31일로 명시되어있습니다.

3 값싼 외국의 제품이 무차별적으로 규제 없이 수입되어 국내 생산자들이 큰 피해를 입을 경우, 이를 보호하기 위해 관세율을 일정 기간 동안 상향 조정하는 제도를 말합니다(매일경제, 매경닷컴).

4 조정관세는 국내 취약산업보호를 위해 기본관세율보다 한시적으로 높여 적용하는 제도입니다. 따라서 조정관세가 부과되는 품목(HS Code)의 경우, 기본세율보다 조정관세율이 더 높게 설정될 것입니다.

D. 할당 관세(미추천)의 적용

우측 품목은 염색가공업체가 사용하는 분산염료에 대한 HS Code입니다. FTA 협정세율 적용 건이 아니라는 가정하에, 기본세율이 8%와 WTO 협정세율이 13% 중 더 낮은 세율로써 기본세율 8%를 적용합니다.

그러나 할당 관세가 존재합니다. 할당 관세는 관세율 적용 순위에 있어 4순위이기 때문에 기본세율보다 우선 적용됩니다. 따라서 본 품목을 2015년 1월 1일부터 2015년 6월 30일 내에 수입 신고하는 자는 할당 관세 2%를 적용받을 수 있을 것입니다.

이때 '할당 관세(미추천)'로써 P3입니다. 이는 지정된 기관으로부터 추천을 받지 않더라도 전량에 대해서 할당 관세를 적용받을 수 있다는 뜻이 됩니다.

할당 관세는 산업경쟁력 강화, 국내 가격 안정 등을 위해 기본관세율보다 한시적으로 낮추어 적용하는 제도가 되겠습니다. 예를 들어, 할당 관세가 2015년 1월 1일부터 2015년 6월 30일까지 적용되는 우측의

분산염료, 3204.11-9000 검색 결과

HS	320411-9000				
품명	기타				
수량단위	kg				
원산지표시	대상 [원산지제도운영에관한고시]				
관세				**[관세율 적용순위]**	
관세구분	관세율	단위당세액	기준가격	적용시작일	적용종료일
P3 할당관세(미추천)	2	0.0	0.0	2015.01.01	2015.06.30
FEU1	0	0.0	0.0	2015.01.01	2015.06.30
E1 아시아·태평양 협정세율(일반)	6.2	0.0	0.0	2015.01.01	2015.12.31
FSG1 한·싱가포르FTA 협정세율(선택1)	.7	0.0	0.0	2015.01.01	2015.12.31
FAS1 한·아세안 FTA협정세율(선택1)	0	0.0	0.0	2015.01.01	2015.12.31
FCL1 한·칠레FTA협정세율(선택1)	0	0.0	0.0	2015.01.01	2015.12.31
FIN1 한·인도 FTA협정세율(선택1)	0	0.0	0.0	2015.01.01	2015.12.31
FCA1	0	0.0	0.0	2015.01.01	2015.12.31
FTR1	0	0.0	0.0	2015.01.01	2015.12.31
FPE1	0	0.0	0.0	2015.01.01	2015.12.31
C WTO협정세율	13	0.0	0.0	2015.01.01	2015.12.31
A 기본세율	8	0.0	0.0	2015.01.01	2015.12.31
U 북한산	0	0.0	0.0	2015.01.01	2015.12.31
R 최빈국특혜관세	0	0.0	0.0	2015.01.01	2015.12.31
FUS1	0	0.0	0.0	2015.01.01	2015.12.31
FEF1 한·EFTA FTA협정세율(선택1)	0	0.0	0.0	2015.01.01	2015.12.31
수입요건	수입요건 내역이 없습니다.				
수출요건	수출요건 내역이 없습니다.				

분산염료는 중국으로부터 거의 전량 수입하고 있는데, 가격 폭등으로 국내 염색가공업체의 원가부담이 가중되어 경영난을 호소하는 것에 따라서 정부가 염색가공업계의 부담을 줄여주기 위하여 분산염료에 대해 기본세율보다 낮게 할당 관세를 적용하고 있습니다.

그리고 탄력적으로 운영되는 할당 관세는 조정관세처럼 주변환경의 변화에 따라서 특정

품목을 추가하여 확대하거나 특정 품목을 제외하여 축소될 수 있으며, 그 세율 역시 주변환경의 변화에 영향을 받아 조정될 수 있습니다. 일반적으로 할당 관세를 특정 품목에 대해서 적용하는 경우는 해당 품목의 기본세율보다 낮게 설정되어 운영되고[1], 조정관세는 국내산업 보호의 명목으로 운영되니 조정관세를 적용하는 품목은 기본세율보다 높게 설정되어 운영되는 것을 알 수 있습니다.

E. 농림축산물 양허관세의 적용

우측 품목에는 '농림축산물 양허관세'가 존재합니다. 관세법 제50조(세율 적용의 우선순위) 제3항에서는 "제73조(국제협력관세)에 따라 국제기구와의 관세에 관한 협상에서 국내외의 가격 차에 상당하는 율로 양허(讓許)하거나, 국내시장 개방과 함께 기본세율보다 높은 세율로 양허한 농림축산물 중 대통령령으로 정하는 물품에 대하여 양허한 세율(시장접근물량에 대한 양허세율을 포함)은 기본세율 및 잠정세율에 우선하여 적용한다."라고 규정하고 있습니다.

따라서 0402.10-1010으로 수입신고되는 물품에 대해서는 기본세율이 아니라 농림축산물 양허관세가 먼저 적용됩니다. 그리고 추천받는 기관으로부터 추천받지 못한 경우에는 '미추천' 관세율이 적용되겠습니다.

탈지분유, 0402.10-1010 검색 결과					
HS	040210-1010				
품명	탈지(脫脂)분유				
수량단위	kg				
원산지표시	대상 [원산지제도운영에관한고시]				
적정표시방법	대상 [적정표시방법]				
관세				[관세율 적용순위]	
관세구분	관세율	단위당세액	기준가격	적용시작일	적용종료일
FEU1	176	0.0	0.0	2015.01.01	2015.06.30
FEU6	0	0.0	0.0	2015.01.01	2015.06.30
FTR1	176	0.0	0.0	2015.01.01	2015.12.31
FCA1	176	0.0	0.0	2015.01.01	2015.12.31
FPE1	176	0.0	0.0	2015.01.01	2015.12.31
W1 농림축산물양허관세(추천)	20	0.0	0.0	2015.01.01	2015.12.31
W2 농림축산물양허관세(미추천)	176	0.0	0.0	2015.01.01	2015.12.31
FAU1	176	0.0	0.0	2015.01.01	2015.12.31
A 기본세율	20	0.0	0.0	2015.01.01	2015.12.31
U 북한산	0	0.0	0.0	2015.01.01	2015.12.31
FAS1 한·아세안 FTA협정세율(선택1)	176	0.0	0.0	2015.01.01	2015.12.31
FUS1	176	0.0	0.0	2015.01.01	2015.12.31
FUS6	0	0.0	0.0	2015.01.01	2015.12.31
수입요건 [국립수의과학검역원]	[가축전염병예방법] . 농림축산검역본부장에게 신고하고 검역을 받아야 한다. (가축전염병예방법 제32조의 규정에 의한 수입금지지역에서 생산 또는 발송되었거나 그 지역을 경유한 지정검역물은 수입할 수 없음) null null				
수입요건 [식품의약품안전청]	[축산물위생관리법] . 축산물은 축산물위생관리법 제15조의 규정에 의해 지방식품의약품안전청장에게 신고하여야 한다. null null				
수출요건	수출요건 내역이 없습니다 .				
간이정액환급액					
적용일자	종지일자		규격		만원당환급액
간이정액환급액 내역이 없습니다 .					

---

1 관세법 제71조(할당 관세) 제1항은 관세율을 내려서 부과할 수 있는 경우이고, 제2항은 관세율을 올려서 부과할 수 있는 경우로 규정하고 있습니다.

4. WTO 협정세율 적용과 편익관세[1] 적용 대상 국가

외국에서 물품을 수입하기 전에 해당 물품의 HS Code 확인이 가장 우선시 되어야 합니다. 이유는 HS Code를 확인해야 관세율과 수입요건 有·無를 알 수 있기 때문입니다. FTA 상대체약국으로부터 수입되는 경우가 아니라면 통상 확인된 HS Code 상의 기본세율과 WTO 협정세율 중에 더 낮은 세율을 적용하여 과세가격 대비 관세를 납부할 수 있습니다.

그러나 HS Code 상 WTO 협정세율이 존재한다고 해서 무조건 WTO 협정세율을 적용받을 수 있는 것은 아닙니다. 기본적으로 '관세율 적용 순위'에 의해서 적용 가능한 상황에 있어야 하며, 이보다 더 중요한 것이 WTO 회원국[2]으로부터 수입되는 물품이어야 한다는 것입니다.

HS	340290-3000				
품명	조제 청정제				
수량단위	kg				
원산지표시	대상 [원산지제도운영에관한고시]				
적정표시방법	대상 [적정표시방법]				
	관세			[관세율 적용순위]	
관세구분	관세율	단위당세액	기준가격	적용시작일	적용종료일
A 기본세율	8	0.0	0.0	2014.01.01	2014.12.31
C WTO협정세율	6.5	0.0	0.0	2014.01.01	2014.12.31
FPE1	0	0.0	0.0	2014.01.01	2014.12.31
FUS1	2.6	0.0	0.0	2014.01.01	2014.12.31
FTR1	0	0.0	0.0	2014.01.01	2014.12.31
FEU1	2.1	0.0	0.0	2014.07.01	2014.12.31
수입요건	수입요건 내역이 없습니다 .				
수출요건	수출요건 내역이 없습니다 .				

만약, 3402.90-3000으로 분류되는 물품을 FTA 상대체약국이 아닌 WTO 회원국으로부터 수입한다면, 기본세율과 WTO 협정세율 중에 더 낮은 세율을 선택하여 수입신고 가능합니다. 그러나 WTO 협정세율은 반드시 WTO 회원국으로부터 물품을 수입해야만 적용받을 수 있는 세율은 아닙니다.

다시 말해서, WTO 협정세율 적용국가는 WTO 회원국뿐만 아니라 편익관세 대상국 역시

---

1 조약에 의한 관세 상의 혜택을 받지 못하는 국가의 생산물이 수입될 때, 기존 외국과의 조약규정에 의하여 부여하고 있는 관세 상 혜택 범위 안에서 관세에 관한 편익을 부여하는 것을 말합니다(한경 경제용어 사전).
2 2013년 7월, 현재 회원국이 159개국.

WTO 협정세율을 적용받을 수 있습니다. 예를 들어, '이란'의 경우는 WTO 회원국은 아니지만, 편익관세 대상국으로써 이란으로부터 수입되는 물품은 WTO 협정세율을 적용받을 수 있다는 것입니다.

　관세법 제74조(편익관세의 적용기준 등) ① 관세에 관한 조약에 따른 편익을 받지 아니하는 나라의 생산물로써 우리나라에 수입되는 물품에 대하여 이미 체결된 외국과의 조약에 따른 편익의 한도에서 관세에 관한 편익(이하 '편익관세'라 한다)을 부여할 수 있다.② 편익관세를 부여할 수 있는 대상 국가, 대상 물품, 적용 세율, 적용 방법, 그 밖에 필요한 사항은 대통령령으로 정한다. 〈전문개정 2010.12.30.〉

　관세법시행령 제95조(편익관세) ① 법 제74조에 따라 관세에 관한 편익을 받을 수 있는 국가는 다음 표와 같다. 〈개정 2013.2.15.〉

지역	국가
1. 아시아	아프가니스탄, 부탄
2. 중동	이란, 이라크, 레바논, 시리아, 예멘
3. 대양주	나우루
4. 아프리카	코모로, 에티오피아, 라이베리아, 소말리아
5. 유럽	안도라, 모나코, 산마리노, 바티칸

5. 국제 협력 관세 적용 대상 물품의 예

2206.00-9010으로 분류되는 와인 쿨러를 칠레에서 한국으로 수입한다고 가정합니다. 이때 기본세율, WTO 협정세율, 한-칠레 FTA 협정세율 중의 하나를 선택하여 수입신고 가능합니다. 수입자는 당연히 세율이 가장 낮은 한-칠레 FTA 협정세율을 적용받기를 원할 것이나, 이를 위해서는 한-칠레 FTA C/O와 운송서류에 의해서 직접(Direct) 운송하였음을 충족시켜야겠습니다. 만약, 이를 충족하지 못한다면 한-칠레 FTA 협정세율로써 0%의 관세율을 적용받지 못합니다.

그렇다면 수입자는 기본세율과 WTO 협정세율 중에 더 낮은 세율을 선택 가능한데, 두 세율이 동일하니 선택에 문제가 되지 않을 것입니다.

HS	220600-9010				
품명	와인쿨러(제2009호나 제2202호의 물품을 첨가한 것으로 한정하며, 포도를 원료로 한 것을 포함한다)				
수량단위	I kg				
원산지표시	대상 [원산지제도운영에관한고시]				
적정표시방법	대상 [적정표시방법]				
관세				**[관세율 적용순위]**	
관세구분	관세율	단위당세액	기준가격	적용시작일	적용종료일
F 국제협력관세	15	0.0	0.0	2014.01.01	2014.12.31
A 기본세율	30	0.0	0.0	2014.01.01	2014.12.31
C WTO협정세율	30	0.0	0.0	2014.01.01	2014.12.31
FTR1	12.2	0.0	0.0	2014.01.01	2014.12.31
FCL1 한·칠레FTA협정 세율(선택1)	0	0.0	0.0	2014.01.01	2014.12.31
FPE1	3	0.0	0.0	2014.01.01	2014.12.31
FUS1	0	0.0	0.0	2014.01.01	2014.12.31
FEU1	0	0.0	0.0	2014.07.01	2014.12.31
수입요건 [식품의약품 안전청]	[식품위생법] . 식품 또는 식품첨가물의 것은 식품위생법 제19조의 규정에 의거 지방식품의약품안전청장에게 신고하여야 한다. null null				
수출요건	수출요건 내역이 없습니다 .				

그런데 국제협력 관세 15%가 보입니다. 국제협력 관세는 165쪽에서의 '관세율 적용 순위'에 의하면 2순위로써, 2순위 세율은 3, 4, 5, 6순위의 세율보다 낮은 경우 우선 적용 가능합니다. 기본세율은 6순위이며 30%의 세율을 가지고 있기에 2순위 세율을 우선 적용할 수 있으며, WTO 협정세율 역시 2순위이지만 30%의 관세율을 가지고 있으니, 동일 순위의 국

제협력관세로써 15%의 관세율을 수입신고자는 적용받을 수 있을 것입니다.

국제협력관세는 특정국가와 협상할 때 기본 관세율의 100분의 50의 범위 내에서 관세를 양허할 수 있다고 관세법 제73조에 나옵니다. 이때 특정국가와의 관세 양허이기에 2206.00-9010으로 분류되는 와인 쿨러를 한국으로 수입하는 자는 상대국이 그 특정국가에 속하는지 확인해야겠습니다. 그러나 2206.00-9010으로 분류되는 품목은 어떤 국가로부터 수입되더라도 국제협력관세를 적용받을 수 있도록 되어있습니다.

결국, 2206.00-9010으로 분류되는 와인 쿨러를 칠레에서 한국으로 수입하는 수입자가 한-칠레 FTA C/O를 칠레 수출자로부터 전달받지 못하였다면, 국제협력관세로써 15%의 관세율을 적용받을 수 있을 것입니다.

6. 인보이스 및 팩킹리스트의 역할과 발행되는 이유

질문 신입사원입니다. 인보이스와 팩킹리스트의 의미와 발행되는 이유를 알고 싶습니다. 간단하게 설명해주시면 감사하겠습니다.

💬 **답변** 1. **인보이스:** 인보이스(Commercial Invoice, 상업송장)는 수출자와 수입자의 매매계약 성립 후 수출자가 수입자에게 대금 청구하는 서류입니다. 따라서 인보이스는 양 당사자 간에 매매계약을 체결한 후에 발행되는 것이 적절하며, 대금 청구 서류이니 Seller가 발행하여 Buyer에게 전달합니다. 매매계약 체결도 하기 전에 인보이스 발행하여 대금 청구하는 것은 무례한 행동이라 할 수 있습니다[1].

그리고 통상적으로 인보이스의 Shipper는 '대금 청구하는 자'가 되며, 인보이스의 Consignee는 '대금결제하는 자'가 됩니다. 결국, 인보이스는 거래 물품의 가격 정보가 기재되어 있어야 하며, 제목은 인보이스이나 가격 정보가 없으면 인보이스로써 역할을 할 수 없으니 인보이스가 되지 못합니다. 참고로 인보이스는 가격 명세서라도 할 수 있습니다.

---

1 매매계약 체결하기 전에는 Seller가 Buyer에게 견적서를 발송하며, 무역거래에서 이러한 견적서를 Quotation이라고 하기보다는 Proforma Invoice(P/I)라고 합니다. 즉, Proforma Invoice는 Seller와 Buyer 간에 매매계약 사실을 입증하지 못하지만, Commercial Invoice는 매매계약 체결을 입증해주는 서류가 됩니다.

2. 팩킹리스트: 포장명세서입니다. 거래 물품의 포장 단위와 수량, 부피, 무게, 화인 정보 등을 기술한 서류입니다. 포장명세서에는 이러한 내용이 들어가야 할 것이며, 단가 정보는 특별히 필요하지 않습니다. 단가 정보는 별도로 만들어지는 인보이스에 기재되어있기 때문입니다. 실무에서 Packing List라고 제목을 정하지 않고 Packing Note 혹은 Packing and Weight List라고 하는 경우도 있으나, 그 내용이 팩킹리스트에 기재되는 정보가 있다면 이는 팩킹리스트로써의 역할을 하는 서류라 할 수 있습니다.

PACKING LIST

Our Ref : Inv. No. IV-11035
22 Jun. 2011

EMSOUL
ABC 2 NL-1322
BC AAA NETHERLANDS
Tel : +31 (0) 00 00 0000
Fax : +31 (0) 00 00 0000

Consingee : Edutradehub
#501 Samwha building 213-7 Nonhyundong Kangnamgu
Seoul Korea   Tel: (02) 0000-0000   Fax: (02) 0000-0000

MARKS/NUMBERS	DISCRIPTIONS	QUANTITY
Edu Tradehub Made in Netherlands	BABY CARRIER LS - 101 6 pcs / Caddy 6 Caddies / CTN 550 ctns Country of Origin Netherlands Price Terms : CFR Busan Port, Korea	CARTON 550

G.W.	:	995.5 KGS
N.W.	:	847 KGS
M'MENT	:	11.55 CBM

7. 인보이스, 운송서류(B/L, 화물운송장)의 Shipper 및 Consignee 차이점

A. 인보이스의 Shipper, Consignee에 대한 이해

실무에서 인보이스라 말하는 서류는 Commercial Invoice, 즉 상업송장입니다. 인보이스는 거래 물품에 대한 가격을 기술한 가격 명세서로써, 물품을 공급하는 Seller가 물품을 구매하는 Buyer에게 공급 물품에 대한 대금결제를 요구하는 서류입니다. 인보이스 발행자로서 Seller는 Shipper가 되고, 발행받는 자로서 Buyer는 Consignee로 표현되는데, 인보이스가 대금 청구하는 서류이기에 통상적으로 인보이스 상의 Shipper는 '대금결제 받는 자'가 되고 Consignee는 '대금결제하는 자'가 됩니다. 그러한 의미에서 인보이스의 Shipper와 Consignee는 상호 매매계약을 체결한 당사자가 되는 것이며, 외국환 결제는 이들 양 당사자 간에 이루어져야 할 것입니다.

예를 들어, 한국에 수출자 Edutradehub가 있고 호주에 수입자 Kaston이 있습니다. 이들 양자 간에 매매계약을 체결하였으며, 수출자는 수입자에게 대금결제 청구해야 합니다. 이때 인보이스가 발행(매매계약 체결도 하지 않았는데 인보이스를 발행하여 대금결제 청구하는 일은 적절치 못함)되며, 인보이스의 Shipper는 Edutradehub가 되고 Consignee는 Kaston이 됩니다.

이후 Consignee 'Kaston'은 Shipper 'Edutradehub'의 외국환 통장계좌로 외국환 결제를 진행합니다. 그러면 Edutradehub의 거래은행으로써 외국환 은행은 Edutradehub의 외국환 통장에 외국환이 입금되었다는 사실을 Edutradehub로 통지하며, Edutradehub는 외국환 결제받는 사유를 입증하는 서류로써 인보이스 혹은 매매계약서 등의 서류를 해당 은행으로 제출합니다. 이러한 사실은 무역 송금으로 관세청에 통지될 것입니다. 외국환 결제 내역은 Edutradehub가 한국 세관에 수출 신고한 내역과 일치해야 합니다.

결국, 한국 세관에 수출 신고할 때 역시 Shipper 'Edutradehub'는 '수출대행자/수출화주'로 신고되고, Consignee 'Kaston'은 '구매자'로 수출 신고되어야 외국환 결제 내역과 수출 신고 내역이 일치하게 됩니다. 이것을 일치시키지 않고 지속적으로 업무 진행하면 향후 문제가 발생할 수 있습니다.

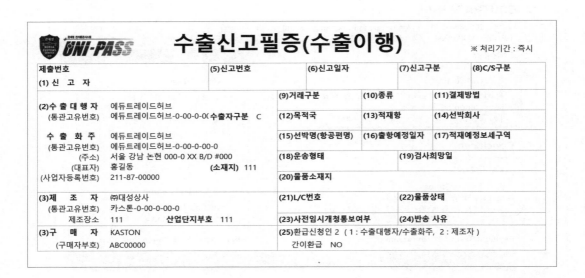

▶ 인보이스를 기초로 세관에 수출/수입 신고할 때 Shipper & Consignee는 해당 건의 결제가 외국환 은행을 통해 이루어질 때의 Shipper & Consignee와 반드시 일치해야 함. 일치하지 않는 경우 따로 은행에 신고해야.

수출자와 수입자 사이의 결제조건이 L/C라면, 수출자가 작성하는 인보이스에는 Notify가 일반적으로 추가되어 Shipper, Consignee, 그리고 Notify까지 기재됩니다. 이때 인보이스의 Notify에는 수입자(Applicant)가 기재되며, 세관에 신고할 때 Notify를 외국환 결제자로 봅니다.

이렇게 결제조건 L/C에서 인보이스의 Consignee와 Notify는 해당 건의 운송서류(B/L 혹은 화물운송장)의 Consignee와 Notify의 내용과 일치시키는 것이 통상의 예라 할 수 있습니다.

결제조건 L/C의 경우, 46A Documents Required 조항에서 운송서류(B/L 혹은 화물운송장)는 다음과 같이 요구되며, 수출자는 해당 내용을 정리하여 수출지 포워더에게 B/L의 Consignee와 Notify를 어떠한 식으로 기재할 것인지 요청합니다. 그리고 수출자가 인보이스 발행할 때 포워더에게 전달받은 B/L의 그것과 동일하게 작성하여 발행하겠습니다.

46A Documents Required

+ FULL SET OF CLEAN ON BOARD OCEAN BILLS OF LADING MADE OUT TO THE ORDER OF ABC BANK MARKED FREIGHT COLLECT NOTIFY KASTON.

↓

〈L/C 46A 조항을 기초로 발행된 B/L〉

Shipper **EDUTRADHUBE** **xxx, Nonhyundong, Kangnamgu, Seoul, Korea**		**B/L No.** **XXXJKFLD8978**
		Multimodal Transport Bill of Lading
Consignee **TO THE ORDER OF ABC BANK**		Received by the Carrier from the shipper in apparent good order and condition unless otherwise indicated herein, the Goods, or the container(s) or package(s) said to contain the cargo herein mentioned, to be carried subject to all the terms and conditions appearing on the face and back of this Bill of Lading by the vessel named herein or any substitue at the Carrier's option and/or other means of transport, from the place of receipt or the port of loading to the port of discharge or the place of delivery shown herein and there to be delivered unto order or assigns. This Bill of Lading duly endorsed must be surrendered in exchange for the Goods or delivery order. In accepting this Bill of Lading, the Merchant agrees to be bound by all the stipulations, exceptions, terms and conditions on the face and back hereof, whether written, typed, stamped or printed, as fully as if signed by the Merchant, any local custom or privilege to the contrary notwithstanding, and agrees that all agreements or freight engagements for and in connection with the carriage of the Goods are superseded by this Bill of Lading
Notify Party **Kaston** **xxxx, Market Street, Sydney NSW 2000, Australia**		
Pre-carriage by	Place of Receipt	**Party to contact for cargo release** **XXX Ultimo Road Sydney NSW 2000, Australia** **TEL : 00-0000-0000 FAX : 00-0000-0000** **ATTN : GERRIT DEKKER**
Vessel Voy. No. **ISLET ACE** **832W**	Port of Loading **BUSAN, KOREA**	
Port of Discharge **SYDNEY, AUSTRALIA**	Place of Delivery	**Final Destination (Merchant's reference only)**

↓

〈본 건에 대한 인보이스〉

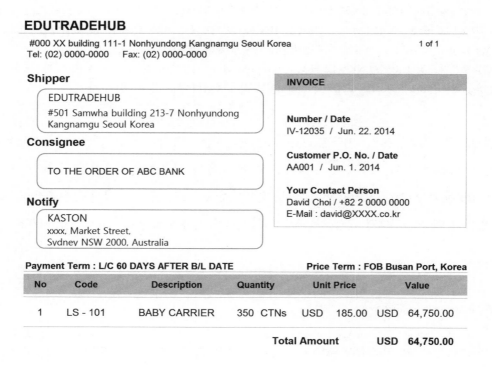

EDUTRADEHUB

#000 XX building 111-1 Nonhyundong Kangnamgu Seoul Korea   1 of 1
Tel: (02) 0000-0000   Fax: (02) 0000-0000

Shipper

> EDUTRADEHUB
> #501 Samwha building 213-7 Nonhyundong
> Kangnamgu Seoul Korea

Consignee

> TO THE ORDER OF ABC BANK

Notify

> KASTON
> xxxx, Market Street,
> Sydney NSW 2000, Australia

INVOICE

Number / Date
IV-12035 / Jun. 22. 2014

Customer P.O. No. / Date
AA001 / Jun. 1. 2014

Your Contact Person
David Choi / +82 2 0000 0000
E-Mail : david@XXXX.co.kr

Payment Term : L/C 60 DAYS AFTER B/L DATE   Price Term : FOB Busan Port, Korea

No	Code	Description	Quantity	Unit Price	Value
1	LS - 101	BABY CARRIER	350 CTNs	USD 185.00	USD 64,750.00
				Total Amount	**USD 64,750.00**

이렇게 발행된 인보이스를 기초로 수출/수입신고가 이루어지고 은행을 통해서 결제가 이루어집니다. 이때 해당 건에 대한 대금결제자는 Consignee가 아니라 Notify로 인식됩니다.

B. 운송서류의 Shipper, Consignee에 대한 이해

운송서류(B/L 혹은 화물운송장)는 해당 건의 물품이 어디에서 어디로 운송되는지에 대한 내용을 기술한 서류입니다. 따라서 운송서류 상의 Shipper는 물품을 보내는 자(송화인)가 되고, Consignee는 물품을 받는 자(수화인)가 됩니다. B/L에서 Port of Discharge(P.O.D.)에서 혹은 AWB에서 Airport of Destination에서 물품을 포워더에게 받는 자는 반드시 Consignee가 되어야 합니다. 따라서 수입지에서 포워더에게 D/O를 받는 자가 A인데, 해당 건의 운송서류의 Consignee가 B로 되어 발행되면 수입지에서 A는 포워더에게 D/O를 받지 못하여 물품을 찾지 못합니다(물론, A와 B가 양수도 계약하였다면, B/L의 Consignee가 B로 기재되었다 할지라도, A가 해당 B/L로 포워더에게 운송비 결제 후 D/O 받을 수 있을 것임). 중개무역에서 중개자가 B/L을 Switch 하는 이유가 여기에 있습니다.

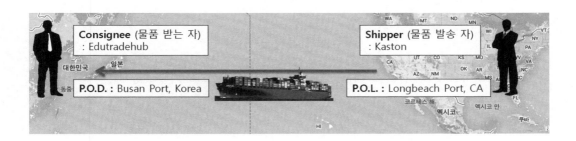

▶ 본 건에서 물품의 이동은 Longbeach에서 Busan이며, 미국에서 물품을 발송하는 송화인은 Kaston, 그리고 한국에서 물품을 받는 수화인은 Edutradehub입니다. 물품의 이동이 이러한 식으로 된다고 해서 Kaston과 Edutradehub가 매매계약을 체결하여 인보이스의 Shipper와 Consignee 역시 각각 Kaston, 그리고 Edutradehub가 반드시 되는 것은 아닙니다. 중개 무역이라면 중간에 중개자가 다른 국가에 위치할 것이며, 해당 중개자가 Kaston과 Edutradehub와 각각 매매계약 체결하고 인보이스 역시 각각 발행할 것입니다.

Shipper **Kaston** **1234 East 0th Street** **Los Angeles, CA 00011, United States**		B/L No. **XXXJKFLD8978**
Consignee **EDUTRADEHUB** **xxx, Nonhyundong, Kangnamgu, Seoul, Korea**		**Multimodal Transport Bill of Lading**
Notify Party **Same As Above**		Received by the Carrier from the shipper in apparent good order and condition unless otherwise indicated herein, the Goods, or the container(s) or package(s) said to contain the cargo herein mentioned, to be carried subject to all the terms and conditions appearing on the face and back of this Bill of Lading by the vessel named herein or any substitue at the Carrier's option and/or other means of transport, from the place of receipt or the port of loading to the port of discahrge or the place of delivery shown herein and there to be delivered unto order or assigns. This Bill of Lading duly endorsed must be surrendered in exchange for the Goods or delivery order. In accepting this Bill of Lading, the Merchant agrees to be bound by all the stipulations, exceptions, terms and conditions on the face and back hereof, whether written, typed, stamped or printed, as fully as if signed by the Merchant, any local custom or privilege to the contrary notwithstanding, and agrees that all agreements or freight engagements for and in connection with the carriage of the Goods are superseded by this Bill of Lading
Pre-carriage by	Place of Receipt **LONGBEACH, CA CY**	Party to contact for cargo release **XXX JUNG-GU SEOUL 111-111 KOREA** **TEL : 00-0000-0000 FAX : 00-0000-0000** **ATTN : HONG GIL-DONG**
Vessel Voy. No. **ISLET ACE** **832W**	Port of Loading **LONGBEACH, CA**	
Port of Discharge **BUSAN, KOREA**	Place of Delivery **BUSAN, KOREA CY**	Final Destination (Merchant's reference only)

참고

일반적으로 결제조건 L/C에서는 Consignee가 To order와 같이 지시식으로 되어 발행됩니다(L/C46A 조항에서 요구). 그래서 배서를 통해서 B/L을 양도(소유권 이전)합니다. 그러나 Consignee에 수입자 상호가 기재되는 기명식 B/L은 Consignee에 기재된 자만이 D/O를 받아서 물품을 받을 수 있으며, 다른 자가 받기 위해서는 Consignee와의 양수도 계약서가 필요합니다.

8. '수입자'와 '납세의무자'에 대한 이해

(1) 수입신고필증 상의 '수입자'와 '납세의무자'

A. 수입자

– 통상적으로 외국의 수출자(Shipper)와 매매계약 체결한 자로서 인보이스 상의 Consignee.
– 통상적으로 수출자에게 인보이스 대금결제하는 당사자로서 인보이스 상의 Consignee.

B. 납세의무자

– 해당 건에 대해서 관세와 부가세 등의 세액을 납세하는 당사자.
– 물품의 수입화주가 되는 것이 원칙.

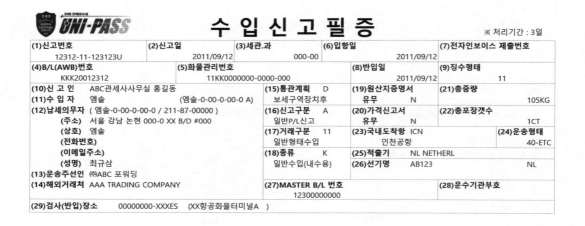

▶ '엠솔'이라는 업체는 수입지로써 한국 세관에 수입 신고한 업체이며, 해외거래처 AAA Trading Company와 매매계약한 자로서 인보이스 상의 Consignee이자 외국환 결제자가 됩니다. 또한, '엠솔'이라는 업체는 해당 건에 대한 세액을 납부하는 납세의무자이기도 합니다.

(2) 수입 대행 의뢰 〈관세법 제19조(납세의무자)〉

A. '수입자' B(대행업체), '납세의무자' A(대행의뢰자)의 경우

A는 외국의 수출자(Shipper) C와 매매계약을 체결하고 C의 물품을 직접 수입하고 싶은데, 그러한 상황이 안 될 수도 있습니다. 즉, 직접 수입하기 힘든 상황에서 A는 국내에 위치

한 수입 대행업체 B에게 수입대행을 의뢰합니다.

그러면 해당 건에 대해서 외국 수출자 C와 매매계약을 B가 하여, 인보이스는 Shipper C, Consignee B로 발행될 수 있고, B는 수입지로써 한국 세관에 수입 신고할 때 '수입자'가 되며, 세액 납부는 A가 하기 때문에 '납세의무자'는 A가 될 수 있을 것입니다. 이러한 내용은 해당 건에 대한 수입신고필증이 발행되면 확인 가능합니다.

외국환 거래규정 제5-10조(신고 등) ①거주자가 제3자 지급 등을 하고자 하는 경우에는 한국은행총재에 신고하여야 한다. 다만, 다음 각 호의 1에 해당하는 경우에는 신고를 요하지 아니한다.

13. 수입대행업체(거주자)에 단순수입대행을 위탁한 거주자(납세의무자)가 수입대행계약 시 미리 정한 바에 따라 수입대금을 수출자인 비거주자에게 지급하는 경우.

B. '수입자' A, '납세의무자' A의 경우- B는 대행 수수료 취할 수.

수입 건의 인보이스 상 Shipper C, Consignee A의 상황으로써 A가 C에게 인보이스 대금결제를 합니다. 그러나 A가 수입 통관 업무에 대한 어려움이 있어 국내의 대행업체 B에게 수입 통관 대행 의뢰합니다.

본 경우, B는 단순히 수입 통관 업무에 대한 대행을 하는 상황으로써, B는 A에게 그러한 업무에 대한 수수료를 취합니다. 물론, B가 수입 통관 업무를 진행하기 위해서 A는 C와의 거래에서, 그리고 수입 통관 상에 필요한 서류를 B에게 전달해야 할 것입니다.

결론적으로 본 경우에 수입신고필증 상에는 B의 존재가 나오지 않으며, '수입자', '납세의무자' 모두 A가 됩니다.

 * 〈대행 의뢰할 때 주의점〉 대행자에게 대행 의뢰자가 외국 업체와의 선적서류 등의 자료를 전달함으로써 정보가 유출된다는 점.

(3) 양수도 계약 〈관세법 제19조(납세의무자)〉

수입 건의 인보이스 상 Shipper C, Consignee A의 상황으로써, A가 해당 건의 물품을 수입지로써 국내의 보세구역/창고까지 반입하였습니다. 그리고 해당 건의 운송서류(B/L, 화물운송장) Consignee 역시 A로 기재되어 있습니다. 인보이스 상의 Shipper에게 결제하는 당사자로서 인보이스 상의 Consignee가 수입지 세관에 수입 신고할 때 '수입자'가 되는 것이 원칙이라 할 수 있으며, 운송서류의 Consignee에게 포워더는 D/O를 내줘야 합니다.

그러나 A가 어떠한 이유로 해당 건의 물품을 직접 수입통관 진행 원하지 않을 수 있습니다. A는 국내의 D업체에 해당 건의 물품을 모두 양도 원하거나, 해당 건의 물품 일부를 D업체에, 그리고 나머지는 E업체에 양도 원할 수도 있습니다.

이때 양도를 원하는 A와 양수를 원하는 D는 서로 양수도계약서를 작성합니다. 그러면 해당 건에 대해서 인보이스 상 Shipper에게 대금결제는 A가 하였더라도 보세구역/창고에 장치된 해당 물품에 대한 수입지 세관으로서의 수입신고를 D가 하기 때문에 해당 건의 수입신고필증의 '수입자'와 '납세의무자' 모두는 D가 됩니다. 이를 입증하는 서류로써 양수도계약서 및 인감증명서 등이 필요할 것입니다.

마지막으로 양수자는 해당 건의 물품 HS Code 상 수입요건이 있다면, 자신이 직접 비용을 들여 요건 확인을 받아야 할 것입니다.

관련 규정	
관세법	관세법 시행령
제19조(납세의무자) ① 다음 각 호의 어느 하나에 해당하는 자는 관세의 납세의무자가 된다. 〈개정 2013.1.1〉 1. 수입신고를 한 물품인 경우에는 그 물품을 수입한 화주(화주가 불분명할 때에는 다음 각 목의 어느 하나에 해당하는 자를 말한다. 이하 이 조에서 같다). 다만, 수입신고가 수리된 물품, 또는 제252조에 따른 수입신고 수리 전 반출승인을 받아 반출된 물품에 대하여 납부하였거나 납부하여야 할 관세액에 미치지 못하는 경우, 해당 물품을 수입한 화주의 주소 및 거소가 분명하지 아니하거나 수입신고인이 화주를 명백히 하지 못하는 경우에는, 그 신고인이 해당 물품을 수입한 화주와 연대하여 해당 관세를 납부하여야 한다. 　가. 수입을 위탁받아 수입업체가 대행 수입한 물품인 경우: 그 물품의 수입을 위탁한 자 　나. 수입을 위탁받아 수입업체가 대행 수입한 물품이 아닌 경우: 대통령령으로 정하는 상업서류에 적힌 수하인(受荷人) 　다. 수입물품을 수입신고 전에 양도한 경우: 그 양수인	제5조(납세의무자) 법 제19조 제1항 제1호 나목에서 '대통령령으로 정하는 상업서류'란 다음 각 호의 어느 하나에 해당하는 것을 말한다. 〈개정 2011.4.1〉 1. 송품장 2. 선하증권 또는 항공화물운송장

9. 관세환급 조건 - '관세환급' 제조사 환급, 수출자 환급 & 관세 포함, 미포함 공급

일반적으로 국내에서 제조된 물품에 대한 수출 이행 후의 관세환급 신청과 관세환급 받는 자는 제조사이나, 경우에 따라서는 수출자가 관세환급 받는 경우도 있습니다. 그리고 제조사와 수출자 사이에 물품을 공급할 때, 수출 이행 후 환급받는 관세를 포함하여 공급하는 경우가 있고 미포함하여 공급하는 경우도 있습니다. 이러한 상황에 대한 실무적인 정리 내용입니다.

| 관련 규정 | 관세환급 특례법[1] |

구분		국내제조 유무	관세 환급 신청자/받는 자	유/무상 (수출 신고)	수출신고필증	
					제조사	처리
경우 a)	원상태[2]	X	수출자	유상	'미상' 처리	수출자 보관
경우 B)[3]	B-1 완제품 구입 (기납증 발행 X)	O	제조사	유상	실제 제조사	제조사에 전달
	B-2 완제품 구입 (기납증 발행 O)	O	수출자	유상	'미상' 처리	수출자 보관
경우 c)	임가공 의뢰[4]	O	수출자[5]	유상	수출자[6]	수출자 보관

▶ 관세환급 받기 위해서 기본적으로 수출신고는 '유상'으로 해야.
▶ '무상' 신고 건에 대해서도 예외적으로 관세환급 가능한 경우 있음.
  - 「수출용 원재료에 대한 관세 등 환급에 관한 특례법 시행규칙」 제2조
  - 전시회 출품 목적으로 수출되었다가 해외 전시장에서 판매된 경우
  - 해외 구매자와의 수출 계약을 위하여 무상으로 송부하는 견본용 물품의 수출

---

1 수출용 원재료에 대한 관세 등 환급에 관한 특례법.
2 외국으로부터 수입하여(세액 납부 후 수리받은 건) 국내에서 사용하지 않고 수입한 원상태 그대로 수출. 단, 무상이 아닌 유상 수출해야.
3 국내 제조사에게 완제품 구입 후 수출자가 수출한 경우.
4 수출자가 국내 제조사에게 '주요한 원재료'를 제공하면서 임가공 의뢰한 물품을 구입하여 수출한 경우.
5 국내 제조사에게 임가공 의뢰한 수출자.
6 국내 제조사에게 주요한 원재료를 공급하여 임가공 의뢰한 자로서 수출자가 해당 건의 수출신고필증 상의 제조사가 됩니다.

1) 제조사의 관세환급 및 수출자의 관세환급

들어가기 전 1〉 기본적으로 '국내 제조 물품의 수출 이행 후 관세환급'[1]은 해당 물품을 국내에서 제조한 제조사가 받습니다. 이때 제조사는 그 물품을 실제로 제조한 제조사가 될 것이나, 수출자가 원재료를 공급하면서 국내 제조사에 국내 임가공 의뢰 후 수출하는 건에 제조사는 실제 제조사가 아니라 임가공 의뢰한 자로서 수출자를 제조사로 봅니다(본 경우, 수출신고필증 상의 '제조사' 역시 수출자). 국내 임가공 건에서 수출자가 제조사로 인정받기 위해서는 생산품의 공정에 투입되는 주요한 원재료를 공급해야겠습니다.

들어가기 전 2〉 수출자가 제조사에 기납증을 받으면 수출자가 관세환급 신청 및 관세환급 받을 수 있으며('수출자 환급' 본 건의 수출신고필증 상의 '제조사'는 미상 처리[2]), 그렇지 않은 경우에는 수출자는 수출 진행만 하고, 제조사가 관세환급 신청 및 관세환급 받을 수 있습니다('제조사 환급'). 물론, 후자의 경우 제조사는 수출자에게 수출신고필증(이때 수출신고필증 상의 '제조사'에 실제 제조사 기재됨)을 전달받아야겠습니다.

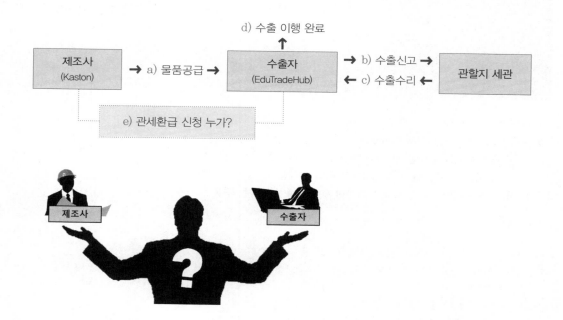

---

1 국내에서 제조된 물품이 아닌, 외국에서 수입하여 추가가공 없이 수입한 원상태 그대로 다시 외국으로 수출되는 물품의 경우. 관세환급은 기본적으로 수출자가 받을 수 있습니다. 물론, 이때 수출신고필증 상의 제조사는 '미상' 처리될 것입니다.
2 이와 같은 수출자 환급 건은 원상태 개념이나 수출신고필증에서의 '거래구분'에서 11(일반형태)로 신고될 것입니다.

A. 제조사 환급

통상적인 국내에서 제조된 물품의 수출 이행에 따른 관세환급은 수출자가 받는 것이 아니라 제조사가 받습니다. 이를 위해서 수출자는 수출 신고할 때 수출신고필증 상에 해당 물품을 국내에서 제조한 제조사의 상호 등을 '제조사' 부분에 기재, '환급신청인' 부분에 제조사가 기재될 수 있도록 수출 신고합니다.

이때 문제는 수출자가 제조사에 수출신고필증을 전달해야 한다는 것이며, 그로 인한 수출신고필증 상의 수출자의 외국거래처 및 수출 단가 등의 정보가 고스란히 제조사에 노출된다는 것입니다.

만약, 수출자가 제조사보다 '갑'의 위치에 있다면 수출자는 제조사와 매매계약할 때, 수출신고필증을 제조사에 전달하지 않겠다고 할 것입니다. 이로 인하여 또 다른 문제는 제조사가 수출신고필증을 전달받지 못하니, 관세환급 신청할 수 없다는 것입니다.

> **참고** 제조사와 수출자가 다른 경우 HS Code
>
> 제조사는 국내의 수출자에게 물품을 공급하는 경우가 있고(제조사≠수출자), 제조사 자신이 수출자가 되어 수출 진행하는 경우(제조사=수출자)도 있습니다.
> 제조사가 기존에 자체적으로 '물품 A'를 수출하고 있었다면, 제조사는 자신이 수출하는 물품 A의 HS Code를 정하여 간이 정액 관세환급 받고 있을 것입니다. 그런데 국내의 어떤 수출자에게 물품 A를 공급하게 되었고 수출신고필증을 수출자에게 받아서 제조사가 관세환급 받는다면, 기존에 제조사 자체적으로 수출 신고한 물품 A의 HS Code와 수출자에게 받은 수출신고필증 상의 물품 A의 HS Code가 동일해야 간이 정액 관세환급 받는데 문제 되지 않을 것입니다.

B. 수출자 환급

수출자가 제조사보다 '갑'의 위치에 있다면, 수출신고필증[3]을 수출자가 제조사에게 전달하지 않을 것입니다[4]. 그러면 제조사는 자신이 직접 관세환급 신청과 국가로부터 자신이 직접 관세환급 받지 못하는 입장에 직면합니다. 그러한 이유로 제조사는 수출자에게 물품 공급할 때, 공급 물품에 관세를 포함하여 공급하게 됩니다. 이때, 수출자(갑)는 제조사(을)에게 기납증(기초원재료 납세증명서) 발급을 요청하고, 수출자는 기납증을 전달받음으로써 수출자가 제조사는 아니지만, 국내 제조사에 의해서 생산된 물품의 수출이행에 따른 관세환급 신

---

3 본 상황에서 수출자는 수출 신고할 때 '제조사'에 미상, 그리고 '환급신청인'에 수출자.
4 수출자가 대기업이고 제조사가 중소기업이라면, 특히 그러할 것.

청과 관세환급을 받을 수 있게 됩니다[1].

이때, 제조사가 개별환급 업체이면 개별 기납증을 발급할 것이고, 간이 정액 환급 업체이면 간이 기납증을 발급할 것입니다. 본 상황에서 제조사(간이 정액 환급 업체라고 가정)가 수출자에게 간이 기납증을 발급한다면, 제조사는 수출자에게 공급하는 물품 가격(부가세를 제외한 공급가) 기준으로 HS Code 상 정해진 1만 원당의 관세환급액을 수출자에게 전가하는 것으로써 수출자는 해당 금액만큼의 관세환급을 받겠습니다. 만약, 제조사가 수출자에게 수출신고필증을 전달받아서 제조사가 간이 정액 환급받는다면, 제조사가 수출자에게 공급한 공급가, 그리고 수출자가 마진을 붙여서 외국 업체에게 공급하는 FOB 금액 기준으로 수출물품의 HS Code 상 1만 원당 관세환급액을 환급받을 수 있습니다.

결국, 제조사 입장에서는 간이 기납증 발행할 때보다 수출자에게 수출신고필증 받아서 간이 정액 환급받을 때 관세환급액은 더 많이 되어 가능한 제조사 입장에서는 수출자에게 간이 기납증 발행을 원치 않을 것입니다.

2) 제조사의 물품 공급에 따른 관세 포함 혹은 미포함의 관계

A. '제조사 환급'의 경우

제조사는 수출자에게 물품 공급할 때 관세는 미포함하여 공급하고, 수출신고필증을 전달받아서 그 관세는 국가로부터 환급받을 수 있습니다. 그러나 제조사가 환급 신청하는 경우에도 제조사는 수출자에게 물품을 공급할 때 관세를 포함하여 공급하고, 관세환급까지 받기도 합니다(상식에서 다소 벗어난 상황). 수출 후 수출신고필증을 제조사에 공급하는 수출자가 제조사와의 관계에서 '을'의 입장에 있으면, 물품을 공급할 때 제조사가 관세를 포함하는 것에 대해서, 그리고 외국거래처와 수출 가격 등의 정보가 기재된 수출신고필증을 전달하는 것에 대해서 클레임하기가 다소 어려울 수 있습니다.

B. '수출자 환급'의 경우

제조사가 수출자에게 물품 공급할 때 관세 포함하여 공급하고, 수출 이행 후 수출자가 관세환급 신청하고 관세환급 역시 수출자가 받습니다. 그래서 제조사는 수출자에게 생산물품을 공급할 때 자신이 해당 건에 대한 관세를 환급 신청하여 받는 자가 아니기 때문에 수출

---

1 본 상황에서 수출자는 수출 신고할 때 '제조사'에 미상, 그리고 '환급신청인'에 수출자 자신을 기재하여 수출 신고합니다.

자에게 물품 공급할 때 공급가에 관세를 포함하여 공급합니다.

10. '관세환급', 국내 임가공 의뢰 건에서의 관세환급 Ⅰ

외국으로 나가는 배/비행기에 물품을 On Board 하면 수출 이행이 됩니다. 정상적으로 수출지 세관에 수출 신고하여 수리받은 건을 수출 이행하면 관세환급 신청 후 관세환급을 받을 수 있습니다.

다시 말해서, 국내에서 제조 공정을 거쳐서 생산된 물품이 수출 이행되면 해당 물품의 생산에 투입된 원재료 중 수입된 원재료가 있을 것입니다. 수입될 때 관세를 납부하였을 것이며, 해당 원재료가 국내에서 소비되지 않고 외국으로 수출 이행되었으니, 해당 원재료를 수입할 때 국가에 납부한 관세는 국가가 다시 환급해줘야 할 것인데, 이를 관세환급이라 합니다[2].

> **참고** 개별환급과 간이정액 환급의 차이
>
> 관세환급에는 개별환급과 간이정액 환급이 있습니다. 개별환급은 수출물품의 생산공정에 투입된 관세 납부한 수입 물품의 소요량을 계산하여 정확히 관세환급 받으나, 간이정액 환급은 관세 납부 후 수입된 물품의 소요량과는 상관없이 수출물품의 HS Code 상 FOB 1만 원당 환급액만큼 환급을 받습니다. 그리고 간이정액 환급의 경우 완제품을 국내에서 제조할 때 투입된 원료가 외국으로부터 수입된 것인지 여부를 따지지 않습니다. 단, 개별환급이나 간이정액 환급이나 모두 국내에서 수출물품은 제조사에 의해서 제조가 되어야겠으며, 해당 제조사는 모두 수출신고필증 상으로 확인되어야겠습니다.

A. 국내에서 제조된 물품의 수출 이행과 관세환급(제조사 환급)

기본적으로 관세환급을 받기 위해서는 수출 이행 완료되었다는 사실이 확인되어져야 하며, 해당 물품이 국내에서 제조된 사실이 확인되어져야 합니다. 국내에서 제조된 물품의 관세환급은 수출자가 아닌 제조사가 기본적으로 수출신고필증을 기초로 관세환급 신청하고 이후 관세환급 받습니다[3]. 따라서 수출자는 수출 신고할 때 제조사가 수출신고필증에 기재

---

2 관세환급은 수출 이행만 하면 국가가 자동으로 관세 환급해주는 것이 아니라 따로 신청을 해야겠습니다.
3 경우에 따라서는 외국으로부터 수입한 물품을 국내에서 추가적인 가공 공정을 거치지 아니하고 수입한 원상태로 수출하는 경우가 있습니다. 예를 들어, 중국에서 USD100로 수입한 물품을 일본으로 USD110로 해서 유상 건으로써 원상태 수출하는 경우가 있습니다. 이러한 경우, 즉 원상태 수출 건은 수출자가 관세환급을 받을 수 있을 것입니다.

될 수 있도록 하여 수출 신고하고, 수리 이후 발행되는 수출신고필증을 제조사에 전달하여 제조사가 관세환급 신청할 수 있도록 합니다.

만약, 국내에서 제조된 물품을 수출자가 구입하여 수출 이행하는 건에 대해서 수출자가 수출 신고할 때 제조사를 기재하지 않으면, 제조사는 관세환급 신청 및 관세환급 받을 수 없을 것입니다[1].

<table>
<tr><td>참고</td><td>개별환급 건에서 Loss 인정</td></tr>
</table>

개별환급은 최종 수출물품에 투입된 수입 원재료의 소요량을 정확히 계산하여, 그 소요된 원재료의 수입 관세를 환급해줍니다. 그런데 물품을 생산할 때 원재료는 Loss가 발생합니다. 그 Loss 된 수량은 수출물품에 포함되어 수출 이행되는 것은 아니나, 관세환급 받을 때 그 Loss 된 수량에 대해서도 관세환급 받을 수도 있습니다.

예를 들어, 수입한 원단을 재단하여 옷을 만든다면, 원단에서 Loss가 분명 발생합니다. 그 Loss 율을 해당 제조사에서는 어느 정도 범위에서 발생하는지 알고 있으며, 세관에 이를 입증하면 Loss 된 수량만큼 관세환급 받을 수도 있습니다. 그러나 수출물품의 생산에 A라는 원재료가 투입되는데, 수입한 100개의 원재료 중에 2개가 불량으로써 수출물품 생산에 투입되지 않았다면, 그 2개의 불량에 대해서는 Loss로 보지 않습니다.

마지막으로 간이정액 환급은 수출물품의 HS Code 상 정해진 'FOB 1만 원당 환급액'을 환급받으니 Loss와 관련된 내용과는 연관성이 없겠습니다.

B. 국내 임가공 의뢰 후 제조된 물품의 수출 이행과 관세환급

경우에 따라서는 수출자가 국내 제조사에 원재료를 공급(무상 공급)하면서 임가공 의뢰하는 경우가 있습니다. 다시 말해서, 수출자가 원재료를 국내 제조사에 무상 공급하여 임가공 의뢰 후 생산된 제품을 임가공 의뢰한 자로서 수출자가 수출한 경우에 관세환급 신청 및 관세환급은 임가공 의뢰한 자로서 수출자가 진행합니다. 즉, 해당 물품을 실제로 제조한 회사는 임가공 의뢰받은 업체이나 제조사는 임가공 의뢰한 자가 됩니다.

따라서 임가공 의뢰한 자로서 수출자가 수출신고필증 상의 제조사로 기재되며, 수출 이행 후 임가공 계약서 첨부 후 임가공 의뢰한 자(수출자)가 관세환급 신청 및 관세환급 받겠습니다.

---

1 제조사가 수출자에게 물품 공급할 때 기납증을 발행하여 공급하였다면, 해당 건의 관세환급 신청 및 관세환급 받는 자는 제조사가 아닌 수출자가 될 수 있습니다(수출자 환급). 본 경우, 수출신고필증 상의 제조사는 미상으로 기재될 것입니다.

이렇게 국내 임가공 건에서 중요한 것은, 임가공 의뢰하는 업체가 임가공 업체에 공급하는 원재료는 생산품의 생산공정에 투입되는 주요한 원재료야 할 것입니다.

11. '관세환급', 국내 임가공 의뢰 건에서의 관세환급 Ⅱ

앞에서 설명한 것과 같이 국내에서 임가공 의뢰하여 생산된 물품의 제조사는 실제로 그 물품을 제조한 회사가 아니라, 임가공 의뢰한 회사가 제조사로써 인정된다 할 수 있습니다. 따라서 국내 임가공하여 생산된 물품을 수출 신고할 때, 제조사는 임가공 의뢰한 회사가 되어 수출신고필증 상에 제조사로써 비록 실제 제조사는 아니지만, 임가공 의뢰한 회사가 제조사로 기재되며 해당 건의 관세환급 신청 역시 임가공 의뢰한 회사가 수출신고필증을 기초로 관세환급 신청하겠습니다.

상기와 같이 국내 B사가 A사에 임가공 의뢰하여 생산된 물품을 B사가 C사에 공급 후 C사가 수출하는 경우도 있습니다. 이때 역시 임가공 의뢰한 업체로써 B사가 실제 물품을 직접 제조한 것은 아니나, B사가 해당 물품의 제조사로 인정받을 수 있습니다. 따라서 C사는 수출자가 되고 수출 신고할 때 제조사를 B사로 신고하고 발행된 수출신고필증을 B사에 전달합니다. 그리고 B사가 해당 건에 대해서 관세환급 신청 후 관세환급 받을 수 있겠습니다.

12. 수입신고 시기와 수출신고 시기, 그리고 보세운송

A. 수입신고 시기

수입신고 시기는 출항 전 신고, 입항 전 신고, 보세구역 도착 전 신고(반입 전 신고), 보세구역 장치 후 신고(반입 후 신고)로 구분됩니다. 물론, 실무상 가장 빠른 수입신고 시기는 입항 전 신고라 할 수 있으며, 수입자가 입항 전 신고를 원한다 해서 무조건 되는 것은 아닙니다. 기본적으로 FCL 혹은 항공 건으로써 수입신고 물품의 HS Code 상 수입요건이 존재하지 않아야 합니다.

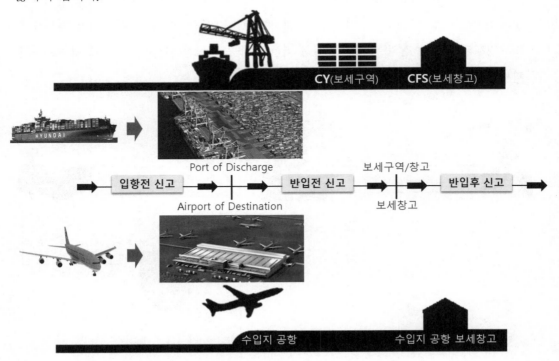

수입통관 사무처리에 관한 고시

제3조(용어의 정의) 이 고시에서 사용하는 용어의 정의는 다음과 같다.

1. '출항 전 신고'라 함은 항공기로 수입되는 물품이나 일본, 중국, 대만, 홍콩으로부터 선박으로 수입
   되는 물품을 선(기)적한 선박과 항공기(이하 '선박 등'이라 한다)가 해당 물품을 적재한 항구나 공항에
   서 출항하기 전에 수입 신고하는 것을 말한다.

2. '입항 전 신고'라 함은 수입물품을 선(기)적한 선박 등이 물품을 적재한 항구나 공항에서 출항한 후
   입항(「관세법」(이하 '법'이라 한다) 제140조에 따라 항공화물은 하기신고 시점, 해상화물은 하선신고
   시점을 기준으로 한다. 이하 같다)하기 전에 수입 신고하는 것을 말한다.

3. '보세구역 도착 전 신고'라 함은 수입물품을 선(기)적한 선박 등이 입항하여 해당 물품을 통관하기
   위하여 반입하려는 보세구역(부두 밖 컨테이너 보세창고와 컨테이너 내륙통관기지를 포함한다. 이하 같다)
   에 도착하기 전에 수입 신고하는 것을 말한다.

4. '보세구역 장치 후 신고'라 함은 수입물품을 보세구역에 장치한 후 수입 신고하는 것을 말한다.

제6조(신고의 시기) 수입하려는 자는 출항 전 신고, 입항 전 신고, 보세구역 도착 전 신고, 보세구역 장치
후 신고 중에서 필요에 따라 신고방법을 선택하여 수입 신고할 수 있다.

B. 수출신고 시기

수입신고 시기는 '수입통관 사무처리에 관한 고시'를 통해서 구분되어있습니다. 반면에, 수
출신고 시기는 따로 명시하고 있지는 않습니다. 물론, 수출신고 수리일로부터 30일 이내로
외국으로 나가는 배/비행기에 수출신고 수리받은 물품을 적재해야 한다는 적재의무기한은
존재합니다. 그러나 이는 수출신고를 수출물품이 위치(소재)한 관할지 세관으로 EDI로 수출
신고를 하는 것은 아닙니다.

따라서 수출신고 시기는 실무적으로 진행되는 내용을 바탕으로 설명할 수밖에 없다고 봅
니다. 통상 실무에서는 a)수출물품이 위치한 공장/창고를 관할하는 세관으로 수출 신고하
거나 혹은 b)적재지(터미널, 항구/공항)의 보세구역에 반입 후 해당 지역을 관할하는 세관으로
수출 신고한다고 보면 적절하겠습니다.

a) 수출자 공장/창고에서 수출신고	b) 적재지에 반입 후 수출신고

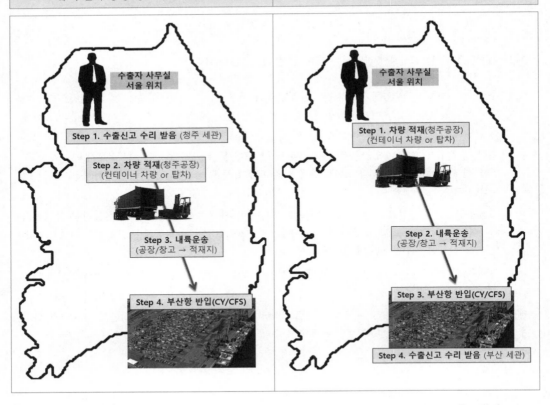

참고로 수출업체의 소재지가 서울인 경우, 일반적으로 서울에 위치한 관세사를 지정하여 수출신고 의뢰합니다. 그러나 물품의 소재지는 서울이 아니라 다른 곳인 경우가 많습니다. 이러한 경우, 수출 신고할 때 물품의 소재지를 임의로 서울로 하여 수출신고를 서울 세관으로 하는 경우가 있으니 참고하길 바랍니다.

C. 수출 건에서의 보세운송

수출자의 공장/창고와 같은 내륙으로써 보세구역이 아닌 장소에 수출물품을 위치하고 소재지 세관으로 수출신고 후 수리된다면, 해당 물품은 더 이상 내국물품이 아닌 외국물품 (보세물품)이 됩니다. 그렇다면 상기와 같이 청주 공장에서 외국물품 상태의 물품을 적재지로써 부산항까지 운송할 때는 보세운송 업체 통해서 보세운송해야 이론적으로 맞습니다. 그러나 실무에서는 수출신고 수리된 물품으로써 보세물품이지만 일반운송하며, 해당 물품에 대한 보세물품으로서의 인정은 적재지 보세구역/창고로 반입되어야 보세물품으로 인정하는 경향이 있습니다.

D. 수입 건에서의 보세운송

수입신고수리 전 상태의 보세물품 관리는 철저하게 이루어집니다. 입항지 보세구역/창고에서 수입 신고하여 수리받을 수도 있고, 그리하면 내국물품 상태이기 때문에 내륙운송할 때는 일반운송합니다. 그러나 특히 LCL 혹은 항공 건에서는 입항지에서 내륙의 보세창고로 물품을 이동시켜서 내륙의 보세창고를 관할하는 세관으로 수입 신고하는 경우가 빈번합니다[1].

이때 입항지 보세창고에서 반출할 때 D/O가 있어야 하기 때문에 수입자는 포워더에게 운송비는 결제하나 수입 신고하여 수리 전의 상태에 있습니다. 그 말은 아직 국가는 해당 물품이 어떤 물품인지 정확히 모르는 상태이며[2], 특히 세액 납부를 받지 못했습니다. 관세를 받아서 국가를 운영해야 하는 국가 입장에서는 관세를 반드시 받아야 합니다. 무엇보다 수입 신고하지 않은 물품이기 때문에 해당 물품이 마약인지 무기인지 알 수 없습니다. 따라서 보세구역/창고에서 반출될 때, 그리고 보세운송 차량 및 다른 보세구역/창고에 반입될 때 수량 등의 관리를 세관에서 하게 됩니다.

13. 수출신고 건의 물품 검사(신고지 검사, 적재지 검사)

물품이 소재한 관할지 세관으로 수출 신고하면 해당 세관에서는 P/L(자동수리[3]), 서류심사, 물품검사 중의 하나로 수출신고 건에 대한 처리를 진행합니다. 이때 물품검사로 지정되는 경우, 신고지 검사 혹은 적재지 검사 중의 하나로 지정되게 됩니다.

---

1 통상 항구/공항의 보세창고의 창고료는 상당히 높습니다. 입항 후 바로 수입 신고하여 수리받을 수 있는 물품이 있지만, 상당 시간 이후에 수입 신고할 수 있는 물품(HS Code 상 수입요건 있는 물품)이 있고, 혹은 수입자의 회사 사정(납부할 세액만큼의 자금이 없을 때 등)에 따라서 그리될 수도 있습니다. 따라서 보다 저렴한 내륙의 보세창고로 보세운송하게 되며, 그 결과 창고료가 낮아지니 수입 원가는 그만큼 낮아집니다. 어차피 내륙운송은 해야 할 것이며, 일반운송과 보세운송의 운송료 차이는 거의 없다 할 수 있습니다.

2 수입자가 수입신고 전에 운송사에서 적하목록을 제출하기 때문에 세관은 어느 정도 알고 있음.

3 수입 건의 경우, 수입신고 후 세관에서 P/L 건으로 지정하면 세액(기본적으로 관세, 부가세) 납부 후 수리됩니다. 그러나 수출 건의 경우 세액이 발행하지 않기에 P/L 건으로 지정되면 자동 수리됩니다.

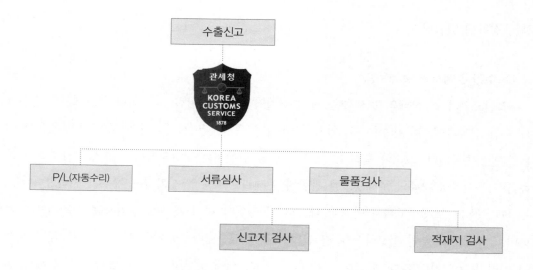

그러나 통상적으로 수출 건에 대한 물품 검사는 신고지 세관 직원이 수출물품이 위치한 수출자의 공장/창고에서 물품 검사하는 신고지 검사보다는 신고지에서 적재지로 이동 후 적재지에서 적재 전에 적재지 세관에서 검사하는 적재지 검사로 통상 지정된다고 보면 될 것입니다.

적재지 검사로 지정되는 경우는 수출자의 공장/창고에서 컨테이너 작업 후 컨테이너 기사님이 채운 Seal이 적재지로 이동 후, 적재지 검사를 위해서 풀려서 검사 후 다시 채워지기도 할 것입니다.[1]

---

1 FCL 건으로서 수출자의 공장/창고에서 수출 신고한 건에 대해서 적재지 검사가 지정된 경우, 적재지에서 Seal을 풀지 않고 X-Ray 검사하는 경우가 대부분일 것입니다.

수출통관 사무처리에 관한 고시

제2조(정의) 이 고시에서 사용하는 용어의 뜻은 다음과 같다.

8. '물품검사'란 수출 신고된 물품 이외에 은닉된 물품이 있는지 여부와 수출신고 사항과 현품의 일치 여부를 확인하는 것을 말한다.

제10조(신고서처리방법) ① 수출신고 물품에 대한 신고서의 처리방법은 다음 각 호의 구분에 따른다.

1. 자동수리
2. 심사
3. 물품검사

제16조(검사 대상 선별) ① 수출신고 물품 중 검사대상은 수출통관시스템에 제출된 수출신고 자료에 의해 선별하거나 제10조에 따른 신고서 처리방법 결정 시 수출업무담당과장이 선별한다.

제17조(물품검사) ① 수출신고 물품에 대한 검사는 생략한다. 다만, 제16조 제1항에 따라 물품을 확인할 필요가 있는 경우에는 물품검사를 할 수 있다.

② 수출물품의 검사는 신고수리 후 적재지에서 검사하는 것을 원칙으로 한다.

③ 세관장은 제2항에도 불구하고 적재지 검사가 부적절하다고 판단되는 물품이나 반송물품, 계약 상이 물품, 재수출물품 및 원상태수출물품, 국제우편 운송 수출물품 등은 신고지 세관에서 물품검사를 실시할 수 있다.

④ 신고인은 적재지 검사 대상 물품을 수출 신고한 이후 적재지가 변경되는 경우에는 물품검사 이전에 수출신고를 정정하여야 한다.

⑤ 적재지 관할 세관장은 필요하다고 인정되는 경우 물품검사 생략대상으로 수출신고 수리된 물품에 대하여도 컨테이너 검색기검사 등의 검사를 실시할 수 있다.

⑥ 세관장은 수출물품의 효율적인 검사를 위하여 필요한 경우 포장명세서 등 관계자료의 제출을 요구할 수 있다.

⑦ 세관장은 제3항에 따른 신고지 검사를 완료한 수출물품에 대하여 봉인조치를 하거나 보세운송을 통하여 적재지 보세구역으로 운송하도록 할 수 있다.

⑧ 세관장은 제2항 및 제3항에 따른 물품검사가 완료되고, 적재지 보세구역에 반입된 물품이 제45조에 따른 적재 목적 이외의 사유로 반출되는 경우 해당 물품이 적재지 보세구역에 재반입된 때 물품검사를 다시 할 수 있다.

14. 수입신고필증 근거로 수입 세액 계산하는 과정

수입신고필증[1]은 수입자가 관세청 유니패스를 통해 직접 세관으로 수입 신고(자가통관)하여 세액 납부 후 수리받거나, 혹은 관세사 사무실로 선적서류(인보이스, 팩킹리스트, 운송서류 사본 등)를 전달하여 수입신고 의뢰 후 세액 납부하면 수리되어 발행받을 수 있는 서류입니다. 즉, 정상적으로 수입 신고하여 세관으로부터 수입해도 좋다는 허락(수리)을 받은 사실을 입증하는 서류라 할 수 있습니다.

다음은 수입신고필증의 하단 부분이며, 수입신고필증을 보면서 수입신고 물품에 대한 가격신고 내역과 세액이 어떻게 얼마나 발생하였는지 알아보겠습니다.

수입신고필증

(38)세번부호	1806.10-0000		(40)순중량	5,500KG	(43)C/S 검사		(45)사후기관	
(39)과세가격 (CIF)	$	38,038	(41)수 량		(44)검사변경			
	₩	40,993,674	(42)환급물량	600 EA	(46)원산지	US-Y-C-M	(47)특수세액	
(48)수입요건확인 (발급서류명)	2CB-2014-006677 (식품등의수입신고필증)			2CB-2014-006671 (식품등의수입신고필증)				

(49)세종	(50)세율(구분)	(51)감면율	(52)세액	(53)감면분납부호	감면액	*내국세종부호
관	8.00(A 가가)		3,279,490			
부	10.00(A)		4,427,320			

(54)결제금액 (인도조건-통화종류-금액-결제방법)			CFR - USD - 37,890 - LU			(56)환 율		1,077.69
(55)총과세가격	$	38,038	(57)운 임		(59)가산금액	125,000	(64)납부번호	
	₩	40,993,674	(58)보험료	35,000	(60)공제금액		(65)부가가치세과표	4,870,052

(61)세종	(62)세 액	※ 관세사기재란	(66) 세관기재란
관 세	3,279,490		
개별소비세			
교 통 세			
주 세			
교 육 세			
농 특 세			
부 가 세	4,427,320		
신고지연가산세			
미신고가산세			

(63)총세액합계	7,706,810	(67)담당자	홍길동	000000	(68)접수일시	2014.10.15	(69)수리일자	2014.10.17

▲ 수입신고필증 양식은 450쪽에 있으니 참고하기 바랍니다.

---

1 참고로 수입신고필증을 수입면장이라고 부르는 실무자들이 많습니다.

1) **(38)세번부호:** 수입신고 물품의 HS Code가 기재됩니다.

2) **(48)수입요건확인:** 상기 수입신고 물품의 HS Code는 1806.10-1000이며, 수입요건이 존재합니다. 요건 확인 기관으로써 해당 물품이 위치한 지역을 관할하는 지방식약처로 식품 등의 수입 신고하여 적합 통지받아야 해당 지역 관할지 세관으로 수입신고 가능합니다. 본 건에서 수입 신고되는 가공식품(Cocoa Powder)에 대해서 식품 등의 수입신고 후 적합 통지받았다는 사실로써 식품 등의 수입신고필증 번호가 기재되어 있습니다.

만약, 수입신고 물품의 HS Code 상 수입요건이 존재하지 않으면 요건 확인 기관도 없을 것이며, 요건 확인 역시 받을 필요 없으니 '(48) 수입요건확인' 부분은 공란으로 되어있을 것입니다.

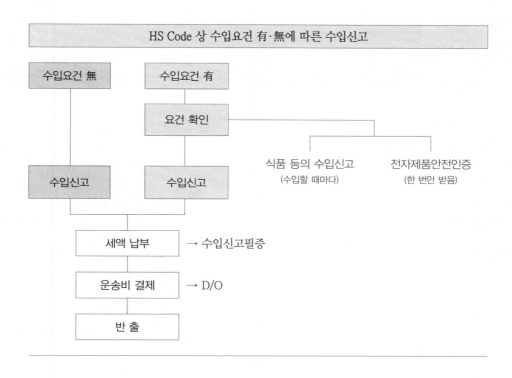

3) **(49)세종 및 (50)세율(구분):** '관'은 관세율이며, '부'는 부가가치세율(부가세율)입니다. 수입신고 물품의 HS Code가 결정되면, 수입 신고할 때 적용할 관세율을 알 수 있습니다. 기본세율과 WTO 협정세율 중의 하나, 혹은 FTA 협정세율 중의 하나를 정하여 신고합니다. 상기 수입신고필증 상에서의 '8.00'는 관세율 8%를 말하며, 'A'는 기본세율을 말합니다. 만약,

WTO 협정세율이 적용되었다면 19.7%의 관세율이 적용될 것이며, 'C'가 표기될 것입니다.

그리고 부가세가 수입할 때 면세[1]되는 경우도 있으나, 대부분은 발생하며 본 건 역시 부가가치세율은 10% 적용되었습니다. 수입할 때 부가세가 면세되는 경우는 '가공되지 아니한 식료품(식용으로 제공되는 농산물, 축산물, 수산물 및 임산물)', '도서, 신문 및 잡지', '수입하는 상품의 견본과 광고용 물품으로써 관세가 면제되는 재화' 등이 있습니다. 관련 규정은 205쪽에 있으니 참고하길 바랍니다.

COCOA POWDER, 1806.10-0000 검색 결과

HS	180610-0000
품명	코코아 가루(설탕 그 밖의 감미료를 첨가한 것으로 한정한다)
수량단위	kg
원산지표시	대상 [원산지제도운영에관한고시]
적정표시방법	대상 [적정표시방법]

관세				관세율 적용순위	
관세구분	관세율	단위당세액	기준가격	적용시작일	적용종료일
FEF1 한·EFTA FTA협정세율(선택1)	0	0.0	0.0	2014.01.01	2014.12.31
R 최빈국특혜관세	0	0.0	0.0	2014.01.01	2014.12.31
U 북한산	0	0.0	0.0	2014.01.01	2014.12.31
A 기본세율	8	0.0	0.0	2014.01.01	2014.12.31
C WTO협정세율	19.7	0.0	0.0	2014.01.01	2014.12.31
FTR1	5.6	0.0	0.0	2014.01.01	2014.12.31
FSG1 한·싱가포르FTA 협정세율(선택1)	0	0.0	0.0	2014.01.01	2014.12.31
FIN1 한·인도 FTA협정세율(선택1)	5.5	0.0	0.0	2014.01.01	2014.12.31
FPE1	1.6	0.0	0.0	2014.01.01	2014.12.31
FUS1	3.2	0.0	0.0	2014.01.01	2014.12.31
FAS1 한·아세안 FTA협정세율(선택1)	0	0.0	0.0	2014.01.01	2014.12.31
FCL1 한·칠레FTA협정세율(선택1)	0	0.0	0.0	2014.01.01	2014.12.31
FEU1	0	0.0	0.0	2014.07.01	2014.12.31
수입요건 [식품의약품 안전청]	[식품위생법] . 식품 또는 식품첨가물의 것은 식품위생법 제19조의 규정에 의거 지방식품의약품안전청장에게 신고하여야 한다. null null				
수출요건	수출요건 내역이 없습니다 .				

a) 검색경로
관세청(http://www.customs.go.kr) → 우측 Quick Menu '품목분류' 클릭 → 우측 '품목분류 검색' 클릭 → 검색창에서 '1806100000' 입력 후 검색 → '코코아 가루(설탕 그 밖의 감미료를 첨가한 것으로 한정한다)' 클릭 → 좌측 이미지 확인 가능.

b) 원산지 표시 대상 물품
1806.10-1000으로 분류되는 물품은 원산지 표시를 적절히 완료 후 세관에 신고해야 할 것.

c) FTA 협정세율 적용 여부
FTA C/O로 FTA 수출체약국을 원산지로 하는 물품이라는 사실이 입증되어야 하며, 운송서류(B/L 혹은 화물운송장)에 의해서 FTA 수출체약국에서 수입체약국으로 물품이 직접(Direct) 운송되었음이 입증되어야,
이것이 충족되지 않으면 기본세율 혹은 WTO 협정세율 중 더 낮은 세율로 수입신고 가능.

d) 세관장확인대상 물품
Cocoa Powder는 가공식품으로써 수입요건이 존재하며, 세관에 수입신고 전에 지방식약처로 식품 등의 수입 신고하여 적합 통지받아야 함.

e) 종가세로 계산
과세가격 기준으로 '관세율' 적용.

---

1 전액 면제를 면세, 일부 면제를 감세라고 합니다.

4) (54)결제금액(인도조건-통화종류-금액-결제방법): 수출자가 수입자에게 공급하는 물품에 대한 대금 청구 서류로써 인보이스(C/I, Commercial Invoice) 상의 내용을 기초로 '인도조건-통화종류-금액-결제방법' 순으로 기재됩니다.

앞에서 제시한 수입신고필증의 '(54)'부분을 보면, 수출자가 수입자에게 발행한 인보이스의 인도조건(인코텀스, 가격조건(Price Term))이 CFR이라는 사실과 통화(Currency)는 USD이며 인보이스 총액(Total Amount)이 USD37,890이라는 사실, 그리고 결제조건(Payment Term)이 Usance L/C라는 사실까지 확인할 수 있습니다.

수입신고필증의 결제방법 코드		
CD: 사후 또는 동시 송금 방식(COD, CAD)		
DA: D/A 방식	DP: D/P 방식	GN: 무상/샘플 거래
GO: 기타 유상	TT: 전신환송금방식	PT: 임가공직 방식
LH: 분할지급방식	LS: 일람출급신용장	LU: 기한부신용장
WK: 계좌이체(상호계산방식)		

5) (56)환율: 수입신고 물품의 인보이스 금액은 일반적으로 KRW이 아닌 USD 및 EUR 등과 같은 외화를 기준으로 합니다. 수입 신고하면 수입물품에 대한 과세가격을 기준으로 수입신고 물품의 HS Code 상 관세율만큼의 관세를 계산하게 됩니다. 이때 인보이스 금액역시 과세가격이 포함되는데, 그 금액 기준이 외화이니 환율을 적용하여 KRW으로 변경해줄 필요가 있습니다.

따라서 적용되는 환율이 필요한데, 수입 신고할 때 과세가격을 결정하기 위해서 적용되는환율은 관세청에서 매주 토요일마다 고시되는 과세환율이 적용되며, 수입신고필증 '(56)환율' 부분에 표시됩니다.

SUNDAY	MONDAY	TUESDAY	WEDNESDAY	THURSDAY	FRIDAY	SATURDAY
28	29	9/30 입항일	10/1	2	3	4 USD : 1,062.69
5	6	7	8	9	10	11 USD : 1,077.69
12	13	14	15 수입신고일	16	17	18

▶ 과세환율은 매주 토요일에 관세청에서 고시하며, 입항일과 상관없이 수입신고일을 기준으로 그전 주 (Last Week) 토요일에 고시된 과세환율이 수입신고 당시 적용됩니다. 따라서 10월 15일에 수입 신고 하면, 그전 주로써 10월 11일에 고시된 관세환율이 적용되어 과세가격이 KRW으로 결정되겠습니다.

6) (57)운임: 수입지 항구/공항에 배/항공기가 입항하는 시점까지 발생하는 운송비가 기 재됩니다. 그러나 '(54)'부분에서 수출자가 수입자에게 청구한 인보이스 총액에 그러한 비용 이 포함되는 경우, '(57)' 부분에는 금액이 기재되지 않습니다. 반면, 수출자의 인보이스 총 액에 수입지의 항구/공항에 배/항공기가 입항하는 시점까지의 비용이 포함되어 있지 아니한 경우, 수입지 포워더는 수출자와 수입자 사이의 인도조건 뒤의 지정장소(비용분기점)에서부터 발생한 운송비를 수입자에게 청구하며, 그 청구 내역에서 수입지 항구/공항에 배/항공기가 입항하기 시점까지의 운송비를 '(57)'운임 부분에 기재합니다.

A. EXW 조건에서 '운임' 포함 비용

다시 말해서, 수출자의 인보이스 인도조건(가격조건)이 EXW라면, EXW 뒤의 지정장소에 서부터 수입지의 항구/공항에 배/항공기가 입항하는 시점까지의 운송비가 '(57)운임'부분에 기재됩니다. 이는 수입지 포워더가 수입자에게 청구한 운송비 청구서를 기초로 그 금액을 산출합니다. 본 경우에 EXW 뒤의 지정장소(비용분기점 역할)에서 수입지의 항구/공항에 배/ 항공기가 입항하는 시점까지의 운송비이니, 수출지의 내륙운송비, 수출지 항구/공항에서 On Board 할 때까지의 부대비용, On Board 시점에서 수입지 항구/공항에 배/항공기가 입 항하는 시점까지의 운임(Freight)을 말합니다. 수입지 항구/공항에서 배/항공기로부터 물품 을 양륙하는 THC부터는 과세가격에 포함되지 않습니다.

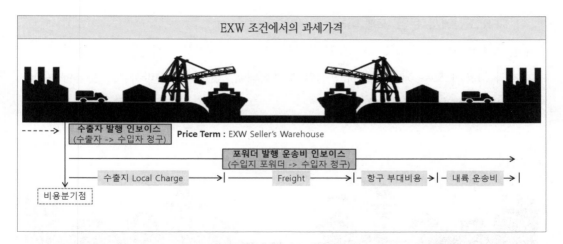

> ▶ 과세가격에는 수입지로써 우리나라의 항구/공항에 배/항공기가 입항하는 시점까지 발생한 모든 비용이 포함되고, 수입지에서의 배/항공기로부터 물품을 양륙하는 THC부터는 과세가격에 포함되지 않습니다.

> ▶ 수입신고필증의 '(54)'에는 수출자가 발행한 인보이스 총액이 기재되며, '(57) 운임'에는 수출지 Local Charge와 Freight까지의 비용의 합계가 기재됩니다. 수입지 포워더가 수입자에게 청구한 수입지 항구 부대비용부터는 과세가격에 포함되지 않기에 '(57) 운임' 부분에 포함되지 않겠습니다.

B. FOB 조건에서 '운임' 포함 비용

수출자의 인보이스 인도조건이 FOB라면 수출지의 항구/공항에서 배/항공기에 On Board 되는 시점부터의 운송비를 수입지 포워더가 수입자에게 청구하여, 그 청구 항목에서 Freight(해상은 O/F, 항공은 A/F) 부분에 대한 금액만이 '(57)운임'에 기재됩니다.

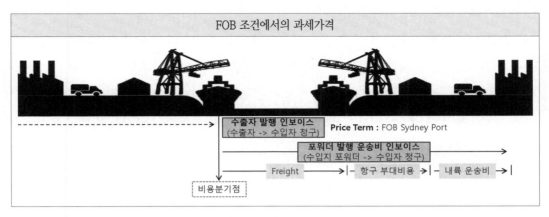

> ▶ 과세가격에는 수출자의 FOB 기준 인보이스 총액과 수입지 포워더가 수입자에게 청구한 Freight만 포함됩니다.

C. CFR 조건에서 '운임' 포함 비용

수출자의 인보이스 인도조건이 CFR이라면 수입지 항구/공항에 배/항공기가 입항하는 시점까지의 비용이 모두 해당 인보이스 금액에 포함되어 있습니다. 따라서 '(57)운임'에는 어떠한 비용도 기재되지 않겠습니다.

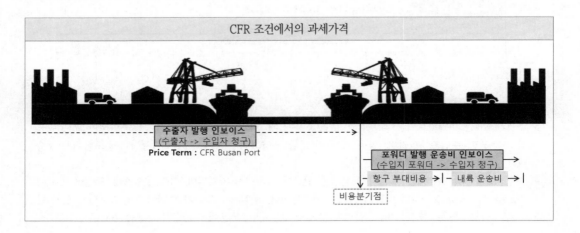

D. DAP 조건에서 '운임' 포함 비용

DAP 조건에서 수출자의 인보이스 총액에는 과세가격에 포함되는 가격과 과세가격에 포함되지 않는 가격이 혼합되어있습니다. 따라서 과세가격 계산할 때 수출자의 DAP 인보이스 총액에서 과세가격에 포함되지 않는 가격을 제외해야 할 것이나, 이것이 현실적으로 어려움이 있으며, 무엇보다 세관에서 인정해주지 않는 경우가 많다 할 수 있습니다. 그래서 DAP 총액을 과세가격에 모두 포함하기도 합니다.

D 조건으로 거래할 때 가장 좋은 것은 수출자에게 Cost Breakdown[1] 요구하는 것입니다. FOB 가격, 운임(Freight), 그리고 수입지 Local 비용(수입지에 항구/공항에 배/항공기가 입항한 시점부터 발생하는 수입지 항구/공항비용 등 D 조건 뒤 지정장소까지의 비용)을 구분하여 인보이스 발행 요청하는 것이 좋겠습니다. 그러면 과세가격 부분이 정확히 수출자가 발행한 인보이스로 구분 가능할 것입니다.

---

1 Cost Breakdown에 대한 내용은 245쪽 참고.

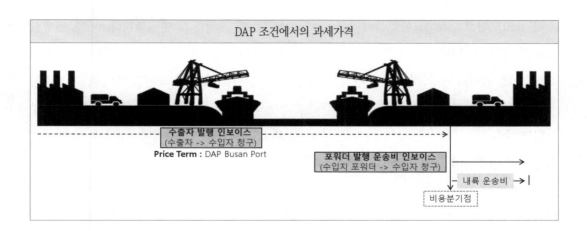

DAP 조건에서의 과세가격

수출자 발행 인보이스
(수출자 -> 수입자 청구)
Price Term : DAP Busan Port

포워더 발행 운송비 인보이스
(수입지 포워더 -> 수입자 청구)

내륙 운송비

비용분기점

판례·예규

제목: DDP 조건의 가격을 국내운송료와 관세를 제외한 CIF 가격으로 환산하여 신고할 수 있는지 여부

문서번호: 관세평가과-2653
생성일자: 2009.11.9.
키워드: DDP 조건, 국내운송료, 관세, 실제 지급금액
공개범위: 일반공개

〈거래개요〉
- 한국 H사는 중국 P사와 열연가열로 내화물공급과 관련하여 DDP 조건으로 구매계약을 체결하고 물품을 수입하면서, 실제 발생한 국내운송료는 과세가격에서 공제하고 있으나 수입 관세는 미공제 상태로 수입신고 중
질의내용: DDP 조건의 가격을 국내운송료와 관세가 공제되어 CIF 조건으로 수출자가 환산한 금액으로 수입 신고하는 것이 가능한지 여부에 대하여 질의

〈회신내용〉
1. 수입물품의 과세가격은 우리나라에 수출하기 위하여 판매되는 물품에 대하여 구매자가 실제로 지급하였거나 지급하여야 할 가격에 일정한 법정요소를 가산하여 조정한 거래가격(관세법 §30①)을 말하며, 구매자가 실제로 지급하였거나 지급하여야 할 가격이라 함은 당해 수입물품의 대가로써 구매자가 지급하였거나 지급하여야 할 총금액으로써, 수입항에 도착한 후 당해 수입물품의 운송에 필요한 운임·보험료 기타 운송에 관련되는 비용과 우리나라에서 당해 수입물품에 부과된 관세 등의 세금 기타 공과금 등이 있는 경우, 총금액에서 해당하는 금액을 명백히 구분할 수 있는 때에는 그 금액을 뺀 금액을 말합니다(법 §30②)
2. 귀사와 같이 수입물품의 가격조건이 DDP 조건인 경우 구매자가 실제로 지급하였거나 지급하여야 할 총금액에서 발행된 운임영수증 등에 의해 확인 가능한 국내운송료와 수입신고 시, 당해 수입물품에 대하여 실제 적용될 관세율을 곱하여 산출한 납부예상 관세액을 공제한 금액을 과세가격으로 신고할 수 있을 것입니다. 끝.

7) **(58)보험료:** 적하보험회사에 보험 가입(부보)할 때 보험료가 발생합니다. 이때 발생한 보험료 역시 과세가격에 포함됩니다. 그러나 적하보험은 수출자와 수입자 사이에 매매계약서 작성할 때 결정하는 가격조건에 따라서 수출자 혹은 수입자가 부보하게 되는데, 수출자가 부보하면 수출자가 제시하는 인보이스 가격에 보험료는 포함될 것입니다. 반면, 수입자가 부보하면 수입자가 따로 적하보험회사에 부보 할 때 보험료 지급할 것이며, 해당 비용은 '(58)보험료'에 기재되어 과세가격에 포함되겠습니다.

참고로 수출자의 인보이스 가격조건이 CIF 혹은 CIP일 때, 수출자가 제시한 인보이스 총액에는 보험료가 포함되어 있으며, 수출자는 수입자에게 보험료를 물품 가격에 포함하여 받았으니 수입자를 위해서[1] 수출자는 적하보험회사에 보험 가입해야겠습니다.

그리고 이러한 인보이스 총액, 다시 말해서 보험료가 포함된 금액은 '(54)결제금액'에 그대로 기재될 것이며, '(58)보험료'에는 따로 금액이 기재되지 않겠습니다.

8) **(59)가산금액:** 과세가격에 가산되는 금액이 기재됩니다. 예를 들어, CFR 조건에서 Ocean Freight(O/F, 해상운임)는 수출자가 제시하는 가격에 포함됩니다. 그러면 O/F가 발생할 때 함께 발생하는 BAF 역시 수출자가 커버해야 할 것인데, 수입자에게 따로 청구되는 경우가 있습니다. 이때 BAF는 가산금액으로 기재되어 과세가격에 포함됩니다.

9) **(55)총과세가격:** 과세가격에 포함되는 모든 비용이 KRW으로 표시됩니다. 450쪽의 수입신고필증을 기초로 계산하면 '(USD37,890 × 환율 1,077.69) + KRW0(운임) + KRW35,000(보험료) + KRW125,000(가산금액)'이 합계가 '(55)' 부분에 표시되겠습니다.

10) **(61)세종, (62)세액:** '(55)총과세가격'에서 '(50)세율'에 기재된 수입신고 물품의 HS Code 상 관세율만큼의 관세가 기재되며, 총과세가격과 관세를 합한 금액에서 10%만큼의 부가세 역시 본 부분에 나타납니다.

---

1 피보험자, 즉 Assured 수입자로 해서 수출자가 부보하며, 수출자가 부보 신청하니 수출자는 Applicant.

부가가치세법

제27조(재화의 수입에 대한 면세) 다음 각 호에 해당하는 재화의 수입에 대하여는 부가가치세를 면제한다.

1. 가공되지 아니한 식료품(식용으로 제공되는 농산물, 축산물, 수산물 및 임산물을 포함한다)으로써 대통령령으로 정하는 것

2. 도서, 신문 및 잡지로써 대통령령으로 정하는 것

3. 학술연구단체, 교육기관, 「한국교육방송공사법」에 따른 한국교육방송공사 또는 문화단체가 과학용·교육용·문화용으로 수입하는 재화로써 대통령령으로 정하는 것

4. 종교의식, 자선, 구호, 그 밖의 공익을 목적으로 외국으로부터 종교단체·자선단체 또는 구호단체에 기증되는 재화로써 대통령령으로 정하는 것

5. 외국으로부터 국가, 지방자치단체 또는 지방자치단체조합에 기증되는 재화

6. 거주자가 받는 소액물품으로써 관세가 면제되는 재화

7. 이사, 이민 또는 상속으로 인하여 수입하는 재화로써 관세가 면제되거나 「관세법」 제81조 제1항에 따른 간이세율이 적용되는 재화

8. 여행자의 휴대품, 별송(別送) 물품 및 우송(郵送) 물품으로써 관세가 면제되거나 「관세법」 제81조 제1항에 따른 간이세율이 적용되는 재화

9. 수입하는 상품의 견본과 광고용 물품으로써 관세가 면제되는 재화

10. 국내에서 열리는 박람회, 전시회, 품평회, 영화제 또는 이와 유사한 행사에 출품하기 위하여 무상으로 수입하는 물품으로써 관세가 면제되는 재화

11. 조약·국제법규 또는 국제관습에 따라 관세가 면제되는 재화로써 대통령령으로 정하는 것

12. 수출된 후 다시 수입하는 재화로써 관세가 감면되는 것 중 대통령령으로 정하는 것. 다만, 관세가 경감(輕減)되는 경우에는 경감되는 비율만큼만 면제한다.

13. 다시 수출하는 조건으로 일시 수입하는 재화로써 관세가 감면되는 것 중 대통령령으로 정하는 것. 다만, 관세가 경감되는 경우에는 경감되는 비율만큼만 면제한다.

14. 제26조 제1항 제10호에 따른 담배

15. 제6호부터 제13호까지의 규정에 따른 재화 외에 관세가 무세(無稅)이거나 감면되는 재화로써 대통령령으로 정하는 것. 다만, 관세가 경감되는 경우에는 경감되는 비율만큼만 면제한다.

15. 무상 건 혹은 무상과 유상 함께 수출하는 건에 대한 인보이스 작성

1) 무상과 유상의 개념 이해

수출자와 수입자 사이에 물품 거래를 함에 있어 수출자는 수입자에게 해당 물품에 대한 대금을 결제받습니다. 이를 유상 건이라 합니다. 반면, 수출자가 수입자에게 물품을 공급하지만, 해당 물품에 대한 대금을 결제받지 않고 무료(Free)로 제공하는 경우가 있습니다. 이를 무상(GN) 건이라 합니다.

유상과 무상의 차이

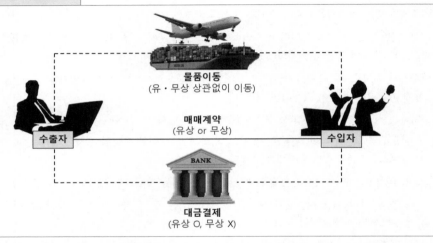

▲ 유·무상 관계없이 물품의 이동은 이루어지며, 세관에 수출 혹은 수입신고 역시 정상적으로 진행하여 수리받아야겠습니다. 그러나 무상의 경우, 외국환 결제는 이루어지지 않습니다. 무상 건에 대해서 세관에 무상(GN, Free of Charge)으로 신고하지 않고 유상으로 신고했는데, 외국환 결제가 외국환 은행을 통해서 이루어지지 않으면 세관에서 문제를 제기할 수도 있습니다.

▲ 오해하지 않아야 하는 것은, 무상 건이라 해서 물품의 가격이 없는 것은 아닙니다. 무상 건의 의미는 대금결제가 이루어지지 않는 것이라는 뜻이며, 해당 물품에 대해서 가격신고를 세관에 하지 않거나 0원으로 신고한다는 것은 아닙니다. 가격신고는 정상적인 가격으로 신고해야겠습니다.

2) 무상 건 역시 세관에 신고해야

무상 건이면 세관에 수출신고 혹은 수입신고를 하지 않거나 더 낮은 금액으로 신고하는 경우가 종종 있습니다. 무상 건 유상 건 상관 없이 세관에 신고해야 하며, 이때 정상적인 물품의 가격[1]으로 신고해야 합니다[2]. 신고하지 않고 수출하거나 수입하면 밀수가 됩니다. 특히, 수입할 때는 정상적인 가격으로 신고하여 과세가격 대비 해당 물품의 HS Code 상 관세율 만큼의 관세를 납부해야겠습니다.

▲ 소액물품 건으로써 과세가격 USD250 이하의 물품으로써 샘플(견본품)로 인정되는 경우, 수입신고는 진행하나 관세를 면세받을 수도 있습니다(관세법시행규칙 제45조. 209쪽 참고). 이때 부가세 역시 면세될 수 있습니다(부가가치세법 제27조).

▲ 샘플에 대한 대략적 개념은 판매용이 아니어야 하며, 소량이어야 합니다. 예를 들어, 마우스 50개를 수입하면서 샘플이라고 하면 세관에서 인정하지 않을 가능성이 클 것입니다.

---

1 판매 목적으로 수입하는 경우가 아닌 말 그대로 샘플로 소량 수입한다면, 세관에 신고는 하는데 정상적인 물품의 가격 보다는 조금 낮게 신고해도 문제 되지 않을 수 있으나, 그렇더라도 정상적이고 합리적인 가격으로 가격신고를 해야 할 것입니다.

2 수입 신고할 때 물품의 가격신고를 합니다. 이때 무상(GN) 건이라 해서 0원으로 신고하거나, 할인(DC)을 받았다 해서, 그 할인된 금액으로 신고하는 것이 아니라는 겁니다. 관련하여 208쪽 '(참고) 과세가격 결정방법'을 참고해주세요.

* 제1 방법: 거래가격을 기초로 한 과세가격 결정(관세법 제30조)
* 제2 방법: 동종·동질물품의 거래가격을 기초로 한 과세가격 결정(관세법 제31조)
* 제3 방법: 유사물품의 거래가격을 기초로 한 과세가격 결정(관세법 제32조)
* 제4 방법: 국내판매가격을 기초로 한 과세가격 결정(관세법 제33조)
* 제5 방법: 산정가격을 기초로 한 과세가격 결정(관세법 제34조)
* 제6 방법: 합리적인 기준에 의한 과세가격 결정(관세법 제35조)

3) 무상 건만 수출하는 경우의 인보이스 작성

인보이스의 Description 부분에 품명, 단가 등의 정보를 정상적으로 기재합니다. 무상 건이라 해서 단가를 낮추어서 기재한다든지 USD0.00과 같이 기재하지는 않습니다. 단, 해당 인보이스 상의 모든 물품이 무상 건이니 공란에 Free of Charge(F.O.C.) 혹은 No Commercial Value(N.C.V.)를 기재하여 물품 거래는 이루어지나, 수출자와 수입자 간에 대금결제는 이루어지지 않는 건이라는 사실을 나타냅니다. 이때 인보이스의 총액(Amount) 역시 모든 무상 물품에 대한 정상적인 가격의 합계를 기재합니다.

그리고 관세사 사무실로 수출 신고 의뢰하면, 거래구분 무상(GN) 건으로 세관에 수출 신고할 것입니다. 이렇게 무상 건으로 세관에 신고하면 물품은 수출되었으나, 해당 건에 대해서 외국의 수입자(Consignee)로부터 수출자(Shipper)가 대금결제 받지 않아도 세관에서 문제 삼지 않을 것입니다.

Product Code	Product Description	Quantity	Unit	Price/Unit in EUR	Total Amount in EUR	Remarks
SE.213.8.9876	Spray Soap for Wood Floor EXP. 2016-02 LOT 0889	20	BOXES	15.12	302.40	
MM111.0.9988	Hand Disinfectant EXP. 2015-12 LOT 589	25	BOXES	24.5	612.50	
BB000.3.3232	Broad Spectrum. Trigger EXP. 2016-05 LOT 1352	13	BOXES	15.8	205.40	
					Total Amount	
				EUR	1,120.30	

- No Commercial Value -

1 수입물품의 과세가격은 원칙적으로 해당 물품의 거래가격으로 하며, 거래가격이란 구매자가 우리나라에 수출 판매된 물품에 대하여 실제로 지급하였거나 지급하여야 할 가격을 말합니다. 만약, 이러한 내용은 가격을 결정할 수 없을 때는 제2 방법 등으로 결정할 수 있을 것입니다.

4) 무상 건과 유상 건 혼재된 경우

인보이스의 Description 부분에 대금결제를 받는 물품과 대금결제 받지 않고 무료(무상)로 공급하는 물품을 함께 기재하는 상황입니다. 본 경우 역시 유상 건 무상 건 구분 없이 단가 (U'price, Unit Price)는 정상적으로 기재하나, 인보이스의 합계(Amount)에서 무상 건의 단가는 제외합니다. 그리고 무상 건에 대해서 비고란(Remarks)을 만들어 Free of Charge 혹은 No Commercial Value 기재하며, 인보이스의 합계는 유상 건에 대한 금액의 합계만 적습니다.

이렇게 작성한 인보이스를 관세사 사무실로 전달하여 세관에 수출 신고하게 되면, 유상 건에 대해서는 외국 수입자로부터 수출자가 대금결제를 받아야 할 것입니다. 반면, 무상 건에 대해서는 대금결제 받아도 문제 되지 않을 것입니다.

Product Code	Product Description	Quantity	Unit	Price/Unit in EUR	Total Amount in EUR	Remarks
SE.213.8.9876	Spray Soap for Wood Floor EXP. 2016-02 LOT 0889	500	BOXES	15.12	7,560.00	
MM111.0.9988	Hand Disinfectant EXP. 2015-12 LOT 589	250	BOXES	24.5	6,125.00	
BB000.3.3232	Broad Spectrum. Trigger EXP. 2016-05 LOT 1352	2	BOXES	15.8	31.60	F.O.C.
				Total Amount		
				EUR	13,685.00	

관련 규정

관세법 시행규칙

제45조(관세가 면제되는 소액물품) ① 법 제94조 제3호의 규정에 의하여 관세가 면제되는 물품은 다음 각 호와 같다.

1. 물품이 천공 또는 절단되었거나, 통상적인 조건으로 판매할 수 없는 상태로 처리되어 견품으로 사용될 것으로 인정되는 물품
2. 판매 또는 임대를 위한 물품의 상품목록·가격표 및 교역안내서 등
3. 과세가격이 미화 250달러 이하인 물품으로써 견품으로 사용될 것으로 인정되는 물품
4. 물품의 형상·성질 및 성능으로 보아 견품으로 사용될 것으로 인정되는 물품

16. 수입할 때 납부할 세액이 1만 원 미만이면 면세받을 수도

수입지 세관으로서 우리나라 세관에 수입신고 하고 수리받기 위해서는 기본적으로 세액 납부를 먼저 해야 합니다. 이때 과세가격(CIF에 근접하는 가격) 대비 수입신고 물품의 HS Code 상 관세율만큼의 관세가 발생하며, 또한 과세가격과 관세의 합계에서 10%(부가가치세율) 만큼 의 부가세가 발생합니다[1].

그런데 세액의 합계가 1만 원 미만이면 해당 세액을 면세받을 수 있습니다. 즉, 납부할 세액이 발생하지 않으며 수입신고수리일을 그 납부일로 보게 되겠습니다.

관련 규정	
관세법	관세법 시행령
제40조(징수금액의 최저한) 세관장은 납세의무자가 납부하여야 하는 세액이 대통령령으로 정하는 금액 미만인 경우에는 이를 징수하지 아니한다. [전문개정 2010.12.30.]	제37조(징수금액의 최저한) ① 법 제40조의 규정에 의하여 세관장이 징수하지 아니하는 금액은 1만 원으로 한다. 〈개정 2001.12.31., 2006.5.22.〉 ②제1항의 규정에 따라 관세를 징수하지 아니하게 된 경우에는 당해 물품의 수입신고수리일을 그 납부일로 본다. 〈신설 2001.12.31.〉

17. APTA 협정세율 적용, 직접운송원칙, 그리고 중국과 홍콩 관계

1) APTA에 대한 이해

APTA(Asia-Pacific Trade Agreement, 아시아·태평양 무역협정)은 한국을 포함하여 방글라데시, 인도, 라오스, 스리랑카, 그리고 중국 이렇게 협약국이 총 6개국입니다[2]. 일반적으로 한국은 중국과의 교역이 많기에 중국으로 물품을 수출하는 한국 업체가 APTA C/O를

---

[1] 물론, 부가세가 면세되는 경우도 있으며 관련 내용은 205쪽 참고.
[2] 라오스는 자국 양허안을 통보하지 않아 현재 유효한 가입국이 아니나, 회원국으로부터 관세 특혜를 부여받고 있습니다.

대한상공회의소 무역인증서비스센터를 통해서 발급받기도 하고, 중국으로부터 한국으로 물품을 수입할 때 중국 업체에서 APTA C/O를 전달받아서 APTA 협정세율을 적용받기도 합니다[3].

2) APTA 협정세율 적용 가능한 품목의 예

우측의 내용은 관세청 홈페이지 통해서 조회 가능합니다[4]. 8507.60-0000으로 분류되는 리튬이온 축전지에 대한 조회결과, 기본세율은 8%이나 '아시아·태평양 협정세율' 5.6%를 적용받을 수 있는 품목임을 알 수 있습니다.

물론, 해당 물품이 APTA 회원국으로부터 한국으로 수입된다고 해서 무조건 APTA 협정세율을 적용받을 수는 없습니다. 예를 들어, 중국으로부터 한국으로 수입된다면, 중국 수출자로부터 APTA C/O(Certificate of Origin, 원산지증명서)를 받아서 해당 물품이 중국산이라는 사실이 입증되어야 하며, 중국에서 물품이 한국으로 직접(Direct) 운송되어 운송 과정 중에 추가적인 가공을 하지 않음으로써, 원산지가 변경되지 않았다는 사실이 운송서류(B/L 혹은 화물운송장)에 의해서 입증되어야겠습니다.

HS	850760-0000					
품명	리튬이온 축전지					
수량단위	u kg					
원산지표시	대상 [원산지제도운영에관한고시]					
관세				[관세율 적용순위]		
관세구분	관세율	단위당세액	기준가격	적용시작일	적용종료일	
R 최빈국특혜관세	0	0.0	0.0	2014.01.01	2014.12.31	
FEF1 한·EFTA FTA협정세율(선택1)	0	0.0	0.0	2014.01.01	2014.12.31	
E1 아시아·태평양 협정세율(일반)	5.6	0.0	.0.0	2014.01.01	2014.12.31	
U 북한산	0	0.0	0.0	2014.01.01	2014.12.31	
A 기본세율	8	0.0	0.0	2014.01.01	2014.12.31	
FIN1 한·인도 FTA협정세율(선택1)	0	0.0	0.0	2014.01.01	2014.12.31	
FAS1 한·아세안 FTA협정세율(선택1)	0	0.0	0.0	2014.01.01	2014.12.31	
FUS1	0	0.0	0.0	2014.01.01	2014.12.31	
FCL1 한·칠레FTA협정세율(선택1)	0	0.0	0.0	2014.01.01	2014.12.31	
FTR1	0	0.0	0.0	2014.01.01	2014.12.31	
FPE1	0	0.0	0.0	2014.01.01	2014.12.31	
FEU1	0	0.0	0.0	2014.07.01	2014.12.31	
수입요건	수입요건 내역이 없습니다.					
수출요건	수출요건 내역이 없습니다.					

---

3 참고로 모든 품목에 대해서 아시아·태평양 협정세율로써 APTA 협정세율이 적용되는 것은 아니며, 양허 품목이 정해져 있습니다. 이는 대한상공회의소 무역인증서비스센터를 통해 확인 가능하겠습니다.

4 경로: 관세청 홈페이지(http://www.customs.go.kr) → 우측 Quick Menu '품목분류' 클릭 → 우측 노트북 이미지 '품목분류 검색' 클릭 → 검색창에서 HS Code 검색.

3) APTA C/O(원산지증명서)의 역할

원산지증명서는 해당 서류상의 물품 원산지가 어디라는 사실을 대외적으로 증명하는 서류입니다. 수출국에서 물품이 외국으로 나가는 운송수단에 On Board 되기 전에 해당 물품은 원산지결정기준을 충족하여, 그 원산지가 수출국이라는 사실을 입증하는 서류가 되겠습니다. 다시 말해서, 원산지증명서상의 원산지가 중국이라면, 그 사실은 중국에서 On Board 되기 전에 중국산임을 입증하는 것이지, On Board 된 이후에 수입국에 해당 물품이 도착할 때까지 그 물품의 원산지가 중국이라는 사실은 입증해주지 못합니다.

▶ 수출국은 중국이며, 수입국은 한국이라고 가정함.

4) 운송서류(B/L, 화물운송장)에 의한 Direct 운송 입증 필요

상기에서 언급하였듯이, C/O는 수출국에서 On Board 되기 전에 해당 물품의 원산지가 수출국이라는 사실만을 입증합니다. On Board 된 물품이 수입국에 도착하기까지 추가적인 가공이 없어야 그 물품은 On Board 이전과 동일한 곳을 원산지로 인정받을 수 있을 것입니다. 따라서 물품은 수출국으로써 원산지 국가에서 수입국으로 Direct(직접) 운송되어야 하며, 그러한 사실은 운송서류에 의해서 확인합니다.

운송 스케줄에 의해서 경유(Via)와 환적(T/S, Transhipment)은 이루어지는 경우가 많으나, 수출국에서 포워더에게 Shipment Booking 할 때부터 해당 물품은 해당 수출국에서 수입국으로 간다고 하면, On Board 후 제3국을 경유하거나 환적하더라도 운송서류는 수입국까지 하나로 커버됩니다. 그리고 해당 운송서류 상에 Port of Loading은 APTA 수출체약국의 항구가, Port of Loading에는 APTA 수입체약국의 항구가 기재됩니다. 그러면 운송서류 상으로 운송 과정 중에 추가적인 가공을 하지 않았다는 것이 입증되어 APTA C/O를 근거로 수입국에서 APTA 협정세율 적용받을 수 있을 것입니다.

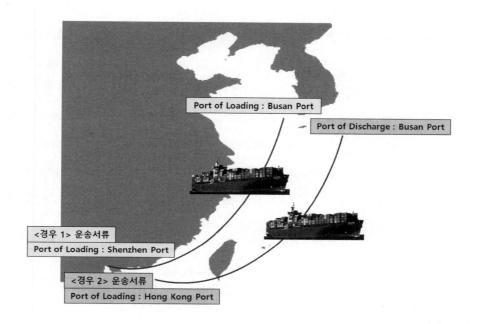

Port of Loading : Busan Port

Port of Discharge : Busan Port

<경우 1> 운송서류
Port of Loading : Shenzhen Port

<경우 2> 운송서류
Port of Loading : Hong Kong Port

▶ 홍콩과 마카오는 별도의 경제적 자유권을 가지고 있어 중국으로 인정되지 않습니다.

5) 운송서류의 발행과 P.O.L.이 홍콩으로 기재되는 경우

B/L의 Port of Loading은 C/O 상의 원산지 국가의 항구가 기재되고, Port of Discharge는 협정세율 적용받는 국가의 항구가 기재되어야 합니다. 그렇게 발행된 하나의 B/L로 전 구간이 커버되어야 직접 운송 원칙 충족 받을 수 있어 수입국에서 APTA 협정세율 적용받을 수 있겠습니다.

〈경우 2〉와 같이 발행된 B/L 상의 Port of Loading이 홍콩으로 기재되는 경우, 비록 해당 물품이 중국에서 생산되어 원산지결정기준을 충족 후 중국에서 APTA C/O를 받았다 하더라도, 수입국에서 APTA 협정세율 적용받기 힘들 수 있습니다. 이유는 중국과 홍콩은 동일 국가로 인정하지 않기에 물품을 중국에서 홍콩으로 이동 후 Port of Loading으로써 홍콩 항에서 선적 전에 추가적인 가공을 했다고 판단할 수도 있습니다. 그렇다면 중국산임을

APTA C/O가 아무리 인정하더라도 수입국에서 APTA 협정세율 적용받는데 문제가 발생할 가능성이 크겠습니다.

그러나 〈경우 2〉와 같이 발행된 B/L 상의 Port of Loading이 홍콩으로 기재되어 있어도, 수입국으로써 한국에서 한-아세안 FTA 협정세율을 적용받을 수 있을 것입니다[1]. 이때 a)B/L 상의 Place of Receipt이 중국으로 기재되어 포워더가 해당 물품을 중국에서 수취하였음이 증명되어야 하며, b)해당 B/L의 발행 장소(B/L 상의 Place and Date of Issue)는 중국으로 되어 있어야겠습니다. 이렇게 되면 B/L 상에 Port of Loading과 Port of Discharge만 기재되어 해상 건으로만 운송되었음이 입증되는 것이 아니라 Place of Receipt이 함께 기재되니, Place of Receipt에서 차량으로 내륙운송하여 홍콩 항(Port of Loading)에서 선박으로 환적(T/S, Transhipment)됩니다. 그래서 해상운송과 육상운송을 겸하게되며, 최초 운송인으로서 중국에 위치한 포워더가 B/L을 발행하니 해당 B/L은 Through B/L이 됩니다.

---

1 실무에서 이와 같은 건에 대해서 APTA 협정세율을 실제로 적용받고 있습니다.

〈질문〉(3국 경유 운송) 원산지가 중국인 물품이 운송상의 이유로 홍콩을 경유하여 한국으로 수입하는 경우 APTA 협정에 의한 특혜관세 적용이 가능한지?

〈답변〉
ㅇ 지리적 인접성 및 운송의 편의로 인해 제3국을 경유하는 때에 경유국 내에서의 교역이나 추가 가공 없이 단순 경유하는 경우에는, 아태무역협정(APTA) 원산지규정 제5조 나항 1호의 지리적 운송상의 이유로 통과를 위한 반입이 정당화될 수 있어, 아태무역협정(APTA)에 의한 특혜관세 적용대상으로 볼 수 있음.
ㅇ 다만, 경유국 내에서의 교역이나 소비가 이루어졌는지, 또는 추가가공을 행하여졌는지에 대한 여부는 세관의 사실확인에 의해 판단될 것임.

관련 규정

아시아-태평양 무역협정 원산지 규정

제5조
직접운송

다음의 경우 수출 참가국으로부터 수입참가국으로 직접 운송된 것으로 간주된다.

가. 상품이 비참가국의 영역을 통과하지 않고 운송되는 경우

나. 환적 또는 일시 보관 여부에 관계없이 하나, 또는 그 이상의 비참가 중계국을 경유하여 운송된 상품으로서 다음 조건을 충족하는 경우

  1. 지리적 이유 또는 전적으로 운송상의 이유로 통과를 위한 반입은 정당화된다.

  2. 경유국에서 교역이나 소비되지 않는 상품.

  3. 경유국에서 하역, 재선적, 기타 정상의 상태를 유지하기 위해 요구되는 작업 이외의 어떤 작업도 행하지 않은 상품.

FTA는 수입신고 당시 FTA C/O를 미처 확보하지 못해서 실행세율(MFN, 의미 329쪽 각주 참고)을 적용하여 수입신고 수리받은 건에 대해서, 사후에 FTA C/O(원본) 확보되면 FTA 협정세율 신청 가능합니다 (수입신고 수리일로부터 1년 이내). 그러나 APTA는 수입신고 당시에 APTA C/O를 확보하지 못해 APTA 협정세율이 아닌 실행세율을 적용받아서 수입신고 수리받은 후에 APTA C/O를 확보하더라도 APTA 협정세율 신청 불가할 것입니다.

따라서 APTA 협정세율을 적용받고 싶으나 수입신고 당시에 APTA C/O를 확보하지 못한 상태라면, 「수입통관사무처리에 관한 고시」 제38조(신고수리 전 반출) 제1항 제5호에 의거 '신고수리 전 반출 후'에 원산지증명서를 제출할 수 있는 제도를 활용할 수 있으니 참고가 되길 바랍니다.

〈관련 규정〉

수입통관사무처리에 관한 고시 제38조(신고수리 전 반출) ① 수입통관에 곤란한 사유가 없는 물품으로서 다음 각 호의 어느 하나에 해당하는 경우에는 법 제252조에 따라 세관장이 신고수리 전 반출을 승인할 수 있다.

1. 완성품의 세 번으로 수입신고수리 받고자 하는 물품이 미조립상태로 분할선적 수입된 경우
2. 「조달사업에 관한 법률」에 따른 비축물자로 신고된 물품으로서 실수요자가 결정되지 아니한 경우
3. 사전세액심사 대상 물품(부과고지 물품을 포함)으로서 세액결정에 오랜 시간이 걸리는 경우
4. 품목분류나 세율결정에 오랜 시간이 걸리는 경우
5. 수입신고 시 「관세법 시행령(이하 '영'이라 한다)」 제236조 제1항 제1호에 따라 원산지증명서를 세관장에게 제출하지 못한 경우

18. 법 위반에 따른 가산세, 관세납부 기한 경과에 따른 가산금

1) 법 위반에 따른 가산세

가산세는 법을 위반하였을 때 징수한다 할 수 있습니다. 가산세를 납부하는 예로써 관세법 42조에서와같이 부족한 관세액을 징수할 때 가산세를 징수할 수 있으며, 보세창고에 반입된 수입 화물은 반입일로부터 30일 이내에 수입신고가 이루어져야 함에도, 이러한 법을 위반하게 되면 가산세를 징수합니다. 또한 재수출불이행의 경우에도 가산세가 징수될 수 있겠습니다.

관련 규정	
관세법	관세법 시행령

관세법

제241조(수출·수입 또는 반송의 신고) ① 물품을 수출·수입 또는 반송하려면, 해당 물품의 품명·규격·수량 및 가격과 그 밖에 대통령령으로 정하는 사항을 세관장에게 신고하여야 한다.

······ 중 략 ······

③ 수입하거나 반송하려는 물품을 지정장치장 또는 보세창고에 반입하거나, 보세구역이 아닌 장소에 장치한 자는 그 반입일 또는 장치일부터 30일 이내(제243조 제1항에 해당하는 물품은 관세청장이 정하는 바에 따라 반송신고를 할 수 있는 날부터 30일 이내)에 제1항에 따른 신고를 하여야 한다.

④ 세관장은 대통령령으로 정하는 물품을 수입하거나 반송하는 자가

제3항에 따른 기간 내에 수입 또는 반송의 신고를 하지 아니한 경우, 해당 물품 과세가격의 100분의 2에 상당하는 금액의 범위에서 대통령령으로 정하는 금액을 가산세로 징수한다.

관세법 시행령

제246조(수출·수입 또는 반송의 신고) ① 법 제241조 제1항에서 '대통령령으로 정하는 사항'이란 다음 각 호의 사항을 말한다. 〈개정 2002.12.30., 2011.4.1.〉

1. 포장의 종류·번호 및 개수
2. 목적지·원산지 및 선적지
3. 원산지표시 대상 물품인 경우에는 표시 유무·방법 및 형태
4. 상표
5. 사업자등록번호·통관고유부호 및 해외공급자부호 또는 해외구매자부호
6. 물품의 장치장소
7. 그 밖의 참고사항

제247조(가산세율) ① 법 제241조 제4항의 규정에 의한 가산세액은 다음 각 호의 율에 의하여 산출한다.

1. 법 제241조 제3항의 규정에 의한 기한(이하 이 조에서 '신고기한'이라 한다)이 경과한 날부터 20일 내에 신고를 한 때에는 당해 물품의 과세가격의 1천분의 5
2. 신고기한이 경과한 날부터 50일 내에 신고를 한 때에는 당해 물품의 과세가격의 1천분의 10
3. 신고기한이 경과한 날부터 80일 내에 신고를 한 때에는 당해 물품의 과세가격의 1천분의 15
4. 제1호 내지 제3호 외의 경우에는 당해 물품의 과세가격의 1천분의 20

② 제1항에 따른 가산세액은 500만 원을 초과할 수 없다. 〈개정 2012.2.2.〉

③ 신고기한이 경과한 후 보세운송된 물품에 대하여는 보세운송신고를 한 때를 기준으로 제1항의 규정에 의한 가산세율을 적용하며, 그 세액은 수입 또는 반송신고를 하는 때에 징수한다.

2) 관세납부 기한 경과에 따른 가산금

가산금은 국세나 지방세 등을 납부기한까지 납부하지 아니한 경우, 고지세액의 3%를 징수하는 가산금과 납부기한 경과 후 일정기한까지 미납 시 납부기한 경과일로부터 매 1월이 경과할 때마다, 체납된 국세의 12/1,000에 상당하는 금액을 다시 가산하여 징수하는 중가산금이 있습니다.

관련 규정
관세법
제41조(가산금) ① 관세를 납부기한까지 완납(完納)하지 아니하면, 그 납부기한이 지난날부터 체납된 관세에 대하여 100분의 3에 상당하는 가산금을 징수한다.   ② 체납된 관세를 납부하지 아니하면, 그 납부기한이 지난날부터 1개월이 지날 때마다 체납된 관세의 1천분의 12에 상당하는 가산금(이하 이 조에서 '중가산금'이라 한다)을 제1항에 따른 가산금에 다시 더하여 징수한다. 이 경우 중가산금을 더하여 징수하는 기간은 60개월을 초과하지 못한다.   ③ 체납된 관세(세관장이 징수하는 내국세가 있을 때에는 그 금액을 포함한다)가 100만 원 미만인 경우에는 제2항을 적용하지 아니한다.   ④ 국가나 지방자치단체가 직접 수입하는 물품 등 대통령령으로 정하는 물품에 대하여는 제1항부터 제3항까지의 규정을 적용하지 아니한다. [전문개정 2010.12.30]

19. DDP 조건에서 견적 내기 힘든 이유와 수입지 포워더의 대납 문제

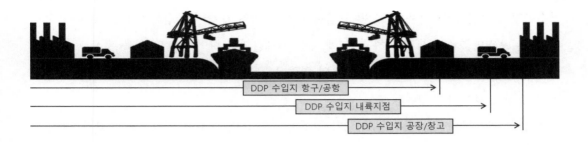

DDP 조건에서 지정장소(비용 및 위험분기점)는 수입지 터미널(항구/공항), 수입지 내륙지점 혹은 수입지 공장/창고 등 수입지의 특정 지점이 될 수 있습니다. 이렇게 가격조건은 동일하나 지정장소가 다르게 결정됨으로써 비용분기점과 위험분기점 역시 변화됩니다. 그 결과, 제시되는 가격 역시 달라집니다. 즉, 'DDP 수입지 항구'의 가격보다 'DDP 수입지 내륙지점'의 가격이 더 높습니다. 그 이유는 수입지 항구에서 수입지 내륙지점까지의 내륙운송비가 'DDP 수입지 항구' 가격에는 포함되어 있지 않고, 'DDP 수입지 내륙지점' 가격에는 포함되어 있기 때문입니다.

이러한 개념은 기타의 가격조건에서도 동일하게 적용됩니다. 그러나 DDP 조건으로 거래하게 될 때 수출자 입장에서 2가지 문제점에 직면할 수 있습니다.

1) 〈문제점 1〉 정확한 견적 내기 힘든 DDP 조건

DDP 조건에서는 수입지에서 발생하는 관세사 통관 수수료(Customs Clearance Fee), 수입지 수입 관세, 부가세 등의 제세를 수출자가 커버하는 것이 통상의 예라 할 수 있습니다[1]. 수출자가 이러한 비용을 커버한다는 뜻은 DDP 가격에 수출자가 이러한 비용을 포함시켜 수입자에게 견적하고, 그 금액을 수출자가 받아서 수출자가 해당 비용을 청구하는 자에게 직접 결제한다는 뜻이 됩니다.

---

1 인코텀스 2010 DDP 설명: 수입 시 부과되는 부가가치세 기타 세금은 매도인이 부담하되, 다만 매매계약에서 명시적으로 달리 합의된 때에는 그에 따른다. A6 매도인의 비용 부담: 수출과 수입에 필요한 통관비용과 수출 및 수입 시에 부과되는 모든 관세, 세금 기타 공과금.

수출자가 수입지에서 향후 수입 신고하는 시점에 발생할 관세와 부가세 등을 미리 계산하여 견적에 포함할 수는 있을 것이나, 견적에 포함한 세액과 실제 수입지에서 수입 통관 과정에서 발생한 관세와 부가세는 상당한 차이가 있을 수 있습니다.

수출자가 수입지에서 수입신고 될 물품에 대한 수입지 세관이 인정하는 HS Code를 수입자 혹은 포워더를 통해서 확인하고, 그에 대한 관세율까지 확인할 수도 있을 것이나, 과세가격 대비 관세를 계산하기 위해서는 환율의 영향을 받을 수도 있습니다. 환율을 예측하는 것은 사실상 불가능할 것입니다.

그리고 우리나라 같은 경우, 부가세가 발생하는 물품에 대해서 일괄적으로 부가가치세율이 10%입니다. 반면에, 다른 국가의 부가가치세율은 10%보다 낮을 수도 있고 높을 수도 있으며, 품목별로 그 세율이 달리 적용되기도 합니다.

각국의 HS Code와 관세율 확인 방법

http://www.customs.go.kr → 메인 페이지 중간 부분 '세계 HS 정보시스템' → 원하는 국가 선택

각국의 부가가치세 확인 방법

http://www.globalwindow.org → 메뉴 '국가정보' → 원하는 국가 선택 → '조세제도'

중국 부가가치세(증치세)　　　* 출처: 코트라, 2014년 11월 작성

증치세란, 중국의 주요 간접세로 우리나라의 부가가치세에 해당하는 세목으로, 전 단계 매입세액공제방식을 취하고 있다. 2009년 1월부터 중국의 증치세는 생산형 부가가치세에서 소비형 부가가치세로 전환하여 전국적으로 시행하였다. 이에 따라 중국의 모든 지역 및 모든 업종에서 새로 구입한 설비의 매입세액을 공제받을 수 있게 되었고, 공제를 완결하지 못한 부분은 차기로 이월하여 공제받는다. 중국의 증치세 징수방법은 한국과 마찬가지로 거래 징수방식을 채택하고 있다. 즉, 과세대상 재화를 공급하는 사업자나 기업체가 납세 의무자가 되는데, 실제 증치세를 징수하는 방식은 그 재화를 생산하기 위하여 원자재 등을 매입할 때에 거래 상대방에게 증치세(매입증치세)를 지급하고, 매입 또는 생산한 재화를 판매할 때에 그 재화의 매입자로부터 증치세(매출증치세)를 징수하여, 과세기간(외국인 투자기업의 경우 월 단위) 동안의 매출증치세와 매입증치세의 차액을 세무국에 납부하는 것이다. 중국의 증치세율은 일반 세율이 17%로 한국의 10%와 비교했을 때 매우 높은 편이라고 할 수 있다.

〈증치세 과세대상별 세율표〉

구 분	세 율	대상 품목
기본세율	17%	- 물품판매, 물품수입(정감세율분 제외) - 가공, 수선교체용역(이하 '과세용역'이라 함)을 제공
저세율	13%	- 양식, 식용식물유 - 수돗물, 열기, 냉기, 온수, 석탄가스, 액화석유가스, 천연가스, 메탄가스, 가정용 연탄제품 - 도서, 신문, 잡지 - 사료, 화학비료, 농약, 농기계 및 농업용 비닐 필름 - 국무원에서 규정하는 기타 제품

2) 〈문제점 2〉 수입지 발생 금액에 대한 포워더 대납 문제

수입지에서 수입신고 할 때 발생하는 관세는 과세가격 대비하여 수입신고 물품이 HS Code 상 관세율만큼 발생합니다. 거래 물품의 가격이 상당하면 관세율이 낮더라도 관세는 상당히 발생할 수 있습니다.

DDP 조건에서 수출자가 수입지에서 발생한 관세를 직접 납부할 수 없습니다. 따라서 수출자 대신 수출자에 의해서 지정한 수출지 포워더의 수입지 파트너 포워더가 대납하여 수출자에게 결제 요구하게 됩니다. 그러나 대납 금액이 상당하면 포워더가 대납하지 못할 수도 있습니다. 포워더가 대납 가능한 금액일지라도 포워더 입장에서 수출자의 신용도와 회사 규모를 파악하여 안전하다고 확신할 때 대납할 것입니다.

따라서 수출자 입장에서는 DDP 조건으로 수입자와 매매계약 체결하기에 앞서 포워더에게 수입지에서 발생할 세금을 대납 가능한지 여부를 문의해야겠습니다.

3) DDP보다는 DAP(=DDU) 사용이 보다 적절할 수도

금액 단위가 큰 거래일수록 DDP로 진행할 때 수입지에서 발생할 세액에 대한 수출자의 계산에 오차 범위가 커질 것이며, 포워더의 대납 확률이 낮아질 것입니다. 그래서 DDP로 거래하기보다는 이러한 문제가 없는 DAP 조건으로 거래 진행하는 것이 보다 적절할 수 있습니다. 참고로 DAP는 인코텀스 2000에 존재했던 DDU가 인코텀스 2010으로 개정되면서 DAP로 변경되었기에 DAP는 DDU와 동일한 가격조건으로 봐도 무관하겠습니다.

추가적으로, DDP 조건으로 거래하면 많은 분들께서 수입지에서 발생될 관세, 부가세 등의 제세를 수출자가 자신의 주머니에 있는 돈으로 결제한다고 알고 있습니다. 이는 잘못된 이해입니다. DDP 가격에는 수입지에서 발생될 관세 등의 세액을 수출자가 포함하여 수입자에게 결제받습니다. 그리고 수입지에서 수입 통관할 때 발생된 해당 세액을 포워더가 대납하고 수출자에게 청구하고 수출자가 그 세액을 포워더에게 결제하게 됩니다. 결국, 그 세액은 수입자의 주머니에서 나온 돈이라 할 수 있습니다.

따라서 앞에서 설명한 것과 같이 DDP 조건으로 계약하면 수출자 입장에서 '문제점 1' 및 '문제점 2'가 발생될 수 있고, 어차피 수입지에서 발생하는 관세 등의 세액은 수입자의 주머니에서 나오는 것이니, 수출자는 수입자와의 계약에서 DDP보다는 DAP로 진행 유도하는 것이 적절하다 할 수 있겠습니다.

20. 사치품의 기준가격 적용한 개별소비세 계산 방법

사치성 품목은 개별소비세의 과세대상에 포함되며, 수입 신고할 때 납부합니다. 일부 사치성 품목이라 할 수 있는 물품에 대해서는 그 물품의 가격 자체에 대해서 개별소비세율을 적용하고, 또 일부 사치성 품목에 대해서는 그 물품의 가격에서 기준가격이라 하여 일부 금액을 제외한 나머지 가격에 대해서 개별소비세율을 적용하는 경우도 있습니다.

향수와 같은 물품은 그 제품 자체를 사치품으로 보아, 그 물품 가격 자체에 개별소비세율을 적용 시키는 반면, 고가의 명품 가방에 대해서는 기준가격이라 하여, 예를 들어 200만원을 제외한 나머지 금액에 대해서 개별소비세율만큼의 개별소비세를 과세하기도 합니다.

A. 향수, 3303.00-1000

향수는 그 자체를 사치성 품목으로 보아 기준가격의 개념 없이 향수 자체의 가격이 포함되는 과세가격과 관세의 합계에서 개별소비세율만큼의 개별소비세가 발생합니다.

제품명	FOB 가격	운임	보험료	HS Code/관세율	과세환율
향수	USD35,000	₩1,500,000	가입하지 않음	3303.00-1000 6.5%(WTO 세율)	₩1,050

* 내국세:	부가세 10%, 개별소비세 7%, 농특세 10%, 교육세 30% [과세대상] 방향용 화장품 - 향수, 코롱(Cologne), 가루향, 향낭

↓

과세가격	(USD35,000 x1,050) + ₩1,500,000 + ₩0 = ₩38,250,000
관세	₩38,250,000(과세가격) x 6.5%(관세율) = ₩2,486,250
개별소비세	{₩38,250,000(과세가격) + ₩2,486,250(관세)} x 7%(개소세율) = ₩2,851,530
농어촌특별세	{₩2,851,530(개별소비세) x 10%(농특세율)} = ₩285,150
교육세	{₩2,851,530(개별소비세) x 30%(교육세율)} = ₩855,450
부가세	[{₩38,250,000(과세가격) + ₩2,486,250(관세)} + {₩2,851,530(개소세) + ₩285,150(농특세) + ₩855,450(교육세)}] x 10%(부가가치세율) = ₩4,472,830
세액합계	{₩2,486,250(관세) + ₩2,851,530(개별소비세) + ₩285,150(농특세) + ₩855,450(교육세) + ₩4,472,830(부가세)} = ₩10,951,210

▲ 농특세와 교육세는 모두 개별소비세를 기준으로 발생합니다.

B. 고급 가방, 4202.21-1010

4202.21-1010으로 분류되는 품목에 대해서는 개별소비세율 20%가 발생합니다. 그런데 기준가격이라 해서 개당 200만 원을 제외한 나머지 금액에 대해서 개별소비세가 발생합니다. 만약, 과세가격과 관세를 합한 금액에서 개당 200만 원을 제외하였는데 마이너스가 된다면, 개별소비세율은 발생하지 않을 것입니다. 그리고 본 품목으로 분류되는 경우, 개별소비세와 교육세는 발생하나 농어촌특별소비세는 발생하지 않겠습니다.

제품명	CIF 가격 (FOB+운임+보험료)	수량(Q'ty)	HS Code/관세율	과세환율
뱀 가죽으로 만든 것	USD150,000	50 EA	4202.21-1010 8%(기본세율)	₩1,050

* 내국세: 부가세 10%, 개별소비세 20%, 교육세 30%
[기준가격] 200만 원/개
[과세대상] 고급가방- 핸드백, 서류가방, 배낭, 여행 가방, 지갑 및 이와 유사한 제품으로써 물품을 운반 또는 보관하기 위한 용도로 제조된 것(악기 가방 등 제품의 외형 또는 구조가 특정한 물품을 전용으로 운반 또는 보관하기에 적합하도록 제조된 것은 제외한다)

과세가격	USD150,000 x ₩1,050 = ₩157,500,000
관세	₩157,500,000(과세가격) x 8%(관세율) = ₩12,600,000
개별소비세	[{₩157,500,000(과세가격) + ₩12,600,000(관세)} - {₩100,000,000(기준가격, 50EA x ₩2,000,000)} x 20%(개소세율) = ₩14,020,000
교육세	{₩14,020,000(개별소비세) x 30%(교육세율)} = ₩4,206,000
부가세	[{₩157,500,000(과세가격) + ₩12,600,000(관세)} + {₩14,020,000(개소세) + ₩4,206,000(교육세)}] x 10%(부가가치세율) = ₩18,832,600
세액합계	{₩12,600,000(관세) + ₩14,020,000(개별소비세) + ₩4,206,000(교육세) + ₩18,832,600(부가세)} = ₩49,658,600

▲ 본 품목에 대해서는 농어촌특별소비세가 발생하지 않습니다.

▲ 기준가격은 상기에서 개당 200만 원으로 발생한다고 명시되어 있습니다. 그리고 수입신고 물품의 수량이 50개이니, 각각 200만 원씩 발생하면, 50개에 대한 기준가격은 1억이 되겠습니다. 즉, 과세가격과 관세를 합한 금액에서 기준가격 1억이 제외된 나머지 금액에서 개별소비세율만큼의 개별소비세가 발생하겠습니다.

C. 카페트, 5703.20-0000

5703.20-0000으로 분류되는 품목 역시 사치성 품목으로써 개별소비세가 발생될 수 있습니다. 또한, 기준가격이 존재하는데, '개당 200만 원' 또는 '면적(m^2) x 10만 원' 중 큰 금액을 과세가격과 관세의 합계에서 제외하여 나머지 금액에 대해서 개별소비세율만큼의 개별소비세를 과세하겠습니다.

제품명	CFR 가격(FOB+운임)	보험료	수량(Q'ty)	HS Code/관세율	과세환율
나일론이나 폴리아미드로 만든 것	USD11,000	가입하지 않음	2 EA, 80㎡(40㎡/EA)	5703.20-0000 10%(기본세율)	₩1,050

* 내국세: 부가세 10%, 개별소비세 20%, 교육세 30%

[기준가격] 200만원/개 또는 면적(㎡) x 10만원 중 큰 금액

[과세대상] 고급융단(섬율를 부착·압착 또는 식모(植毛)한 카펫과 표면깔개인 섬유매트를 포함한다)

〈기준가격 결정〉 어떤 금액이 기준 가격이 될 것인가?
  a. 200만 원/개: 상기 제시된 상황에서 수량은 2EA이니, 기준가격은 2EA x 200만 원 하여 합계 4,000,000원.
  b. 면적(㎡) x 10만 원: 상기 제시된 면적(㎡)은 80㎡이니, 80㎡ x 10만 원 하여 합계 8,000,000원.

따라서 개별소비세 계산할 때 적용하는 기준가격은 8,000,000원이 됩니다.

과세가격	USD11,000 x ₩1,050 = ₩11,550,000
관세	₩11,550,000(과세가격) x 10%(관세율) = ₩1,155,000
개별소비세	[{₩11,550,000(과세가격) + ₩1,155,000(관세)} − {8,000,000(기준가격, 5면적(㎡) x 10만 원)} x 20%(개소세율) = ₩941,000
교육세	{₩941,000(개별소비세) x 30%(교육세율)} = ₩282,300
부가세	[{₩11,550,000(과세가격) + ₩1,155,000(관세)} + {₩941,000(개소세) + ₩282,300(교육세)}] x 10%(부가가치세율) = ₩1,646,900
세액합계	{₩1,155,000(관세) + ₩941,000(개별소비세) + ₩282,300(교육세) + ₩1,646,900(부가세)} = ₩4,025,200

▲ 본 품목에 대해서는 농어촌특별소비세가 발생되지 않습니다.

21. 수입신고 전 물품 확인 제도

A. 의미

'수입신고 전 물품 확인 제도'는 외국으로부터 국내의 공항/항구에 도착하여 보세구역에 반입된 물품에 대해서 수입자(화주)가 수입신고를 하기 전에 해당 물품을 실제로 확인할 수 있는 제도를 말한다 할 수 있습니다.

B. 필요성

무역은 서류거래라고 할 정도로 실제 물품은 보지 않고 서류상의 내용만으로 업무를 진행하는 경우가 많습니다. 수입할 때 역시, 인보이스와 기타 선적서류 상의 내용을 보고 실제로 보세구역으로 반입된 물품이 해당 건의 서류와 일치한다는 가정하에 수입 신고하였으나, 물품검사로 지정되어 세관 직원에 의해서 물품 검사 결과 a) 원산지 표시가 되어 있지 않거나 적절하게 표시되지 않는 사례도 있을 수 있으며, b) 이상 없이 수입신고 수리받아서 물품을 받아 보니 서류상의 물품이 아닌 다른 물품(계약과 상이한 물품, 위약 물품) 혹은 동일 물품이나, c) 수량에 과부족이 있는 사례도 있을 수 있습니다.

경우 a)	– 대외무역법 제33조(수출입 물품 등의 원산지 표시) 위반에 따른 과징금 부과될 수도 – 위반행위의 종류와 과징금의 금액 (대외무역법 시행령 제60조, 별표 2)
경우 b)	계약 상이 물품으로 재수출 신고하여 세관으로부터 인정받아야 (원상태로 수출되고, 계약 상이 물품임을 세관에 입증해야) 수출 이행 후 관세 환급 신청하여 관세 환급받는 절차 이행해야
경우 c)	납부 세액이 부족한 경우: 보정 혹은 수정 신고하여 세액 추가 납부해야 납부 세액이 과다한 경우: 경정 청구하여 세관으로부터 인정받아야

만약, 수입신고 수리 전에 수입자가 보세상태의 물품을 직접 확인할 수 있다면, 상기와 같은 상황을 피할 수 있을 것입니다.

C. 관련 규정: 「보세화물관리에 관한 고시」

제17조(장치물품의 수입신고 전 확인) ① 화주는 법 제246조 제3항에 따라 장치물품을 수입신고 이전에 확인할 때에는 별지 제12호서식의 수입신고 전 물품확인승인(신청)서를 제출하여 세관장의 승인을 받아야 한다.

② 제1항에 따른 승인을 받아 물품을 확인하려는 자는 보세구역 운영인에게 승인서를 제시하여야 하며, 운영인은 확인사항을 별지 제13호서식의 물품확인 대장에 기록 관리하여야 한다.

③ 제1항에 따른 물품확인은 화물관리 세관공무원, 또는 보세사 입회하에 실시하여야 한다.

(별지 제12호 서식)

수입신고 전 물품확인 승인(신청)서				처리기간
신청번호 제 호				즉 시
신청인	주 소			
	성 명			
	생 년 월 일			
수입자	업 체 명 (화주)			
	사업자등록번호			
선(기)명		B / L 번 호		
입항일자		화물관리번호		
반입일자		장 치 장 소		
확 인 물 품 내 역				
품 명	규 격	수 량		비 고

「관세법」 제246조 제3항에 따른 수입신고 전 물품확인 신청합니다.

　　　　　　　　　　20 년 월 일

위 신청인　　　　(서명 또는 인)

○ ○ 세 관 장　귀하

위 신청사항을 「관세법」 제246조 제3항에 따라 승인함

　　　　　　　　　　20 년 월 일

○ ○ 세 관 장　[직인]

귀하

구비서류: B/L 사본	수 수 료
	없 음

210㎜×297㎜(일반용지 60g/㎡(재활용품))

22. 원산지 표시 위반 행위에 따른 과징금

수출입 물품에 원산지 표시는 해당 물품의 HS Code를 확인하면 원산지 표시 대상 물품인지, 혹은 비대상 물품인지 여부를 확인할 수 있습니다. 원산지 표시 대상 물품임에도 원산지를 정확하고 적절하게 표시하지 않으면 과징금이 부과될 수 있습니다. 원산지 표시 위반 행위의 종류와 과징금의 금액에 대한 내용은 「대외무역법 시행령」 제60조에서 규정하고 있으니 참고 하기 바랍니다.

제60조(과징금을 부과할 위반행위의 종류와 과징금의 금액) ① 법 제33조의 2 제2항에 따라 과징금을 부과하는 위반행위의 종류와 위반 정도에 따른 과징금의 금액은 별표 2와 같다. 〈개정 2010.10.01., 2014.01.28.〉

② 산업통상자원부장관 또는 시·도지사는 해당 무역거래자 등의 수출입 규모, 위반 정도 및 위반 횟수 등을 고려하여 제1항에 따른 과징금 금액의 2분의 1의 범위에서 가중하거나 경감할 수 있다. 다만, 가중하는 경우에도 과징금의 총액은 3억 원을 넘을 수 없다. 〈개정 2008.02.29., 2009.11.02., 2013.03.23., 2014.01.28.〉

위반행위의 종류와 과징금의 금액(제60조제1항 관련)

위반행위	근거 법조문	과징금 금액
1. 법 제33조 제2항을 위반하여 단순한 가공 활동을 거침으로써 해당 물품 등의 원산지 표시를 손상하거나 변형한 자(무역거래자 또는 물품 등의 판매업자에 대하여 법 제33조 제4 항이 적용되는 경우는 제외)가 그 단순 가공한 물품 등에 당초의 원산지를 표시하지 아니하거나 다르게 표시한 행위	법 제33조의 2 제2항	해당 위반물품 등의 수출입 신고 금액(판매업자의 경우에는 판매한 물품 등과 판매하지 아니한 물품 등을 구분하여 판매한 물품 등의 매출가액과 판매하지 아니한 물품 등의 매입가액을 합한 금액)의 100분의 10에 해당하는 금액이나 1억 원 중 적은 금액
2. 법 제33조 제3항에 따른 원산지의 표시방법을 위반한 행위	법 제33조의 2 제2항	해당 위반물품 등의 수출입 신고 금액의 100분의 10에 해당하는 금액이나 2억 원 중 적은 금액
3. 무역거래자 또는 물품 등의 판매업자가 법 제33조 제4항 제1호를 위반하여 물품 등의 원산지를 거짓으로 표시하거나 원산지를 오인(誤認)하게 하는 표시를 하는 행위	법 제33조의 2 제2항	해당 위반물품 등의 수출입 신고 금액(판매업자의 경우에는 판매한 물품 등과 판매하지 아니한 물품 등을 구분하여 판매한 물품 등의 매출가액과 판매하지 아니한 물품 등의 매입가액을 합한 금액)의 100분의 10에 해당하는 금액이나 3억 원 중 적은 금액
4. 무역거래자 또는 물품 등의 판매업자가 법 제33조 제4항 제2호를 위반하여 물품 등의 원산지 표시를 손상하거나 변경하는 행위	법 제33조의 2 제2항	해당 위반물품 등의 수출입 신고 금액(판매업자의 경우에는 판매한 물품 등과 판매하지 아니한 물품 등을 구분하여 판매한 물품 등의 매출가액과 판매하지 아니한 물품 등의 매입가액을 합한 금액)의 100분의 10에 해당하는 금액이나 3억 원 중 적은 금액
5. 무역거래자가 법 제33조 제4항 제3호를 위반하여 원산지표시대상 물품에 대하여 원산지 표시를 하지 아니하는 행위	법 제33조의 2 제2항	해당 위반물품 등의 수출입 신고 금액의 100분의 10에 해당하는 금액이나 2억 원 중 적은 금액

23. 보세구역의 장치 기간

A. 보세구역의 종류

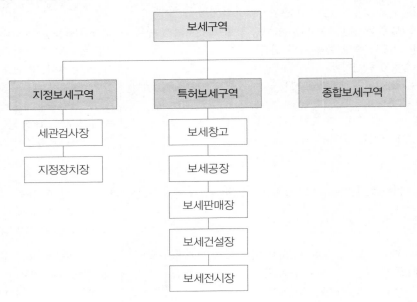

B. 보세구역의 장치 기간

수입 화물의 운송회사에 의해 적하목록이 세관으로 제출된 이후에 관리대상으로 지정되는 화물이 있고, 관리대상으로 지정되지 않는 화물이 있습니다. 관리대상으로 지정되면 국가가 운영하는 보세구역으로서 지정장치장으로 반입되어 세관원에 의해서 검사가 이루어진다 할 수 있습니다. 반면에 관리대상으로 지정되지 않는 화물은 일반 기업이 세관으로부터 특허를 받아서 운영하는 특허보세구역으로 반입된다 할 수 있습니다.

구 분	장치기간 및 관련 규정(관세법)
지정장치장	제170조(장치기간) 지정장치장에 물품을 장치하는 기간은 6개월의 범위에서 관세청장이 정한다. 다만, 관세청장이 정하는 기준에 따라 세관장은 3개월의 범위에서 그 기간을 연장할 수 있다. [전문개정 2010.12.30.]
보세창고 및 특허보세구역	제177조(장치기간) ① 특허보세구역에 물품을 장치하는 기간은 다음 각 호의 구분에 따른다. 1. 보세창고: 다음 각 목의 어느 하나에서 정하는 기간 　가. 외국물품(다목에 해당하는 물품은 제외한다): 1년의 범위에서 관세청장이 정하는 기간. 다만, 세관장이 필요하다고 인정하는 경우에는 1년의 범위에서 그 기간을 연장할 수 있다. 　나. 내국물품(다목에 해당하는 물품은 제외한다): 1년의 범위에서 관세청장이 정하는 기간. 　다. 정부비축용 물품, 정부와의 계약이행을 위하여 비축하는 방위산업용 물품, 장기간 비축이 필요한 수출용 원재료와 수출품 보수용 물품으로서 세관장이 인정하는 물품, 국제물류의 촉진을 위하여 관세청장이 정하는 물품: 비축에 필요한 기간 2. 그 밖의 특허보세구역: 해당 특허보세구역의 특허기간 ② 세관장은 물품관리에 필요하다고 인정될 때에는 제1항 제1호의 기간에도 운영인에게 그 물품의 반출을 명할 수 있다. [전문개정 2010.12.30.]

　지정장치장의 경우 6개월의 범위 내에서 장치(보관)를 할 수 있습니다. 따라서 관리대상으로 지정되어 지정장치장으로 반입되는 건의 보관 기간은 해당 지정장치장에 따라서 다를 수 있으나, 6개월의 범위 내에서 장치할 수 있다고, 해당 건의 운송서류(B/L 혹은 화물운송장)를 관세청 홈페이지를 통하여 조회하면 확인할 수 있겠습니다[1]. 다음은 관리대상으로 지정되어 인천공항세관검사장(지정장치장)으로 반입된 건에 대한 수입통관 내역 조회 결과이며, 장치기간이 2개월 이내라는 사실을 확인할 수 있습니다.

1　경로: http://customs.go.kr → 중간 메뉴(아이콘) '수입화물통관진행정보' 클릭 → 운송서류 번호 입력 후 '조회' 클릭

수입화물 진행정보

화물관리번호	11XX0X99XX8-0000-000		상태	반출완료	선박국적		
M B/L - H B/L	00000000000 - XXX20000000				대리점		
선(항공) 사	XX AIRLINES CO., LTD		구분	수입화물	적재항	BEIJING,CN	
선(편) 명	CA123				포장갯수	7CT	B/L타입	C
양륙항	인천공항 입항세관 인천공항		입항일	20XX/07/21	용적	0.000	총중량	48.0KG
품명	CASE FOR MOBILE PHONE				CNTR 개수	0	번호	
통관진행	수리통보		처리일시	20XX.07.22	관리대상지정여부	Y [검사완료]	
반출의무과태			항차		신고지연가산세		
특수화물코드							

적하목록심사완료 → 보세운송 → 물품반입 → 검사/검역 → 수입신고 → 수입신고수리 → 물품반출

번호	처리단계 처리일시	장치장/장치위치 장치장명	포장갯수 중 량	반출입(처리)일시 반출입(처리)내용	신고번호 반출입근거번호
8	반출 20XX.07.22 17:55	인천공항세관검사장(지정 장치장)	7CT 48.0KG	20XX/07/22 17:50:00 수입신고 수리후 반출	000011100000000000 1200000000000U
7	수입신고수리 20XX.07.22 17:25	인천공항세관검사장(지정 장치장)	7CT 48.0KG		1200000000000U
6	수입신고 20XX.07.22 16:52	인천공항세관검사장(지정 장치장)	7CT 48.0KG		1200000000000U XX 관세사무소
5	보수작업완료 20XX..07.22 16:38	인천공항세관검사장(지정 장치장)	7CT 48.0KG		
4	보수작업신청승인 20XX.07.22 09:17	04000000/원산지표시 인천공항세관검사장(지정 장치장)	7CT 48.0KG		
3	반입 20XX.07.21 16:14	인천공항세관검사장(지정 장치장)	7CT 48.0KG	20XX/07/21 16:07:59 입항 반입	
	[부가 사항] 인천공항세관검사장(지정장치장)의 장치기간은 최대 2 개월 입니다.				
2	적하목록심사완료 20XX.07.21 11:44	XX공항㈜	7CT 48.0KG		
1	적하목록제출 20XX.07.21 11:41	XX공항㈜	7CT 48.0KG		

▲ 관리 대상 지정 건은 상기의 '관리 대상 지정 여부' 부분에 Y로 표시되며, 관리대상으로 지정되지 않은 건은 N으로 표시됩니다.

24. 재수출 및 재수입 건 수출자와 수입자 동일하지 않아도

1) 재수출의 경우

한국에 위치한 A사가 외국 수출자 B사로부터 국내 전시회 출품 목적으로 기계를 수입합니다. 이때 전시회 기간 고려하여 재수출이행기한 설정하고 세액만큼의 담보 제공하여 A사는 수입신고 수리받았습니다. 그리고 한국에서의 전시회가 종료되고, A사는 B사로 물품을 보내는 것이 아니라 중국에서 관련된 전시회가 있어 B사가 A사에게 중국 C사로 물품 발송을 요청하였습니다.

이러한 경우에 A사가 처음에는 B사로부터 물품을 수입하여 전시회 종료 후 재수출은 미국 B사가 아닌 중국 C사로 진행하여도 문제 되지 않을 것입니다. A사는 C사로의 수출 이행 후 담보해지를 신청해야 할 것입니다.

또 다른 예로서, A사 해외 Seller로서 B사로부터 물품을 구입해서 국내에서 소비하기 위한 목적으로 수입 완료했으나, 위약 물품[1]이라는 이유로 B사에게 반품(수입한 원상태로의 재수출)해야 하는데, B사에 반품하지 않고 해외의 제3자에게 반품하는 경우가 있습니다. 이렇게 제3자에게 반품하기 위해서 재수출 신고하는 경우에는 위약 건임을 입증하는 해외 Seller로서 B사로부터의 이메일 등의 입증서류와 함께 왜 기존 Seller가 아닌 제3자에게 반품하는지에 대한 사유를 기재한 사유서를 관할지 세관으로 제출해야 할 것입니다. 물론 첫 번째 제시한 상황에서도 기존 Seller로서 B사가 아닌 제3자인 C사에 재수출하는 것에 대한 사유서 제출이 필요할 것입니다.

2) 재수입의 경우

한국 A사는 제조사로써 자신이 제조한 물품을 한국의 수출자 B사에게 공급하였습니다. 그리고 B사는 중국의 C사에게 수출하였습니다. 그런데 한국에서 수출신고 수리일로부터 2년 이내에 판매 부진 혹은 계약 상이 물품 등의 이유로 한국에서 수출된 원상태 그대로의 동일한 물품이 한국으로 재수입되는 상황이 발생하였습니다.

이때 수출신고필증 상의 수출자 B사가 재수입하면 수출자와 재수입하는 자가 동일한 경우로써 재수입 면세를 받을 수도 있을 것입니다. 그러나 수출신고필증 상의 수출자 B사가 아니라 제조사 A사가 재수입 진행한다면 수출자와 재수입자가 상이한 경우가 되는데, 과연 재수입 면세를 받을 수 있는지 의문이 생깁니다.

관세법 제99조 재수입면세 조항에는 재수입 면세 적용할 때 수입자가 수출자와 일치해야 하는가에 대해서는 명확하게 규정하지 않고 있으므로 수출자가 아닌 제조사가 재수입하더라도 재수입 면세를 받는 데는 큰 문제가 없어 보입니다[2].

---

1 계약상이 물품으로서 불량품 혹은 정상물품이나 오더와 다른 물품이 수입된 경우가 되겠습니다.
2 제조사 A사 재수입신고할 때 수출신고필증을 확보해야 할 것이고 수출한 물품과 동일한 물품이 재수입된다는 사실을 입증해야 할 것입니다.

그런데 수출신고 수리일로부터 2년 이내에 동일한 물품이 원상태로 재수입되더라도 관세법 제99조 1호 '나' 목 및 '다' 목에 따라서 관세 면세를 받지 못할 수도 있다는 점을 참고하기 바랍니다.

25. 임가공 수출에 따른 관세환급과 완제품 수입할 때 과세가격 포함

1) 임가공에 대한 이해

한국에서 원재료를 해외의 업체에게 '무상' 공급하면서 해당 원재료를 사용하여 생산한 물품을 공급할 것을 요구하는 거래를 임가공 거래라 할 수 있겠습니다. 원재료를 무상 공급하여 생산한 물품을 한국의 임가공 의뢰 업체가 한국으로 수입할 수도 있겠으며, 제3국에 위치한 한국 임가공 의뢰 업체와 계약한 다른 업체로 공급할 것을 요구할 수도 있겠습니다. 2개 형태 모두 임가공 건이라 할 수 있는데, 기본적으로 임가공 거래는 원재료를 '무상' 공급하여 생산한 물품을 임가공 의뢰자가 임가공 Fee를 결제하여 구매하는 형태의 거래라 할 수 있습니다.

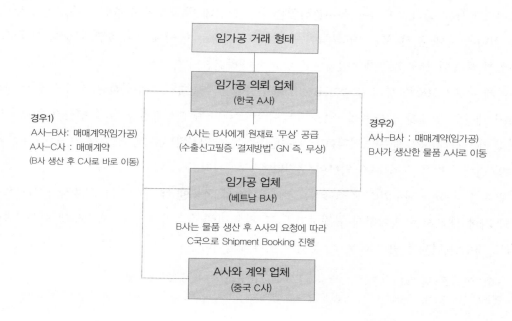

2) 완제품 생산 후 한국으로 수입할 때, 과세가격

기본적으로 해외 임가공 목적으로 한국에서 무상(GN) 수출되는 원재료의 가격은 해외 임가공 후 생산품이 한국으로 수입될 때 과세가격에 포함될 확률이 높을 것입니다.

이유는 임가공에 따른 감세(면세가 아니라 감세) 품목이 따로 있고(관세율표 제85류 및 제90류), 수출신고할 때의 HS Code(원재료의 것)와 임가공 후 수입되는 물품의 HS Code(해외 임가공 업체가 생산한 물품)가 동일해야 한국에서 수출된 원재료의 가격은 과세가격에서 제외되겠습니다. 혹은 임가공 원재료에 Serial No.가 있고 수출신고필증에도 기재되어 수출 후 임가공 된 물품이 한국으로 수입되는데, 그 물품을 보고 임가공 원재료의 Serial No.가 확인되면 역시 과세가격에서 해당 임가공 원재료의 가격이 제외될 수도 있을 것입니다.

그래서 일반적으로 대부분의 임가공 건에서 한국으로부터 수출되는 원재료 또는 부분품의 가격은 임가공 완료 후 해외에서 생산한 물품이 한국으로 수입할 때 과세가격에 포함된다 보면 될 것입니다. 따라서 임가공 원재료의 가격과 임가공 Fee, 왕복 운임 및 적하보험료(가입했다면)가 과세가격이 되어 수입신고하는 물품의 HS Code 상 관세율만큼의 관세가 발생할 것입니다.

3) 임가공 원자재의 수출과 관세환급

해외 제조사로 임가공 의뢰 후 한국에서 원자재를 수출할 때는 무상으로 통상 진행합니다. 이때 비록 무상 수출이나, 해당 건에 대해서 수출 이행 후 관세환급 신청하여 환급받을 수도 있습니다(관세청 지침, 국내 제조 후 수출 건에 대한 관세환급은 기본적으로 '유상' 신고되어야). 물론 일정한 조건을 갖추어야 하는데, 그 조건은 국내의 제조사에 의해서 제조된 물품으로서 HS Code 상 간이정액환급액이 정해져 있어야 할 것이며, 관세환급 신청인은 간이정액환급 업체이어야 한다는 것입니다(통상의 간이정액환급 업체가 환급 신청하기 위한 조건과 일치).

26. 임가공 의뢰 후 완제품 한국으로 수입(제3국에서 원재료 무상 공급)

1) 거래 관계에 대한 이해

한국 업체가 해외 제조사에 원재료를 무상(F.O.C., N.C.V.) 공급하여 생산된 물품을 한국으로 수입할 수 있습니다. 이때 그 무상 공급되는 원재료를 꼭 한국에서 해외 제조사에게 보내는 것이 임가공 건이라 국한되는 것이 아니라, 한국 업체가 제3국 업체에게 원재료를 구입하여 무상으로 임가공 업체에게 무상 공급 후 생산된 물품을 한국으로 수입해도 임가공 건이라 할 수 있겠습니다.

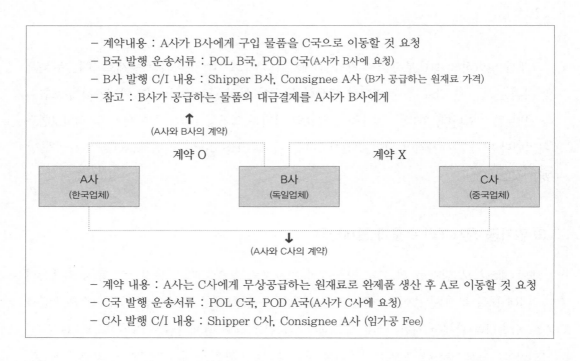

- 계약내용 : A사가 B사에게 구입 물품을 C국으로 이동할 것 요청
- B국 발행 운송서류 : POL B국, POD C국(A사가 B사에 요청)
- B사 발행 C/I 내용 : Shipper B사, Consignee A사 (B가 공급하는 원재료 가격)
- 참고 : B사가 공급하는 물품의 대금결제를 A사가 B사에게

(A사와 B사의 계약)

계약 O   계약 X

| A사 (한국업체) | B사 (독일업체) | C사 (중국업체) |

(A사와 C사의 계약)

- 계약 내용 : A사는 C사에게 무상공급하는 원재료로 완제품 생산 후 A로 이동할 것 요청
- C국 발행 운송서류 : POL C국, POD A국(A사가 C사에 요청)
- C사 발행 C/I 내용 : Shipper C사, Consignee A사 (임가공 Fee)

2) 과세가격에 대한 이해

한국으로 수입하는 물품의 과세가격을 이해함에 있어 그 과세가격의 개념은 한국의 터미널(항구/공항)에 운송수단이 도착하는 시점까지 발생한 모든 비용이라 할 수 있습니다. 그 비용에는 물품 생산비, 포장비용, 수출지의 Door에서 한국 터미널까지의 운송비, 보험료 및

수출자의 마진 등이 있겠습니다.

A : B사가 A사에게 발행한 원재료에 대한 C/I 금액

B : C사가 A사에게 발행한 임가공 Fee에 대한 C/O 금액

C : B국-C국-A국 이동에 따른 운임

    (A사가 B국C국 구간 운임 확인 불가할 수도. 따라서 C국-A국 운임 × 2 값으로 운임 계산)

D : 보험료(가입한 경우)

과세가격 관 세

> = A+B+C+D
>
> = (A+B+C+D) × A국으로 수입되는 물품의 HS Code 상 관세율

27. 과세가격에서 제외되는 엔지니어링 Fee

해외에서 한국으로 기계를 수입하는데, 그 기계를 한국으로 수입 후 설치를 하기 위해서 해외의 엔지니어가 입국하여 설치하는 경우가 있습니다. 이때 그 설치에 따른 엔지니어링 Fee가 기계 가격과 함께 한국 수입자에게 청구되어 한국 수입자는 기계 가격과 엔지니어링 Fee는 함께 외국환 은행 통해서 결제하게 됩니다.

기계에 대한 가격은 CFR Busan Port 기준으로 USD100,000이고 엔지니어링 Fee가 USD10,000이라면 해외 수출자가 한국의 수입자에게 전달하는 C/I의 Description은 하기와 같을 수 있습니다.

Shipper		Consignee	
Edutradehub		Kaston	
Payment Term : T/T in Advance		Price Term : CFR Busan Port	
No.	Item	Quantity	Unit Price
1	Auto Labeling Machine Type 150	1 Set	USD 100,000.00
2	Engineering fee		USD 10,000.00
	Total Amount		USD 110,000.00

세관에 해당 건을 수입신고하는 '수입자'는 C/I의 Consignee로서 Kaston 이며, Kastons은 '해외거래처(C/I의 Shipper)'로서 Edutradehub에게 USD110,000을 T/T라는 결제방법으로 결제하는 상황입니다. 따라서 본 건에 대해서 수입물품이 위치한 지역을 관할하는 관할지 세관으로 수입신고하여 세액 납부 후 수리받고 발행되는 수입신고필증의 '54) 결제금액'은 CFR USD110,000이 되겠습니다. 그러나 과세가격에는 Engineering Fee는 제외해야 하니 '60) 공제금액'에 USD10,000이 기재되어 과세가격은 거래물품으로 Auto Labeling Machine의 CFR가격과 적하보험료(부보한 경우에 '58 보험료' 부분에 기재됨)를 더하여 과세가격이 결정되겠으며, 해당 거래 물품의 HS Code 상 관세율만큼 관세가 발생되겠습니다.

(54)결제금액 (인도조건-통화종류-금액-결제방법)					(56)환 율	
(55)총과세가격	$	(57)운 임		(59)가산금액		(64)납부번호	
	₩	(58)보험료		(60)공제금액		(65)부가가치세과표	
(61)세종	(62)세 액	※ 관세사기재란			(66) 세관기재란		
관 세							
개별소비세							
교 통 세							
주 세							
교 육 세							
농 특 세							
부 가 세							
신고지연가산세							
미신고가산세							
(63)총세액합계		(67)담당자		(68)접수일시		(69)수리일자	

28. 용도세율의 의미와 적용사례

A. 용도세율의 의미

용도에 따라 세율을 다르게 정하는 물품이 있고, 세율이 낮은 용도에 사용하려는 자는 그 용도에 맞게 수입 물품을 사용할 것이라는 내용을 세관으로 소명해야겠습니다. 이때 필요한 서류가 용도설명서(품명·규격·수량·가격·용도·사용방법 및 사용장소를 기재한 신청서)가 되겠습니다. 이렇게 용도세율을 적용받아서 수입한 물품은 기본적으로 용도외 사용할 수 없으며 양수도 역시 금지됩니다(사후관리).

B. 용도세율 적용 사례

품목번호			품명 [한국 2016년]		기본세율	탄력·양허 세율
			한글	영문		
8536	69		기타	Other		
8536	69	1000	동축케이블·인쇄회로용의 것	For co-axial cables and printed circuits	8%	C 0% E1 0%
8536	69	9000	기타	Other	8%	C 13% E1 4%

◀ 제8535호 제8537호 ▶   주요세율보기

'동축케이블, 인쇄회로용의 것'으로 분류하여 수입신고하기 위해서는 해당 용도에 맞게 사용한다는 '용도설명서'를 세관으로 제출해야 WTO협정세율(C) 0% 적용받을 수 있겠습니다. 그러나 해당 용도가 아닌 경우에는 '기타'로 분류되어 기본세율 8% 적용받아야 할 것입니다. 그리고 '동축케이블, 인쇄회로용의 것'으로 용도설명서 제출하고 수입통관하면 해당 용도로 사용해야 하고 용도 외로 사용하기 위해서는 세관에 신고해야겠다.

참고

용도세율에 표시한 용도 종류를 보면 사료용, 반도체 제조용 등이 있다. 사료용이나 반도체 제조용 물품은 국가에서 정책적으로 수입을 장려하여 그 분야 산업을 발전시키려는 목적이 있는 것이며, 이러한 물품을 다른 용도에 사용하는 것을 막기 위하여 사후관리를 한다.

29. 제조사와 수출자 사이에 도매업자가 존재하는 경우의 관세환급

1) 국내 거래 관계

: 제조사(A) - 도매업자(B) - 수출자(C)

2) 관련 설명

a) 기본적으로 국내 제조 후 수출이행에 따른 관세환급 신청은 제조사가 수출신고필증 근거로 관세환급 신청 가능합니다.

b) 제조사와 수출자 간의 직접적인 거래가 아니라 중간에 도매업자가 존재하면, 도매업자가 수출자에게 수출신고필증('제조사'부분에 실제 제조사 기재되어 있어야)을 받아서 제조사에게 전달해야 하는데, 실무에서 이렇게 수출신고필증이 전달되는 경우는 다소 드물다 할 수 있습니다. 따라서 도매업자가 중간에 위치한 경우는 제조사가 관세환급 받기 어려울 수도 있습니다.

이를 위해서 수출자는 수출신고필증에 '제조사' 부분에 실제 제조사를 기재하여 발급받아서 도매업자를 통해서 제조사에게 전달합니다. 이때 제조사가 간이정액환급 업체라면 도매업자가 마진을 취한 금액에 수출자의 마진이 더해진 FOB 금액을 기초로 수출신고 된 물품의 HS Code에 따른 1만 원당 환급액을 환급 신청할 수 있겠습니다. 물론 제조사가 해당 거래 물품을 별도로 수출하여 간이정액환급을 받는다면 제조사가 HS Code를 도매업자에게, 그리고 수출자에게 전달하여 제조사가 기존에 수출신고한 HS Code와 일치시켜야 제조사가 자신이 별도로 수출 후 환급받는 건과 동일 물품에 대해서 수출자(C)가 수출 후 전달받은 수출신고필증으로 환급 신청하는 건의 HS Code가 일치하여 환급 신청하는 데 문제없겠습니다.

마지막으로 비록 제조사가 관세환급 신청할 때, 간이정액환급 건이나 원재료 구매 내역을 관리할 필요가 있을 것이며, 공장등록증 등의 서류가 필요할 수 있겠습니다.

30. 수출 대행 계약

A. 포워더가 '수출대행자', 실화주가 '수출화주'

본 경우, 수출지 포워더가 C/I 등의 서류를 작성하고 C/I의 Shipper 역시 포워더가 됩니다. 일반적으로 C/I의 Shipper 의미는 C/I의 Consignee와 매매계약 체결한 자로서 유상 수출 신고 건에 대한 외국환을 외국환 은행 통해서 결제받는 자입니다. 그러나 이와 같은 경우에 C/I의 작성 및 Shipper는 수출지 포워더가 되나, 외국환 은행 통해서 해당 건에 대한 수출 대금은 '수출화주'로 실화주가 받겠습니다.

실화주는 C/I 작성 등 선적서류 작성 업무와 수출신고 등 수출에 따른 거의 대부분의 업무를 포워더에게 대행 의뢰하게 될 때의 사례가 되겠습니다.

B. 기타

수입국의 수입자가 수출국의 특정 회사로서 오직 A사하고만 거래하겠다고 하거나, 기타 다른 이유로 특정 회사로 A사가 C/I의 Shipper가 되어야 한다 하는 경우가 있습니다. 이때 해외 수입국의 수입자와 직접 거래를 원하는 한국의 B사는 A사에게 수출대행 계약 의뢰한다 할 수 있습니다. 그러면 C/I 등 선적서류가 A사에 의해서 작성되고 C/I의 Shipper 역시 A사가 되어 수출신고필증 상의 '수출대행자'는 A사, '수출화주'는 B사가 될 수 있으며 해당 건에 대한 외국환 결제는 B사가 받을 수 있겠습니다.

C. '수출화주'

기본적으로 C/I의 Shipper는 대금청구자이고 C/I의 Shipper가 C/I의 Consignee로부터 외국환 결제를 외국환 은행 통해서 받아야 할 것입니다. 그러나 한국 내의 거주자와 한국 밖의 비거주자 사이의 유상 거래에 있어 외국환 결제는 C/I의 Shipper 이외의 한국 내 제3자가 비거주자로부터 받아도 제3자 지급 건으로 신고 대상이 되지 않습니다(거주자가 거주자에게 받는 경우는 제3자 지급 건으로 신고 대상).

31. 거래 물품과 나무 팔레트 함께 수입신고 하는 경우

일반적으로 수출자는 C/I를 작성할 때 Price Term을 기초로 거래 물품과 단가만을 기재하고, 물품과 포장재를 분리하여 단가와 함께 기재하지 않습니다. 이유는 기본적으로 포장재를 거래하는 것이 아니며 Packing Fee는 Price Term(가격조건)과 상관없이 거래 물품의 단가에 포함되기 때문입니다. 이러한 의미에서 지게차의 사용을 위해서 거래 물품을 나무 팔레트(목재)에 올려서 포장하는 경우가 대부분인데, 본 경우에도 거래 물품의 단가에 나무 팔레트의 비용은 포함된다 보면 되겠습니다. 나무 팔레트는 거래 물품이 아니기 때문입니다. 그러나 종종 수출자가 나무 팔레트를 단가와 함께 C/I에 거래 물품과 별도로 기재하고, 한국의 수입자 역시 수입신고할 때 거래 물품과 나무 팔레트를 함께 수입신고한다면 문제가 될 수 있는 부분이 있습니다.

　나무 팔레트에 대해서 수입신고를 별도로 한다는 뜻인데, 문제는 나무 팔레트의 HS Code는 4415.20-0000으로 분류될 수 있고, 해당 HS Code로 수입신고하려면 먼저 해당 HS Code 상에 존재하는 수입요건(세관장확인)을 요건 확인 기관을 통해서 받아야 합니다. 4415.20-0000으로 분류되는 품목은 수입요건으로서 식물방역법이 존재합니다. 따라서 본 품목을 관할지 세관에 수입신고하기 위해서는 요건 확인 기관으로부터 요건 확인을 먼저 받고 이상이 없어야 관할지 세관으로 수입신고가 가능합니다. 이렇게 수입자가 거래 물품과 함께 나무 팔레트를 수입신고 한다면, 나무 팔레트 요건 확인 기관으로 관세청 유니패스를 통해서 신고하여 요건 확인을 받아야 하겠습니다.

┃ 요건사항

• 수입	
세관장확인 ⟲	**[수입식물검사합격증명서] [식물방역법] [2014-01-01 ~]** [식물방역법] .식물검역기관의장에게신고하고,식물검역관의검역을받아야한다.(식물방역법제10조의규정에의한수입금지지역으로부터는수입할수없음)
수출입공고 ⟲	
통합공고 ⟲	1. 식물방역법 제10조의 규정에 의한 수입금지 지역으로부터는 수입할 수 없으며 식물검역기관의 장에게 신고하여 식물검역관의 검역을 받아야 한다(본문 제68조, 제71조 및 제73조의 2 참조) **[식물방역법]**

이때 나무 팔레트에 훈증 혹은 열처리 마크가 표기되어 있더라도 수입신고 물품으로서 나무 팔레트의 HS Code 상 요건을 충족해야겠습니다. 만약 C/I에 나무 팔레트와 단가가 별도 명시되지 않고 나무 팔레트에 대한 금액이 거래 물품에 포함되는 경우라면, 그리고 나무 팔레트에 훈증 혹은 열처리 마크만 정확히 되어 있으면 수입자는 나무 팔레트를 수입신고 하지 않고 거래 물품만 수입신고 하게 되며, 결과적으로 나무 팔레트에 대한 요건 확인은 받지 않아도 될 것입니다.

Ⅱ. 질의응답을 통해 배우는 통관 업무

1. FCL 수입할 때 분할신고 시점

질문 20FT Dry Container 1대 물량을 수입합니다. 물품의 종류는 2개(제품 A, 제품 B)이며 모두 HS Code 상 수입요건은 존재하지 않습니다. 그러나 인보이스 금액이 상당하여 과세가격 대비 관세율을 각각 5%, 8%씩 납부하려니 부담되는 상황입니다. 그래서 분할통관하려 하는데, 분할통관에 따른 수입신고 시기는 언제이며 그 과정이 궁금합니다.

💬 **답변** 수입신고 시기는 실무적으로 입항 전 신고, 보세구역 도착 전 신고(반입 전 신고), 그리고 보세구역 장치 후 신고(반입 후 신고) 이렇게 크게 3가지 시기로 구분됩니다. 그러나 빠른 통관을 원한다 하여 수입자는 모든 상황에서 입항 전 신고를 할 수 있는 것이 아닙니다. 현재 귀사의 경우는 FCL 건이며, 수입신고 물품의 HS Code 상 수입요건이 존재하지 않으면 입항 전 신고 가능할 수 있습니다.

문제는 분할통관 원한다는 것입니다. FCL 건이고 수입요건이 없는 경우라 할지라도 분할통관 원한다면 컨터이너를 개장하여 모든 물품을 적출 후 일부 물품은 수입 신고하고, 또 일부 물품을 보세창고에 장치해두었다가 향후 해당 건에 대해서도 수입신고 진행해야 할 것입니다. 따라서 CY에서 CFS로 보세운송 진행해야 하는데, 그 첫 번째 이유는 적출을 위해서이며, 그 두 번째 이유는 적출되어 컨테이너 상태가 아닌 물품으로써 수입신고 바로 하지 않는 나머지 물품의 일시적 보관을 위해서 CFS에 반입해야 합니다. 물론, 이러한 추가적인 상황 진행으로 인해서 CY에서 CFS로의 셔틀비용[1]으로써 Drayage Charge, CFS Charge(적출 비용) 및 보세창고료(상하차료 포함 될 것)가 발생할 것입니다.

---

[1] CY와 CFS 사이의 운송. 보세물품 상태이기 때문에 보세운송.

마지막으로 먼저 수입신고 진행하는 물품에 대해서 보세구역 도착 전 신고(반입 전 신고) 혹은 보세구역 장치 후 신고(반입 후 신고)로 진행 가능하겠습니다.

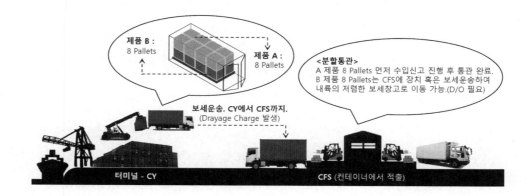

▲ 제품 A 8 Pallets 중에 일부 수입신고 하고 나머지 제품 A와 제품 B 8 Pallets은 이후 수입 신고하여도 되며, 제품 A 8 Pallets과 제품 B 일부 먼저 수입 신고하고, 나머지는 이후 수입 신고하여도 됩니다. 물론, 제품 하나에 대해서 하나의 운송서류 건으로 보세구역/창고에 반입되는 건에 대해서도 분할통관 가능하겠습니다.

▲ 분할통관은 하나의 운송서류 건을 2번 이상 나누어서 수입 신고하는 것을 말합니다.

2. 인보이스 Cost Breakdown

질문 호주 바이어와 매매계약을 CFR Sydney Port 조건으로 체결하였습니다. 그 후 인보이스를 발행하여 호주 수입자에게 전달하려 하는데, 수입자에게 다음과 같은 내용의 이메일을 받았습니다.

FOB value of Goods should be mentioned separately in commercial invoice.

분명히 호주 바이어와 매매계약을 CFR Sydney Port 조건으로 체결하였는데, 상기의 뜻이 무슨 말인지 모르겠습니다. 도움 부탁드립니다.

💬 답변 Cost Breakdown 요구하는 내용 같습니다. 다시 말해서, 계약은 CFR로 하였지만, 해당 물품의 FOB 가격과 Ocean Freight(O/F, 해상운임)를 따로 기재하여 각각의 비용을 확인할 수 있도록 요구하는 문장이라 할 수 있습니다. 물론, 인보이스의 총액(Total Amount)은 CFR 가격을 기재합니다.

Payment Term: T/T in Advance   Price Term: CFR Sydney Port

No.	Item	Q'ty	U'price	Value
				(FOB Price)
1	Baby Carrier	100 CTNs	FOB USD90.80	FOB USD9,080.00
2	Warmer	50 CTNs	FOB USD55.20	FOB USD2,760.00
	Ocean Freight(Busan Port – Sydney Port)			USD350.00
	Total Amount			CFR USD12,190.00

때로는 매매계약을 CFR이 아니라 CIF로 하고, Cost Breakdown 진행 요구받는 경우가 있습니다. 그러면 상기와 같이 FOB 가격, Ocean Freight를 기재하고, 그 아래 Cargo Insurance Premium 하여 적하보험료를 추가합니다. 물론, 인보이스 총액으로 Total Amount는 CIF 가격으로 기재됩니다.

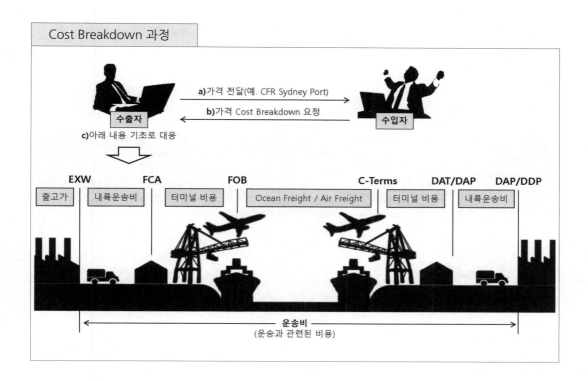

Cost Breakdown 과정

a)가격 전달(예. CFR Sydney Port)
수출자
b)가격 Cost Breakdown 요청
수입자

c)아래 내용 기초로 대응

| EXW | FCA | FOB | C-Terms | DAT/DAP | DAP/DDP |
| 출고가 | 내륙운송비 | 터미널 비용 | Ocean Freight / Air Freight | 터미널 비용 | 내륙운송비 |

운송비
(운송과 관련된 비용)

3. 사업자등록번호와 통관고유부호의 차이, 그리고 무역업고유번 호 필요한가?

질문 사업자를 내서 처음으로 수출 진행하는 업체입니다. 관세사 사무실 지정하여 수출신고 의뢰하였는데, 통관고유부호를 받아야 한다며 사업자등록증이랑 위임장 요청합니다. 무역협회 쪽에서 받는 무역업고유번호라는 것도 있던데, 각각의 차이가 무엇인지요?

💬 **답변** 1. 사업자등록번호와 통관고유부호의 차이: 사업을 하기 위해서는 세무서에 사업자 등록 신청하여 사업자등록증 받습니다. 사업자등록증에 보면 등록번호라 하여 사업자등록번호가 나와 있습니다. 이는 사업을 하기 위해서 부여받는 번호라고 보면 될 것입니다.

반면, 세관에 수출신고 혹은 수입 신고하여 수출입 하기 위해서는 세관으로부터 통관고유부호를 부여받아야 합니다. 현재 귀사는 사업자를 내고 최초로 수출/수입 신고 진행하는 업체입니다. 따라서 통관고유부호가 없으며, 세관에 신청하여 통관고유부호 부여받은 후 수출/수입신고 진행할 수 있겠습니다.

유니패스를 통한 통관고유부호 신청

▲ 유니패스(http://portal.customs.go.kr) 접속 후 우측 하단 '주요 정보제공 서비스' 하단의 '통관고유부호신청' 클릭하여 신청 가능합니다. 그러나 통상 무역업체 쪽에서 직접 통관고유부호 신청 진행하지 않고 통관 대행하는 관세사 사무실 통해서 통관고유부호의 발급 신청을 위임합니다.

통관고유부호 신청은 무역업체가 관세청 유니패스 통해서 직접 진행 가능하나 다소 복잡할 수 있으며, 현재 귀사에서는 수출/수입 신고를 직접 진행하는 자가통관 업체가 아니라, 관세사 사무실에 대행 의뢰하는 업체입니다. 따라서 통관고유부호 신청을 관세사 사무실에서 대신해줄 것이며, 이를 위해서 사업자등록증 사본과 위임장을 관세사 사무실에 전달할 필요가 있습니다.

수출신고필증(수출이행)

※ 처리기간 : 즉시

제출번호	12312-14-123123U	(5)신고번호	(6)신고일자	(7)신고구분	(8)C/S구분
(1) 신 고 자	ABC관세사사무실 홍길동	000-00-00-00000000	2014-06-30	일반P/L신고	

(2)수 출 대 행 자	에듀트레이드허브	(9)거래구분 11 일반형태	(10)종류 A 일반수출	(11)결제방법 TT 단순송금방식	
(통관고유번호)	에듀트레이드허브-0-00-0-00-0 수출자구분 C	(12)목적국 US U.S.A	(13)적재항 KRPUS 부산항	(14)선박회사	
수 출 화 주	에듀트레이드허브	(15)선박명(항공편명)	(16)출항예정일자	(17)적재예정보세구역	
(통관고유번호)	에듀트레이드허브-0-00-0-00-0				
(주소)	서울 강남 논현 000-0 XX B/D #000	(18)운송형태		(19)검사희망일	
(대표자)	홍길동 (소재지) 111	10 LC			
(사업자등록번호)	211-87-00000	(20)물품소재지 서울시 금천구 XXX 동 000			
(3)제 조 자	미상	(21)L/C번호		(22)물품상태 N	
(통관고유번호)	9999000				
제조장소	000 산업단지부호	(23)사전임시개청통보여부 A		(24)반송 사유	
(3)구 매 자	ABC COMPANY	(25)환급신청인 1 (1 : 수출대행자/수출화주, 2 : 제조자)			
(구매자부호)	ABC00000	간이환급 NO			

● 품명.규격 (란번호/총란수 : 999/999)

(26)품 명	CLEANING PREPARATINOS	(28)상 표 NO
(27)거래품명	CLEANING PREPARATINOS	

(29)모델·규격	(30)성분	(31)수량	(32)단가 (USD)	(33)금액 (USD)
ULTRA LIQUID SOAP A TYPE		300 (EA)	25.50	7,650.00

▲ 수입자의 경우, 수입신고필증 상에도 통관고유부호는 기재되어 발급됩니다.

수출자 구분에 대해서

- 수출대행자가 제조자와 동일한 경우: A
- 수출대행자가 수출대행만을 한 경우: B
- 수출대행자가 완제품 공급(원상태 공급을 포함한다)을 받아 수출한 경우: C
- 수출화주와 제조자가 본·지사 관계인 경우: D

2. **무역업고유번호**: 무역협회에서 발급받는 무역업고유번호는 수출/수입진행을 하기 위해서 반드시 발급받아야 하는 것은 아닙니다. 수출/수입진행을 위해서 반드시 발급받아야 하는 것은 세관으로부터의 통관고유부호입니다.

무역업고유번호는 한국에서 외국으로 직수출 혹은 외국에서 한국으로 직수입한 건에 대해서 수출실적증명서 혹은 수입실적증명서를 발급받기 위해서 발급받는 경우가 있습니다. 간접적으로 진행되는 중개무역과 같은 건에 대해서는 한국 세관으로 수출신고 및 수입신고하여 신고필증 발급받는 건이 아니기에, 이와 같은 거래에 대한 실적은 거래 은행을 통해서 발급받을 수 있을 것입니다. 비록 물품은 한국에서 수출 혹은 한국으로 수입되는 경우가 아니나, 중개국으로써 외국환 거래는 진행하니 거래 은행을 통해서 실증 증명받을 수 있을 것입니다.

그리고 무역업고유번호를 발급받음으로써 자금지원(무역기금 융자 등) 및 시장개척 바이어 발굴(외국어 통번역 서비스 등) 등의 회원 우대 서비스를 수 있을 것입니다[1].

무역업고유번호부여증
CERTIFICATE OF TRADE BUSINESS CODE

① 무역업고유번호* (Trade Business Code)	
② 상 호 (Company Name)	
③ 주 호 (Address)	
④ 대 표 자 성 명 (Representative)	
⑤ 사업자등록번호 (Business Registry Number)	

대외무역법 시행령 제21조 제1항 및 대외무역관리규정 제24조의
규정에 의하여 무역업고유번호를 위와 같이 부여하였음을 증명합니다.
It is hereby certified that the Trade Business Code mentioned
above was bestowed in accordance with Article 24 of the Foreign
Trade Management Regulation.

2015 년 3 월 25 일
Year   Month   Day

사단
법인   **한국무역협회** 회장

Chairman & CEO
Korea International Trade Association

* 무역업고유번호는 종전의 무역업 허가·등록·신고 번호를 승계하였습니다.

---

1 무역협회 회원사 우대 서비스에 대한 자세한 내역은 무역협회(http://www.kita.net) 홈페이지를 통하여 확인 가능합니다.

4. 한국에서 외국으로 수출한 물품은 모두 MADE IN KOREA 일까?

질문 한국에 위치한 무역회사입니다. 호주 수출자로부터 지난 2월에 물품을 한국으로 수입하였으며, 해당 물품에 원산지는 Made in Australia로 되어있습니다. 현재(10월)까지 해당 물품을 폐사에서 판매하고 남은 재고에 대해서 호주 수출자에게 반품 요청하였고 호주 수출자는 일본에 자신의 거래처가 해당 물품을 원하고 있으니 일본으로 발송할 것을 요구합니다.

A. 일본 업체에서 재포장을 원하여 폐사에서 재포장 후 일본으로 수출 진행할 것입니다. 그러면 원산지를 Made in Korea로 할 수 있는지요?

B. 국내에서 소비된 것이 아니기에 원상태 수출이행 후 수입할 때 납부한 관세에 대해서 환급 신청 가능한지요?

💬 **답변** A. 충분할 정도의 가공 공정 거쳐야: 외국으로부터 수입한 물품을 단순히 한국에서 수출한다고 해서 한국산(Made in Korea)이 되는 것이 아니라, 한국에 위치한 제조사에 의해서 충분할 정도의 추가적인 가공 공정을 거쳐야 외국으로부터 수입된 해당 물품은 한국산이 될 수 있을 것입니다. 단순 공정이라 할 수 있는 재포장 등은 원산지를 한국산으로 만들지 못합니다. 다시 말해서, 한국에서 단순 공정만 하거나 혹은 전혀 공정을 거치지 않고 수입된 원상태 그대로 한국에서 타국으로 수출된다면 원산지는 한국이 되지 못할 것입니다.

따라서 상기 건은 외국에서 수입된 물품에 대해서 한국에서 재포장하는 경우로써 단순공정이라 할 수 있습니다. 따라서 원산지는 여전히 Made in Australia입니다.

대외무역 관리규정

제85조(수입 물품의 원산지 판정 기준)

······ 중 략 ······

⑧ 다음 각 호의 어느 하나를 영 제61조 제1항 제3호에 규정된 '단순한 가공활동'으로 보며, 단순한 가공활동을 수행하는 국가에는 원산지를 부여하지 아니한다.

1. 운송 또는 보관 목적으로 물품을 양호한 상태로 보존하기 위해 행하는 가공활동

2. 선적 또는 운송을 용이하게 하기 위한 가공활동

3. 판매목적으로 물품의 포장 등과 관련된 활동

4. (삭 제)

5. 제조·가공결과 HS 6단위가 변경되는 경우라도 다음 각 목의 어느 하나에 해당하는 가공과 이들이 결합하는 가공은 단순한 가공활동의 범위에 포함된다.

　가. 통풍
　나. 건조 또는 단순가열(볶거나 굽는 것을 포함한다)
　다. 냉동, 냉장
　라. 손상부위의 제거, 이물질 제거, 세척
　마. 기름칠, 녹방지 또는 보호를 위한 도색, 도장
　바. 거르기 또는 선별(sifting or screening)
　사. 정리(sorting), 분류 또는 등급선정(classifying, or grading)
　아. 시험 또는 측정
　자. 표시나 라벨의 수정 또는 선명화
　차. 가수, 희석, 흡습, 가염, 가당, 전리(ionizing)
　카. 각피(husking), 탈각(shelling or unshelling), 씨 제거 및 신선 또는 냉장 육류의 냉동, 단순 절단 및 단순 혼합
　타. 별표 9에서 정한 HS 01류의 가축을 수입하여 해당국에서 도축하는 경우, 같은 별표에서 정한 품목별 사육기간 미만의 기간 동안 해당국에서 사육한 가축의 도축(slaughtering)
　파. 펴기(spreading out), 압착(crushing)
　하. 가목부터 파목까지의 규정에 준하는 가공으로써 산업통상자원부장관이 별도로 판정하는 단순한 가공활동

한국에서 외국으로 수출되면
해당 물품은 한국산일까?

수출

수입

중국에서 한국으로 수입되면
해당 물품은 중국산일까?

▲ 한국에서 수출되는 물품의 원산지(Origin)가 한국이 되려면, 기본적으로 한국 내에서 충분할 정도의 가공공정을 거쳐서 한국 내의 제조사에 의해서 제조되어야 합니다. 그리고 '원산지결정기준'을 충족하고[1] 이를 입증할 수 있어야 비로소 한국산이 될 것입니다.

B. 수입할 때 관세를 납부하는 이유는 해당 물품이 국내로 반입되어 소비될 것을 전제합니다. 그러나 해당 물품이 국내로 반입되어 국내에서 소비되지 않고 다시 외국으로 수출된다면, 수입할 때 납부한 관세를 환급 신청하여 환급받아야 할 것입니다. 물론, 기본적으로 무상 수출이 아니라 유상 수출로 진행되어야 할 것이며, 사용하지 않고 수입한 원상태 그대로 수출되어야겠습니다.

관세환급은 수입된 물품을 원재료로 사용하여 생산품을 생산 후 수출이행에 따라서 환급받는 경우가 있고, 수입된 물품을 그대로(원상태) 수출함에 따라서 환급받는 경우 등이 있습니다. 원상태 수출의 경우는 원상태로 외국의 타 업체로 유상으로 판매하는 것이니, 해당 물품의 수입신고 가격보다 수출신고 가격이 높아야 할 것입니다.

한국 업체가 일본 업체로 물품을 발송하는 현재 상황에서 한국 업체는 일본 업체와 계약을 하고 일본 업체로부터 해당 물품에 대한 대금을 받으며 수입한 원상태로 수출될 것이니, 수입할 때 납부한 관세를 환급받을 수 있을 것입니다. 확인이 필요한 부분은 한국 업체가 일본 업체로 대금결제 받는 유상 판매를 하는 것이냐, 아니면 한국에서 판매되지 않은 재고를 무상(Free Of Charge, F.O.C.)으로 일본 업체로 보내는 것이냐가 문제가 될 것이라 생각합니다.

---

1 일반적인 수출의 경우는 대외무역관리규정에 의해서 원산지 판정하며, FTA 건은 FTA 원산지결정기준에 의해서 원산지 판정할 수 있을 것입니다.

만약, 한국 업체가 수입 신고한 가격과 동일한 가격으로 물품을 일본으로 수출한다면 이는 무상으로 수출하는 것이니, 관세환급 받지 못할 수도 있기에 해당 부분에 대해서는 관세사와 협의 후 진행하기 바랍니다.

5. 원상태 수출에 따른 수출신고필증 상의 제조사와 관세환급 신청자

질문 중국에서 물품을 한국으로 수입하고 일정 기간 이후 미국으로 해당 물품을 재수출하려고 합니다. 이와 같이 업무 진행하기에 앞서 다음과 같은 몇 가지 질문 드립니다.

1) 수입할 때 납부한 관세에 대해서 원상태 수출 후 관세환급 받을 수 있는지요?
2) 원상태 수출 신고할 때 필요 서류와 주의점이 있는지요?
3) 수출이행 후 관세환급 신청을 받을 수 있다면 수출자가 받는지요?

💬 **답변** 1. 원상태 수출 건에 대해서 관세환급을 받기 위해서, 먼저 국내에서 사용하지 아니하고 추가적인 가공 역시 하지 않고 수입한 원상태로 수출 신고되어야 합니다. 수입할 때 관세 납부는 국내 소비를 전제하기에 원상태로 외국으로 나가는 배/비행기에 On Board 하여 수출 이행하면, 수입할 때 납부한 관세에 대해서 환급 신청하여 환급받을 수 있을 것입니다.

여기에서 관세환급 건은 일반적으로 수출신고가 무상[1]이 아닌 유상으로 신고되어야 하니, 원상태 수출 건 역시 유상 건으로 수출 신고되어야 할 것입니다.

---

1 Free of Charge 혹은 No Commercial Value로 인보이스 상에 기재되며 수출/수입신고필증에는 GN이라 기재됨.

b) 원상태로 미국 Buyer에게 유상 수출

c) 수입신고필증 상의 단가 보다 수출신고필증 상의 단가가 높아야
(수출이행 후 관세환급 받기 위해서는 기본적으로 유상 수출 해야)

d) 수입신고필증 상의 물품과 수출신고필증 상의 물품이 일치해야
(수입한 물품이 추가 가공 및 사용하지 아니하고 원상태 그대로 수출되었음 입증)

e) 수출신고필증 상의 제조사는 '미상'이며, 관세환급신청자는 '수출자'
(원상태 수출 건은 수출자가 관세환급 신청하여 관세환급 받음)

2. 원상태 수출 건의 수출신고필증 상의 제조사는 '미상'으로 기재되며(국내에서 제조된 물품이 아니기에), 환급신청인은 수출자로 지정될 것입니다. 따라서 이와 같은 원상태 수출 건에 대한 관세환급 신청은 수출자가 진행하여 관세환급 받을 수 있을 것입니다.

수출신고필증(수출이행)

※ 처리기간 : 즉시

제출번호	12312-14-123123U	(5)신고번호	(6)신고일자	(7)신고구분	(8)C/S구분
(1) 신 고 자	ABC관세사사무실 홍길동	000-00-00-00000000	2014-06-30	일반P/L신고	

(2)수 출 대 행 자	에듀트레이드허브		(9)거래구분 11 일반형태	(10)종류 A 일반수출	(11)결제방법 TT 단순송금방식
(통관고유번호)	에듀트레이드허브-0-00-0-00-0	수출자구분 C	(12)목적국 US U.S.A	(13)적재항 KRPUS 부산항	(14)선박회사
수 출 화 주	에듀트레이드허브		(15)선박명(항공편명)	(16)출항예정일자	(17)적재예정보세구역
(통관고유번호)	에듀트레이드허브-0-00-0-00-0				
(주소)	서울 강남 논현 000-0 XX B/D #000		(18)운송형태		(19)검사희망일
(대표자)	홍길동	(소재지) 111	10 LC		
(사업자등록번호)	211-87-00000		(20)물품소재지 서울시 금천구 XXX 동 000		

(3)제 조 자	미상		(21)L/C번호		(22)물품상태 N
(통관고유번호)	9999000				
제조장소	000	산업단지부호	(23)사전임시개청통보여부 A	(24)반송 사유	
(3)구 매 자	ABC COMPANY		(25)환급신청인 1 (1 : 수출대행자/수출화주, 2 : 제조자)		
(구매자부호)	ABC00000		간이환급 NO		

● 품명.규격 (란번호/총란수 : 999/999)

(26)품 명	CLEANING PREPARATINOS		(28)상 표	NO	
(27)거래품명	CLEANING PREPARATINOS				

(29)모델・규격	(30)성분	(31)수량	(32)단가 (USD)	(33)금액 (USD)
ULTRA LIQUID SOAP A TYPE		300 (EA)	25.50	7,650.00

3. 원상태 수출 신고할 때, 신고하는 해당 물품이 수입 신고할 때의 물품과 동일한 물품으로써 추가적인 가공 공정을 거치지 않아야 원상태로 수출 건으로 인정받을 수 있을 것입니다. 이것은 수입신고필증을 통하여 입증 가능할 것인데, 수입신고필증 상의 HS Code와 수출 신고 물품의 HS Code는 동일해야 할 것입니다.

추가적으로 원상태 수출은 외국 수입자에게 오더받아서 마진을 남겨 판매하는 경우일 것이니, 수입신고필증 상의 단가 대비하여 수출 신고할 때의 단가가 높아야 할 것입니다(유상 수출해야 하며 무상 수출 건은 관세환급 대상 아님).

6. 분할증명서(분증) 발행되는 원상태 수출 건에 대한 관세환급

질문 국내 거래처(A사, 거래 물품 수입자)로부터 폐사(B사, 수출자)는 수입한 물품의 추가적인 가공을 거치지 아니하고 수입한 원상태 그대로 공급받았습니다. 그리고 외국 거래처(C사)로 원상태 수출 진행할 예정입니다.

이와 같은 상황에서 관세환급 받을 수 있다면, 관세환급 신청자는 누구이며, 언제까지 관세환급 신청할 수 있는지 궁금합니다. 현재 A사가 해당 물품을 수입한 지 상당 시간 지난 상태입니다. 그리고 공급받은 물품을 분할하여 수출하여도 관세환급 받는데 상관없는지 문의드립니다.

💬 **답변** 1. **분증 발행되는 원상태 수출 건의 관세환급 신청자:** 수입한 원상태로 외국 업체 C사에 유상 건으로 수출하는 건에 대해서 수출자가 관세환급 신청 가능합니다. 이때 본 건의 물품은 국내에서 제조되지 않았기 때문에 수출신고필증 상의 '제조사' 부분에는 '미상', 그리고 '환급신청인'은 '1', 즉 '수출대행자/수출화주'가 될 수 있을 것입니다. 본 경우, 수출자로서 B사가 수출 신고하여 수출 진행하니, B사가 관세환급 신청하여 관세환급 받을 수 있을 것입니다.

2. **수출이행 기간과 관세환급 신청 기간:** 수출물품의 생산 공정에 투입한 수입 원재료

의 관세환급 건과 동일하게 수입한 물품을 원상태 그대로 수출할 때, 그 수출신고수리일은 해당 물품의 수입신고수리일로부터 23개월 이내여야 합니다. 그리고 그 수출신고수리일로부터 2년 이내에 관세환급 신청 가능하겠습니다.

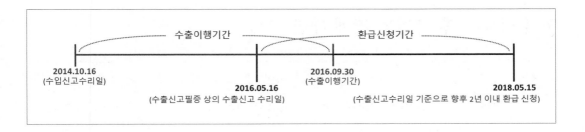

수입한 물품의 수출이행에 따른 관세환급을 받기 위해서는 수입신고수리일의 연월(Year/Month)에서 23개월을 더합니다. 이렇게 확인된 연도의 월 말일(Last Day)까지가 수출이행기간이라고 보면 됩니다. 그리고 그 수출이행기간 이내에 세관에 수출 신고하여 수리받으면, 그 수출신고수리일 기준으로 향후 2년 이내까지 관세환급 신청 가능하겠습니다. 그러나 관세환급 신청의 경우는 통상 수출신고수리일 기준으로 2년이라는 시간이 도달하기 상당히 앞서 진행하고 환급받는 업체들이 대다수일 것입니다.

3. **원상태 수출 건으로써 분할선적과 관세환급**: 수입한 원상태의 물품을 분할선적 (Partial Shipment) 진행하여도 문제없이 그 건당 관세환급 신청하여 관세환급 받을 수 있을 것입니다. 단, 상기 No. 2에서 설명한 '수출이행기간' 이내에 수출 신고하여 수리받아야 할 것입니다.

4. **A사와 B사 사이의 세금계산서 발행**: 원상태 수출 건으로써 수출이행에 따른 관세환급 신청과 관세환급 받는 자는 수출자로서 B사가 됩니다. 국내 거래처로써 A사는 수출자로서 B사에 수입한 물품을 원상태로 공급할 때, A사 자신이 수입할 때 납부한 관세를 포함하여 공급할 수도 있고 미포함하여 공급할 수도 있습니다.

포함하여 공급하였다면 그 포함된 금액으로 세금계산서가 발행되는 것이며, B사가 관세환급 받고 종료됩니다. 그러나 미포함하여 공급하였다면, 관세 미포함 금액으로 물품 공급에 따른 세금계산서가 발행됩니다. 그리고 B사가 관세환급 받아서 이를 A사에 결제하여 그 금액에 대해서 다시 세금계산서가 발행되기도 합니다.

7. 수리(Repair) 후 재반입 건에 대한 면세

질문 한국으로 지난 2월에 수입한 기계가 이번 달(6월)에 제품 생산 중 고장이 났습니다. 외국 수출자와의 매매계약서 상 해당 기계의 보증기간은 1년으로써 보증기간이 지나지 않은 상태입니다.

수출자에게 기계 고장에 대해서 통지하였고, 한국에서 수리 불가하여 수출자에게 발송 후 수출국에서 수리(Repair) 후 한국으로 재반입할 예정입니다. 해당 기계에 대해서 최초 수입 시 관세를 납부하였는데, 수리 후 재반입할 때 관세를 또다시 납부해야 하는지요?

💬 **답변** 수리(Repair)를 목적으로 한국에서 수출되어 외국에서 수리 후 재수입되는 경우에 관세를 감면받을 수도 있습니다.

　1. 수리 목적으로 수출 신고할 때의 물품의 HS Code와 수리 후 재수입 신고할 때의 물품의 HS Code는 동일해야 할 것이며, 경우에 따라서 Serial No. 역시 동일함을 입증해야 할 수도 있을 것입니다[1]. 이유는 해당 물품의 경우, 수리(Repair)하는 것이지 추가적인 가공 공정을 거쳐서 새로운 물품을 만드는 것이 아닙니다. 따라서 수출 신고할 때와 수리 후 수입 신고할 때의 HS Code는 동일할 것이며, 수출할 때 물품에 Serial No.가 기재되어 있었다면 수입할 때 역시 Serial No.가 그대로 기재되어 있을 것입니다.

　2. 수리 후 재수입되는 물품에 대해서는 해당 물품에 대한 가격에 대해서는 과세하지 않

1　재수입 신고할 때 수리(Repair) 목적으로 수출 신고하여 수리받은 수출신고필증이 필요합니다. 이유는 수출된 물품과 재수입되는 물품의 동일성을 입증하기 위함입니다. 이때 수출신고필증 상의 HS Code는 재수입신고 물품의 HS Code와 동일해야 합니다. 그리고 수출신고필증 상에 물품의 Serial No.가 기재되어 있다면, 재수입 신고되는 물품의 Serial No.는 수출신고필증 상의 Serial No.와 일치해야겠습니다.

습니다[2]. 대신 해당 물품의 가치를 높이게 한 수리비[3](Repair Fee)와 왕복 운임(Return Freight), 그리고 적하보험료[4]에 대해서는 과세합니다. 다시 말해서, 수리비와 왕복 운임 및 적하보험료가 과세가격이 되며, 수입신고 하는 물품의 HS Code 상 관세율을 곱하여 관세를 계산합니다.

수리 후 재수입할 때 관세 계산

- A: 한국에서 수출되는 물품(USD100)
- B: 외국에서 A를 수리하는 비용(USD50 Repair Fee)
- C: 왕복 운임
- D: 적하보험료

- 수리 후 재수입 관세 = (B + C + D) x 관세율

이때 실무에서 왕복 운임은 한국에서 수출지로 운송될 때의 운임과 수출지에서 수리 후 한국으로 운송될 때의 운임을 합하는 것이라기보다는 수출지에서 수리 후 한국으로 운송될 때 운임의 곱하기 2를 하여 왕복 운임으로 보는 경우도 있으니 참고하기 바랍니다.

3. 만약, 거래 물품의 매매계약 상의 하자보수보증기간(수입신고수리 후 1년에 한 한다) 중에 하자가 발견되거나 고장이 발생하여 외국의 매도인(기존 수출자[5])에게 물품을 재수출하고, 매도인의 부담으로 Repair 후 한국으로 재수입한다면, 해당 물품의 수출 신고 가격으로써 USD100과 왕복 운임 및 적하보험료 그리고 여기에 Repair Fee(가공 또는 수리의 비용에 상당하는 금액)에 대해서도 과세하지 않습니다[6].

---

2 수리(Repair) 후 재수입되는 물품 자체의 가격에 대한 과세는 해당 물품을 이전에 수입할 때 이미 납부하였습니다. 그런데 국내에서 사용 중에 문제가 생겨 외국으로 수리를 위해서 재수출하였다가 재수입하는 건이니, 그 물품 가격 자체에 대해서는 과세하지 않고 수리를 위하여 외국으로 재수출하여 수리 후 재입되는 일련의 과정에서 발생하는 추가 비용들에 대해서 수입신고 물품의 HS Code 상 정해진 관세율만큼 과세하겠습니다.

3 해외에서 부가가치가 증가한 부분.

4 적하보험의 경우 역시 한국에서 상대국으로 물품을 보낼 때 가입하였고, 수리 후 한국으로 재수입할 때 가입하였다면 모두 과세가격에 포함될 것입니다. 그러나 적하보험 가입하지 않았다면 과세가격에 포함될 수 없을 것입니다.

5 예를 들어, 일본 Seller와 한국 Buyer 간에 매매계약 체결하여 한국으로 기계를 수입하였습니다. 그런데 그 기계가 고장 나서 일본으로 Repair 위해 발송하였고, Repair 후 한국으로 재수입되는 상황이라면, 여기서 말하는 '매도인'은 일본 Seller가 된다는 뜻입니다.

6 2015.02.06 관세법 시행령 119조 개정. 개정되기 전에는 Repair Fee에 대해서 수입신고 물품의 HS Code 상 관세율을 곱하여 과세하였습니다. 즉, 수출물품의 수출신고가격과 왕복 운임, 그리고 보험료에 대해서만 면세되었습니다.

관련 규정		
관세법	관세법 시행령	관세법 시행규칙
제101조(해외 임가공물품 등의 감세[1]) ① 다음 각 호의 어느 하나에 해당하는 물품이 수입될 때에는 대통령령으로 정하는 바에 따라 그 관세를 경감할 수 있다. 1. 원재료 또는 부분품을 수출하여 기획재정부령으로 정하는 물품으로 제조하거나 가공한 물품 2. 가공 또는 수리할 목적으로 수출한 물품으로써 기획재정부령으로 정하는 기준에 적합한 물품	제119조(해외 임가공물품에 대한 관세경감액) 법 제101조 제1항에 따라 경감하는 관세액은 다음 각 호와 같다. 〈개정 2004.3.29., 2015.2.6.〉 1. 법 제101조 제1항 제1호의 물품: 수입물품의 제조·가공에 사용된 원재료 또는 부분품의 수출신고 가격에 당해 수입물품에 적용되는 관세율을 곱한 금액 2. 법 제101조 제1항 제2호의 물품: 가공·수리물품의 수출신고 가격에 해당 수입물품에 적용되는 관세율을 곱한 금액. 다만, 수입물품이 매매계약 상의 하자보수보증 기간(수입신고 수리 후 1년으로 한정한다) 중 하자가 발견되거나 고장이 발생하여, 외국의 매도인 부담으로 가공 또는 수리하기 위하여 수출된 물품에 대하여는 다음 각 목의 금액을 합한 금액에 해당 수입물품에 적용되는 관세율을 곱한 금액으로 한다. 가. 수출물품의 수출신고가격 나. 수출물품의 양륙항까지의 운임·보험료 다. 가공 또는 수리 후 물품의 선적항에서 국내 수입항까지의 운임·보험료 라. 가공 또는 수리의 비용에 상당하는 금액	제56조(관세가 감면되는 해외 임가공물품) ① 법 제101조 제1항 제1호의 규정에 의하여 관세가 감면되는 물품은 법 별표 관세율표 제85류 및 제90류 중 제9006호에 해당하는 것으로 한다. 〈개정 2002.5.10.〉 ② 법 제101조 제1항 제2호에서 '기획재정부령으로 정하는 기준에 적합한 물품'이란 가공 또는 수리하기 위하여 수출된 물품과 가공 또는 수리 후 수입된 물품의 영 제98조에 따른 관세·통계통합품목분류표상 10단위의 품목번호가 일치하는 물품을 말한다. 다만, 수율·성능 등이 저하되어 폐기된 물품을 수출하여 용융과정 등을 거쳐 재생한 후 다시 수입하는 경우와 제품의 제작 일련번호 또는 제품의 특성으로 보아, 수입물품이 우리나라에서 수출된 물품임을 세관장이 확인할 수 있는 물품인 경우에는 관세·통계통합품목분류표상 10단위의 품목번호가 일치하지 아니하더라도 법 제101조 제1항 제2호에 따라 관세를 경감할 수 있다. 〈개정 2008.12.31., 2009.3.26., 2011.4.1.〉

---

1 전액 면제를 면세, 일부 면제를 감세라고 합니다.

8. 포장 용기에 대한 면세

질문 한국으로 물품을 수입하는데, 해당 물품의 포장용기가 고가로써 반복적으로 사용하는 용기이기 때문에 해당 물품과 함께 수입 후 폐사 창고에서 물품과 분리시켜 포장용기를 다시 외국 수출자에게 발송해야 합니다. 이때 인보이스 작성을 어떻게 하며, 포장용기에 대해서도 수입 신고하고 세액 납부해야 하는지 궁금합니다.

💬 **답변** A. 포장 용기 면세에 대한 이해

내용물과 포장용기가 있습니다.

그런데 그 포장 용기가 명백히 반복적으로 사용될 수 있고, 또 어느 정도 가격이 있는 용기라고 가정합니다. 예를 들면, 생맥주 통(ex. 케그), 가스 용기 등은 반복 사용 가능하며, 수출자가 내용물을 수입자에게 보내고, 그 용기는 다시 받습니다[2]. 이런 경우, 내용물은 정상적으로 유상 건으로써 수입 신고하여 세액 납부하는 것이고, 포장용기 역시 내용물과 함께 수입신고 하나, 무상(Free of Charge 혹은 No Commercial Value이라고 인보이스에 기재) 건으로 신고합니다. 세관에서 반복적으로 사용 가능한 어느 정도의 가격의 용기라고 판단하면 무담보 조건[3]으로 해당 용기에 대해서는 관세 면세받아서 수입할 수 있을 것입니다.

단, 수입신고 할 때 설정된 재수출이행기한 이내로 수출 신고하여 수리받아야 할 것입니다[4].

---

2 해당 용기는 1회 사용하고 버리는 용기라기 보다 가격이 상당한 반복 사용 사용 가능한 용기가 될 것입니다. 수출자는 수입자에게 내용물을 공급함에 있어 이와 같은 용기에 담아서 공급하고, 다음에 지속적인 내용물 공급을 위해 그 용기를 다시 회수 해야 할 것입니다.

3 원칙적으로 재수출 조건으로 수입 신고할 때 담보 제공해야 합니다. 그러나 반복사용 가능한 포장용기에 대해서는 실무적으로 무담보조건으로 수입되는 경우가 통상적일 것입니다.

4 통상적으로 수입할 때 재수출 조건으로 수입하면, 세액 만큼의 담보를 제공하고 재수출기한 이내에 수출신고 수리 받아서 수출이행 완료하면 담보 해지 신청합니다. 그런데 본 경우는 무담보로 진행 할 수 있을 것입니다.

B. 인보이스의 작성

인보이스에는 내용물과 포장 용기를 분리하여 작성합니다. 그리고 내용물과 포장 용기에 대해서 정상적인 단가를 각각 기재함에 있어 내용물은 유상 건(수입자가 수출자에게 해당 물품에 대한 대금결제를 하는 건), 포장 용기는 무상 건(수입자가 수출자에게 해당 용기에 대한 대금결제를 하지 않는 건)이기에 무상 건의 비고(Remarks)에 F.O.C. 혹은 N.C.V.를 기재하여 외국환 거래가 이루어지지 않는 물품이라는 사실을 나타냅니다.

다시 말해서, 내용물과 포장 용기를 각각 분리해둬야 할 것입니다. 만약, 내용물과 포장 용기가 인보이스 상에서 분리되어 있지 않고, 내용물에 포장 용기의 가격이 포함되어 있다면, 포장 용기에 대한 면세를 적용받는 데 어려움이 있을 수 있을 것입니다[1].

| 참고 | 반복적으로 사용되는 파레트 |

파레트는 일반적으로 수출자가 수출물품의 단가에 Packing Fee 명목으로 포함시킵니다. 따로 파레트라는 명목으로 인보이스에 파레트 비용을 수입자에게 청구하진 않습니다. 그리고 그 파레트를 수출자가 다시 받지도 않습니다. 따라서 어찌 보면 수입자는 물품 수입할 때 파레트에 대한 비용에 대해서도 관세를 납부하는 것이 됩니다.

그러나 파레트를 수출자가 반복 사용한다면 수출자는 물품 단가에 파레트 비용을 포함하지 않고 인보이스에 파레트를 기재하고 단가는 무상으로 합니다. 그리고 수입 신고할 때 재수출 조건으로 신고함에 있어 세관이 반복적으로 사용될 수 있는 용기로 판단해준다면 담보 재공하지 않고, 즉 무담보 조건으로 수입할 수 있을 것입니다. 단, 재수출이행기한 이내로 수출 신고해야겠습니다.

---

1 반복 사용 가능한 용기가 아니라, 고가의 물품을 포장하는 포장 용기가 있다고 가정합니다. 그러한 포장 용기는 반복 사용하기 위해서 Seller가 Buyer에게 해당 용기를 돌려 받지 않습니다. 이러한 내용물은 포장 용기에 담겨서 소비자에게 판매됩니다. 그렇다면 국내에서 소비되는 것이기에 해당 포장 용기는 내용물과 분리되어 인보이스에 기재되었다 하더라도 '무상'이 될 수 없으며, 내용물의 가격과 함께 과세가격에 포함되어 세액 납부 해야겠습니다.

참고 한국에서 내용물과 함께 수출된 이후 재수입되는 포장 용기

한국에서 용기에 내용물을 넣어 함께 수출 이행 후, 그 용기가 향후 한국으로 재수입될 수 있습니다. 이때 그 용기에 대해서 재수입 면세를 적용받을 수도 있을 것입니다. 단, 한국에서 내용물과 함께 수출될 때, 수출신고를 내용물과 함께 용기에 대해서도 진행하여 수출신고필증 상으로 그 용기가 수출되었음이 확인되어야 할 것입니다.

> 관세법 제99조(재수입면세) 다음 각 호의 어느 하나에 해당하는 물품이 수입될 때에는 그 관세를 면제할 수 있다. 〈개정 2014.01.01.〉
>
> ······ 중 략 ······
>
> 2. 수출물품의 용기로서 다시 수입하는 물품

참고 기간과 기한의 차이

'기간'은 일정 시점에서 다른 시점까지 계속되는 시(時)의 흐름을 말하고, '기한'은 미리 정해 놓은 특정한 기일을 말합니다. 기간에는 소멸시효기간, 관세부과 제척기간 등이 있고, 기한에는 납부기한, 재수출이행기한 등이 있습니다. 〈참고: 관세법 해설 2013년 협동문고〉

관련 규정	
관세법 시행규칙	관세법 제97조 재수출면세 제도 시행에 관한 고시
제50조(재수출면세대상 물품 및 가산세징수대상 물품) ① 법 제97조 제1항 제1호에 따라 관세가 면제되는 물품과 같은 조 제4항에 따라 가산세가 징수되는 물품은 다음 각 호와 같다. 〈개정 2002.05.10., 2003.02.14., 2004.03.30., 2005.02.11., 2007.05.29., 2007.12.31., 2009.03.26., 2012.02.28., 2013.02.23.〉 1. 수입물품의 포장용품. 다만, 관세청장이 지정하는 물품을 제외한다. 2. 수출물품의 포장용품. 다만, 관세청장이 지정하는 물품을 제외한다. ······ 중 략 ······	제2조(포장용품의 범위) ① 시행규칙 제50조 제1항 제1호 및 제2호에 따라 재수출조건 면세를 받을 수 있는 포장용품이란, 재수출 시 확인이 가능한 것으로서 물품의 수입 시 포장용으로 사용되었거나 사용될 모든 물품으로, 이에는 국제상거래상 화물운송으로 위하여 사용되는 용기는 포함되나 산물(bulk)상태로 수입되는 '짚, 종이, 유리섬유, 대팻밥(straw, paper, glass-wool, shavings)'은 제외한다. ② 시행규칙 제50조 제1항 제1호 및 제2호 단서에 따라 재수출조건 감면대상에서 제외되는 물품은, 국제상거래상 화물운송을 위하여 반복적으로 사용되지 아니하는 포장용품으로 한다.

6. 박람회·전시회·공진회·품평회 기타 이에 준하는 행사에 출품, 또는 사용하기 위하여 그 주최자, 또는 행사에 참가하는 자가 수입하는 물품 중 당해 행사의 성격·규모 등을 감안하여 세관장이 타당하다고 인정하는 물품

······ 중 략 ······

11. 수리를 위한 물품(수리를 위하여 수입되는 물품과 수리 후 수출하는 물품이 관세·통계통합품목분류표상 10단위의 품목번호가 일치할 것으로 인정되는 물품에 한한다.)

12. 수출 물품 및 수입 물품의 검사, 또는 시험을 위한 기계·기구

13. 일시입국자가 입국할 때에 수송하여 온 본인이 사용할 승용자동차·이륜자동차·캠핑카·카라반·트레일러·선박 및 항공기와 관세청장이 정하는 그 부분품 및 예비품

14. 관세청장이 정하는 수출입물품·반송물품 및 환적물품을 운송하기 위한 차량

15. 이미 수입된 국제운송을 위한 컨테이너의 수리를 위한 부분품

······ 중 략 ······

18. 항공기 및 그 부분품의 수리·검사, 또는 시험을 위한 기계·기구

19. 항공 및 해상화물운송용 파레트

20. 수출물품 사양확인용 물품

21. 항공기의 수리를 위하여 일시 사용되는 엔진 및 부분품

22. 산업기계의 수리용 또는 정비용의 것으로서 무상으로 수입되는 기계, 또는 장비

23. 외국인투자기업이 자체상표제품을 생산하기 위하여 일시적으로 수입하는 금형 및 그 부분품

9. '재수출이행기한' 수출 시기는 재수출신고일까지의 기간

질문 킨텍스에서 진행하는 전시회에 외국 거래처 기계를 전시하려 합니다. 해당 기계를 수입할 때, 전시회 종료 후 재수출한다는 조건으로 세액만큼의 담보 제공하면 재수출이행기한을 세관에서 설정해 준다 압니다. 예를 들어, 그 재수출이행기한이 5월 10일이라면 5월 10일까지 외국으로 나가는 배/비행기에 On Board 완료해야 하는지 아니면 수출신고 완료해야 하는지 확인 부탁드립니다.

그리고 해당 기계 수입하면서 전시회에 사용하지만, 전시 용도가 아닌 물품을 함께 수입합니다. 그 물품에 대해서는 정상적으로 수입 신고하여 세액 납부해야 하는지요?

💬 **답변** 1. 재수출이행기한 관련: 재수출이행기한은 전시회 행사 기간 종료일에 당해 물품을 재수출하는 데 필요한 기일을 더한 기간을 고려하여 세관에서 설정해줄 것입니다[1]. 화주는 해당 기한 이내에 수출신고 완료해야겠습니다. 그리고 그 수출신고수리일로부터 30일 이내가 적재의무기한[2]이니, 그 기한 이내에 외국으로 나가는 배/비행기에 On Board 완료해야겠습니다. 해당 물품을 수입할 때 제공한 담보의 해지는 On Board 이후 진행합니다.

관련 규정	
관세법	관세법 제97조 재수출면세제도 시행에 관한 고시
제97조(재수출면세) ① 수입신고수리일부터 다음 각 호의 어느 하나의 기간에 다시 수출하는 물품에 대하여는 그 관세를 면제할 수 있다. 　1. 기획재정부령으로 정하는 물품: 1년의 범위에서 대통령령으로 정하는 기준에 따라 세관장이 정하는 기간. 다만, 세관장은 부득이한 사유가 있다고 인정될 때에는 1년의 범위에서 그 기간을 연장할 수 있다.	제5조(재수출시기 및 담보 해제시기) ① 법 제97조 제1항에 따른 수출 시기는 재수출신고일까지의 기간을 말한다. ② 재수출 면세물품의 담보는 해당 물품의 선적이 완료된 것을 확인한 후 해제하여야 한다.

1 　관세법시행령 제115조(재수출면세기간)를 기초로 설정.
2 　「관세법」 제251조(수출신고수리물품의 적재 등) ① 수출신고가 수리된 물품은 수출신고가 수리된 날부터 30일 이내에 운송수단에 적재하여야 한다. 다만, 기획재정부령으로 정하는 바에 따라 1년의 범위에서 적재기간의 연장승인을 받은 것은 그러하지 아니하다.

2. 1년을 초과하여 수출하여야 할 부득이한 사유가 있는 물품으로써 기획재정부령으로 정하는 물품: 세관장이 정하는 기간	

2. 전시회 출품 이외의 물품에 대한 수입신고: 담보를 제공하고 관세 면세를 받을 수 있는 제품은 전시회에 출품되는 물품이라 할 수 있습니다. 전시회에 전시되지 않지만, 전시 물품과 함께 수입되는 물품은 정상적으로 수입 신고하고 세액 납부해야 할 것입니다.

10. 수출된 물품의 하자로 인한 재수입 Ⅰ- 수리 후 재수출/대체품 수출

질문 수출자입니다. 지난달 호주로 수출한 물품에 하자가 있어 호주 수입자로부터 클레임을 받아서 어떻게 처리할지 고민 중입니다.

호주 수입자가 보내온 사진 자료를 보면 한국으로 재수입 후 수리(Repair) 가능할 것으로 보입니다. 그래서 수리 완료되면 호주로 다시 보내줄 수도 있을 것 같은데, 한국으로 재수입할 때 수입신고가 어떻게 이루어지고 관세는 어떻게 되는지요?

💬 **답변** 1. 〈경우 1〉 '수리(repair) 후 재수출'

A. 한국으로 재수입 신고할 때 수리(repair) 후 재수출 조건으로 수입 신고합니다. 이때 세액 납부를 하지 않을 것이나 해당 세액만큼의 담보[1]를 제공해야 수입신고 수리받을 수 있을 것이며, 수리 후 재수출을 위한 재수출이행기한이 세관에 의해서 설정될 것입니다.

귀사에서는 수리(Repair) 완료하고 재수출이행기한 이내로 재수출신고 완료해야 하며, 수출신고 수리일로부터 30일 이내 외국으로 나가는 배/비행기에 해당 물품을 On Board 완료

---

1 Repiar 후에 재수출 조건으로 재수입신고 할 때 세액만큼 담보 설정을 합니다. 이때 관세와 부가세에 대해서 함께 담보 설정할 것입니다.

하고 이후 담보 해지 신청해야 할 것입니다.

B. 수리 후 재수출할 때 인보이스 작성은 수리한 물품의 품명과 함께 단가를 기재함에 있어 수입 신고할 때의 금액 그대로 기재하고, 그 아래에 Repair Charge라는 명목으로 수리비를 별도 기재합니다. 이때 물품 가격 비고란에 무상 건(F.O.C. 혹은 N.C.V.)임을 기재하여 수리 후 재수출되는 해당 물품에 대해서는 외국환 결제가 이루어지지 않고, Repair Charge에 대해서만 외국환 결제가 이루어진다는 사실을 세관이 인식하게 해야겠습니다.

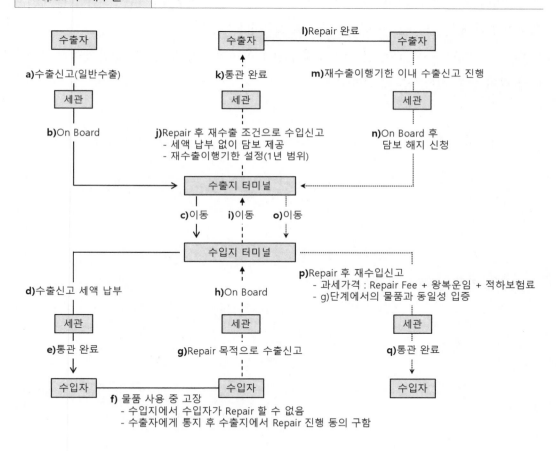

Repair 후 재수출

2. 〈경우 2〉 '재수입 면세받고 대체품 수출'

해당 물품에 대해서 수리(Repair) 후 재수출하는 것이 아니라, 해당 물품은 위약 물품으로 반품받고 새로운 물품(대체품, Replacement)을 보내줄 수도 있을 것입니다.

본 상황에서 위약 물품 건으로써 재수입 신고할 때, 관세를 면세받을 수도 있습니다. 단, 해당 물품을 수출신고 수리 후 2년 이내에 재수입해야 하며, 수출자와 수입자 사이의 이메일 서신 상으로 해당 물품이 위약 물품임이 세관에 의해서 인정받아야 할 것입니다. 그리고 재수입 면세를 받을 수 있는 건은 위약 물품으로써 수입지에서 사용하지 않은 원상태로 반송/재수출되어 수입지로써 한국에서 재수입되는 건에 한합니다. 추가적으로 상기 2년은 최대 2년이며, 상식적으로 위약 물품이 거의 2년을 채워서 들어오지는 않을 것입니다. 대략 6개월 이전이나 늦어도 1년 이내가 될 것으로 보입니다.

이러한 식으로 재수입되는 물품에 대해서 관세를 면세받고, 대체품은 일반적으로 수출할 때와 같이 수출 진행하면 될 것입니다.

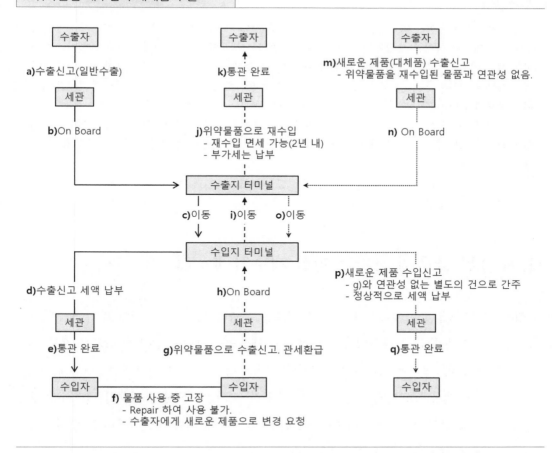

위약물품 재수입과 대체품 수출

a)수출신고(일반수출)
b)On Board
c)이동
d)수출신고 세액 납부
e)통관 완료
f) 물품 사용 중 고장
- Repair 하여 사용 불가.
- 수출자에게 새로운 제품으로 변경 요청
g)위약물품으로 수출신고. 관세환급
h)On Board
i)이동
j)위약물품으로 재수입
- 재수입 면세 가능(2년 내)
- 부가세는 납부
k)통관 완료
m)새로운 제품(대체품) 수출신고
- 위약물품을 재수입된 물품과 연관성 없음.
n) On Board
o)이동
p)새로운 제품 수입신고
- g)와 연관성 없는 별도의 건으로 간주
- 정상적으로 세액 납부
q)통관 완료

수출자 / 세관 / 수출지 터미널 / 수입지 터미널 / 수입자

▲ 위약 물품으로 재수입될 때, b)에서 On Board 이후 관세환급 받은 건이면 재수입 면세(관세만 면세, 부가세는 납부)를 받기 힘듭니다. 이때 화주는 재수입 면세받기 위해서 과거 수출이행 후 관세환급 받은 것을 환불해야 합니다. 그리고 새로운 물품으로써 대체품을 수출 신고하고 On Board 후 해당 물품에 대해서 관세환급 받을 수 있을 것입니다.

참고

상기 '〈경우 1〉', '〈경우 2〉'에서 모두 한국에서 수출된 물품을 재수입할 때는 수출할 때와 동일한 물품이라는 사실을 서류상으로 인정받아야 합니다. 즉, 수출 신고할 때의 품명, HS Code, 시리얼 번호 등이 동일해야 합니다.
그리고 수출할 때의 수출신고필증 상의 '수출자'가 〈경우 1〉 혹은 〈경우 2〉에서의 수입자가 될 수도 있고, 수출신고필증 상의 '제조사'가 수입자로 될 수도 있습니다. 단, 수출신고필증 상의 수출자 혹은 제조사의 '통관고유번호' 가 재수입 신고할 때의 그것도 동일해야 할 것입니다.

위약 물품이라는 용어는 외국물품(보세물품)에 대한 수입신고가 이루어지고 세액 납부하여 수리받은 내국물품이 계약과 상이한 사실을 확인하고, 다시 수출하는 경우의 물품에 대해서 위약 물품이라는 용어를 사용합니다. 사실 이러한 용어는 현재 관세법에서 찾아볼 수 없고 과거에 사용한 용어이나 현재에도 실무상으로는 사용됩니다. 위약 물품에 대한 수출 및 수입신고 할 때 납부한 관세의 환급에 대한 내용은 관세법 제106조(계약 내용과 다른 물품 등에 대한 관세환급)에서 확인 가능하겠습니다.

그러한 의미에서 수입신고 수리되기 전의 보세 상태의 물품을 화주가 확인하여 계약과 상이하다는 사실을 확인하였을 때, 해당 물품에 대해서 위약 물품이라 하는 것은 어찌 보면 적절치 못하다 할 수 있습니다.

11. 수출된 물품의 하자로 인한 재수입 Ⅱ- 재수입 면세

질문　지난 2월에 한국에서 물품을 멕시코로 수출하였습니다. 그런데 멕시코 수입자가 받은 물품이 불량이라고 연락 왔고 사진으로 확인한 결과, 불량으로 결론 나서 한국으로 재수입 진행 예정입니다. 재수입된 물품을 한국에서 수리(Repair)하여 멕시코로 보내기에는 멕시코 수입자(제조사)의 생산 스케줄이 허락하지 않을 것 같아서 멕시코에서 해당 물품이 On Board 되는 것만 확인하고 한국에서는 새로운 제품을 수출할 것입니다.

질문의 요지는 불량물품이 한국으로 재수입될 때 관세를 납부해야 하는지 여부와 인보이스 작성법에 대해서 알고 싶습니다.

💬 **답변**　일단 해당 물품은 한국으로 재수입하여 수리(Repair) 후 재수출되는 경우가 아니니, 세액만큼의 담보 설정하고 재수출이행기한 이내에 수출신고 완료해야 하는 상황은 아니라 봅니다.

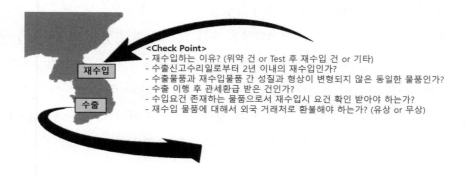

재수입 건 Check Point

<Check Point>
- 재수입하는 이유? (위약 건 or Test 후 재수입 건 or 기타)
- 수출신고수리일로부터 2년 이내의 재수입인가?
- 수출물품과 재수입물품 간 성질과 형상이 변형되지 않은 동일한 물품인가?
- 수출 이행 후 관세환급 받은 건인가?
- 수입요건 존재하는 물품으로서 재수입시 요건 확인 받아야 하는가?
- 재수입 물품에 대해서 외국 거래처로 환불해야 하는가? (유상 or 무상)

재수입

수출

▲ 본 상황은 한국에서 외국으로 수출된 물품이 어떠한 이유로 한국으로 완전히 재수입되는
상황으로써, 한국으로 재수입 후 재수출되지 않습니다.

1. 한국에서 수출신고 수리일로부터 2년 이내에 재수입되는 물품에 대해서는 관세를 면세
받을 수도 있습니다.

판례·예규
제 목	재수입면세 적용 여부 민원질의
구 분	통관기획과- 6693(결정 일자: 2010-08-25)
내 용	재수입면세 적용 여부 민원질의(통관기획과- 6693, '10.8.25) □ 질의요지 의류 및 신발류 수출 후 판매부진에 따른 구매거절 사유로 재수입 시 재수입면세 적용 여부 □ 회신내용 우리나라에서 수출된 물품으로써 '해외에서 제조·가공·수리 또는 사용되지 아니하고 수출신고수리일부터 2년 내에 다시 수입되는 물품'으로 수출물품과 재수입물품 간 성질과 형상이 변경되지 않는 등 동일성이 확인되는 경우 재수입면세가 가능함.

2. 상기 판례와 같이 수입통관 후 판매되지 않아서 다시 한국으로 재수입되는 경우라면
재수입 면세를 받을 수도 있겠으나, 이때 문제는 수출된 물품과 재수입되는 물품의 동일성
등을 수입지 세관에서 인정해줄 것인가입니다.

3. 한국으로 재수입되는 물품을 한국 업체가 수리(Repair) 등을 한 후 동일 물품을 외국으로 재수출하는 것이 아니라 한국 업체가 완전히 돌려받는 상황으로써, 재수입 전에 한국 업체가 해당 물품에 대한 금액을 a)결제받았을 수도 있고, b)받지 못한 상태에서 한국으로 재수입되는 상황에 직면하였을 수도 있을 것입니다. a)의 경우, 한국 업체는 외국 업체에 결제받은 대금을 환불해야 할 것입니다. 따라서 a)의 경우는 한국 업체가 재수입 신고할 때 유상 건으로 신고해야 할 것입니다. 반면, b)이 경우는 애초에 한국 업체가 대금결제를 받지 않았고 해당 물품을 재수입하는 것이니 무상으로 수입 신고해야 할 것입니다.

4. 재수입 신고할 때의 인보이스는 귀사의 외국 거래처(수입자)가 작성하는 것이 맞지만, 일반적으로 물품이 한국에 도착 후 원 수출자(귀사)가 처음 수출할 때 인보이스의 Description의 품명 및 단가 등을 그대로 적고, Shipper 및 Consignee는 각각 귀사의 거래처 및 귀사로 적은 다음에 'Return Cargo'라는 문구로 재수입되는 물품임을 나타냅니다. 그리고 무상 건이라면 'No Commercial Value'를 함께 기재하면 될 것입니다.

5. 재수입 면세를 받을 수 있는 다른 경우는 한국에서 수출된 물품이 계약과 상이한 물품(결함 등), 즉 위약 물품으로 결론 내려져서 재수입되는 물품 및 Test 용으로 수출되었다가 재수입되는 물품에 대해서 관세를 면세해주는 경우가 있습니다. 물론, 수입할 때는 통상 관세와 부가세가 발생하는데, 관세를 면세받는다고 해서 부가세까지 면세받는 것이 아니기에 부가세는 납부해야 할 수도 있습니다.

관세법
제99조(재수입면세[1])에서 말하는 재수입 관세 면세 물품은 일반수출물품, 수출물품 용기, 해외 시험/연구용품이 있습니다. 일반수출물품에 대해서 수출신고수리일로부터 2년 이내에 수입되는 물품이라고 명시하고 있습니다. 그러나 다음의 재수입 면세 취지를 알아두는 것이 좋을 것 같습니다.

관세법 해설[2]
재수입면세는 수출한 물품이 결함 등으로 반송되거나 일시 사용될 것을 예정하고 수출되는 경우

---

1 재수출면세는 원래 외국물품이었던 물품에 대한 면세제도이나, 재수입면세는 원래 내국물품이었던 물품에 대한 면세제도입니다.
2 『관세법 해설』, 이종익 외, 협동문고, 2013년

관세를 부과하지 않고 수입한다는 취지를 지니고 있다.

6. 재수입 면세를 받는 경우는 수출신고필증 상의 수출자 혹은 제조사가 수출신고 수리 후 2년(최대) 이내에 재수입해야지만 가능합니다(통관고유번호로 확인, 외국 업체는 우리나라에서 수출할 때 수입자와 우리나라로 재수입할 때 수출자가 상이해도 상관없음. 그러나 재수입하는 자는 수출 신고필증 상의 수출자 혹은 제조사와 일치해야).

7. 재수입 신고할 때 필요 서류는 수출신고필증과 사유서 등이 있을 것입니다.

8. 기본적으로 수입신고 되는 물품의 HS Code 상 수입요건이 존재하면, 요건 확인을 받고 세관에 수입신고 할 수 있습니다. 그러나 재수입되는 물품의 경우, HS Code 상 수입요건이 존재하더라도 수입요건을 받지 않아도 되는 물품이 있는가 하면, 받아야 하는 물품도 있습니다.
식품의 경우는 수출 후 재수입되면 식품 등의 수입 신고하여 적합 판정을 받아야지만 세관에 재수입신고 가능합니다. 물론, 이때 해당 수입자는 구청에 '식품 등 수입판매업' 신고가 되어 있어야 합니다. 그러나 식품을 수출만 하는 회사는 일반적으로 '식품 등 수입판매업'자가 아니기 때문에 수출된 식품이 한국으로 반송되는 경우 많은 어려움에 직면할 수 있습니다.

9. 해당 물품을 수출 이행하고 관세환급을 받은 건이라면, 수출신고 수리일로부터 2년 이내에 재수입되더라도 재수입 면세받을 수 없습니다. 재수입되는 물품에 대한 관세를 면세받기 위해서는 수출이행 후 환급받은 관세를 다시 환불해야만 재수입 면세를 받을 수 있을 것입니다.

관련 규정	
관세법	**관세법 시행규칙**
제99조(재수입면세) 다음 각 호의 어느 하나에 해당하는 물품이 수입될 때에는 그 관세를 면제할 수 있다. 〈개정 2014.1.1.〉 1. 우리나라에서 수출(보세가공수출을 포함한다)된 물품으로써 해외에서 제조·가공·수리 또는 사용(장기간에 걸쳐 사용할 수 있는 물품으로써 임대차계약 또는 도급계약 등에 따라 해외에서 일시적으로 사용하기 위하여 수출된 물품 중 기획재정부령으로 정하는 물품이 사용된 경우와 박람회, 전시회, 품평회, 그 밖에 이에 준하는 행사에 출품 또는 사용된 경우는 제외한다)되지 아니하고 수출신고 수리일부터 2년 내에 다시 수입(이하 이 조에서 '재수입'이라 한다)되는 물품. 다만, 다음 각 목의 어느 하나에 해당하는 경우에는 관세를 면제하지 아니한다. 가. 해당 물품 또는 원자재에 대하여 관세를 감면받은 경우 나. 이 법 또는 「수출용 원재료에 대한 관세 등 환급에 관한 특례법」에 따른 환급을 받은 경우 다. 이 법 또는 「수출용 원재료에 대한 관세 등 환급에 관한 특례법」에 따른 환급을 받을 수 있는 자 외의 자가 해당 물품을 재수입하는 경우. 다만, 재수입하는 물품에 대하여 환급을 받을 수 있는 자가환급받을 권리를 포기하였음을 증명하는 서류를 재수입하는 자가 세관장에게 제출하는 경우는 제외한다. 라. 보세가공 또는 장치기간경과물품을 재수출조건으로 매각함에 따라 관세가 부과되지 아니한 경우 2. 수출물품의 용기로써 다시 수입하는 물품 3. 해외 시험 및 연구를 목적으로 수출된 후 재수입되는 물품 [전문개정 2010.12.30]	제54조(관세가 면제되는 재수입 물품 등) ① 법 제99조 제1호에서 '기획재정부령으로 정하는 물품'이란 「법인세법 시행규칙」 제15조에 따른 내용연수가 3년(금형의 경우에는 2년) 이상인 물품을 말한다. ② 법 제99조 제1호부터 제3호까지의 규정에 따라 관세를 감면받으려는 자는 그 물품의 수출신고필증·반송신고필증 또는 이를 갈음할 서류를 세관장에게 제출하여야 한다. 다만, 세관장이 다른 자료에 의하여 그 물품이 감면대상에 해당한다는 사실을 인정할 수 있는 경우에는 그러하지 아니하다. [전문개정 2010.3.30.]

12. 재수입되는 물품의 부가세 면세

질문 한국에서 외국으로 물품을 수출하였습니다. 그런데 제품의 상당수가 계약과 다른 물품(위약 물품)으로 확인되어 수출 신고 수리 후 3개월(수출 신고 수리 후 2년 이내 재수입)이 흘러간 현재 수출된 원상태 그대로 재수입되는 건이 있습니다. 사용하는 관세사 사무실에서 관세는 면세될 수 있으나, 부가세는 내야 한다고 합니다.

그런데 부가가치세법을 찾아보니, 제27조(재화의 수입에 대한 면세) 12호에 수출된 후 다시 수입되는 재화에 대해서도 부가세가 면세된다고 나옵니다. 이와 유사한 사례로서 작년에 폐사는 외국에 전시회 출품을 위해서 무상(GN)으로 수출 신고 후 전시회 종료되고 재수입 신고할 때 관세와 부가세 모두를 면세받은 적이 있습니다.

전시회 건에 대해서는 재수입될 때 부가세가 면세되고 위약 물품 건으로서 재수입되는 건에 대해서는 왜 부가세가 면세되지 않는지요? 설명 부탁드립니다.

💬 **답변** 1. 부가가치세법 및 시행령: 부가가치세법 제27조(재화의 수입에 대한 면세)의 12호 및 대통령령으로서 부가가치세법 시행령 제54조(다시 수입하는 재화로서 관세가 감면되는 것의 범위)는 다음과 같이 기술하고 있습니다.

법 제27조(재화의 수입에 대한 면세) 다음 각 호에 해당하는 재화의 수입에 대하여는 부가가치세를 면제한다.

12. 수출된 후 다시 수입하는 재화로서 관세가 감면되는 것 중 대통령령으로 정하는 것. 다만, 관세가 경감(輕減)되는 경우에는 경감되는 비율만큼만 면제한다.

시행령 제54조(다시 수입하는 재화로서 관세가 감면되는 것의 범위) 법 제27조 제12호 본문에 따른 수출된 후 다시 수입하는 재화로서 관세가 감면되는 것은 사업자가 재화를 사용하거나 소비할 권한을 이전하지 아니하고 외국으로 반출하였다가 다시 수입하는 재화로서 「관세법」 제99조에 따라 관세가 면제되거나 같은 법 제101조에 따라 관세가 경감되는 재화로 한다[1].

---

1 관세법 제99조는 '재수입면세'이며 제101조는 '해외 임가공물품 등의 감세'입니다.

2. 유상 수출 건에 대한 재수입: 수출국으로서 한국의 수출자 A사가 외국 업체 B사에 물품을 수출함에 있어 '유상' 수출한 건은, 그 거래 물품의 소유권을 A사가 B사에 넘기는 행위라 할 수 있을 것입니다. 따라서 유상 수출 건이 계약과 상이한 물품으로 결정되어 수출자 A사가 수출한 물품을 다시 수출자 A사가 재수입하는 경우, 부가가치세법 시행령 제54조에 의해 그 소유권을 이전하지 아니한 것이 아닌, 즉 그 소유권을 이전 한 건으로 본다면, 이러한 건에 대한 재수입에 따른 부가세 면세는 받기 힘들 수 있을 것입니다.

3. 무상 수출 건에 대한 재수입: 일반적으로 한국의 수출자가 외국의 전시회에 물품을 출품하기 위해서 외국 업체로 해당 물품을 수출할 때는 수출 신고할 때 무상(GN)으로 신고합니다. 이것은 한국의 수출자가 외국 업체로 해당 물품의 소유권을 넘기는 것이 아니라 전시회 출품 이후 다시 돌려받는 건입니다. 따라서 이러한 건에 대해서는 재수입에 따른 관세뿐만 아니라 부가세 역시 면세받을 수도 있을 것입니다.

13. 무상 수출 건에 대한 관세환급

질문 안녕하세요? 한국에서 제조된 물품을 수출하는 회사입니다. 해외에 위치한 업체 (Buyer)와 폐사의 물품에 대한 매매계약 체결이 성사될 것으로 보입니다. 그런데 해외 업체가 먼저 샘플을 받아보고 매매계약서에 최종 사인하겠다고 합니다.
본 물품은 제품 하나당 가격이 KRW 350만 원 정도 되는 물품인데, 무상 (F.O.C.)으로 제공하겠다고 해외 업체에 전달했습니다. 무상으로 수출 신고하여 수출 이행되면 관세환급 받을 수 있는지요?

💬 **답변** 1. 관세환급을 받기 위한 조건, 유상 신고: 기본적으로 수출이행에 따른 관세환급을 받기 위해서 수출신고는 유상으로 진행되어야 합니다.

2. 무상 신고 건에 대한 관세환급: 예외적으로 관세 환급 특례법 시행규칙 제2조에 따라

서 수출신고를 무상으로 진행한 건에 대해서도 관세환급을 받을 수 있는 경우가 있습니다. 질문자의 상황은 시행규칙 제2조 제4호의 상황으로서 '4. 해외구매자와의 수출계약을 위하여 무상으로 송부하는 견본용 물품의 수출'에 해당할 것입니다.

관련 규정	
수출용 원재료에 대한 관세 등 환급에 관한 특례법	수출용 원재료에 대한 관세 등 환급에 관한 특례법 시행규칙
제4조(환급대상 수출 등) 수출용 원재료에 대한 관세 등을 환급받을 수 있는 수출 등은 다음 각 호의 어느 하나에 해당하는 것으로 한다. 1. 「관세법」에 따라 수출신고가 수리(受理)된 수출. 다만, 무상으로 수출하는 것에 대하여는 기획재정부령으로 정하는 수출로 한정한다. 2. 우리나라 안에서 외화를 획득하는 판매, 또는 공사 중 기획재정부령으로 정하는 것. 3. 「관세법」에 따른 보세구역 중 기획재정부령으로 정하는 구역, 또는 「자유무역지역의 지정 및 운영에 관한 법률」에 따른 자유무역지역의 입주기업체에 대한 공급. 4. 그 밖에 수출로 인정되어 기획재정부령으로 정하는 것. [전문개정 2011.07.14.]	제2조(환급대상 수출 등) ① 「수출용 원재료에 대한 관세 등 환급에 관한 특례법」 (이하 '법'이라 한다) 제4조 제1호 단서에서 '기획재정부령으로 정하는 수출'이란 다음 각 호의 수출을 말한다. 〈개정 1999.03.20., 2001.11.03., 2005.09.12., 2007.04.23., 2010.03.30., 2014.03.14.〉 1. 외국에서 개최되는 박람회·전시회·견본시장·영화제 등에 출품하기 위하여 무상으로 반출하는 물품의 수출. 다만, 외국에서 외화를 받고 판매된 경우에 한한다. 2. 해외에서 투자·건설·용역·산업설비수출 기타 이에 준하는 사업에 종사하고 있는 우리나라의 국민(법인을 포함한다)에게 무상으로 송부하기 위하여 반출하는 기계·시설 자재 및 근로자용 생활필수품 기타, 그 사업과 관련하여 사용하는 물품으로서 주무부장관이 지정한 기관의 장이 확인한 물품의 수출. 3. 수출된 물품이 계약조건과 서로 달라서 반품된 물품에 대체하기 위한 물품의 수출. 4. 해외구매자와의 수출계약을 위하여 무상으로 송부하는 견본용 물품의 수출. 5. 외국으로부터 가공임 또는 수리비를 받고 국내에서 가공, 또는 수리할 목적으로 수입된 원재료로 가공하거나 수리한 물품의 수출, 또는 당해 원재료 중 가공하거나 수리하는데 사용되지 아니한 물품의 반환을 위한 수출. 5의 2. 외국에서 위탁가공할 목적으로 반출하는 물품의 수출. 6. 위탁판매를 위하여 무상으로 반출하는 물품의 수출(외국에서 외화를 받고 판매된 경우에 한한다).

14. 전시회 출품 목적으로 수입되는 물품의 수입 통관

질문 킨텍스에서 열리는 전시회에 전시하기 위해서 기계를 한국으로 수입합니다. 물론, 전시회 종료 후 외국 수출자에게 다시 물품을 보내줄 것입니다. 이러한 경우, 한국으로 수입 신고할 때 어떠한 조건으로 신고해야 하며, 세액 납부를 정상적으로 해야 하는지 궁금합니다.

답변 1. 재수출 면세: 국내에서 진행될 전시회에 출품 목적과 같이 일시 사용하기 위하여 단기간에 물품을 수입하는 경우, 재수출 면세를 받을 수 있을 것입니다. 단, 납부해야 할 세액만큼의 담보를 제공해야 합니다. 전시회 기간을 고려하여 세관에서 재수출이행기한[1]을 정해 줄 것이며, 화주는 다른 용도로 사용 및 양도를 할 수 없으며, 정해진 기한 이내에 수출 신고 완료하여 수출 신고 수리일로부터 30일 이내에 외국으로 나가는 배/비행기에 물품을 On Board 하여 수출이행 완료해야겠습니다. 이후에 담보 해지 신청합니다.

관세법 제97조(재수출면세) 제3항에 따르면 재수출면세물품을 재수출 의무기한 이내에 수출하지 아니하거나, 용도 외에 사용하거나, 용도 외에 사용할 자에게 양도한 때에는 면제된 관세를 즉시 징수한다고 되어있습니다.

참고로 재해 등의 사유로 멸실[2]되거나 미리 세관장의 승인을 얻어 폐기한 때에는 징수하지 아니하지만, 도난 등으로 국내 어느 곳에 존재하고 있는 경우에는 멸실로 보지 않으니 전시회 중에 재수출 면세받은 물품이 도난되지 않도록 주의가 필요하겠습니다.

2. 용도 외 사용 신청: 재수출이행기한 이내에 재수출 이행하지 않고 다른 용도로 사용 원하는 경우, 용도 외 사용 신청을 해야 합니다. 용도 외 사용 승인을 받으면 해당 건에 대해서 수입신고 할 때 납부했어야 할 세액을 납부해야 하며, 수입신고 물품이 HS Code 상 수입요건이 있는 경우 수입요건 역시 받아야 할 것입니다(전시회 목적으로 수입신고 할 때 요건이 존재하더라도 요건 확인받지 않았을 것임).

---

1 재수출이행기한에 대한 설정은 세관에서 관세법시행령 제115조(재수출면세기간)를 기초로 설정합니다.
2 멸실은 천재지변이나 화재 등 재앙에 의하여 파괴·훼손되어 소멸한 상태를 말합니다. 참고 서적 『관세법 해설』, 이종익 외, 협동문고, 2013년

국내 전시회에 출품하기 위해서 재수출 조건으로 수입 신고하여 세액만큼의 담보 제공하고 수리받았다고 가정합니다. 그리고 전시회에 출품하였는데, 어떤 국내 업체(B사)가 해당 물품을 구매하겠다 하는 경우가 있습니다. 이때 수입자(A사)는 해당 물품에 대해서 용도 외 사용 신청하여 세액 납부 후 국내 거래로 해당 물품을 국내 업체에 판매해야 할 것입니다. 즉, 수입신고 및 세액 납부를 A사가 모두 진행하고 B사에게 납품해야 할 것입니다.

만약, 해당 전시장이 '보세 전시장'이라면, 수입신고 하지 않은 보세 물품을 전시하였을 것입니다. 그리고 국내의 어떤 업체에 판매하게 되었을 때 A사는 B사와 양수도 계약할 수 있습니다. 관련 자세한 내용은 289쪽 '참고'에서 설명하고 있습니다.

3. 재수출이행기한 이내 분할선적: 재수출 면세를 받아 수입통관 완료한 물품에 대해서 한 번에 재수출이행기한 이내에 선적할 수도 있으나, 2번 이상 나누어 분할선적 가능할 수 있습니다. 단, 모든 물량을 재수출이행기한 이내에 수출 신고해야 하며, 수출신고수리일로부터 30일 이내에 외국으로 나가는 배/비행기에 On Board 완료해야 할 것입니다.

관련 규정	
관세법	관세법 시행령
제97조(재수출면세) ① 수입신고수리일부터 다음 각 호의 어느 하나의 기간에 다시 수출하는 물품에 대하여는 그 관세를 면제할 수 있다. 1. 기획재정부령으로 정하는 물품: 1년의 범위에서 대통령령으로 정하는 기준에 따라 세관장이 정하는 기간. 다만, 세관장은 부득이한 사유가 있다고 인정될 때에는 1년의 범위에서 그 기간을 연장할 수 있다. 2. 1년을 초과하여 수출하여야 할 부득이한 사유가 있는 물품으로써 기획재정부령으로 정하는 물품: 세관장이 정하는 기간 ② 제1항에 따라 관세를 면제받은 물품은 같은 항의 기간에 같은 항에서 정한 용도 외의 다른 용도로 사용되거나 양도될 수 없다. 다만, 대통령령으로 정하는 바에 따라 미리 세관장의 승인을 받았을 때에는 그러하지 아니하다.	제109조(감면물품의 용도 외 사용 등에 대한 승인신청) ① 법 제83조 제2항 단서·법 제88조 제2항 단서·법 제97조 제2항 단서(법 제98조 제2항에서 준용하는 경우를 포함한다) 또는 법 제102조 제1항 단서에 의하여 세관장의 승인을 얻고자 하는 자는 다음 각 호의 사항을 기재한 신청서를 당해 물품의 소재지를 관할하는 세관장(이하 '관할지세관장'이라 한다)에게 제출하여야 한다. 다만, 법 제97조 제2항 단서(법 제98조 제2항에서 준용하는 경우를 포함한다)의 규정에 해당하는 경우에는 당해 물품을 최초에 수입 신고한 세관에서도 할 수 있다. 1. 당해 물품의 품명·규격·수량·관세감면액 또는 적용된 용도세율·수입신고수리 연월일 및 수입신고번호 2. 당해 물품의 통관세관명 3. 승인신청이유 4. 당해 물품 양수인의 사업 종류, 주소·상호 및 성명(법인인 경우에는 대표자의 성명)

③ 다음 각 호의 어느 하나에 해당하는 경우에는 수출하지 아니한 자, 용도 외로 사용한 자 또는 양도를 한 자로부터 면제된 관세를 즉시 징수하며, 양도인으로부터 해당 관세를 징수할 수 없을 때에는 양수인으로부터 면제된 관세를 즉시 징수한다. 다만, 재해나 그 밖의 부득이한 사유로 멸실되었거나 미리 세관장의 승인을 받아 폐기하였을 때에는 그러하지 아니하다.

1. 제1항에 따라 관세를 면제받은 물품을 같은 항에 규정된 기간 내에 수출하지 아니한 경우

2. 제1항에서 정한 용도 외의 다른 용도로 사용하거나 해당 용도 외의 다른 용도로 사용하려는 자에게 양도한 경우

④ 세관장은 제1항에 따라 관세를 면제받은 물품 중 기획재정부령으로 정하는 물품이 같은 항에 규정된 기간 내에 수출되지 아니한 경우에는 500만 원을 넘지 아니하는 범위에서 해당 물품에 부과될 관세의 100분의 20에 상당하는 금액을 가산세로 징수한다. 〈개정 2013.1.1., 전문개정 2010.12.30.〉

...... 중 략 ......

제114조(재수출기간의 연장신청) 법 제97조 제1항 제1호 단서의 규정에 의하여 수출기간을 연장받고자 하는 자는 당해 물품의 수입신고수리 연월일·신고번호·품명·규격 및 수량, 연장기간과 연장사유를 기재한 신청서를 당해 물품의 수입지세관장에게 제출하여야 한다. 다만, 관세청장이 정한 물품에 대하여는 수입지 세관 외의 세관에서도 재수출기간의 연장승인을 할 수 있다. 〈개정 2004.3.29.〉

제115조(재수출면세기간) ① 세관장은 법 제97조 제1항의 규정에 의하여 재수출면세기간을 정하고자 하는 때에는 다음 각 호의 기간을 재수출면세기간으로 한다. 이 경우 재수출면세물품이 행정당국에 의하여 압류된 경우에는 당해 압류기간은 재수출면세 기간에 산입하지 아니한다. 〈개정 2002.12.30.〉

1. 일시 입국하는 자가 본인이 사용하고 재수출할 목적으로 직접 휴대하여 수입하거나 별도로 수입하는 신변용품·취재용품 및 이와 유사한 물품의 경우에는 입국 후 처음 출국하는 날까지의 기간

2. 박람회·전시회·품평회 기타 이에 준하는 행사에 출품 또는 사용하기 위하여 수입하는 물품은 박람회 등의 행사기간종료일에 당해 물품을 재수출하는 데 필요한 기일을 더한 기간

3. 가공 또는 수리를 위한 물품 및 그 재료는 가공 또는 수리에 소요되는 것으로 인정되는 기간

4. 기타의 물품은 당해 물품의 반입계약에 관한 증빙서류에 의하여 확인되는 기간으로 하되, 반입계약에 관한 증빙서류에 의하여 확인할 수 없는 때에는 당해 물품의 성질·용도·수입자·내용연수 등을 고려하여 세관장이 정하는 기간

...... 중 략 ......

15. 해외 전시회 출품 목적으로 수출된 물품의 관세환급

질문 일본에서 진행될 전시회에 폐사의 기계를 출품하려고 합니다. 일본에 위치한 거래처가 물품을 받아서 설치할 것인데, 수출지로써 한국 세관에 재수입 조건으로 무상(GN) 건으로 수출신고 할 것입니다.

그런데 생각해 보니 전시회장에서 해당 물품에 대한 매매계약이 이루어져서 판매될 수도 있을 것 같습니다. 수출이행에 따른 관세환급은 유상 건에 대해서 된다고 알고 있는데, 이처럼 무상 수출한 건에 대해서도 관세환급 받을 수 있는지요?

그리고 전시회장에서 물품이 판매되지 않고 한국으로 재수입하게 된다면 관세와 부가세를 모두 납부 해야 하나요?

💬 **답변** 1. 국내 업체가 해외 전시회 출품을 위해서 물품을 재수입 조건으로 수출 신고하였는데, 해외 전시회에서 해당 물품이 판매되는 경우가 있습니다. 해외 전시회 출품을 위해서 수출되는 물품의 경우에는 통상 무상(GN)으로 수출되는데, 수출이행 후 관세환급을 받기 위해서는 유상 수출 신고되어야 합니다.

그러나 한국의 수출자가 해외 업체로부터 결제를 받을 때 은행이 발행한 영수증이라든지 매매계약서를 기초로 관세환급 신청할 때 첨부하면, 전시회 출품 목적으로 무상 수출된 건에 대해서도 관세환급 받을 수 있습니다. 그렇다고 해서 기존에 무상으로 수출된 내용을 유상으로 수출신고 내용을 변경할 필요는 없을 것입니다.

2. 문제는 관세환급을 개별환급이 아니라 수출신고 물품의 HS Code 상의 FOB 금액 1만 원당 환급받는 간이정액 환급의 경우에는 수출 신고할 때의 수출신고 가격이 중요합니다. 경우에 따라서 수출자가 전시회 출품으로 수출할 때는 정상가로 신고하지 않는 경우가 있는데, 그렇다면 정상 가격으로 신고 금액을 변경하는 절차를 진행해야 할 것입니다.

따라서 전시회 출품 목적으로 한국 세관에 수출 신고할 때 정상가격으로 신고하는 것이 적절해 보입니다.

3. 해외 전시장에서 판매되지 않은 경우, 한국으로 재수입할 것입니다. 이때 재수입에 따

른 관세 면세를 받을 수 있을 것이고, 수출 신고할 때 '무상' 신고한 건으로서 외국 업체에 해당 물품의 소유권을 넘기지 않은 건에 대한 재수입 건이니, 부가세 역시 면세받을 수도 있을 것[1]입니다. 인보이스의 작성은 기존에 수출할 때의 Description 그대로 작성함에 있어 품명, 단가 등을 동일하게 작성하는 반면, Shipper와 Consignee는 수출할 때와 비교해서 반대로 기재된 인보이스로 재수입 신고할 것입니다.

또한, 무상 건으로 수입하는 것이니 No Commercial Value(N.C.V.) 혹은 Free of Charge(F.O.C.)라는 문구가 인보이스에 기재될 것이며, 여기에 해외전시회 출품 후 재수입되는 건이라는 문구로써, Return Cargo after Exhibition 역시 기재하면 보다 확실할 것입니다.

마지막으로 수출 신고할 때의 HS Code와 재수입 신고할 때의 HS Code가 동일해야 할 것이며, 수출된 물품과 재수입되는 물품의 동일성을 Serial No.로 입증해야 할 수도 있습니다.

16. 한-EU FTA 협정세율 받고 수입한 제품 Repair 목적으로 수출 후 재수입

> **질문** 한-EU FTA 협정세율 적용하여 독일 수출자(인증수출자)로부터 기계를 수입하였습니다. 그러나 사용 중에 문제가 발생하여, 본 기계를 독일 수출자에게 보내어 Repair 후 한국으로 재수입하려고 합니다. 재수입될 때의 HS Code는 Repair 목적으로 한국에서 수출될 때와 동일하며, 한국 세관에 수출 신고하여 수리받은 날로부터 운송 시간 포함하더라도 4개월 이내에는 재수입될 것으로 예상합니다. 질문의 요점은 Repair 후 재수입될 때 과세가격이 어떻게 되며, 협정세율을 적용받을 수 있는지 여부입니다.

💬 **답변** 1. 기본적으로 Repair 후 재수입 건에 대해서는 재수입 감세[2]를 받을 수 있습니다. 이때 과세가격에는 재수입신고 하는 물품의 가격은 제외되고 Repair Fee와 왕복 운임[3]과

---

1 재수입 물품에 대한 부가세 면세 여부 275쪽 참고.
2 전액 면제를 면세, 일부 면제를 감세라고 합니다.
3 실무적으로 한국에서 독일 그리고 독일에서 한국까지의 운임이라기 보다는, Repair 진행 국가로써 독일에서 한국까지의 운임에 곱하기 2를 한 비용이 될 것입니다.

적하보험료가 과세가격을 형성하게 됩니다. 그리고 수입신고 물품의 HS Code 상 관세율만큼의 관세를 납부합니다(자세한 내용 259쪽 '수리 후 재수입할 때 관세 계산' 참고).

2. 그러나 본 건은 재수입할 때 역시 한-EU FTA C/O를 기초로 기본세율 혹은 WTO 협정세율이 아닌 보다 낮은 한-EU FTA 협정세율을 적용받을 수 있을 것입니다. 즉, 최초 해당 물품을 수입할 때 독일 수출자는 인보이스와 같은 상업서류에 '원산지신고서 문안'을 기재하여 한국 수입자에게 전달하였고, 한국 수입자는 이를 기초로 한-EU FTA 협정세율 적용받았습니다. 그리고 사용 중 문제가 발생하여 Repair 목적으로 독일로 물품을 보냈고, Repair 후 한국으로 재수입됨에 있어 HS Code가 변경될 만큼의 가공공정을 거치지 아니하였기에 독일의 인증수출자는 또다시 인보이스와 같은 상업서류에 '원산지신고서 문안'을 기재할 수 있을 것입니다[4].

따라서 한-EU FTA 수입체약국으로써 한국의 수입자는 한-EU FTA 협정세율을 적용받을 수 있습니다. 그리고 과세가격은 상기 No.1의 내용과 같이 Repair Fee와 왕복운임, 그리고 적하보험료의 합계 금액이 될 것이며, 여기에 한-EU FTA 협정세율만큼의 관세가 발생할 것입니다.

그런데 거래 물품의 매매계약 상의 하자보수보증기간(수입신고수리 후 1년에 한 한다) 중에 하자가 발견되거나 고장이 발생하여 독일 수출자에게 물품을 재수출하고, 독일 수출자의 부담으로 Repair 후 한국으로 재수입한다면, 물품 가격뿐만 아니라 Repair Fee, 왕복운임 그리고 적하보험료까지 과세가격에 포함되지 않을 수도 있습니다[5].

---

4 물론, 독일에서 Repair를 마친 해당 물품은 한국으로 직접(Direct) 운송되었음이 운송서류에 의해서 입증 되어야겠습니다
5 관련하여 자세한 내용은 259쪽 'No. 3' 참고.

KASTON

Shipper

KASTON
Borsteler Chaussee 85 22453 Hamburg
Germany
Tel: +49 11 12313123

Consignee

EDUTRADEHUB
#501 Samwha building 213-7 Nonhyundong
Kangnamgu Seoul Korea
Tel: (02) 0000-0000

INVOICE

Number / Date
IV-15135 / Jun. 22. 2015

Customer P.O. No. / Date
AA001   / Jun. 1. 2015

Customer No.
A-K-001

Your Contact Person
Gerrit Dekker / +49 11 12313123
E-Mail : gerrit@kaston.com

Payment Term : T/T 35 Days After B/L Date   **Price Term : FOB German Port**

No.	Description	Quantity	Value/EUR	Origin	Remarks
1	MACHINE TYPE 1	1 SET	EUR 189,500.00	Germany	F.O.C.
2	Repair Fee	1 SET	EUR 8,500.00		

Total Amount   **EUR** 198,000.00

*** RETURN CARGO AFTER REPAIR ***

KASTON Co., Ltd.

Preferential Declaration of Origin

The exporter of the products covered by this document (DE/4711/EA/0007) declares that,
except where otherwise clearly indicated, these products are of DE preferential origin.

17. 한-미 FTA, Repair 또는 개조 후 재반입되는 상품

질문 미국 수출자로부터 기계를 수입하였습니다. 폐사가 해당 기계를 수입할 때는 한-미 FTA C/O를 받지 못하였고 사후 적용도 하지 못했습니다. 그런데 문제가 발생하여 미국 제조사에 본 기계를 보내어 Repair 할 수밖에 없는 상황입니다. 듣자하니, 미국에서 Repair 후 한국으로 재수입하면 재수입 감세가 아니라 재수입 관세 자체를 면세받을 수 있다고 들었습니다. 사실인지, 만약 그렇다면 어디에 근거를 두고 있는지 알고 싶습니다.

💬 **답변** 1. 통상적인 경우: 기본적으로 Repair 후 재수입되는 물품에 대해서는, 재수입 신고되는 물품의 가격은 제외하고 Repair Fee와 왕복운임, 그리고 적하보험료가 과세가격을 형성합니다. 여기에 재수입신고 물품의 HS Code 상 관세율만큼 관세를 납부합니다. 그러나 본 건은 한-미 FTA 협정문의 내용에 따라서 재수입 감세가 아니라 재수입에 따른 관세 면세를 받을 수도 있을 것입니다.

2. 한-미 FTA: 한-미 FTA 협정문 제2.6조에 따르면, "수리 또는 개조를 위하여 자국 영역에서 다른 쪽 당사국의 영역으로 일시적으로 수출된 후 자국 영역으로 재반입되는 상품에 대하여 그 상품의 원산지와 관계없이 관세를 적용할 수 없다."라고 기술하고 있습니다. 다시 말해서, 한국 업체가 미국으로 기계를 보내어 미국에서 Repair 하여 다시 한국으로 재수입(재반입)될 때는 관세가 발생하지 않는다는 뜻이라 할 수 있을 것입니다.

이때 해당 물품의 원산지와 관계없다는 뜻은 한국으로 최초 수입될 당시에 해당 물품에 대해서 한-미 FTA C/O로 미국산이라는 사실을 인정받지 아니한 물품에 대해서도 상대국인 미국에서 Repair 후 재수입되면 관세를 면세받을 수 있을 것입니다.

3. 한-호주 FTA: 참고로 한-호주 FTA 협정문에서도 역시 '수리 또는 개조 후 재반입되는 상품'에 대해서는 원산지와 관계없이 관세적용을 하지 않는다 명시하고 있습니다.

한-미 FTA 협정문

제2.6조
수리 또는 개조 후 재반입되는 상품

1. 어떠한 당사국도, 다음의 경우에 관계없이, 수리 또는 개조를 위하여 자국 영역에서 다른 쪽 당사국의 영역으로 일시적으로 수출된 후 자국 영역으로 재반입되는 상품에 대하여 그 상품의 원산지와 관계없이 관세를 적용할 수 없다.

   가. 수리 또는 개조를 위하여 그 상품을 수출한 당사국의 영역에서 수리 또는 개조가 이루어질 수 있는지 여부, 또는

   나. 수리 또는 개조가 그 상품의 가치를 증가시켰는지 여부

2. 어떠한 당사국도 수리 또는 개조를 위하여 다른 쪽 당사국의 영역으로부터 일시적으로 반입된 상품에 대하여 그 상품의 원산지와 관계없이 관세를 적용할 수 없다.

3. 이 조의 목적상, '수리 또는 개조'는 다음의 작업이나 공정은 포함하지 아니한다.

   가. 상품의 본질적인 특성을 파괴하거나 새로운 또는 상업적으로 다른 상품을 만드는 것, 또는

   나. 미완성 상품을 완성 상품으로 변형하는 것

한-호주 FTA 협정문

제2.4조
수리 또는 개조 후 재반입되는 상품

1. 어떠한 당사국도, 다음의 경우에 관계없이, 수리 또는 개조를 위하여 자국 영역에서 다른 쪽 당사국의 영역으로 일시적으로 수출된 후 자국 영역으로 재반입되는 상품에 대하여 그 상품의 원산지와 관계없이 관세를 적용하지 아니한다.

   가. 수리 또는 개조를 위하여 그 상품을 수출한 당사국의 영역에서 수리 또는 개조가 이루어질 수 있는지 여부, 또는

   나. 수리 또는 개조가 그 상품의 가치를 증가시켰는지 여부

2. 어떠한 당사국도 수리 또는 개조를 위하여 다른 쪽 당사국의 영역으로부터 일시적으로 반입된 상품에 대하여 그 상품의 원산지와 관계없이 관세를 적용하지 아니한다.

3. 이 조의 목적상, 수리 또는 개조는 다음의 작업이나 공정은 포함하지 아니한다.

   가. 상품의 본질적인 특성을 파괴하거나 새로운 또는 상업적으로 다른 상품을 만드는 것, 또는

   나. 미완성 상품을 완성 상품으로 변형하는 것

18. 양수도 계약- 계약서 작성을 통한 물품의 소유권 이전

질문 외국 수출자에게 운송서류 하나의 건으로 물품을 수입 진행하려 하였습니다. 현재 수출지에서 해당 물품은 On Board 완료 상태로써 선적서류(인보이스, 팩킹리스트, B/L)를 모두 수출자에게 전달받은 상태이며, 결제조건 T/T in Advance 건으로써 선결제 100%를 폐사가 수출자에게 완료한 상태입니다.

그러나 물품이 부산항에 도착한 후에 폐사가 수입 신고하고 세액을 납세하는 것이 아니라 국내 거래처 A사에 물품을 양도하여 A사가 수입 신고하고 A사가 세액 납부하여 통관 진행하게끔 하고 싶습니다. 가능한지에 대해서 문의드립니다.

💬 **답변** 1. 인보이스와 운송서류의 Consignee 의미: 귀사를 B, 외국 수출자를 C로 가정하겠습니다. 현재 B가 C에게 전달받은 인보이스 및 팩킹리스트의 Shipper는 C, Consignee는 B가 기재되어있을 것입니다. 그리고 운송서류(B/L 혹은 화물운송장)의 Shipper 역시 C, Consignee 역시 B로 되어있을 것입니다.

인보이스의 Consignee는 Shipper와 매매계약 체결한 자로서 외국환 결제 당사자라 할 수 있습니다(인보이스는 결제와 관련된 서류). 반면에, 운송 정보를 담고 있는 운송서류(B/L, 화물운송장)의 Consignee는 수입지에서 포워더에게 D/O를 받는 자라 할 수 있습니다(Consignee가 기명식의 경우). 운송서류의 Consignee에 B라는 업체의 상호가 기재되어 있으면, 포워더는 B라는 업체에 D/O를 내줘야 하며, 타 업체에 D/O를 내주면 안 될 것입니다.

2. 수입신고필증 상의 '수입자'와 '납세의무자': 그러나 B가 어떠한 이유로 해당 건의 물품을 직접 수입통관 진행 원하지 않을 수 있습니다. B는 국내의 A 업체에 해당 건의 물품을 모두 양도 원하거나, 해당 건의 물품 일부를 A 업체에, 그리고 나머지는 다른 업체에 양도 원할 수도 있겠습니다.

이때 양도를 원하는 B와 양수를 원하는 A 혹은 기타 다른 업체와 서로 양수도 계약서[12]를 작성합니다. 그러면 해당 건에 대해서 외국으로 결제는 B가 하였더라도 수입신고필증의

---

1 B/L 양도확인서라는 제목으로 작성되기도 합니다.
2 양수도 계약서 양식은 452쪽에 있으니 참고해주세요.

'수입자' A '납세의무자' A가 될 것입니다[1]. 이를 입증하는 서류로써 양수도 계약서, 양도자의 인감증명서 및 운송서류(B/L 혹은 화물운송장)가 필요할 것입니다.

UNI-PASS		수 입 신 고 필 증			(갑 지) ※ 처리기간 : 3일	
(1)신고번호	(2)신고일	(3)세관.과	(6)입항일		(7)전자인보이스 제출번호	
(4)B/L(AWB)번호	(5)화물관리번호		(8)반입일		(9)징수형태	
(10)신 고 인 ABC관세사사무실 홍길동 (11)수 입 자 A 사 (12)납세의무자 A 사 　　　　(주소) 　　　　(상호) 　　　　(전화번호) 　　　　(이메일주소) 　　　　(성명) (13)운송주선인 ㈜ABC 포워딩 (14)해외거래처 C 사		(15)통관계획	(19)원산지증명서 유무	(21)총중량	
		(16)신고구분	(20)가격신고서 유무	(22)총포장갯수	
		(17)거래구분	(23)국내도착항		(24)운송형태
		(18)종류	(25)적출기		
			(26)선기명		
		(27)MASTER B/L 번호		(28)운수기관부호	

3. 수입요건 존재하는 물품: 양수자는 해당 건의 물품 HS Code 상 수입요건이 있다면, 자신이 직접 비용을 들여 요건 확인을 받아야 할 것입니다.

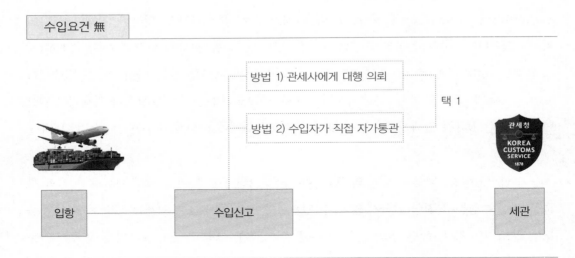

수입요건 無

방법 1) 관세사에게 대행 의뢰 ─ 택 1

방법 2) 수입자가 직접 자가통관

입항 ── 수입신고 ──────── 세관

▲ 수입신고는 '입항 전 신고' 역시 가능하며, 입항 후에도 신고 가능합니다.

▲ 수입신고 물품의 HS Code 상 수입요건이 존재하지 않으면, 세관에 바로 수입신고 가능합니다.

1　선적서류 상의 Consignee가 수입신고필증 상의 수입자가 되고 납세의무자는 A사가 된다면, 이는 대행계약의 형태가 될 것입니다.

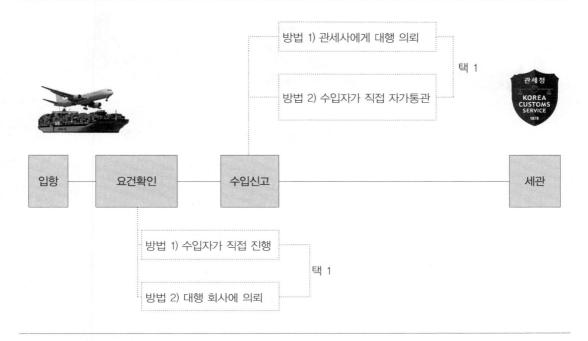

수입요건 有

방법 1) 관세사에게 대행 의뢰

방법 2) 수입자가 직접 자가통관

택 1

입항 — 요건확인 — 수입신고 — 세관

방법 1) 수입자가 직접 진행

방법 2) 대행 회사에 의뢰

택 1

▲ 수입신고 물품의 HS Code 상 수입요건이 존재하는 물품(세관장확인대상 물품)의 경우, 반드시 요건확인 기관으로부터 요건 확인받아야 관할지 세관으로 수입신고 가능.

4. 단가 노출의 문제: 양도자 B(서류상의 Consignee)는 양수자 A(B의 국내 거래처)에게 수입신고수리 전 상태의 보세물품을 양도합니다. 이때 세관에 수입 신고하는 자로서 수입자는 양수자인 A가 됩니다. 세관에 수입신고는 외국으로 결제한 금액과 일치하게 신고가 들어가야 합니다. 따라서 B는 A에게 외국 수출자로서 C로부터 전달받은 인보이스를 그대로 전달해야 C에게 대금 결제한 금액과 일치하게 A가 세관에 수입신고 할 수 있습니다[2].

결국, B가 A에게 보세물품을 양도함으로써 수입원가는 노출될 수밖에 없습니다. 이렇게 양도 원하는 자와 양수 원하는 자는 서류 양수도계약서 작성하고, 양도자는 외국 수출자로부터 인수한 운송서류(B/L 혹은 화물운송장), 인보이스 및 팩킹리스트를 그대로 양수자에게 전달해야겠습니다.

---

2 양수자 A사는 양도자 B사에게 전달받은 외국 수출자 C가 발행한 인보이스를 기초로 세관에 수입 신고합니다. 그러나 양수자 A는 양도자로서 B사에게 물품을 양도받으면서 국내 거래로 물품을 구입하는 것이기에 외국 수출자 C가 발행한 인보이스 가격 대비하여 양도자 B사는 자신의 마진을 따로 붙여서 양수자 A사에게 세금계산서 발행할 것입니다.

| 수출자(Shipper, C) | 수입자(Consignee, B) 양도자 | B의 국내 거래처(A) 양수자 |

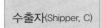

a) B와 C는 Sales Contract 작성
b) 인보이스, 팩킹리스트, 운송서류 전달
   (모든 서류 Shipper C, Consignee B)

c) 물품 보세구역/창고 반입(수입신고 전)
d) B와 A 양수도 계약서 작성[2]
e) B는 A에게 C로부터 받은 선적서류 그대로 전달
   (C의 정보 및 인보이스 상의 단가 노출 피할 수 없음)
f) A가 세관에 수입신고 하여 '수입자'
   (C로 결제한 대금과 세관 수입신고 금액 일치시켜야
   하기에 B에게 전달받은 인보이스 단가 그대로 수입 신고)
g) A는 해당 건에 대한 세액 납부함으로 '납세의무자'
h) A가 포워더에게 운송비 결제 후 D/O 받음

참고 국내 '보세 전시장'에서 전시 중 국내 거래처에 판매되는 경우

국내에서 전시회가 열리는데, 해당 전시장이 보세 전시장으로 지정되었다고 가정합니다.

이때 외국 수출자로부터 물품을 국내 입항지로 운송하여 세관에 수입 신고하는 것이 아니라, 입항지 보세구역에서 또 다른 보세구역인 보세 전시장으로 이동하는 것이니 수입신고 없이 보세운송 신청하여 보세운송 진행합니다. (포워더에게 운송비 결제하고 D/O는 받아야)

이후 보세 전시장에서 물품이 전시회 기간 중에 판매되었다면, 해당 물품은 보세물품이기 때문에 외국 수출자와 매매계약 체결한 국내 업체(A사, Consignee)와 해당 물품을 구입 원하는 또 다른 국내 업체(B사, A사의 국내 거래처) 간에 양수도 계약을 체결할 수 있습니다.

그러면 A사가 B사에 물품을 양도하는 건으로써, 세관에 수입 신고 및 세액 납부 모두는 양수자인 B사가 진행할 수 있을 것입니다.

---

1 양수도 계약서 작성의 시기는 물품이 수입지의 터미널(항구/공항)에 입항하기 전에도 가능 할 것입니다.

19. 식품 등의 수입신고- '식품 등 수입업 판매업' 신고 및 정밀검사 실적 인정 범위 등

질문 투명 식품 용기를 수입 준비 중입니다. 구청에 허가를 받고 식약처에 식품 등의 수입신고를 해서 적합 통지를 받아야 세관에 수입신고가 가능하다고 압니다. 그 절차가 어떻게 되는지 궁금합니다. 그리고 최초 수입 건에 대해서는 정밀검사를 받아야 한다고 아는데, 비용은 어느 정도 발생하는지도 궁금합니다.

💬 **답변** 1. 식품 등(농임산물, 가공식품, 식품첨가물, 기구·용기·포장)을 외국으로부터 수입하기 위해서는 구청에 '식품 등 수입판매업'을 신고를 해야 합니다. 이에 앞서 식품산업협회(www.kfia.or.kr)를 통해 식품위생교육을 받고, 수료증, 임대차계약서 등을 지참하고 구청으로 '식품 등 수입판매업'을 신고하여 허가를 받아야겠습니다.

2. 식품을 수입할 때, No. 1에서 설명하였듯이 구청으로부터 허가를 받는 것이 먼저입니다. 그리고 수입지로써 우리나라의 보세창고로 반입하기 전에(사전신고) 혹은 반입 후(본 신고)에 해당 물품을 보관하고 있는 지역을 관할하는 지방식약처에 EDI로 식품 등의 수입신고를 합니다.

이때 수입자는 A라는 수출자로부터 A라는 물품을 최초 수입하기 때문에 정밀검사를 받아야 합니다[1].

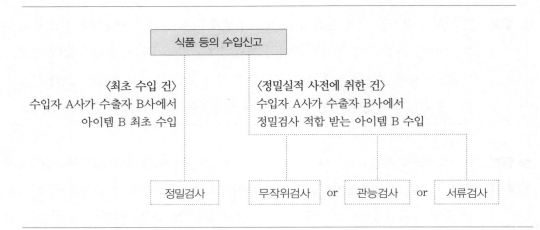

▲ 정밀검사 실적이 있는 건은 '무작위검사', '관능검사', '서류검사' 중의 하나가 지정됩니다.

▲ 상기 내용 관련하여 보다 자세한 내용은 456쪽을 참고해주세요.

3. 정밀검사 후 적합 통지에 따른 실적 인정은 순중량(Net Weight, N.W.) 100kg을 기준으로 합니다. 다시 말해서, 식품 수입할 때 순중량을 100kg 이상 보세창고에 반입하여 정밀검사 받고 적합 통지받았다면, 다음 선적 건(동일 수출자로부터 동일 물품)에 대해서 100kg 이상 수입할 때 정밀검사는 다시 받지 않고 무작위검사, 관능검사, 서류검사 중의 하나를 받습니다.

그러나 순중량 100kg 미만 건에 대해서 보세창고에 반입하여 정밀검사 적합 받았다 하더라도 다음 선적 건이 100kg 이상이면 다시 정밀검사 받아야 합니다. 물론, 최초 100kg 미만으로 적합 통지받고 다음 선적 건에 대해서도 100kg 미만일 때 다시 정밀검사 받지 않아도 됩니다.

4. 귀사의 물품은 투명 식품 용기입니다. 투명 식품 용기는 정밀검사 받지 않아도 될 겁니다.

5. EDI로 지방식약처로 수입 신고할 때 기본적으로 수출자/제조사로부터 받은 해당 식품

---

1 식품 등의 수입신고는 최초 건에 대해서 정밀검사를 받고 정밀검사 결과 '적합'이면 차후 선적되는 건에 대해서는 무작위검사, 관능검사, 서류검사 중의 하나로 지정됩니다.

에 대한 제조공정도, 성분분석표가 있어야 신고 가능합니다. 신고할 때 제조공정과 성분 및 함량에 대해서도 신고해야 하기 때문입니다. 경우에 따라서 한국 수입자가 외국 수출자로부터 이들 서류를 전달받지 못하여 식품 등의 수입 신고하는데 어려움을 겪기도 합니다.

그리고 식품 등의 수입신고를 진행하기에 앞서 현품에 '한글표시사항'이 표기되어 있어야 합니다. 만약, 수출지에서 표기되지 않고 수출되었다면, 수입지 보세창고에서 보수작업 신청 후 '한글표시사항'을 현품에 부착 후 식품 등의 수입신고를 진행해야겠습니다.

6. 최초 수입 건에 대해서 정밀검사를 받아야 함에 있어 그 처리기한이 10일입니다. 검사 기관에서 샘플을 채취해야 하기 때문에 보세창고에 반입시켜야 하며, 그 결과가 나오는데 최대 10일이 걸리며, 이후 수입 신고하여 바로 수리될 수도 있고 또다시 수일이 걸릴 수도 있습니다.

문제는 수입지의 항구/공항에 위치한 보세창고료는 상당히 비쌉니다. 따라서 저렴한 보세창고를 찾아서 해당 보세창고에 반입 후 식품 등의 수입신고를 진행하는 것이 보세창고료를 줄이는 방법이며, 결과적으로 수입자 자신의 마진을 높이는 결정이 될 것입니다.

이때 수입지의 항구/공항 보세창고에서 다른 보세창고로 보세운송하기 전에 수입자는 포워더가 청구한 운송비를 결제해야 D/O(Delivery Order, 화물인도지시서)를 받을 수 있고, D/O를 받아야 수입신고수리 전 상태의 보세물품을 보세창고에서 반출시켜 줄 것이며, 이후 보세운송 가능합니다.

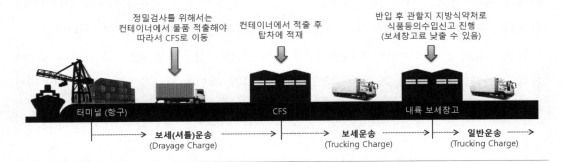

정밀검사를 위해서는
컨테이너에서 물품 적출해야
따라서 CFS로 이동

컨테이너에서 적출 후
탑차에 적재

반입 후 관할지 지방식약처로
식품등의수입신고 진행
(보세창고료 낮출 수 있음)

터미널 (항구) / CFS / 내륙 보세창고

보세(셔틀)운송
(Drayage Charge)

보세운송
(Trucking Charge)

일반운송
(Trucking Charge)

▲ FCL 건이라도 식품 등의 수입 신고할 때 정밀검사의 경우, 컨테이너로부터 물품을 적출하기 위해서 CFS에 반입되어야 합니다. 그래야 식약처에서 샘플을 채취하여 정밀검사할 수 있습니다.

▲ 그 외 CFS에 반입하여 적출 후 내륙의 저렴한 보세창고에서 일정 기간 장치(보관)할 필요성이 있는 경우는 많이 있을 것입니다. 다른 예로써 FCL 건과 LCL 건 상관 없이 하나의 운송 건에 대해서 분할통관 필요한 경우, CFS에 반입되어 적출해야 하고, 먼저 수입신고수리 받은 물품은 수입자가 지정한 최종 목적지로 향하고 나머지 물품은 저렴한 보세창고를 찾아 보세운송 후 일정 기간 장치할 수 있을 것입니다.

터미널 (공항) / 공항 보세창고 / 내륙 보세창고

보세운송
(Trucking Charge)

일반운송
(Trucking Charge)

7. 정밀검사 진행해야 하는데, 만약 귀사의 물품이 해상 FCL로 수입된다면 CFS(보세창고)로 반입시켜야 합니다. 따라서 CY에서 보세창고까지의 셔틀비용(Drayage Charge)과 적출비용(CFS Charge)이 발생할 것이며, 반입일로부터 보세창고료가 추가 발생할 것입니다.

8. FCL로 들어오는 경우, 서류검사로 지정되면 식약처에서 해당 컨테이너에 적재되어있는 물품을 실제로 보지 않기 때문에 CY에서 검사장 혹은 CFS로 해당 컨테이너를 이동시킬 필요가 없을 것입니다. 그러나 관능검사 혹은 무작위검사로 지정되면 CY에서 검사장 혹은

CFS로 해당 컨테이너를 이동시켜야겠습니다. 그러면 보세운송비 등의 추가 비용이 발생할 수 있습니다. 물론, FCL 건으로써 최초 수입 건이면 정밀검사를 받아야 합니다. 그러면 식약처에서 해당 물품의 샘플을 채취해야 하니 CFS로 반입하여 적출해야겠습니다.

20. 식품 등의 수입신고 – 지정된 국외 시험·검사기관을 통한 정밀검사

질문 호주에서 소시지 케이싱을 수입하려고 계획 중입니다. 해당 물품의 HS Code는 3917.10-1000으로써 가공식품에 속합니다.

과거에 다른 식품을 수입해본 경험이 있어, 해당 물품에 대해서도 한국에 위치한 보세창고에 반입하여 지방식약처로 최초 건으로써 정밀검사(식품 등의 수입신고) 진행하려고 생각하고 있었습니다. 그런데 본 건을 준비하면서 최초 수입 건으로써 정밀검사는 반드시 해당 물품을 국내 보세창고에 반입하여 한국의 검사기관을 통해서 받지 않고 수출국으로써 국외에 위치한 검사기관을 통해서 정밀검사를 받을 수 있다는 사실을 확인했습니다.

만약 그렇다면, 해당 물품을 국내 보세창고로 반입하여 정밀검사 처리기한으로써 10일 정도 동안의 보세창고료를 줄일 수 있을 것 같습니다. 관련하여 확인받고 싶습니다.

💬 **답변** 1. 지정된 국외 시험·검사기관이 존재합니다[1]. 그리고 국외 수출자는 해당 기관을 통하여 정밀검사 의뢰하면 정밀검사 받을 수 있으며, 그 결과로써 '시험검사성적서(Certificate of Laboratory Testing)' 원본을 발급받아서 수입자에게 원본 그대로 전달합니다. 이후 수입자는 해당 '시험검사성적서' 원본을 지방식약처로 식품 등의 수입 신고하면서 원본 그대로 제출할 필요가 있겠습니다.

---

1 국외검사기관(9개국 64개 기관): 중국(28), 베트남(7), 태국(12), 대만(6), 인도(5), 미국(3), 호주(1), 핀란드(1), 프랑스(1) [정부기관(47), 민간(17)]. 2014년 9월 기준.

2. 국외 지정된 기관에서 정밀검사를 받은 건이라고 해서 국내 보세구역/창고에 반입되어 세관에 수입 신고하기 전에 식품 등의 수입신고를 지방식약처로 하지 않는 것은 아닙니다. 단지, 최초 수입 건에 대해서 받아야 하는 정밀검사를 국외 지정된 기관에서 받는다는 것입니다. 이것이 실적으로 인정된다 하더라도 수입지로써 한국 세관에 수입신고 전에 지방식약처로 식품 등의 수입 신고해야 하며, 수입자가 제출한 '시험검사성적서' 등을 지방식약처에서 검토 후 결과 통지할 것입니다.

때에 따라서 국외 지정된 기관에서 진행한 정밀검사의 검사 항목 중에 한국 식약처에서 요구하는 검사 항목이 누락되는 경우가 있습니다. 그러면 해당 건에 대해서 비록 국외 지정된 기관에서 정밀검사 받은 건일지라도, 한국에서 누락된 항목의 검사를 추가 진행할 수도 있습니다.

3. 국외 지정된 기관은 모든 국가에 존재하는 것은 아니며, 존재 한다 하더라도 시험·검사 대상 품목이 지정된 기관마다 상이할 수 있습니다. 이와 관련된 자세한 내용은 식품의약안전처(http://www.mfds.go.kr) 홈페이지를 통해서 확인 가능합니다.

국외시험·검사기관 지정 현황 확인 방법
식품의약안전처(http://www.mfds.go.kr) 홈페이지 접속 → 상단 메뉴 '분야별 정보' → 좌측 메뉴 '시험검사기관' → 하단 메뉴 '식품 축산물 분야 지정현황' → 탭 '국외검사기관'

21. 관세의 납부 기한

질문 수입통관 진행 중에 질문 드립니다. 저희 업체는 대부분 FCL로 운송 진행하고, 수입신고 물품의 HS Code 상 수입요건이 존재하지 않는 물품을 수입하는지라 매번 입항 전 신고를 하였고 통상 P/L 건으로 떨어져서 관부가세 납부 후 수리 받아서 부두에서 바로 반출해왔습니다.

이번 건 역시 입항 전 신고를 하였는데, 과세가격이 상당하여 관부가세가 다소 많이 발생하였습니다. 그래서 그런지 관리팀에서 결제가 계속 미루어지고 있어 불안하네요. 월요일에 출근해서 관세사에게 관세 납부 기한에 대해서 문의해보았습니다. 관세사 말로는 수입신고 하여 세관에서 접수하고 15일 이내인데, 10일 정도까지 납부하지 않으면 세관에서 부과 고지하여 다시 15일이 늘어나서 실질적으로 관세 납부 기한은 25일 이내라고 합니다. 이게 잘 이해가 되지 않습니다. 그리고 관세 납부 기한이 지금 일요일에 걸려버리는데, 그러면 2일 전인 금요일까지 납부해야 하는지, 아니면 돌아오는 다음 영업일로써 월요일에 납부해야 하는지도 확인해주시기 바랍니다.

💬 **답변** 1. 관세 납부 기한이 공휴일에 해당하는 경우, 다음 영업일까지 그 기한은 연장됩니다. 다음 관세법 제8조의 내용을 참고해주세요.

관련 규정		
관세법	관세법 시행령	관세법 시행규칙
제8조(기간 및 기한의 계산) ① 이 법에 따른 기간을 계산할 때 제252조에 따른 수입신고수리 전 반출승인을 받은 경우에는 그 승인일을 수입신고의 수리일로 본다. ② 이 법에 따른 기간의 계산은 이 법에 특별한 규정이 있는 것을 제외하고는 「민법」에 따른다. ③ 이 법에 따른 기한이 공휴일(「근로자의 날 제정에 관한 법률」에 따른 근로자의 날과 토요일을 포함한다) 또는 대통령령으로 정하는 날에 해당하는 경우에는 그 다음 날을 기한으로 한다.	제1조의4(기한의 계산) ① 법 제8조 제3항에서 '대통령령으로 정하는 날'이란 금융기관(한국은행 국고대리점 및 국고수납 대리점인 금융기관에 한한다. 이하 같다) 또는 체신관서의 휴무, 그 밖에 부득이한 사유로 인하여 정상적인 관세의 납부가 곤란하다고 관세청장이 정하는 날을 말한다. 〈개정 2007.4.5., 2011.4.1., 2012.2.2.〉 ② 정전, 프로그램의 오류, 한국은행(그 대리점을 포함한다) 또는 체신관서의 정보처리장치의 비정상적인 가동 기타 관세청장이 정하는 사유로 인하여 법 제327조에 따른 국가 관세종합정보망 또는 전산처리설비의 가동이 정지되어 법	

④ 제327조에 따른 국가 관세종합정보망 또는 전산처리설비가 대통령령으로 정하는 장애로 가동이 정지되어, 이 법에 따른 기한까지 이 법에 따른 신고·신청·승인·허가·수리·교부·통지·통고·납부 등을 할 수 없게 되는 경우에는 그 장애가 복구된 날의 다음 날을 기한으로 한다.

[전문개정 2010.12.30]

의 규정에 의한 신고·신청·승인·허가·수리·교부·통지·통고·납부 등을 기한 내에 할 수 없게 된 때에는 법 제8조 제4항에 따라 해당 국가 관세종합정보망 또는 전산처리설비의 장애가 복구된 날의 다음날을 기한으로 한다. 〈개정 2002.12.30., 2009.2.4.〉 [제1조의2에서 이동 〈2013.2.15〉

2. 수입신고를 세관에서 접수받으면 15일 이내로 관세를 납부해야 하는데, 실무적으로 10일 정도까지 납부하지 않으면 세관에서 부과 고지합니다. 부과 고지하면 다시 15일이 늘어나니 실질적으로 납부 기한은 25일로 보는 것이 적절할 것입니다. 이와 관련하여 다음의 관세법을 참고하기 바랍니다.

관련 규정
관세법

제9조(관세의 납부기한 등) ① 관세의 납부기한은 이 법에서 달리 규정하는 경우를 제외하고는 다음 각 호의 구분에 따른다.

　1. 제38조 제1항에 따른 납세신고를 한 경우: 납세신고 수리일부터 15일 이내

　2. 제39조 제3항에 따른 납세고지를 한 경우: 납세고지를 받은 날부터 15일 이내

　3. 제253조 제1항에 따른 수입신고 전 즉시 반출신고를 한 경우: 수입신고일부터 15일 이내

② 납세의무자는 제1항에도 불구하고 수입신고가 수리되기 전에 해당 세액을 납부할 수 있다.

③ 세관장은 납세실적 등을 고려하여 관세청장이 정하는 요건을 갖춘 성실 납세자가 대통령령으로 정하는 바에 따라 신청을 할 때에는 제1항 제1호 및 제3호에도 불구하고 납부기한이 동일한 달에 속하는 세액에 대하여는 그 기한이 속하는 달의 말일까지 한꺼번에 납부하게 할 수 있다.

[전문개정 2010.12.30]

수입신고는 EDI로 진행되니 평일 오후 6시 이후 및 공휴일에도 할 수 있습니다. 그러나 세관은 평일 오후 6시까지만 신고를 받고, 그 이후의 시간에 대해서는 사전에 조율하여 임기 개청 신청해야 할 것입니다.

22. 팩킹리스트(Packing LIst)에 순중량·총중량 필요 이유

질문 수출회사에 취업한 지 얼마 되지 않은 신입사원입니다. 하나하나 익혀가는 재미가 있지만, 모든 것을 상사에게 물어볼 수 없는 환경인 듯합니다. 바쁘다 하시거나 때론 한숨도 쉬시고 제 질문에 대해서 많이 귀찮은 듯합니다.

제가 궁금한 것은 바보 같은 질문인지 모르겠으나, 팩킹리스트를 매번 작성할 때 순중량(N.W., Wet Weight)과 총중량(G.W., Gross Weight)을 기재하는 이유를 정확히 모르겠습니다.

인보이스와 팩킹리스트를 작성하여 관세사 사무실로 수출신고 의뢰하고 또 포워더 쪽에도 수출신고필증과 함께 Documents Closing Time까지 전달하는데, 팩킹리스트 상에 순중량과 총중량이 필요한 이유가 뭘까요?

💬 **답변** 1. **수출신고필증 상에 기재되는 순중량과 총중량:** 관세사 사무실 쪽으로 수출신고 의뢰하고 수리받은 후 전달 받는 수출신고필증(수출면장)에는 순중량과 총중량이 기재되어 있을 것입니다. 수출신고필증이 발행되기 앞서 수출자는 수출신고를 관세사 사무실에 의뢰하게 되고, 이때 수출자는 자신이 작성한 인보이스(Commercial Invoice)와 팩킹리스트를 이메일 혹은 팩스 전달합니다. 이들 서류를 전달받아서 관할지 세관으로 수출신고 진행하는 관세사 사무실의 수출신고 담당 직원은 해당 물품을 실제로 눈으로 확인할 수 없으며, 또한 물품에 대한 무게를 직접 실측할 수도 없습니다. 따라서 수출자가 작성한 인보이스와 팩킹리스트 상의 품명, 가격, 무게, 부피 등의 정보를 서류상으로 확인하여 그대로 수출신고서 작성합니다.

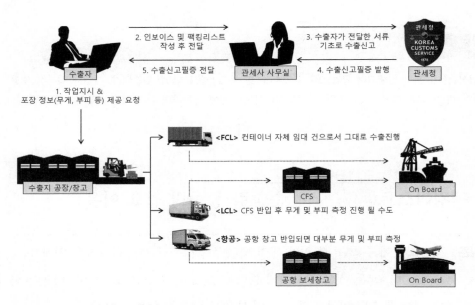

2. 인보이스 및 팩킹리스트 작성 후 전달
수출자
1. 작업지시 & 포장 정보(무게, 부피 등) 제공 요청

3. 수출자가 전달한 서류 기초로 수출신고
관세사 사무실
5. 수출신고필증 전달
4. 수출신고필증 발행
관세청
KOREA CUSTOMS SERVICE
관세청

수출지 공장/창고
<FCL> 컨테이너 자체 임대 건으로서 그대로 수출진행
CFS
On Board
<LCL> CFS 반입 후 무게 및 부피 측정 진행 될 수도
<항공> 공항 창고 반입되면 대부분 무게 및 부피 측정
공항 보세창고
On Board

문제는 관세사 사무실로 인보이스와 팩킹리스트를 전달한 수출회사의 수출 담당 직원 역시 서류상의 물품의 포장 과정과 부피 및 무게를 직접 눈으로 확인하지 못하는 경우가 상당히 많다는 것입니다. 일반적으로 수출 담당 직원은 사무직으로서 사무실에 상주하며 무역서류 핸들링 업무하고, 실제로 수출물품의 생산과 포장은 제조 공장에 상주하는 생산직 직원에 의해서 이루어지겠습니다. 이렇게 업무가 분류되어 있기 때문에 실제 물품의 부피 및 무게와 수출자가 작성한 팩킹리스트 상의 부피 및 무게가 상이할 수 있으며, 이를 기초로 세관으로 신고되는 수출신고서 상의 내용과 수리 이후 발행되는 수출신고필증 상의 내용 역시 실제 물품의 그것과 상이하게 될 가능성이 있습니다.

그래서 수출 서류 담당자 즉, 인보이스 및 팩킹리스트 작성하는 무역서류 담당자는 대금 청구서로서 부피와 무게 정보가 기재되지 않는 인보이스는 직접 작성하고, 부피와 무게 정보가 기재되는 팩킹리스트의 작성은 생산직 근로자에게 매번 부피와 무게 정보를 받아서 이를 기초로 팩킹리스트를 작성하는 것이 적절할 것입니다. 물품 생산 제조사와 수출자가 별도의 회사인 경우에는 수출자가 제조사에 팩킹리스트를 직접 작성 요구하여 전달받는 것이 적절할 수 있겠습니다.

2. 해상 FCL 건 및 LCL 건의 총중량 실측: FCL 건은 화주가 하나의 컨테이너를 임대하는 건이며, 해당 컨테이너에 적재 가능한 무게가 정해져 있으니, 그 범위 안에서 물품 적재합니다. 그 후 부두에서 바로 On Board 됩니다. 그러나 LCL 건 및 FCL 건이지만 CFS로 반입되는 건은 CFS에서 혼재업자(콘솔사)에 의해 그 무게와 부피가 재측정되는 경우가 있습니다. 만약, 서류와 실제 무게 및 부피가 크게 상이할 것으로 보이는 건은 재측정하게 되고, 서류상의 내용보다 그 값이 크다면 CFS에서 측정한 값으로 CFS Charge, THC 및 Ocean Freight 등의 운송 관련 비용을 청구할 것입니다. 물론 FCL 건에서 THC와 Ocean

Freight에 대해서는 R.ton이 아니라 컨테이너 당 비용이 청구될 것입니다.

3. 항공화물운송장(AWB) 상에 기재되는 **총중량**과 Chargable Weight: 항공 건에서 수출물품은 내륙운송 업체 차량에 의해서 포워더가 지정한 공항의 반입지로 이동합니다. 이때 공항 창고에서 해당 물품의 중량은 창고 직원에 의해서 실측됩니다. 따라서 수출자에 의해서 작성된 팩킹리스트 상의 중량 및 이를 바탕으로 그대로 수출 신고하여 수리받은 수출신고필증 상의 중량은 AWB 상의 중량 정보와 차이가 발생할 수 있습니다.

4. 신고 내용 정정: 수출신고필증 상의 중량과 실측한 중량의 차이가 상당하지 않다면 수출 신고 내용을 정정하지 않아도 문제되지 않을 수 있을 것이나, 수출자는 관세사와 상의 후 결정하는 것이 좋겠습니다. 세관으로 신고한 것에 대해서 정정하게 되면 벌점이 발생하여 향후 신고 건에 대해서 불이익을 받을 수 있으니, 가능한 정정하지 않도록 처음 신고할 때 정확히 신고하는 습관을 가져야 할 것입니다.

FCL	– VGM 시행 후 실측한 무게와 수출신고필증 상의 무게가 대략적으로 +– 5% 범위에서는 문제없이 선적 처리 될 수도.
LCL	– 수출신고필증의 중량과 적하목록 제출 중량이 기본적으로 일치해야(불일치하면 미선적 처리 될 수도). – 오차범위 발생했을 때 수출신고 정정해야 할 수도.
항공	– 오차범위 인정 범위: 100KG 미만일 때 +– 50%, 100KG 이상일 때 +–30%, 30KG 이하일 때 오차 범위 구분 없음. – 인정되는 오차범위 내에서의 불일치라면 수출신고 정정하지 않아도. – 인정되는 오차범위 벗어난 경우 미선적 처리 될 수도.

23. 수입통관 중 FCL 건 검사비용

질문 해상 건으로써 FCL로 부산으로 물품이 입항되었습니다. 수입신고를 관세사 사무실 통해서 진행하였고 '수입통관 예상비 청구서'를 이메일로 받았습니다. 그런데 검사비용이라는 명목으로 10만 원 정도가 보입니다. 기존에는 없었던 비용인데 갑자기 왜 이러한 비용을 청구하는지 모르겠습니다. 설명 부탁드립니다.

💬 답변 1. **수입신고 후 물품검사로 지정되는 경우:** 수입신고 진행하면 P/L, 서류제출, 물품검사 중의 하나로 지정됩니다. 현재 수입신고 건은 FCL 건으로써 P/L로 지정되면 세액 납부 후 바로 수리받을 수 있을 것이며, 서류제출 건이면 서류를 세관으로 관세사 직원이 제출 후 문제없으면 세액 납부 후 바로 수리받을 수 있습니다. 그러면 CY에서 바로 반출 가능합니다.

그런데 물품검사로 지정되면 해당 컨테이너를 검사장으로 이동시켜야 합니다. 이때 CY와 검사장의 거리에 따라서 운송비가 발생할 수 있을 것이며, 검사장에서 컨테이너를 개장하여 물품을 적출합니다. 그러면 그에 따른 비용이 발생할 것입니다. 참고로 물품 적출은 컨테이너 문 뒤의 앞면 물품에 대해서만 진행될 수도 있고 전면에 대해서 진행될 수도 있습니다.

그리고 또 다른 비용으로써 세관 직원과 함께 해당 건에 대해서 수입신고 대행한 관세사 사무실 직원이 검사장으로 갈 수도 있는데, 이때 인건비가 추가 발생할 수 있습니다. 그러나 해당 비용은 관세사 사무실에 따라서 청구하지 않는 경우도 있는 듯합니다.

2. **관리대상 건으로 지정된 경우:** 수입 화주가 관세사를 통해서 수입신고 하기 전에 운송사에 의해서 적하목록이 세관에 제출됩니다. 이때 세관은 우범성이 있는 화물을 따로 분류하여 검사하기도 합니다. 이를 관리대상 건이라 하며, 그러한 화물은 특허보세구역이 아닌 지정장치장으로 반입됩니다. 이러한 경우에도 검사비는 발생할 수 있을 것입니다. 참고로 관리대상이 지정되어 지정장치장으로 반입되면, 적출 작업이 기본적으로 이루어질 수 있다는 점을 알고 있어야 할 것입니다.

터미널 CY → 검사장 → 물품검사

24. 수출자의 수출신고와 제조사의 관세환급 신청

> **질문** 폐사는 수출자로서 수출물품의 제조사는 국내에 따로 존재합니다. 이때 폐사가 국내 거래로 제조사로부터 물품을 구입 후 수출신고 할 때 '제조사'를 정확히 신고하여 수출신고필증 상에 '제조사'가 기재되어 있어야 수출 이행된 후 제조사가 환급 신청 가능하다고 압니다. 그런데 기타 다른 주의점이 없는지요?

💬 **답변** 1. 관세환급: 수입할 때 납부하는 관세는 수입 신고 물품이 국내에서 소비될 것을 전제하에 미리 납부하는 것이라 할 수 있습니다. 그러나 수입신고 하여 관세 납부 후 수리받은 물품이 다시 외국으로 수출 이행된다면 국가는 해당 건의 관세를 환급해줘야 할 것입니다(그렇다고 환급 신청 없이 가만히 있어도 환급해주는 것은 아님).

2. **관세환급 신청인과 관세환급 받는 자:** 수출자가 관세환급 받는 경우의 예로써 수입한 물품이 위약 물품(계약과 상이한 물품)으로 인정되어 수출 이행되거나 혹은 수입한 원상태로 외국으로 판매(원상태 수출, 수입 신고한 가격보다 수출 신고한 가격이 높아야 함) 되는 경우에는 수출자가 관세환급을 받을 수 있을 것입니다. 물론, 국내에서 제조된 물품이라 할지라도 수출자가 제조사에게 기납증을 받으면, 수출자가 관세환급 신청 후 관세환급 받을 수도 있을 것이나, 이는 실무적으로 통상적으로 발생하는 경우가 드물다 할 것입니다(185쪽 'B. 수출자 환급' 부분 참고).

상기 질문에서 제시된 상황은 국내에서 물품이 제조되어 수출 이행되는 건으로써, 수출 물품에 대한 수출신고는 수출자가 관세사 사무실 통해서 진행하였습니다. 이러한 경우는 통상적으로 수출자가 아니라 제조사가 관세환급 신청하는 것이며, 관세환급 역시 수출자가 아니라 제조사가 받습니다.

이때 수출신고필증 상의 '제조사'에 해당 제조사의 상호 등이 기재되어 있어야 하며, 수출자는 수출신고필증을 제조사에 전달해야겠습니다(관련하여 보다 자세한 내용은 183쪽 참고).

3. **HS Code 일치:** 제조사가 자체적으로 해당 물품을 수출하고 관세환급 받는 경우가 있습니다. 그러면 제조사는 기존에 동일 물품에 대해서 관세환급 신청할 때의 HS Code와

귀사에 공급한 물품에 대해서 수출 이행되고 귀사로부터 전달받는 수출신고필증 상의 HS Code가 동일해야 환급받는 데 문제가 없을 것입니다.

25. 사후납부와 월별납부의 차이점

> **질문** 안녕하세요? 폐사는 사후납부 업체로 지정되어 있습니다. 그런데 월별납부가 있다고 들었습니다. 사후납부와 월별납부의 차이점을 알고 싶습니다.

💬 **답변** 사후납부는 B/L 건마다 개별 담보를 제공하여 진행하는 건이 있고, 일정 기간을 설정하여 포괄 담보로 진행하는 건이 있습니다. 아무튼, 사후납부라는 것은 수입신고 후 사후납부 업체면 세액 납부 없이 수리되고, 그 수리일로부터 15일 이내에 세액 납부해야 할 것입니다.

그리고 월별납부는 사후납부의 형태로 알고 있으며, 수입신고 후 납부기한(15일)이 속하는 달의 월말에 일괄납부해야 할 것입니다.

사후납부의 경우 수리일이 3월 11일이라면, 11일 기준으로 15일 이내까지 세액 납부해야겠습니다. 그리고 월별납부의 경우 역시 수리일이 3월 11일이라면, 납부기한 15일이 속하는 달의 월말까지 결제해야 할 것입니다.

참고

'정정'은 수입신고 후 세액을 납부하기 전에 그 세액이 과부족 하다는 것을 알게 되었을 때 납세 신고한 세액을 바로 잡는 것이라 할 수 있습니다. 일반적으로 수입 신고하고 세액을 납부해야 수리되는데, 사후납부 업체라든지 월별납부 업체는 수리받고 일정 기간 이후에 세액을 납부하니, 이들 업체는 수입신고수리 받고 세액 납부하기 전에 '정정' 진행하는 경우도 있겠습니다.

추가적으로 「관세 등에 대한 담보제공과 정산제도운영에 관한 고시」 제4조(담보제공 대상)에 따라서 담보 제공하지 않는 경우도 있으니 참고하기 바랍니다.

관련 규정 월별납부	
관세법	관세법 시행령
제9조(관세의 납부기한 등) ① 관세의 납부기한은 이 법에서 달리 규정하는 경우를 제외하고는 다음 각 호의 구분에 따른다. 　1. 제38조 제1항에 따른 납세신고를 한 경우: 납세신고 수리일부터 15일 이내 　2. 제39조 제3항에 따른 납세고지를 한 경우: 납세고지를 받은 날부터 15일 이내 　3. 제253조 제1항에 따른 수입신고 전 즉시 반출신고를 한 경우: 수입신고일부터 15일 이내 ② 납세의무자는 제1항에도 불구하고 수입신고가 수리되기 전에 해당 세액을 납부할 수 있다. ③ 세관장은 납세실적 등을 고려하여 관세청장이 정하는 요건을 갖춘 성실 납세자가 대통령령으로 정하는 바에 따라 신청을 할 때에는 제1항 제1호 및 제3호에도 불구하고 납부기한이 동일한 달에 속하는 세액에 대하여는 그 기한이 속하는 달의 말일까지 한꺼번에 납부하게 할 수 있다. [전문개정 2010.12.30]	제1조의5(월별납부) ① 법 제9조 제3항의 규정에 의하여 납부기한이 동일한 달에 속하는 세액을 월별로 일괄하여 납부(이하 '월별납부'라 한다)하고자 하는 자는 납세실적 및 수출입실적에 관한 서류 등 관세청장이 정하는 서류를 갖추어 세관장에게 월별납부의 승인을 신청하여야 한다. ② 세관장은 제1항의 규정에 의하여 월별납부의 승인을 신청한 자가 법 제9조 제3항의 규정에 의하여 관세청장이 정하는 요건을 갖춘 경우에는 세액의 월별납부를 승인하여야 한다. 이 경우 승인의 유효기간은 승인일부터 그 후 2년이 되는 날이 속하는 달의 마지막 날까지로 한다. 〈개정 2010.3.26〉 ③ 세관장은 월별납부의 대상으로 납세 신고된 세액에 대하여 필요하다고 인정하는 때에는 법 제24조에 규정된 담보를 제공하게 할 수 있다. ④ 세관장은 납세의무자가 다음 각 호의 1에 해당하게 된 때에는 제2항의 규정에 의한 월별납부의 승인을 취소할 수 있다. 이 경우 세관장은 월별납부의 대상으로 납세 신고된 세액에 대하여는 15일 이내의 납부기한을 정하여 납세고지하여야 한다. 　1. 관세를 납부기한이 경과한 날부터 15일 이내에 납부하지 아니하는 경우 　2. 월별납부를 승인받은 납세의무자가 법 제9조 제3항의 규정에 의한 관세청장이 정한 요건을 갖추지 못하게 되는 경우 　3. 사업의 폐업, 경영상의 중대한 위기, 파산선고 및 법인의 해산 등의 사유로 월별납부를 유지하기 어렵다고 세관장이 인정하는 경우 ⑤ 제2항에 따른 승인을 갱신하려는 자는 제1항에 따른 서류를 갖추어 그 유효기간 만료일 1개월 전까지 승인갱신 신청을 하여야 한다. 〈신설 2010.3.26〉 ⑥ 세관장은 제2항에 따라 승인을 받은 자에게 승인을 갱신하려면 승인의 유효기간이 끝나는 날의 1개월 전까지 승인갱신을 신청하여야 한다는 사실과 갱신절차를 승인의 유효기간이 끝나는 날의 2개월 전까지 휴대폰에 의한 문자전송, 전자메일, 팩스, 전화, 문서 등으로 미리 알려야 한다. 〈신설 2012.2.2〉 [본조신설 2004.3.29.] [제1조의3에서 이동 〈2013.2.15.〉]

관세 등에 대한 담보제공과 정산제도운영에 관한 고시

제4조(담보제공 대상) 다음 각 호의 어느 하나에 해당하는 자는 제14조 각 호에 따른 담보를 제공하여야 한다.

1. 법 또는 환특법 제23조를 위반하여 징역형의 실형을 선고받고 그 집행이 종료(집행이 종료된 것으로 보는 경우를 포함한다)되거나 면제된 후 2년이 경과되지 않은아니한 자.

2. 법 또는 환특법 제23조를 위반하여 징역형의 집행유예 선고를 받고 그 유예 기간 중에 있는 자.

3. 법 제269조부터 제271조까지, 제274조, 제275조의 2, 제275조의 3, 또는 환특법 제23조에 따라 벌금형, 또는 통고처분을 받은 자로서 그 벌금형을 선고받거나 통고처분을 이행한 후 2년이 경과되지 아니한 자. 다만 세관장이 재범의 우려가 없다고 인정하는 경우를 제외한다.

4. 최근 2년간 관세 등 조세를 체납(정리 보류한 것으로서 소멸시효가 완성되지 않은 것을 포함)한 사실이 있는 자. 다만, 납부기한 경과 후 30일 이내에 체납된 관세 등을 납부한 때, 또는 납세자가 수입신고 후 10일 이내에 담보를 제공하지 않아 세관장이 납세고지한 것으로 보세구역으로부터 해당 물품이 반출되지 않은 체납(미통관 체납물품)인 경우에는 제외할 수 있다.

5. 최근 2년간 계속해서 수입실적이 없는 자.

6. 청산, 파산, 회생절차가 진행 중인 자.

7. 법 제248조 제2항 제5호 및 「관세법 시행령」 제252조 제3호에 따라 수입실적, 자산, 영업이익, 수입물품의 관세율 등을 고려하여 관세채권 확보가 곤란한 경우로서 다음 각 목의 어느 하나에 해당하는 자.

   가. 최근 1년 이내 「어음법」이나 「수표법」에 따라 어음교환소에서 거래정지처분을 받은 자.
   나. 신용평가업자로부터 받은 신용평가등급이 없거나, 기업어음에 대한 평가등급이 A3- 등급 미만이거나 회사채에 대한 평가등급이 BBB- 등급 미만이거나 기업신용평가등급이 BBB- 등급 미만에 해당하는 자.
   다. 「종합인증 우수업체 공인 및 관리업무에 관한 고시」 제2조 제1호에 따라 측정한 법규준수도가 50점 미만인 자.
   라. 과태료 또는 과징금을 체납 중인 자. 다만, 납부기한 경과 후 30일 이내에 납부하는 경우에는 제외할 수 있다.
   마. 「관세법 시행규칙」 제8조 제1항 제4호의 물품을 수입하는 자.
   바. 「관세법 시행규칙」 제8조 제1항 제5호의 물품을 수입하는 자(다만, 「관세법 시행규칙」 제8조 제1항 제5호 외의 물품에 대하여는 담보제공을 요구하지 아니한다).
   사. 그 밖에 세관장이 담보제공을 생략할 경우 관세채권확보에 지장을 초래할 우려가 있는 자

26. 반제품과 완제품의 개념

질문 관세사와 대화하는 중에 반제품과 완제품에 대한 언급이 있었습니다. 그 차이가 정확히 무엇인지 질문하였고 답을 들었는데, 정확히 이해가 되지 않아서 개념이 서질 않습니다. 그 차이점에 대해서 설명듣고 싶습니다.

💬 **답변** 반제품은 쉽게 말해서 그 제품 자체로 기능하지 못하는 제품으로써 Blank 상태의 제품이라 할 수 있습니다. 물론, 그 반제품 상태로 어느 정도의 기능은 할 수 있겠지만, 완제품이라고는 할 수 없는 제품입니다. 좀 더 쉽게 설명하자면 불완전 완제품이라 해도 될 것 같습니다.

27. 원산지 표시는 제품 자체에 해야, 그러나 최소포장 인정될 수도

질문 수입신고를 하였고 해당 건이 물품검사로 지정되었습니다. 세관 직원이 현품에 대한 검사를 진행하였는데, 그 결과 원산지 표시는 되어 있으나 잘못되었다고 통관을 보류시키고 있습니다.

사실 폐사는 물품 자체에 원산지 표시를 하지 않고, 소비자에게 판매할 때의 최소단위 포장에 원산지 표시를 하였습니다. 수입신고 대행하는 저희 쪽 관세사 역시 세관의 편을 들어주고 있습니다. 관세사와 세관에서 원산지 표시에 대해서 설명하기를 최소단위 포장에 원산지 표시를 하는 것은 현품 자체에 원산지를 표기할 수 없는 예외적인 상황에서 그리한다고 하는데, 이에 대해서 저희 사장님은 지금까지 최소 단위 포장에 원산지 표기를 해왔고 문제가 없었는데, 왜 그러냐는 식으로 담당자인 저에게 화를 내십니다.

어떻게 하면 좋을까요?

💬 답변 1. 원산지 표시는 해당 물품 자체에 표시해야: 「대외무역관리규정」[1] 제75조에 따라서 수입 물품의 원산지 표시는 물품 자체(이하 '현품'이라 한다)에 해야 합니다. 그러나 현품에 원산지 표시를 할 수 없는 경우에 예외적으로 최소포장, 용기 등에 수입 물품의 원산지를 표시할 수 있도록 하고 있습니다.

2. 물품을 포장단위로 판매하는 경우: 「원산지제도운영에 관한 고시」 제5조 4항은 다음과 같이 규정하고 있습니다.

제5조(원칙적인 원산지표시 방법) ④ 현품 또는 최소포장에 원산지표시를 하여야 하는 물품을 포장단위로 판매하는 경우에는, 그 판매포장에도 원산지표시를 하여야 한다. 다만, 소비자가 수입 후 거래 또는 판매 시에 현품, 또는 최소포장 그대로 원산지를 확인할 수 있는 물품(예: 안경, 신발, 가방, 의류 등)은 판매포장에 원산지를 표시하지 아니할 수 있다.

3. 품목별 원산지 표시방법 지정: 「원산지제도운영에 관한 고시」 제10조에서는 물품별로 원산지 표시방법을 지정하고 있습니다. 다음은 일부 물품에 대한 표시방법입니다.

제10조(물품별 원산지 표시방법 지정) ① 「대외무역관리규정」 제81조에 따라 관세청장이 정하는 세부적인 원산지표시 방법은 별표 2와 같다.
② 제1항에서 지정한 방법으로 원산지를 표시하기 곤란한 합리적인 사유가 있음을 수입자가 입증하는 경우에는 세관장이 관세청장의 승인을 받아 표시방법을 따로 지정할 수 있다.

HS	물품명	적정표시방법	비 고
0409	천연 꿀	○ 소매용 최소포장에 원산지표시 ○ 포장상자, 용기 등에 원산지표시	원산지표시 의무이행요구
0702	토마토	○ 소매용 최소포장에 원산지표시 ○ 포장상자, 자루, 용기 등에 원산지표시	원산지표시 의무이행요구
3922	목욕통, 세면기, 비데, 변기용 시트와 커버	○ 현품에 원산지표시	
3923	플라스틱제 포장용기	○ 현품에 원산지표시	

---

1 '대외무역관리규정'은 법제처(http://www.moleg.go.kr) 홈페이지에서 검색하여 확인 가능합니다.

6101~6114	의류(메리야스 편물 및 뜨개질 편물의 것)	○ 현품에 라벨 봉제 원산지표시	
6115	양말, 스타킹, 타이즈, 팬티호스	○ 켤레 단위로 현품에 원산지표시 ○ 소매용 최소포장에 원산지표시	
6303	커튼, 블라인드, 침대용 밸런스	○ 현품에 원산지표시	
6304	침대 덮개	○ 현품에 원산지표시	
6504~6506	모자	○ 현품에 라벨 봉제 원산지표시	
6601	우산, 양산	○ 현품에 원산지표시	
7015	안경 유리,선글라스용 유리	○ 소매용 최소포장에 원산지표시	
7615	알루미늄제 식탁 용품, 주방용품, 위생용품	○ 현품에 원산지표시	
8212	면도기, 면도날	○ 현품에 원산지표시 ○ 면도날은 소매용 최소포장에 원산지표시 허용	
8213	가위(가정·사무·작업용)	○ 현품에 원산지표시	
8711	모터사이클, 모터자전거, 사이드 카	○ 현품(차대 부분)에 원산지표시	
8712	자전거	○ 현품(차체 부분)에 원산지표시	
8715	유모차	○ 현품(차체 부분)에 원산지표시	

▲ 경로: 관세청(http://www.customs.go.kr) → 우측 Quick Menu '법령정보' 클릭 → 상단 메뉴 '행정규칙' 하위 메뉴 '고시' 클릭 → '원산지제도운영에 관한 고시' 검색

관련 규정

대외무역관리규정

제75조(수입 물품의 원산지표시대상 물품 등) ①영 제55조 제1항에 따른 원산지표시대상 물품은 별표 8에 게기된 수입 물품이며 원산지표시대상 물품은 해당 물품에 원산지를 표시하여야 한다.

② 제1항에도 불구하고 원산지표시대상 물품이 다음 각 호의 어느 하나에 해당하는 경우에는 영 제56조 제2항에 따라 해당 물품에 원산지를 표시하지 않고 해당 물품의 최소포장, 용기 등에 수입 물품의 원산지를 표시할 수 있다.

  1. 해당 물품에 원산지를 표시하는 것이 불가능한 경우

  2. 원산지 표시로 인하여 해당 물품이 크게 훼손되는 경우(예: 당구공, 콘택트렌즈, 포장하지 않은 집적회로 등)

  3. 원산지 표시로 인하여 해당 물품의 가치가 실질적으로 저하되는 경우

4. 원산지 표시의 비용이 해당 물품의 수입을 막을 정도로 과도한 경우(예: 물품값보다 표시비용이 더 많이 드는 경우 등)

5. 상거래 관행상 최종구매자에게 포장, 용기에 봉인되어 판매되는 물품 또는 봉인되지는 않았으나 포장, 용기를 뜯지 않고 판매되는 물품(예: 비누, 칫솔, VIDEO TAPE 등)

6. 실질적 변형을 일으키는 제조공정에 투입되는 부품 및 원재료를 수입 후 실수요자에게 직접 공급하는 경우

7. 물품의 외관상 원산지의 오인 가능성이 적은 경우(예: 두리안, 오렌지, 바나나와 같은 과일·채소 등)

8. 관세청장이 지식경제부장관과 협의하여 타당하다고 인정하는 물품

28. 한-EU FTA 원산지신고서 문안의 'EU'와 현품의 원산지 표시

질문 안녕하세요? 프랑스에서 제조된 한-EU FTA 원산지결정기준을 충족한 물품을 프랑스 수출자로부터 한국으로 수입하는 수입자입니다. 프랑스 수출자는 인증수출자로서 프랑스 수출자가 발행한 인보이스에 다음과 같이 원산지가 'EU'라고 표기된 원산지신고서 문안이 기재되어있습니다. 그리고 본 건의 현품에는 'Made in EU'로 해당 물품의 원산지가 EU라고 표기하였습니다.

> **원산지신고서 문안**
>
> The exporter of the products covered by this document(customs authorisation No FR/003160/0025) declares that, except where otherwise clearly indicated, these products are of EU preferential origin.

이후 수입지로써 한국 세관으로 한-EU FTA 협정세율 적용하여 수입신고 하였으며, 물품검사로 지정되었습니다. 그런데 세관에서 'Made in EU'는 적절한 원산지 표시 방법이 아니라 합니다. 원산지 표시를 할 때는 'Made in 국명'으로 해야 한다 하네요. 폐사가 사용하는 관세사 사무실에서도 현품의 원산지 표시는 국명이 들어가는 것이 정확한 원산지 표시라고 하면서 원산지 보수작업이 필요하다 합니다.

한-EU FTA 원산지신고서 문안에서 원산지 표시를 할 때는 국가 코드로써 'FR'뿐만 아니라 'EU'로 표기하여도 무관하다 알고 있습니다. 그래서 서류와 현품의 원산지 표시를 동일하게 한 것인데, 현품에 대한 원산지 표시는 'Made in France'처럼 국명이 들어가야 한다는 근거가 따로 있는지요?

💬 **답변** 1. 한-EU FTA 원산지신고서 문안에서의 원산지 인정 범위: 다음 내용은 관세청 FTA PORTAL 홈페이지에 공개되어있는 '한-EU FTA 집행에 관한 지침'을 참고하기 바랍니다[1].

- 협정문에 있는 당사자명 (예) THE FEDERAL REPUBLIC OF GERMANY
- 국제적으로 통용되는 국가명 (예) GREECE
- 당사자 국가의 ISO 코드 (예) IT
- 'EU' 표기, 'EC' 및 'European Community' 표기
- 원산지가 영국인 제품: 'UK' 표기(협정문상 표기된 약어)
- EU측 각 당사자 언어 협정문에 표기된 'EU' 표기

    (예)   - 스페인, 프랑스, 이탈리아, 폴란드, 포르투갈, 루마니아, 말타: 'UE' 표기
                  - 라트비아, 리투아니아: 'ES' 표기
                  - 그리스: 'EE' 표기
                  - 불가리아: 'EC' 표기

2. 수입물품의 원산지 표시: 「대외무역관리규정」 제76조에 따라서 수입물품에 대한 원산지 표시는 '국명'을 기재하는 것이 적절할 것이라 판단됩니다.

대외무역관리규정

제76조(수입 물품 원산지 표시의 일반원칙) ① 수입 물품의 원산지는 다음 각 호의 어느 하나에 해당되는 방식으로 한글, 한자 또는 영문으로 표시할 수 있다.
 	
  1. '원산지: 국명' 또는 '국명 산(産)'
 	
  2. 'Made in 국명' 또는 'Product of 국명'
 	
  3. 'Made by 물품 제조자의 회사명, 주소, 국명'
 	
  4. 'Country of Origin: 국명'
 	
  5. 영 제61조의 원산지와 동일한 경우로써 국제상거래 관행상 타당한 것으로 관세청장이 인정하는 방식

---

1   경로 : 관세청 FTA PORTAL(http://www.customs.go.kr/portalIndex.html) 접속 → 상단 메뉴 'FTA 자료실' 클릭 → 메뉴 '협정별집행지침' → '한-EU FTA 운영지침' 다운로드 가능.

그리고 「원산지제도운영에 관한 고시」 제8조 3호에 따라서 각각의 개별 국가가 아닌 지역·경제적 연합체는 이를 원산지로 표시할 수 없다고 규정하고 있습니다.

원산지제도운영에 관한 고시

제8조(원산지 국가명 표기) 「대외무역관리규정」 제76조 제1항 및 제6항에 따른 원산지국명 표기방법의 인정 범위는 다음 각 호와 같다.

1. 영문으로 국가명을 표시하는 경우에는 약어(예: Great Britain을 'Gt Britain'으로 표기), 또는 변형된 표기(예: Italy를 'Italie'로 표기)를 표시할 수 있으나, 국가명 또는 국가명의 형용사적 표현이 다른 단어와 결합되어 특정상품의 상표로 최종구매자에게 오인될 우려가 있는 경우(예: Brazil Nuts)에는 원산지표시로 인정하지 아니한다.

2. 식민지 및 국가로부터 자치권을 행사하는 특별구역은 별도의 원산지국가로 표시하여야 한다(예: Hong Kong, Macao, Guam, Samoa Islands, Virgin Islands).

3. 각각의 개별 국가가 아닌 지역·경제적 연합체는 이를 원산지로 표시할 수 없다(예: EU, NAFTA, ASEAN, MERCOSUR, COMESA).

4. 최종구매자가 수입 물품의 원산지를 오인할 우려가 없는 경우에는 통상적으로 널리 사용되고 있는 국가명이나 지역명 등을 사용하여 원산지를 표시할 수 있다(예: United States of America를 USA, 또는 US, 또는 America로, Switzerland를 Swiss로, Netherlands를 Holland로, United Kingdom of Great Britain and Northern Ireland를 UK, 또는 GB로, UK의 England, Scotland, Wales, Northern Ireland).

5. 국제관행상 국가명만 표시하는 것으로 인정되는 물품의 경우에는 국가명만 표시할 수 있다(예: 시계, 볼펜, 사인펜, 연필, 색연필 등).

6. 국제상거래 관행상 정착된 표시방법은 적정한 원산지표시로 인정할 수 있다(예: 'Manufactured by 물품 제조자 회사명, 주소, 국가명', 'Manufactured in 국가명', 'Produced in 국가명', '국가명 Made', 'Country of Origin: 국가명').

---

29. 원산지 표시 면제되는 경우 - 제조공정에 투입되는 부품/원재료

질문 폐사는 물품을 수입하여 그대로 국내 제조사에 납품합니다. 해당 물품의 HS Code 상에서는 원산지 표시 대상 물품이라고 나오는데, 제조 공정에 투입되는 물품이라 굳이 원지 표시를 해당 물품 자체에 할 필요가 있는지 모르겠습니다. 설명 부탁드립니다.

💬 **답변** 기본적으로 수입 신고되는 물품의 HS Code 상 원산지 표시 대상 물품이라면 물품 자체에 원산지 표시를 해야겠습니다. 그 상태에서 수입지 세관에 수입신고 하여야 합니다. 그러나 해당 물품이 국내에 반입되어 소비자들에게 판매되는 물품이 아니라 제조공정에 투입되는 부품 혹은 원재료로 사용된다면 원산지 표시 대상 물품이라 할지라도 원산지 표시를 면제받을 수도 있습니다. 단, 해당 물품의 수입자는 국내 제조사와의 해당 물품에 대한 공급 계약서를 세관에 제출하여 이를 입증할 필요가 있을 수 있습니다.

관련 규정

대외무역관리규정

제82조(수입 물품 원산지 표시의 면제) ① 제75조에 따라 물품 또는 포장·용기에 원산지를 표시하여야 하는 수입 물품이 다음 각 호의 어느 하나에 해당되는 경우에는 원산지를 표시하지 아니할 수 있다.

1. 영 제2조 제6호 및 제7호에 의한 외화획득용 원료 및 시설기재로 수입되는 물품

2. 개인에게 무상 송부된 탁송품, 별송품 또는 여행자 휴대품

3. 수입 후 실질적 변형을 일으키는 제조공정에 투입되는 부품 및 원재료로써 실수요자가 직접 수입하는 경우(실수요자를 위하여 수입을 대행하는 경우를 포함한다)

4. 판매 또는 임대목적에 제공되지 않는 물품으로써 실수요자가 직접 수입하는 경우. 다만, 제조에 사용할 목적으로 수입되는 제조용 시설 및 기자재(부분품 및 예비용 부품을 포함한다)는 수입을 대행하는 경우 인정할 수 있다.

5. 연구개발용품으로써 실수요자가 수입하는 경우(실수요자를 위하여 수입을 대행하는 경우를 포함한다)

6. 견본품(진열·판매용이 아닌 것에 한함) 및 수입된 물품의 하자보수용 물품

7. 보세운송, 환적 등에 의하여 우리나라를 단순히 경유하는 통과 화물

8. 재수출 조건부 면세 대상 물품 등 일시 수입 물품

9. 우리나라에서 수출된 후 재수입되는 물품

10. 외교관 면세 대상 물품

11. 개인이 자가소비용으로 수입하는 물품으로써 세관장이 타당하다고 인정하는 물품

12. 그 밖에 관세청장이 산업통상자원부장관과 협의하여 타당하다고 인정하는 물품

② 세관장은 제1항에 따라 원산지 표시가 면제되는 물품에 대하여 외화획득 이행 여부, 목적 외 사용 등 원산지표시 면제의 적합 여부를 사후 확인할 수 있다.

30. 핸드캐리 화물의 수입신고 및 수출신고

질문 폐사의 공장에 설치된 기계 제조사로써 미국에 위치한 업체로 출장 중인 폐사의 직원이 다음 주 중에 인천공항 통해서 한국으로 입국합니다. 그 직원에게 폐사 공장 기계 부품을 미국 제조사에게 받아서 가방에 넣어올 것을 요청할 예정입니다. 특송(Courier Service) 통해 받아도 되지만 특송 비용을 줄이기 위함이 그 목적입니다.

문제는 해당 부품의 부피는 얼마 되지 않으나 가격이 상당하며, 미국 수출자가 비용 청구하여 거래 은행 통해서 T/T로 송금 완료한 상태입니다.

반출된 외화에 대해서 수입신고 내역이 있어야 할 것 같은데, 직원이 핸드캐리로 물품을 운송해오니 세관에 수입신고를 어떻게 하여 통관 진행해야 할지 모르겠습니다.

도움 부탁드립니다.

💬 **답변** 1. 핸드캐리 화물의 수입신고: 입국할 때 세관에 물품 유치 신청합니다. 그리고 유치증[1]을 받아서 입국 후에 대행 의뢰하는 관세사 사무실로 그 유치증과 해당 직원의 재직증명서, 여권 사본 그리고 해당 건의 인보이스를 전달하면 관세사 사무실에서 처리해줄 것입니다.

2. 핸드캐리 화물의 수출신고: 관세사를 통해서 수출 신고하여 수출신고필증(적재 전) 발급받습니다. 그리고 물품과 함께 수출신고필증을 지참하여 공항에서 세관원에게 수출신고필증 상에 확인받으면 수출이행 처리될 것입니다.

---

1 유치증은 455쪽을 참고해주세요. 「여행자 및 승무원 휴대품 통관에 관한 고시」

31. FOB Busan Port 내륙운송비를 shipper가 아닌 제조사가?

질문 포워더에서 근무합니다. 한국의 수출자와 호주 수입자 간에 이루어지는 거래에 대해서 저희 포워더는 호주에서 노미(Nomi)된 포워더의 한국 파트너 사입니다. 한국 수출자 A사는 국내 제조사 B사에서 물품을 구입하여 호주 수입자에게 수출하는 건으로써, A사와 호주 수입자 간의 가격조건(Price Term)은 FOB Busan Port입니다. 그래서 수출물품의 내륙운송비(Trucking Charge)와 부산 항에서 발생한 부대비용, 이를테면 CFS Charge, THC, Wharfage 등을 수출자 A사에 청구하였습니다. 그런데 A사가 B사에게 해당 비용을 받으라고 합니다. 그러면서 A사가 B사와의 거래조건이 FOB Busan Port라고 합니다.

인코텀스는 외국 업체와의 거래에서만 사용되지 않나요? 그리고 부산 항에서 On Board 되기 전에 발생된 비용을 A사는 자신이 수출자면서 왜 B사에게 청구하라고 하는지 이해할 수 없습니다. 설명 좀 부탁드립니다.

답변 국내의 수출자 A사와 국내의 제조사 B사 간에 매매계약을 체결할 때, 제조사 B사가 기존에 수출을 자체적으로 진행하는 회사인 경우가 있습니다. 그러면 제조사 B사는 수출자 A사에게 견적 줄 때 인코텀스을 기초로 하여 견적을 주는 경우가 많습니다.

만약, 상기 상황과 같이 FOB Busan Port로 B사가 A사에게 견적하였다면, B사의 견적가에는 부산 항에서 외국으로 나가는 배에 물품이 On Board 되는 시점까지 발생한 모든 비용이 포함되어 있고 On Board 되기 전에 모든 사고 책임을 B사가 커버하는 것입니다.

다시 말해서, 수출지 포워더는 제조사 B사에게 내륙운송비와 수출지 항구에서 On Board 되기 전에 발생한 비용을 청구해야 할 것입니다. 그러나 실무적으로 수출지 포워더가 B사에게 내륙운송비만 청구하고, 수출지 항구에서 On Board 이전에 발생한 비용은 수출자 A사에게 청구하는 경우도 있으니 참고하기 바랍니다[1].

결국, 국내 수출자 A사와 국내 제조사 B사 간에 FOB Busan Port로 매매계약할 때, 내륙운송비와 항구에서의 비용이 모두 FOB 가격에 포함되어 있는지, 혹은 내륙운송비만 포함되어 있는지에 대해서 계약서에 따로 명시할 필요가 있습니다.

32. 위약 물품(계약과 상이한 물품) 재수출에 따른 관세환급

질문 수입자입니다. 수출자와 매매계약 후 수출자로부터 인보이스를 포함한 선적서류를 전달받았으며, 매매계약과 동일한 물품을 수출자가 배에 적재 완료하였음을 확인하였습니다. 그리고 해당 선적서류로 한국에서 수입 신고하고 공장에서 물품을 받았는데, 실제 물품은 저희가 매매계약을 통하여 오더 한 물품이 아니라 (위약 물품, 계약과 상이한 물품)는 사실을 확인하였습니다. 이러한 위약 물품을 수출자에게 다시 돌려보내고(재수출), 정상적인 제품을 받으려 합니다. 이때 본 위약 물품을 수입할 때 납부한 관세를 환급받을 수 있는지요?

💬 **답변** 기본적으로 수입신고 물품에 대한 관세 징수는 수입신고 물품이 국내에서 소비되는 것을 전제로 부과하는 것입니다(징세[2]의 편의상 소비되기 전에 세관에서 징수하고 있음).

수입자가 관할지 세관으로 수입신고 후 관세 등의 세액 납부 후 수리받았는데, 어떠한 이유로 해당 물품을 수입한 원상태 그대로 재수출하거나 혹은 원재료로 사용하여 생산된 물품을 수출 이행하는 경우, 수입할 때 납부한 관세를 환급받을 수 있습니다. 이렇게 관세환급 받는 경우는 위약환급, 과오 납환급, 수출용 원재료환급이 있습니다.

---

1 Handling Charge(포워더 수수료)와 Document Fee(운송서류 발급비)는 기본적으로 수출자에게 수출지 포워더가 청구하는 것이 적절할 것입니다.

2 세금을 거두어들이는 것.

* 위약 물품 환급	물품 내용이 무역거래의 계약 내용과 달라서 반품하는 사유의 건.
* 과오 납환급	처음부터 납부할 세액이 아닌 것, 사정변경으로 납부할 세액이 아닌 것을 납부하였기 때문에 납세의무자에게 돌려주는 건.
* 수출용 원재료환급	수출물품의 제조, 가공하는 수출용 원재료에 대한 건.

관세법 제106조(계약 내용과 다른 물품 등에 대한 관세환급) ① 수입신고가 수리된 물품이 계약 내용과 다르고 수입신고 당시의 성질이나 형태가 변경되지 아니한 경우 해당 물품이 수입신고수리일부터 1년 이내에 다음 각 호의 어느 하나에 해당하면 그 관세를 환급한다. 〈개정 2011.12.31〉

1. **외국으로부터 수입된 물품**: 보세구역(제156조 제1항에 따라 세관장의 허가를 받았을 때에는 그 허가받은 장소를 포함한다. 이하 이 조에서 같다)에 이를 반입하였다가 다시 수출하였을 것. 이 경우 수출은 수입신고수리일부터 1년이 지난 후에도 할 수 있다.

[조세심판원 2010.12.31, 2010관0019] 계약상이 물품을 수입신고수리일부터 1년 내에 보세구역에 반입하였으나 수출은 1년 내에 이루어지지 않은 경우 계약 상이환급 신청에 대해 환급결정을 취소하고, 가산금을 포함한 관세 등을 추징, 고지한 처분은 잘못된 것이다.

2. **보세공장에서 생산된 물품**: 보세공장에 이를 다시 반입하였을 것.

- **설명** 수입신고가 수리된 물품이 계약 내용과 다른 경우, 그 물품의 성질이나 형태가 변하지 아니한 상태에서 1년 내에 보세구역에 반입하여 수출한 때에 그 관세를 환급하도록 정하고 있다. 기계의 경우는 제품을 만든 후 이를 사용해 봐야 위약 여부를 알 수 있는 경우도 있기 때문에, 이와 같이 반입기간을 장기간으로 정해 놓은 것이다. 보세구역 등에 반입은 반드시 지켜야 할 사항이며, 보세구역에 반입하지 아니하거나 세관장이 허가한 장소에 반입하지 아니하고 수출한 때에는 위약환급 대상이 아니다.

② 제1항에 따른 수입물품으로써 세관장이 환급세액을 산출하는 데에 지장이 없다고 인정하여 승인한 경우에는 그 수입물품의 일부를 수출하였을 때에도 제1항에 따라 그 관세를 환급할 수 있다.

- **설명** 예를 들어, A라는 제품 100개를 오더하여 수입신고 후 세액 납부하고 물품을 받았는데, 2개가 불량이라고 가정합니다. 그래서 2개를 수출자에게 재수출하는 상황이라면, 2개에 대해서만 위약 물품 재수출로 신고하여도 관세환급을 받을 수 있다는 내용입니다.

③ 제1항과 제2항에 따른 수입물품의 수출을 감음하여 이를 폐기하는 것이 부득이하다고 인정하여 그 물품을 수입신고수리일부터 1년 내에 보세구역에 반입하여 미리 세관장의 승인을 받아 폐기하였을 때에는 그 관세를 환급한다.

- **설명** 예를 들어, 오더한 물품 100개를 세액 납부하고 수리를 모두 받았는데 2개가 불량입니다. 수출자에게 재수출 후 관세를 환급받기 원했는데, 수출자가 해당 물품의 가격보다 운송비가 더 많이 발생한다는 이유로 거부하고 있습니다(물론, 대체품(Replacement)으로써 2개는 수일 내로 다시 보내준다고 가정합니다). 이러한 경우, 수입자는 해당 물품을 재수출하지는 않지만, 수입신고수리일로부터 1년 내에 보세구역에 반입하여 폐기처분 하더라도 국내에서 소비되지 않았기에 관세환급을 받을 수 있을 것입니다. 그리고 향후 수입되는 대체품 2개에 대해서는 수입 신고하여 세액 납부해야 합니다. 최초 불량 2개의 건과 대체품 2개의 건은 연관성이 없다고 생각해야겠습니다.

④ 수입신고가 수리된 물품이 수입신고수리 후에도 지정보세구역에 계속 장치되어 있는 중에 재해로 멸실되거나 변질, 또는 손상되어 그 가치가 떨어졌을 때에는 대통령령으로 정하는 바에 따라 그 관세의 전부 또는 일부를 환급할 수 있다.

[심사청구 2010.12.10, 관심 제2010-27호] 수입신고수리 후 특허보세구역에 보관 중이던 물품이 화재로 멸실된 경우 관세법 제106조 제4항 규정에 의거 멸실된 장소가 지정보세구역이 아니라는 이유로 청구인의 관세환급신청을 거부한 처분은 적법하다[1].

참고	계약 상이 물품 환급신청기한

「납세심사 사무처리에 관한 고시」
제4-3-2조(환급신청기한) 계약 내용 상이 수출물품에 대한 환급청구권은 당해 수출신고수리일로부터 5년간 행사하지 아니하면 소멸시효가 완성한다.

---

1 지정보세구역은 국가가 운영하는 보세구역이며, 특허보세구역은 일반기업이 일정조건을 갖춘 후에 관할지 세관으로부터 특허를 받아서 운영하는 보세구역을 말합니다.

33. 분할통관- 수입신고 할 때 세액 납부가 부담스러운 경우

질문　중국에서 해상 운송을 통하여 제품 A(100CNTs), 제품 B(100CNTs)를 부산 허치슨 CY로 반입한 상태입니다. 40FT 한 대 물량인데 현재 갑자기 회사 자금 사정이 불안하여 본 건에 대한 관세, 부가세 납부가 부담스럽습니다. 문제는 국내 거래처로 납품해야 하는 시간이 당장 다음 주입니다.

저희 국내 거래처로 양해를 구하여 제품 일부만 수입 통관 후 공급하고 나머지 물량은 차후에 또다시 수입 통관 후 공급하고 싶은데, 가능한지와 그로 인한 추가적인 비용은 없는지 궁금합니다.

💬 **답변**　1. 기본 내용: 본 건은 하나의 B/L 건으로 제품 A, 제품 B 모두 HS Code 상 수입요건이 존재하지 않는다고 가정합니다. 그리고 Seller가 Buyer로부터 받은 하나의 오더 건을 2번 이상 나누어 수출지에서 선적하는 것을 분할선적(Partial Shipment)이라고 합니다. 그리고 하나의 선적 건을, 즉 하나의 운송서류(B/L, 화물운송장) 건을 한 번에 수입지에서 수입자가 수입 신고하는 것이 아니라 2번 이상 나누어서 수입신고 하는 것이 바로 분할통관[2]이라 합니다.

2. 컨테이너 개장을 위한 CFS 반입의 필요성과 추가 비용: 현재 수입자는 국내 거래처에 제품 A, 제품 B 모두를 공급해야 하는데, 자금이 여유롭지 못한 상황에 처에 있습니다. 따라서 하나의 B/L 건으로써 제품 A 100 CTNs, 제품 B 100 CTNs를 한 번에 수입신고 하는 것이 아니라 제품 A 30 CTNs, 제품 B 30 CTNs를 먼저 수입신고 하여 해당 제품과 해당 수량 만큼에 대한 관세, 부가세를 납부할 수 있습니다.

단, 해당 건은 FCL 건으로써 40FT 하나 컨테이너 전체를 수입 신고하는 것이 아니기 때문에 CFS로 물품을 반입시켜서 적출(Unstuffing, Devanning) 후 분할통관 해야 할 것입니다. 이때 CY에서 CFS까지의 운송비(Drayage Charge)와 CFS로 반입되면서 적출 작업에 대한 비용으로써 CFS Charge가 발행됩니다. 그리고 수입 신고하지 않은 나머지 물량에 대해서 보세창고에 일정 기간 동안 장치함으로써 그 기간 동안 보세창고료가 추가 발생할 것입니다.

2　분할통관에 대한 그림 설명은 245쪽을 참고해주세요.

보세창고료는 물품의 인보이스 가격과 CBM, 그리고 보관일수에 따라서 계산됩니다. 부피와 보관일수가 짧더라도 물품의 가격이 상당하면 보세창고료는 많이 나올 수 있습니다.

3. 저렴한 보세창고로의 보세운송: 이러한 식으로 보세창고에 물품이 반입되는 경우에는 보세창고료에 대해서 신경 쓰지 않을 수 없습니다. 따라서 보세창고에 물품을 상당기간 보관해야 하는 경우에는 수입자가 저렴한 보세창고를 찾아서 그곳으로 보세운송 후 보관하는 것이 수입 원가를 상당히 절감하는 방법이 될 것입니다.

34. 수출 대행, 일반 C/O 발행을 위해서

질문 폐사(A사)는 외국으로부터 아이템을 직접 수입하여 국내에 유통하는 회사입니다. 그러던 중 외국 거래처(B사)로부터 한국 제품에 관심이 있는데, 해당 제품을 폐사가 한국에서 자신들에게 공급해줄 것을 요청받았습니다. 종종 이렇게 수출 건이 있고 문제없이 수출 진행한 경험도 있습니다. 그런데 외국 거래처 B사가 일반 C/O를 함께 요청합니다. 상공회의소 무역인증서비스센터로 연락해보니 서명 등록 등의 절차가 필요하다고 하는데, 본 요청 건이 Spot 성 오더 건이기 때문에 폐사가 서명등록까지 하는 수고를 할 필요성을 크게 느끼지 못합니다.

그래서 사장님 지인 중에 한국에서 물품을 수출하는 회사(C사)를 운영하고 있는 분께 수출 대행 요청하려 합니다(C사는 무역인증서비스센터에 서명 등록된 업체로써 일반 C/O 발행하고 있음). 본 경우, A사가 수출 화주가 되고 C사가 수출 대행자가 되는 것으로 압니다. 무역인증서비스센터로 해당 건의 수출신고필증에 기재된 수출 대행자가 EDI로 일반 C/O 발행 요청하여 발급받을 수 있는지요?

💬 **답변** 1. 수출 화주와 수출 대행자: A사는 한국에서 외국으로 수출되는 화물의 주인으로서 '수출 화주'입니다. 그리고 해당 건에 대한 수출 대행을 하는 자로서 C사는 '수출 대행

자'가 됩니다. 이러한 내용은 해당 건의 수출신고가 수리된 이후 발행되는 수출신고필증에서 확인 가능하겠습니다.

2. 일반 C/O 발급 신청자: 일반 C/O의 발급 신청자는 해당 수출 건의 수출신고필증 상에 기재된 '수출 화주', '수출 대행자' 및 '제조사' 중에 무역인증서비스센터에 서명등록 된 회사입니다. 이렇게 C/O가 발행되면, 일반 C/O 상의 Shipper는 서명등록 된 회사로써 EDI로 C/O 발행 신청한 회사명 및 주소가 기재될 것입니다. 그리고 일반 C/O 상의 Consignee는 수출신고필증 상의 '구매자'가 기재될 것입니다[1].

35. D 조건에서 수입지 통관 지연에 따른 추가 비용 커버 당사자

질문 한국에서 태국으로 물품을 수출하였습니다. 그런데 수입지로써 태국에서 통관 과정 중에 태국 세관에서 문제를 제기하여 상당 기간 동안 통관 지연되었습니다. 다행히 문제 해결되어 통관 완료하였으나, 통관 지연에 따른 보세창고료가 상당히 많이 발생하였습니다.

문제는 해당 건에 대해서 한국의 수출자로서 폐사와 태국 수입자 간에 매매계약서 상 가격조건이 'DAP 태국 수입자 공장'입니다. 이러한 가격조건을 주장하며 태국 수입자가 추가 발생한 보세창고료의 일부를 폐사에서 부담할 것을 요구하고 있습니다. 통관 지연은 자신들의 잘못이 아니라는 것이며, 가격조건이 DAP이니 수출자가 그러한 비용을 부담할 의무가 있다는 것입니다.

한 번 거래하고 끝내야 하는 거래처가 아니기에 현재 문제에 대해서 어떻게 대처해야 할지 모르겠습니다. 의견 부탁드립니다.

💬 **답변** 1. 인코텀스를 기준으로 판단할 때: 가격조건 뒤에 지정된 장소는 비용 분기점입니다. C-Terms를 제외하고는 위험 분기점 역할도 합니다. 현재 가격조건이 DAP이며, 지정

---

1 참고로 수출신고필증 상에 '원산지'가 KR이나, '제조사'가 미상 처리된 경우가 있습니다. 이때, 실제 제조사가 무역인증 서비스센터에 서명등록 되어있다 하더라도 제조사는 일반 C/O 발행 신청할 수 없을 것입니다.

장소로써 수입국의 내륙지점이 지정되어있습니다. 그렇다면 그 지정된 장소 이전에 발생한 비용과 사고에 대해서는 수출자가 커버해야 할 것입니다.

그러나 문제는 현재 상황에서 발생한 비용은 일반적인 무역 거래에서 발생하는 비용이 아니라 불가항력이라 할 수 있는 수입지 세관에 의해서 발생한 비용이기에 이를 가격조건을 두고 결론 내려야 할 문제인지 고민해볼 필요가 있습니다.

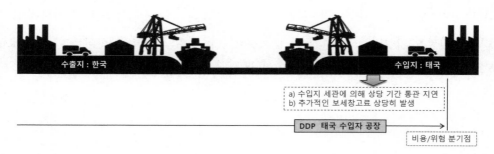

2. 매매계약서 작성의 중요성: 세관에 의한 예기치 못한 상황에 따른 통관 지연 등 불가항력적인 상황을 미리 예상하기는 힘들 것입니다. 그렇더라도 수출자와 수입자는 양 당사자 간에 매매계약서를 작성할 때, 그 내용을 기재하고 그에 따른 조치를 상호 어떠한 식으로 할 것인지를 합의해두는 것이 좋겠습니다. 추측건대, 무역회사 대부분에서는 항구에서의 노조 파업으로 인한 운송 지연에 대한 피해와 그에 따른 추가적인 비용 등의 발생에 대해서 어떻게 할 것인지 매매계약서에 기재할 것입니다. 이러한 것과 같이 수입지에서의 예상치 못한 통관 지연에 대해서 수입자와 수출자 누구도 의도한 것이 아니고 고의적인 것이 아닐 수 있기에 불가항력적인 상황으로써 매매계약서에 기재해두는 것을 권합니다. 이러한 문제는 인코텀스의 비용/위험분기점을 따지면서 해결할 수 있는 문제는 아니라 판단합니다.

3. 세관의 노골적인 통관 지연: 우리나라와는 달리 통관 시스템이 전산화되어있지 않고, 선진화되어있지 않은 국가도 상당히 많습니다. 이러한 국가에서는 통관 과정 중에 세관 직원들의 노골적인 통관 지연을 경험하기도 합니다. 특별히 문제 되지 않는 부분에 대해서도 문제를 제기하고 서류의 재발행 등을 요구하면서 화주를 귀찮게 합니다. 그 결과, 발생하지 않을 수 있었던 비용이 발생하여 수출자와 수입자의 사이에서 불화가 싹트기도 합니다. 따라서 선진화되지 않은 국가의 상대와 거래할 때는 상대국에서의 통관이 지연될 수 있다는 것을 미리 예상하여 매매계약서에 명시하는 것을 권합니다.

36. FTA C/O와 일반 C/O 동시 발행- 특혜 C/O와 비특혜 C/O 차이

질문 한국에서 태국으로 물품을 수출하는 수출자입니다. 태국 수입자가 해당 건에 대해서 한-아세안 FTA C/O(AK Form)와 함께 일반 C/O를 각각 요청하고 있습니다. 하나의 수출 건에 대해서 이렇게 2개의 C/O를 상공회의소 무역인증서비스센터를 통해 발급받을 수 있는지요?

💬 **답변** 1. 특혜 C/O와 비특혜 C/O: 일단 FTA C/O는 특혜 C/O로써 On Board 전 물품의 원산지를 증명하는 것과 함께 수입지에서 관세 혜택을 제공함으로써 수입자의 세액 부담을 덜어줍니다. 반면에, 일반 C/O는 비특혜 C/O로써 단순히 On Board 전 물품의 원산지만을 증명하는 서류입니다.

2. 기관발급 FTA C/O와 자율발급 FTA C/O: FTA C/O는 FTA 별로 기관에서 발급 요구하는 FTA가 있고, 수출자/제조사가 자율발급할 수 있도록 하는 FTA가 있습니다. 기관발급 요구하는 대표적인 FTA는 한-아세안 FTA이며, 한-아세안 FTA C/O(AK Form)는 상공회의소 혹은 세관으로 일정한 조건을 갖추어 발급 요청하면 해당 기관에서 심사 후 발급합니다. 반면에, 자율발급 요구하는 대표적인 FTA로써 한-EU FTA 및 한-미 FTA는 수출자/제조사가 일정한 조건을 갖추어 스스로 원산지결정기준을 충족한다고 판단하면 자율적으로 발급 가능합니다.

3. FTA C/O와 일반 C/O의 동시 발급: 일반 C/O는 해당 물품이 국내에서 충분할 정도의 가공공정을 거쳐서 국내의 제조사에 의해서 제조되었다는 사실이 수출신고필증 상으로 확인되면 발급받을 수 있을 것입니다. 물론, 수출신고필증 상에 제조사는 국내의 제조사가 기재되어야 하며, 원산지는 KR로 기재되어 있는 상태에서 상공회의소 무역인증서비스센터에 서명등록 된 자가 수출신고필증 신호번호를 입력하면서 EDI로 일반 C/O 신청 가능합니다[1].

---

1 참고로 무역인증서비스센터로 일반 C/O 혹은 기관발급 C/O(예. 한-아세안 FTA C/O) 신청할 때 해당 건의 수출신고필증 상에 '제조사가 미상으로 기재되어있더라도, C/O 발급신청 및 발급받을 수도 있을 것입니다. 물론 제조사가 수출신고필증 상에 기재되어 있지 않기 때문에 국내 제조된 물품이라면 관세 환급받을 수 없을 것입니다.

반면에, FTA C/O는 보다 복잡한 원산지결정기준을 가지고 있으며, 이를 충족하기 위해서 상당한 노력과 시간이 필요합니다. 그러나 원산지결정기준을 서류상으로 충족하고 이를 입증할 수 있는 상태라면, 기관발급 FTA C/O의 경우 해당 기관으로 신청하고 자율발급 FTA C/O는 수출자/제조사가 직접 발급하면 되겠습니다.

결국, 하나의 수출 건에 대해서 FTA C/O와 일반 C/O의 동시 발급은 발급을 위한 조건만 충족하면 문제없이 발급 가능할 것입니다.

37. 일반(비특혜) C/O 발행할 때 수출신고필증 상의 '원산지 판정 기준'

> **질문** 국내에서 제조된 물품을 외국으로 수출하는 수출자입니다. 폐사의 외국 바이어는 항상 상공회의소에서 발급하는 비특혜 원산지증명서(일반 C/O)를 요구합니다. 그래서 매번 발급받아 전달하고 있는데, 상공회의소 무역인증서비스센터는 어떤 기준으로 해당 물품이 '한국산'이라는 사실을 확인하여 일반 C/O를 발급해주는지 궁금합니다.

💬 **답변** 1. 수출신고필증을 기초로 일반 C/O 발행: 상공회의소 무역인증서비스센터로 수출자가 EDI로 일반 C/O 발급 요청할 때[1] 수출신고필증 상의 신고번호를 기재할 것입니다. 따라서 수출자는 일반 C/O 발급 요청 전에 관할지 세관으로 수출신고 하여 수리까지 받아야 합니다. 이때 수출자는 수출 물품의 국내 제조사가 수출신고필증 '제조사' 부분에 기재될 수 있도록 하며, 역시 수출신고필증의 '원산지' 부분에 KR이 들어가서 한국산이라는 사실을 수출신고필증 상으로 확인 가능하게 해야 할 것입니다[2].

---

1 일반 C/O를 EDI로 신청할 수 있는 자는 해당 건의 수출신고필증 상의 '수출 대행자', '수출 화주' 및 '제조사'입니다.
2 수출신고필증상에 국내 제조사가 기재되어있지 않아도 일반 C/O, 혹은 한–아세안 C/O와 같이 기관 발급받은 C/O 발급은 받을 수 있을 것입니다. 그러나 관세환급 받는 데 문제가 있을 수 있을 것입니다.

UNI-PASS

수출신고필증(수출이행)

※ 처리기간 : 즉시

제출번호	12312-11-123123U	(5)신고번호		(6)신고일자		(7)신고구분		(8)C/S구분
(1)신 고 자	ABC관세사사무실 홍길동	000-00-00-00000000		2011-06-30		일반P/L신고		

<C/O 상의 Shipper>
3 당사자 중
무역인증서비스센터에
서명등록 된 자가
EDI로 일반 C/O 신청

수출대행자	에듀트레이드허브	수출신고필증 신고번호 구분 11	(10)종류 A	(11)결제방법 TT
(통관고유번호)	에듀트레이드허브-0-00-0-0(수출자구분 C	일반형태 일반수출		단순송금방식
수출 화주	에듀트레이드허브	(12)목적국 CN PR. CHINA	(13)적재항 KRINC 인천항	(14)선박회사 (항공사)
(통관고유번호)	에듀트레이드허브-0-00-0-00-0	(15)선박명(항공편명)	(16)출항예정일자	(17)적재예정보세구역
(주소)	서울 강남 논현 000-0 XX B/D #000	(18)운송형태 10 ETC		(19)검사희망일
(대표자)	홍길동 (소재지) 111	(20)물품소재지 123 인천중구XX동 000		
(사업자등록번호) 국내 위치 제조사				
제 조 사	카스톤	(21)L/C번호		(22)물품상태 N
(통관고유번호)	카스톤-0-00-0-00-0			
제조장소 111 산업단지부호 111		(23)사전임시개청통보여부 A		(24)반송 사유

<C/O 상의 Consignee>

구 매 자	ABC COMPANY	(25)환급신청인 2 (1 : 수출대행자/수출화주, 2 : 제조자)
(구매자부호)	ABC00000	간이환급 NO

● 품명. 규격 (란번호/총란수 : 999/999)

(26)품 명	CLEANING PREPARATINOS	(28)상 표 NO
(27)거래품명	CLEANING PREPARATINOS	

(29)모델·규격	(30)성분	(31)수량	(32)단가 (USD)	(33)금액 (USD)
ULTRA LIQUID SOAP A TYPE		300 (EA)	35.55	10,665.00

(34)세번부호	3402.90-3000	(35)순중량	24.0 (KG)	(36)수량		(37)신고가격(FOB)	$ 10,665.00 ₩ 11,198,250
(38)송품장번호	PI-11003	(39)수입신고번호		(46)원산지	KR--	(41)포장갯수(종류)	

~~~~~ 원산지, KR

(52)운송(신고)인		(54)적재의무기한	2011-07-30	(55)담당자		(56)신고수리일자	2011-06-30
(53)기간							

2. 수출신고필증 상의 '원산지' 판정 기준: 한국에서 제조되었다 해서 해당 물품이 한국 산으로 인정되는 것은 아닙니다. 물품 대부분에는 수입 원료가 사용되며, 이를 사용하여 국 내에서 충분할 정도의 가공공정을 거쳐서 생산되어야 생산 물품은 한국산으로 인정받을 가 능성이 있습니다. 이렇게 수입원료를 사용하여 국내에서 생산된 물품에 대한 원산지 판정 기준은 대외무역관리규정에 다음과 같이 기술되어있습니다.

관련 규정

대외무역관리규정

제86조(수입원료를 사용한 국내생산물품 등의 원산지 판정 기준) ① 법 제35조에 따른 수입원료를 사용한 국 내생산물품 등의 원산지 판정 기준 적용 대상 물품은 별표 8에 의한 수입 물품 원산지표시대상 물품 중 국내수입 후 제85조 제8항의 단순한 가공활동을 한 물품과 1류~24류(농수산물·식품), 30류(의료용품), 33류(향료·화장품), 48류(지와 판지), 49류(서적·신문·인쇄물), 50류~58류(섬유), 70류(유리), 72류(철강), 87 류(8701~8708의 일반차량), 89류(선박)에 해당하지 않는 물품이다.

② 제1항에서 다음 각 호의 어느 하나에 해당하는 경우 우리나라를 원산지로 하는 물품으로 본다.

1. 우리나라에서 제조·가공과정을 통해 수입원료의 세번과 상이한 세번(HS 6단위 기준)의 물품을 생산 하거나 세번 HS 4단위에 해당하는 물품의 세번이 HS 6단위에서 전혀 분류되지 아니한 물품으로,

해당 물품의 총 제조원가 중 수입원료의 수입가격(CIF가격 기준)을 공제한 금액이 총 제조원가의 51퍼센트 이상인 경우

2. 우리나라에서 제85조 제8항의 단순한 가공활동이 아닌 제조·가공과정을 통해 제1호의 세번 변경이 안 된 물품을 최종적으로 생산하고, 해당 물품의 총 제조원가 중 수입원료의 수입가격(CIF 가격 기준)을 공제한 금액이 총 제조원가의 85퍼센트 이상인 경우

③ 제2항에도 불구하고 천일염은 외국산 원재료가 사용되지 않고 제조되어야 우리나라를 원산지로 본다.

④ 제2항 및 제3항에 따라 국내생산물품 등의 원산지를 우리나라로 볼 수 있는 경우에는 제76조 제1항의 규정을 준용하여 표시할 수 있다.

⑤ 법 제35조에 따른 수입원료를 사용한 국내생산물품 중 제2항의 원산지 규정을 충족하지 아니한 물품의 원산지 표시는 다음 각 호의 방법에 따라 표시할 수 있다.

1. 우리나라를 '가공국' 또는 '조립국' 등으로 표시하되 원료 또는 부품의 원산지를 동일한 크기와 방법으로 병행하여 표시

2. 제1호의 원료나 부품이 1개국의 생산품인 경우에는 '원료(또는 부품)'의 원산지: '국명'을 표시

3. 제1호의 원료나 부품이 2개국 이상(우리나라를 포함한다)에서 생산된 경우에는 완성품의 제조원가의 재료비에서 차지하는 구성비율이 높은 순으로 2개 이상의 원산지를 각각의 구성비율과 함께 표시 (예: '원료(또는 부품)' 원산지: 국명(○%), 국명(○%))

38. 한-아세안 FTA C/O 발행 건에 대한 특이점

질문 한국에서 제조된 물품을 태국으로 수출하는 회사입니다. 이번에 태국 수입자가 한-아세안 FTA C/O 발행 요청하여 상공회의소 무역인증서비스센터로 발행 신청 및 원산지입증서류 제출 완료하였습니다. 그런데 태국 수입자가 요청하길, 태국 세관에 수입신고 할 때 FTA C/O 원본이 반드시 필요하니, 해당 건의 선박이 태국 Leam Chabang Port에 도착하기 전에 자신의 사무실에 FTA C/O를 도착시키라는 겁니다. 한국으로 수입되는 경우는 FTA C/O 원본이 없더라도 가능한 것으로 아는데, 태국의 경우는 반드시 원본이 필요한 것인지요?

현재 인도네시아 바이어와도 접촉하고 있습니다. 아마도 인도네시아 바이어가 한-아세안 FTA C/O 발행 요청할 것으로 추측되는데, 인도네시아와의 거래에서 FTA C/O 발행하여 거래할 때 태국과 같이 특이점이 있는지요?

💬 **답변** 1. FTA C/O 원본 제출(한국의 경우): FTA 상대체약국으로부터 수입되는 물품에 대해서 수입지로써 한국 세관에 수입 신고할 때, FTA 협정세율 적용하여 신고할 수 있습니다. 수입신고를 받은 세관에서 P/L(Paperless) 건으로 지정할 수도 있으나 서류제출 혹은 물품검사 건으로 지정하면, 원산지 증빙서류라 할 수 있는 운송서류(B/L 혹은 화물운송장)를 포함하여 FTA C/O를 세관에 제출해야 합니다. 이때 FTA C/O의 원본 제출이 원칙이라 할 수 있으나, 특별히 원본을 요구하지 않는 이상 사본에 '원산지증명서 사본제출 스탬프'를 날인하여 세관에 제출할 수도 있습니다.

이는 'FTA 특례고시'에 나와 있는 내용으로써 한국 세관으로 FTA 협정세율 적용하여 수입 신고할 때의 내용이라 하겠습니다. FTA 상대체약국의 경우는 다를 수 있습니다.

원산지증명서 사본제출 스탬프
본 사본이 원본과 다를 경우 관세법 등 관련 법령에 의해 처벌받을 수 있음을 알고 있으며, 세관에서 요구 시 원본을 제출하겠습니다. 수입자 OOO 서명

2. 한-아세안 FTA에서 특이점, 태국: FTA 수입체약국으로써 태국에서 한-아세안 FTA 협정세율 적용하여 수입신고 하기 위해서는 한-아세안 FTA C/O 원본이 필요할 것입니다. 따라서 FTA 수출체약국의 수출자는 신속히 한-아세안 FTA C/O 발급 기관을 통하여 발급받아서 원본 그대로를 태국 수입자에게 전달해야 할 것입니다.

기관발급 되는 한-아세안 FTA C/O의 경우, On Board 되기 전에 발급 신청할 수도 있고 On Board 이후에 사후 발급 신청할 수도 있습니다. 그러나 태국이 FTA 수입체약국이라면 On Board 되기 전에 발급받아서 가능한 한 신속히 그 원본을 태국 수입자가 인수할 수 있도록 FTA 수출체약국의 수출자는 협조해야 할 것입니다.

이때 해상 건이라면, FTA 수출체약국으로써 한국에서 FTA 수입체약국으로써 태국까지의 운송시간(Transit Time)이 상당하여, 한-아세안 FTA C/O의 전달에 여유가 있습니다. 그러나 항공 건이라면 가능한 수출신고를 On Board 되기 전 상당히 앞서서 진행하고 수리받은 후 한-아세안 FTA C/O 발급 신청 역시 신속히 하는 것이 좋을 것입니다.

추가적으로 태국 세관에 FTA 협정세율 적용하여 수입 신고하고 한-아세안 FTA C/O 원본 제출했는데, 태국 세관 담당자가 그 서류의 종이질이 원본 같지 않다고 주장하는 경우도 있습니다. 따라서 FTA 수출체약국의 수출자는 기관을 통하여 발급받을 때 종이질에도 신경을 써야 할 필요가 충분히 있을 것으로 보입니다.

3. 한-아세안 FTA에서 특이점, 인도네시아: 인도네시아는 운송서류(B/L 혹은 화물운송장)에 기재된 On Board Date(B/L Date) 기준으로 그 이전에 발급된 한-아세안 FTA C/O에 대해서는 인정하지 않습니다. 그래서 운송서류 상의 On Board Date와 한-아세안 FTA C/O의 발급일을 일치시키거나, 한-아세안 FTA C/O는 On Board Date 기준으로 3일 이내까지는 사후 발급으로 들어가지 않으니 On Board 후 On Board Date 기준으로 3일 이내까지 발급 신청하여 발급받기도 합니다.

> 한-아세안 FTA C/O 발행 시기 관련

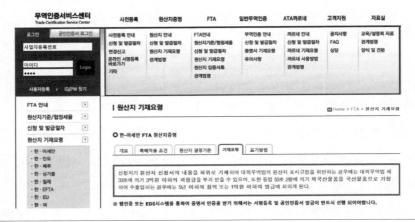

▲ 상공회의소 무역인증서비스센터(http://cert.korcham.net) 접속 → 상단 메뉴 'FTA'의 하단 메뉴 '원산지 기재요령' → '한-아세안 FTA 원산지증명'에서 '기재요령' → 하단 부분 '3항'에서 설명하고 있음.

▲ 상기 '3항' 부분 설명

※ 한-아세안 FTA 부속서 원산지운영규정에 의하면, 원산지증명서 발행 시기는 '수출 시 또는 수출 직후'로 명시되어 있으며, 부득이한 사유 시에는 선적 후 1년 이내까지 '소급발행(ISSUED RETROACTIVELY)' 문구를 입력하고 발행하는 것을 인정하고 있다.

※ 위 조항에 따라 인도네시아는 '수출 시(the time of exportation)'라는 용어를 선적 시점과 동일하게 해석하고 있으므로 선적 전 발행된 원산지증명서에 대해서는 특혜를 배제하고 있으므로 반드시 선적일 이후 원산지증명서를 발급받아야 한다.

※ 인도네시아 이외 국가는 선적 전 발행 원산지증명서를 인정하고 있다.

39. FTA C/O와 인보이스(C/I)상의 물품의 종류 및 수량이 상이한 경우

질문 한-아세안 FTA 상대체약국으로서 태국에서 물품을 한국으로 수입합니다. 폐사는 한국에 위치한 수입자로서 태국 수출자에게 A, B, C 제품을 각각 20CTNs, 25CTNs, 185CTNs를 수입합니다. 한국으로 수입 신고할 때 한-아세안 FTA 협정세율을 적용받기 위해서 AK Form을 요청하였으며, AK Form을 기타의 선적서류와 함께 전달받았습니다.

그런데 AK Form과 인보이스(C/I)상의 제품은 A, B, C 이렇게 3품목이 동일하게 존재하는데, 수량이 상이합니다. 다시 말해서, 인보이스상의 제품 수량보다 AK Form 상의 제품 수량이 적습니다. 그렇다면 나머지 수량에 대해서는 한-아세안 FTA 협정세율 적용받지 못하는지요?

답변 FTA C/O상의 물품과 수량에 대해서만 FTA 협정세율 적용: FTA C/O는 해당 서류상에 기재된 물품과 그 수량에 대해서만 해당 물품이 FTA 수출체약국에서 On Board 되기 전에 FTA 원산지결정기준을 충족하고 있음을 나타냅니다. FTA C/O 상에 기재된 물품 이외의 물품 및 기재된 물품의 수량을 초과하는 수량에 대해서는 FTA 원산지 결정기준을 충족한 FTA 수출체약국을 원산지로 하는 물품 등으로 보지 않는다 할 수 있습니다.

따라서 인보이스에 기재된 물품의 수량이 20CTNs인데 AK Form에는 해당 물품의 수량이 15CTNs으로 되어 있다면, 15CTNs에 대해서만 한-아세안 FTA 협정세율을 적용받을 수 있습니다. 그리고 그 나머지 수량으로서 5CTNS에 대해서는 실행세율(MFN)[1]을 적용하여 수입 신고하며, 수입신고 수리일로부터 1년 이내에 외국 수출자에게 협정세율 적용받지 못한 물품/수량에 대해서 따로 AK Form을 받아서 협정세율 신청이 가능하겠습니다.

---

1 실행세율은 같은 물품에 대하여 복수의 세율이 있을 때 실제로 적용하는 관세율을 말합니다(1품목 다세율). 기본적으로 수입신고 물품의 HS Code 상 기본세율과 WTO 협정세율 중에 더 낮은 세율이 적용되는데, 기본세율이 8%이고 WTO 협정세율이 6.5%라면, 실행세율은 WTO 협정세율로서 6.5%가 될 것입니다.

40. 상공회의소에서 발행된 한-아세안 FTA C/O 진위 여부 확인 방법

질문 폐사는 한국에 위치한 수출자로서 베트남 수입자에게 한-아세안 FTA C/O를 발급해서 전달합니다. 발행된 한-아세안 FTA C/O의 원본은 특송으로 발송하고, 발송 전에 스캔하여 기타의 선적서류와 함께 이메일로 사본 전달합니다 (Shipment Advice 할 때).

그런데 이번에 베트남 수입자가 자신이 이메일로 전달받은 한-아세안 FTA C/O의 진위 여부를 확인하고 싶은데 방법이 있느냐는 겁니다. 폐사는 상공회의소 무역인증서비스센터 통해서 발급받는데 혹시 온라인 상으로 확인 가능한 방법이 따로 있는지요?

답변 상공회의소 무역인증서비스센터에서 발급받은 일반(비특혜) C/O 및 특혜 C/O로써 FTA C/O는 Reference No.와 Reference Code 확인 후 조회 가능합니다. Reference No.와 Reference Code는 해당 C/O의 우측 상단에서 확인 가능합니다.

1. Goods consigned from(Exporter's business name, address, country) EDUTRADEHUB #000 XXX B/D 222-22 NONHYUNDONG KANGNAMGU SEOUL KOREA	Reference No. 010-11-0*****0 Reference Code: d0d0-00b0 **KOREA-ASEAN FREE TRADE AREA** **PREFERENTIAL TARIFF** **CERTIFICATE OF ORIGIN** (Combined Declaration and Certificate)
2. Goods consigned to(Consignee's name, address, country) KASTON LIMITED 2 Harbor abc 3632 aaaaa MALAYSIA	**FORM AK** Issued in THE REPUBLIC OF KOREA (Country)

▲ 한-아세안 FTA C/O의 상단 부분입니다.

Reference No.와 Reference Code를 확인하였다면, 상공회의소 무역인증서비스센터 (http://cert.korcham.net) 홈페이지에서 다음과 같은 진위 여부 조회 가능하겠습니다.

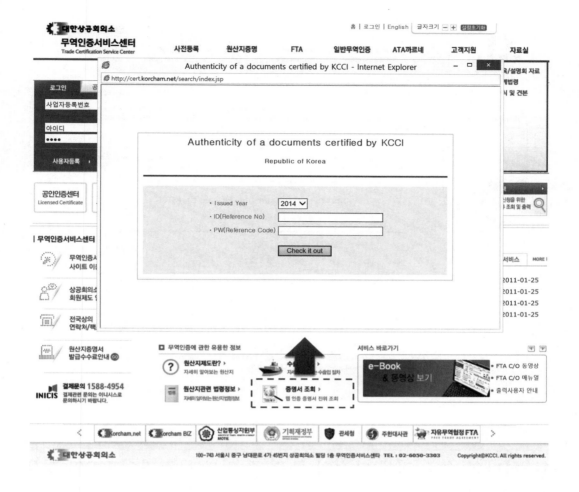

상기 한글로 된 홈페이지가 아닌 영문 홈페이지에서의 조회를 원하는 경우는 아래와 같이
진행하면 될 것입니다.

a) http://cert.korcham.net/english 접속
b) 상기 메뉴에서 'Reference System' 클릭
c) Reference No. 및 Reference Coe 조회

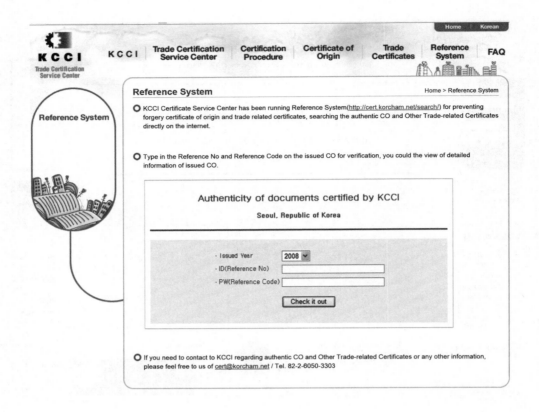

41. 하나의 수출 건에 다수의 물품 중 일부 물품만이 KR인 경우 일반 C/O 발행

질문 HS Code가 각각 상이한 3가지 종류의 물품을 수출 신고하여 수리받았습니다. 그 중 1번과 2번 물품은 국내 제조사 A사에 의해서 제조된 한국산(KR) 물품으로써 수출신고필증 '원산지' 부분에 KR로 기재되어 있습니다. 그러나 3번 물품은 미국에서 수입한 원상태 그대로를 폐사의 외국 거래처로 유상 공급하는 제품이며, 미국에서 수입할 때 일반 C/O를 제공 받았습니다.

본 건에 대해서 외국 거래처가 일반 C/O 발행 요청을 합니다. 수출신고필증에 3가지 제품이 있는데, 1번과 2번 제품에 대해서 한국산이라는 사실을 입증하는 일반 C/O 발행과 3번 제품에 대해서 비록 한국에서 수출되지만, 미국산이라는 사실을 입증하는 일반 C/O 발행이 가능한지 궁금합니다.

💬 **답변** 1. C/O는 C/O 상의 물품의 원산지 입증하는 서류: 수입지에서 수입신고 할 때 관세 혜택을 누리지 못하고 단순히 수출지에서 On Board 되기 전에 그 물품의 원산지를 증명하는 서류가 일반 C/O입니다. 일반 C/O는 해당 서류의 Description 부분에 기재되는 물품에 대한 원산지를 '3. Country of Origin' 부분에서 나타내는 서류입니다.

따라서 일반 C/O의 '3. Country of Origin' 부분에 기재된 국명은 Description 부분에 기재된 모든 물품들의 원산지 국가라 할 수 있습니다. 그러한 의미에서 '3. Country of Origin' 부분에 'THE REPUBLIC OF KOREA'로 되어있다면 Description 부분의 모든 물품의 원산지는 '한국'입니다.

2. 수출신고필증에 한국산과 미국산이 있는 경우: 수출신고필증 상에 3가지 제품이 있더라도, 1번과 2번 제품이 한국산이며 3번 제품은 미국산입니다. 상공회의소 무역인증서비스센터로의 일반 C/O 발행 신청할 때는 원산지별로 각각 해야 할 것입니다. 한국산으로써 1번 제품과 2번 제품에 대해서 일반 C/O 발행 신청하며, 미국산으로써 3번 제품에 대해서 각각 일반 C/O 신청합니다. 미국산 제품의 경우는 해당 물품이 미국산이라는 사실을 입증하는 미국 수출자로부터 받은 일반 C/O를 첨부하여 한국의 무역인증서비스센터 통해서 일반 C/O 발급받을 수 있을 것입니다.

42. EMS 보다 DHL을 사용하는 이유

질문 특송(Courier Service)을 이용하여 종종 물품을 외국으로 발송하거나 외국으로부터 받습니다. 그런데 폐사의 경우에는 항상 DHL을 사용합니다. 이번에 EMS에서 견적 받아 보았는데 EMS가 운임이 더 저렴하다는 것을 확인했습니다. 그런데도 상사는 EMS로 진행하면 업무가 복잡해진다며 DHL만을 고집합니다. EMS를 거부하고 DHL만을 고집하는 특별한 이유가 무엇인지 궁금합니다.

답변 1. 운임에 대한 경쟁력: 일반적으로 EMS가 DHL과 같은 기타의 특송에 비해서 운임이 저렴하다 할 수 있습니다. 그러나 물량이 많아짐에 따라 할인받게 되면, 어느 순간

DHL 운임이 보다 저렴해질 수도 있습니다.

2. **통관 대행:** EMS의 가장 큰 단점은 수출/수입신고를 대행하지 않는다는 것입니다. 따라서 화주가 세관으로 직접(자가통관, 관세청 유니 패스 통해서), 혹은 관세사 사무실에 별도로 수출/수입신고 요청해야 합니다[1]. 반면, DHL과 같은 특송사는 운송뿐만 아니라 통관 서비스까지 함께 제공합니다.

3. **통관 수수료:** 통관 대행 서비스를 제공하는 DHL과 같은 특송사는 특송 운임에 통관 수수료가 포함되어 있습니다. 그래서 화주가 수출/수입신고 의뢰하였을 때, 별도의 통관 수수료를 청구하지 않을 것입니다. 반면, 통관 대행 서비스를 제공하지 않는 EMS의 운임에는 통관 수수료가 포함되어 있지 않습니다. 그래서 EMS 건에 대해서 수출/수입 신고할 때 화주는 별도로 관세사를 지정하여 대행 의뢰함으로써, 통관 수수료 역시 별도로 관세사 사무실에 결제해야겠습니다.

4. **운임 착불 서비스:** EMS는 운임 착불 서비스를 제공하지 않습니다. 따라서 EMS를 통한 운송 건에서 수출자는 운임을 물품의 가격에 포함하여 수입자에게 결제받아야 할 것이고, EMS 보낼 때 그 운임을 결제하겠습니다. 반면에 DHL과 같은 특송사는 수입자가 해당 특송사와 계약을 맺고 Account No.가 있으면, 수출자가 수입자의 Account No.를 받아서 수출지에서 운임 착불 조건으로서 물품을 발송할 수도 있습니다.[2]

참고로 특송 운임은 Door to Door(집배송) 비용으로서 운임 착불 조건은 EXW, 혹은 FCA가 적절할 것이며, 운임 선불 조건은 DAP 조건이 적절할 것으로 보입니다.

5. **보세운송:** 때로는 수입 건에서 인천공항 보세창고에서 물품을 수입신고 하여 수리받는 것이 아니라 내륙의 보세창고로 보세운송 후 그곳에서 수입신고 하여 수리받아야 하는 경우가 종종 있습니다. EMS는 보세운송 되지 않는, 반면 DHL은 보세운송 가능할 것입니다.

---

1 EMS로 수출할 때 수출자가 수출신고를 별도로 관세사 사무실에 요청하여 수출신고필증(적재 전)을 받습니다. 그리고 포장된 물품과 함께 수출신고필증을 EMS 담당자에게 전달하면서 '전산등록' 요청해야 수출이행 처리가 됩니다. 만약, 수출신고 수리받고 EMS로 물품 발송은 하였으나, 전산으로 수출이행 처리되지 않으면, 적재의무기한 30일 이내로 수출 이행하지 않은 것으로 판단되어 불이익을 받을 수 있습니다.
2 특송 운임 착불로 물품 발송하는 절차. 91쪽 참고.

43. 외국 수입 관세율과 부가가치세율 확인 방법

질문 안녕하세요? 한국에서 멕시코로 물품을 수출하는 회사에 근무 중인 무역 담당자입니다. 매번 FOB 혹은 CFR 조건으로 수출하다가 DDP 조건으로 수출해야 하는 건이 생겼습니다. DDP 조건으로 계약할 때, 멕시코 수입지에서 수입 통관 과정 중에 발생하는 관세와 부가세를 모두 DDP 가격에 포함 시키기로 했습니다. 따라서 멕시코 관세율과 부가가치세율을 확인해야 하는데 인터넷 상으로 확인하는 방법이 있을까요?

💬 **답변** 1. 외국 관세율 확인: 관세청 홈페이지의 '세계 HS 정보시스템'을 통하여 외국 관세율 확인 가능합니다. 이를 위해서 수입국에서 거래 물품에 대한 HS Code가 어떻게 되는지 한국 수출자는 외국 수입자를 통하여 확인받아야 할 것이며, 해당 HS Code를 확인받으면 아래와 같은 경로로 관세율 확인이 가능할 것입니다.

외국 관세율 확인 경로

http://www.customs.go.kr → '세계 HS 정보시스템' → (새로운 창) 원하는 국가 선택 → 외국 수입자에게 확인 받은 HS Code로 관세율 확인(기본세율)

'관세청' 홈페이지

2. **외국 부가가치세율 확인**: 외국 부가차치세(부가세) 및 부가세율에 대한 정보는 다음의 경로에서 확인 가능할 것입니다.

외국 부가가치세율 확인 경로

http://www.globalwindow.org → 좌측 상단 메뉴 '국가정보' → 지도에서 해당 국가가 속한 지역 선택 → 해당 국가 선택 → '조세제도'에서 확인

44. 수입신고필증 전달할 때 주의점 및 진위 여부 확인

질문 외국 거래처로부터 한국으로 물품을 직접 수입하는 회사입니다. 폐사가 수입 신고 후 세액 납부하고 수리받아서 여기에 마진을 붙여 국내 거래처로 공급합니다. 그런데 일부 국내 거래처에서 수입신고필증을 요구하는 경우가 있습니다. 폐사가 수입신고필증을 그대로 국내 거래처에 전달해도 되는지, 만약 전달한다면 주의점이 있는지 궁금합니다.

답변 1. 수입신고필증 전달할 때 주의점: 수입자가 자신이 수입한 물품에 대해서 정상적으로 한국 세관에 수입 신고하여 세액 납부 후 수리받았다는 사실을 수입신고필증은 증명합니다. 그리고 수입신고필증에 보면 해외 거래처 정보와 수입 신고 물품과 그 단가 및 납부한 세액 정보 등이 기록되어있습니다.

수입자는 국내 거래처에 수입신고필증을 전달할 때, 공개할 수 없는 내용은 삭제 후 전달해야 할 것입니다. 특히, 물품의 수입신고 단가는 삭제해야 할 것입니다. 만약, 이를 삭제하지 않고 그대로 전달하면 수입원가와 공급자의 마진을 모두 전달받은 자는 알 수 있습니다.

2. 수입신고필증의 진위 여부 확인: 다음은 관세청 고객지원센터(https://call.customs.go.kr)에 공개된 내용입니다. 참고하길 바랍니다.

- 타인의 수입신고필증에 대한 진위 여부는 관세청 홈페이지(www.customs.go.kr) 〉 패밀리 사이트 〉 UNI-PASS 전자통관 〉 화면 중간 '조회서비스' 중 '수입신고필증 검증' 서비스 코너에서 로그인 없이도 확인할 수 있습니다.

 - 구체적인 방법은 조회 화면에서 발행번호, 신고번호, 납세자 사업자등록번호, 원산지, 품명, 순중량, 총 과세가격, 총 세액 합계를 전부 입력한 후 조회 버튼을 누르면 일치 여부를 확인할 수 있습니다. 다만, 인쇄물로의 출력은 제한됩니다.

45. 목재포장재 수입 검역과 미부합 목재포장재의 처분

질문 해외 거래처로부터 물품을 수입하는데, 목재 포장이 필요합니다. 목재 포장의 경우 병충해 유입에 따른 피해를 막기 위해서 열처리 혹은 훈증 처리를 하여야 하며, 이에 대한 소독처리마크가 포장재에 표기되어있어야 하는 줄 압니다.
궁금한 점은 모든 목재에 대해서 열처리 혹은 훈증 처리가 필요한지와 소독처리마크가 정상적으로 포장재에 표시되어있다면 관련 증명서는 따로 요구하지 않는지입니다.

💬 **답변** 다음 내용은 '농림수산검역본부'에서 발췌한 내용입니다.

1. **목재포장재 검역실시 배경:** 수입화물에 사용되는 목재포장재는 생목재로 제작되는 경우가 많아 외래 병해충의 유입 및 확산의 원인으로 작용하게 되므로, 우리나라 자연환경을 보호하고자 목재포장재에 대한 수입검역을 시작하게 된 것입니다[1].

2. **목재포장재의 의미:** 목재 파레트·나무상자·짐 깔개(Dunnage)·목재충진재 등 화물을 지지·보호 또는 운반하는 데 이용되는 목재 또는 목재 산물(종이제품은 제외)을 말합니다.

3. **소독 대상 목재포장재:** 침엽수 및 활엽수를 사용한 목재포장재입니다.

〈제외 물품〉
- 합판·베니어패널 및 이와 유사한 적층 목제품, 파티클보드, 배향성 스트랜드보드와 웨이퍼보드, 섬유판, 고밀도화 목재, 집성재
- 펄프, 응집코르크, 목모, 목분, 코르크분

4. **증명서 따로 요구하지 않아:** 소독처리마크가 정상적으로 목재포장재에 표기되어있는 경우, 관련된 증명서는 따로 요구하지 않습니다.

5. **요건 미부합 목재포장재의 처분:** 국립식물검역소 지소와 출장소에서 수입화물을 무작위 추출하여 목재포장재에 소독처리마크가 표지되어 있는지, 병해충이 발견되는지를 검사하게 됩니다. 이때 요건 미부합된 경우, 목재포장재를 폐기하거나 반송해야 할 것입니다. 그러나 화물과 포장재가 분리 가능한 경우에는 목재포장재만 처분되기도 합니다.

〈폐기 또는 반송〉
- 소독처리마크가 없는 경우
- 소독명령을 받았으나, 소독이 불가능하거나, 소유자가 폐기 또는 반송을 원할 경우
- 금지병해충이 발견된 경우

---

1 관련 규정: 수입화물의 목재포장재 검역요령(국립식물검역소 고시 제2006-14호).

46. 물품가격 FOB 200만 원 이하의 물품에 대한 수출신고

질문 안녕하세요? 특송으로 소량을 외국 거래처에 종종 발송합니다. 이러한 건에 대해서 특송사에 수출신고를 요청해야 할지, 아니면 그냥 수출신고 없이 발송해도 향후에 문제가 되지 않을지 확신이 서지 않습니다.

그리고 얼마 전에 수출신고 없이 발송된 물품이 불량으로 확인되어, 외국 업체가 이미 한국의 폐사로 발송하였습니다. 한국으로 재수입될 것인데, 재수입 면세를 받을 수 있는지요?

관련하여 조언 부탁드립니다.

💬 **답변** 1. 수출 신고하지 않음으로써 발생하는 문제: 물품금액이 FOB 기준으로 200만 원이 안 되는 건에 대해서는 정식으로 세관에 수출신고 하지 않아도 될 것입니다. 그러나 수출신고 하지 않음으로써 수출실적으로의 인정은 당연히 받을 수 없고, 그로 인한 다음과 같은 문제에 노출될 수 있습니다[2].

a) 관세환급 불가

소량 건일지라도 국내의 제조사에 의해서 제조된 물품이라면, 수출자가 수출신고필증을 제조사에 전달하여 제조사가 관세환급 받을 수 있도록 할 수 있을 것입니다. 혹은 외국에서 수입한 물품을 국내에서 추가 가공 없이 원상태 그대로 외국으로 유상 판매하는 건의 경우, 수출자가 관세환급 받을 수도 있습니다. 그러나 수출자가 수출 신고하지 않으면 외국으로 수출 이행된 내역을 입증할 수 없으니, 관세환급 신청 자체를 할 수 없을 것이고 결과적으로 관세환급 받을 수 없겠습니다.

b) 외국환 결제받을 때의 문제

외국환을 취급하는 외국환 은행으로부터 외국 수입자가 결제한 해당 거래 건의 외국환을 결제받는 건이라면, 세관에 유상 건으로 수출신고 해야 합니다. 외국환 은행으로부터 결제받을 때 그 사유를 매매계약서 혹은 인보이스(C/I)와 같은 서류로 입증해야 하고 이러한 내용은 세관으로 통지됩니다. 그런데 세관에 수출 신고된 내역이 없이 외국으로부터 돈만 결제

---

2 수출 신고하지 않으면 수출실적으로 인정받을 수 없습니다.

받으면 향후에 문제가 될 수도 있습니다.

c) 매출 자료의 부재

해당 물품을 국내에서 구입할 때 부가세 포함하여 세금계산서를 발행하였을 것입니다. 이는 매입이 되고, 해당 물품을 외국으로 수출함으로써 수출 신고하여 수리받으면 매출이 됩니다. 그러나 수출 신고하지 않으면 매입만 존재하고 매출이 존재하지 않게 됩니다. 결과적으로 매출 근거가 없기에 매입 부가세에 대한 환급을 받지 못할 것입니다.

물품가격이 FOB 200만 원이 안 되는 건으로서, 매출 잡을 필요 없을 정도의 소량·소액이고, 관세환급 대상 건이 아니거나 관세환급이 필요 없고, 외국 거래처로부터 외국환 결제를 받지 않는 '무상'으로 공급하는 물품이라면, 특송사에 정식으로 수출신고 요청하지 않아도 될 것입니다. 그러나 일반적으로 사업자라면 수출 신고하여 매출로 잡아야 할 것이며, 외국환 결제를 받기 때문에 정상적으로 수출 신고하여 수출신고필증을 받아 두는 것이 적절하다고 봅니다.

2. 원산지증명서(C/O) 발급 신청 불가: 외국 수입자는 해당 물품에 대한 원산지(Origin)를 서류로서 입증 요청하는 경우가 있습니다. 이때 수출자는 상공회의소 무역인증서비스센터에 서명등록 되어 있어야 하며, 수출 신고하여 수리 받아야 합니다. 만약 수출신고 하지 않으면 수출신고필증 발행되지 않을 것이며, 무역인증서비스센터에 서명 등록되어 있더라도 원산지증명서 발급 신청할 수 없겠습니다.

3. 수출신고 하지 않은 건의 재수입: 한국에서 수출신고 수리일로부터 2년 이내에 재수입되는 물품에 대해서는 관세를 면세받을 수도 있습니다. 그런데 수출신고를 하지 않았다면, 수입되는 물품이 한국에서 과거에 수출된 건이라는 사실을 입증할 수 없으며, 한국에서 수출된 물품이 원상태 그대로 재수입되는지 역시 입증할 수 없을 것입니다.

따라서 기본적으로 수출신고 수리일로부터 2년 이내에 재수입되는 물품에 대해서 관세를 면세받을 수[1]도 있으나, 수출 신고하지 않은 건에 대해서는 재수입 면제받을 수 없을 것입니다.

---

[1] 재수입되는 물품에 대해서 과거 수출 이행 후 관세환급 받은 건이라면 재수입 면세를 받지 못할 수도 있습니다. 관세법 제99조(재수입면세) 제1호 참고(274쪽).

수출통관 사무처리에 관한 고시

제36조(간이수출신고) ① 영 제246조 제3항 제5호 및 제261조제 5호에 따라 다음 각 호의 어느 하나에 해당하는 물품은 송품장, 별지 제6호 서식의 (검사대상)간이수출통관목록(이하 '간이통관목록 등'이라 한다) 또는 우편물목록 제출로 수출신고를 대신할 수 있다. 다만, 법 제226조에 해당하는 물품은 제외한다.

······ 중 략 ······

8. 환급대상이 아닌 물품가격 FOB 200만 원 이하의 물품. 다만, 제7조 제2항 제1호부터 제3호까지 해당하는 물품은 제외한다.

제7조(수출신고 및 제출서류) ① 수출신고를 하려는 자는 전자문서로 작성된 수출신고서 등 신고자료와 함께 송품장 등 관련 서류를 제7조의 2에 따라 전자제출하거나 전자이미지로 통관시스템에 전송하여야 한다. 다만, 전자제출 또는 전자이미지로 전송할 수 없는 수출신고 건에 대하여는 제2항에 따라 서류로 제출할 수 있다.

② 신고인은 다음 각 호의 어느 하나에 해당하는 물품에 대하여는 제1항에 따라 신고자료 등을 통관시스템에 전송한 후 수출신고서(별지 제1호 서식) 및 해당 호에서 정하는 구비서류를 세관장에게 제출하여야 한다(수출신고서상 신고구분은 '서류제출'로 기재). 다만, 해당 구비서류를 전자이미지로 전송한 경우에는 그러하지 아니하다.

1. 법 제226조와 「관세법 제226조의 규정에 의한 세관장확인물품 및 확인방법 지정고시」 제3조에 따른 수출물품 : 각 개별법령별 요건확인 서류(단, 수출요건내역을 전산망으로 확인할 수 없는 경우에 한함)

2. 계약 내용과 상이하여 재수출하는 물품 또는 재수출 조건부로 수입 통관되어 수출하는 물품: 계약 상이 및 재수출 조건부 수출 심사에 필요한 서류

3. 수출자가 재수입 시 관세 등의 감면, 환급 또는 사후관리 등을 위하여 서류제출로 신고하거나 세관검사를 요청하는 물품 : 각 사실관계 확인 서류(다만, 단순반복 사용을 위한 포장용기는 제외)

4. 수출통관시스템에서 서류제출대상으로 통보된 물품 : 제11조에 따른 수출신고 심사에 필요한 서류 등

47. 특송 건으로서 수입신고 생략(목록통관), 간이신고 혹은 일반신고

질문 특송으로 물품을 수입하고 있는 회사입니다. 그런데 수입을 하다 보면 특송회사에서 '수입신고서'를 보내주면서 작성하여 제출 요구하는 경우가 있고, 이러한 요구 없이 특송회사 기사님께서 폐사에 내방하여 물품을 전달하고 그냥 가시는 경우가 있습니다.

그리고 간이신고하는 경우가 있고 혹은 일반신고하는 경우가 있는 것 같은데, 그 기준도 알고 있습니다.

💬 **답변** 1. 특송 물품의 수입 통관 절차: 특송회사를 통하여 운송되어 우리나라로 반입되는 물품에 대한 수입 통관은 크게 3가지로 구분될 수 있습니다.

a) **목록통관 특송물품:** 국내거주자가 수취하는 자가사용물품 또는 면세되는 상용견품 중 물품가격이 미화 150달러 이하에 해당하는 물품에 대해서는 수입 신고를 생략할 수 있습니다. 수입 신고를 하지 않기에 본 건에 대해서는 수입신고필증 역시 존재하지 않을 것입니다.

물론, 상기의 조건을 충족하는 모든 물품이 목록통관으로 진행될 수 있는 것은 아닙니다. 물품가격이 미화 150달러 초과 건은 당연히 목록통관에서 배제될 것이며, '특송물품 수입통관 사무처리에 관한 고시 [별표 1]'에서 '목록통관 배제대상 물품'을 정하고 있습니다. 대부분 HS Code 상 수입요건이 존재하는 물품이 될 것입니다.

그리고 '목록통관 건'에 대해서 '물품가격'은 수출지에서의 세금 및 수출지에서의 내륙운송비는 포함하고 있을 것이나, 특송 건으로서 특송 운임은 포함되지 않는다고 해석하는 경우가 있으니 실무자는 참고 하기 바랍니다.

b) **간이신고 특송물품:** 물품가격이 미화 150달러를 초과하고 2,000달러 이하인 물품.

c) **일반수입신고 특송물품:** 물품가격이 미화 2,000달러를 초과하는 물품

참고로 '특송물품 수입통관 사무처리에 관한 고시 [별표 1]'의 '목록통관 배제대상 물품' 그리고 '특송물품 수입통관 사무처리에 관한 고시 [별표 2]'에서 '간이신고 배제대상 물품'에

해당하는 물품의 건은 일반수입 신고해야 할 수 있습니다.

2. 관련 규정: 관련 내용은 '특송물품 수입통관 사무처리에 관한 고시'의 '제8조(신고구분)' 부분을 참고하기 바랍니다.

관련 규정	
관세법	특송물품 수입통관 사무처리에 관한 고시
제241조(수출·수입 또는 반송의 신고) ① 물품을 수출·수입 또는 반송하려면 해당 물품의 품명·규격·수량 및 가격과 그 밖에 대통령령으로 정하는 사항을 세관장에게 신고하여야 한다.	제8조(신고구분) ① 특송물품에 대한 통관절차는 다음 각 호에 따른다. 1. 국내거주자가 수취하는 자가사용물품 또는 면세되는 상용견품 중 물품가격이 미화 150달러(미합중국과의 협정에 따른 특송물품 통관의 특례에 해당하는 물품은 미화 200달러) 이하에 해당하는 물품(이하 '목록통관 특송물품'이라 한다)은 특송업체가 통관목록을 세관장에게 제출함으로써 법 제241조 제1항의 수입신고를 생략할 수 있다. 2. 물품가격이 미화 150달러(미합중국과의 협정에 따른 특송물품 통관의 특례에 해당하는 물품은 미화 200달러)를 초과하고 2,000달러 이하인 물품(이하 '간이신고 특송물품'이라 한다)은 간이한 방법으로 신고할 수 있다. 3. 물품가격이 미화 2,000달러를 초과하는 물품(이하 '일반수입신고 특송물품'이라 한다)은 법 제241조 제1항에 따른 수입신고를 하여야 한다. ② 제1항에도 불구하고 별표 1의 목록통관배제대상 물품과 별표 2의 간이신고배제대상 물품에 대해서는 제1항 제1호 또는 제2호에 따른 목록통관 또는 간이신고를 배제하고 법 제241조 제1항에 따른 수입신고를 하여야 한다.

특송물품 수입통관 사무처리에 관한 고시 [별표 1]

목록통관 배제대상 물품

1. 의약품

2. 한약재

3. 야생동물 관련 제품

4. 농림축수산물 등 검역대상 물품

5. 건강기능식품

6. 지식재산권 위반 의심물품

7. 식품류·주류·담배류

8. 화장품(기능성 화장품, 태반함유화장품, 스테로이드제 함유화장품 및 성분 미상 등 유해화장품에 한함)

9. 적하목록 정정에 따라 선하증권 또는 항공화물운송장 내용이 추가로 제출된 물품

10. 통관목록 중 품명·규격·수량·가격 등이 부정확하게 기재된 물품

11. 그 밖에 법 제226조에 따른 세관장확인대상 물품 등 목록통관이 타당하지 아니하다고 세관장이
    인정하는 물품

특송물품 수입통관 사무처리에 관한 고시 [별표 2]

간이신고 배제대상 물품

1. 별표 1에 해당하는 물품

2. 「수입통관 사무처리에 관한 고시」 제13조 제1항 제1호, 제3호, 제6호, 제12호에 해당하는 물품

3. 할당·양허관세율의 적용을 신청한 물품 중 세율추천이 필요한 물품

4. 법 제83조에 따른 용도세율의 적용을 신청한 물품 중 사후관리 대상 물품

5. 법 제226조에 따른 세관장 확인대상 물품

6. 법 제250조에 따라 신고취하 또는 신고 각하된 후 다시 수입 신고하는 물품

7. 해체·절단 또는 손상·변질 등에 의해 물품의 성상이 변한 물품

8. 「이사 물품 수입통관 사무처리에 관한 고시」 적용대상 물품

9. 품명·규격·수량·가격 등이 부정확하여 세관장이 간이신고가 부적당하다고 인정하는 물품

10. FTA 협정관세의 적용을 신청한 물품

11. 법 제240조의2에 따른 유통 이력 신고대상 물품

48. 관세가 면세되는 소액물품, 상용견품(샘플)

질문 특송으로 판매용이 아닌 말 그대로 샘플을 수입합니다. 특송업체에서 말하기를 본 건은 샘플 건으로서 제품 1개에 수량 역시 2개이고, 과세가격이 미화(USD)로 250불이 안 되니 관세와 부가세를 면세받을 수도 있을 것 같다고 합니다.

그런데 과거에도 과세가격 기준으로 미화 250불 이하의 건을 수입한 적이 있는데, 그때는 관부가세를 모두 납부하였습니다. 혹시 이번 건이 샘플 건이라 관부가세를 면세받는지요?

답변 관세법시행규칙 제45조(관세가 면제되는 소액물품)에 따르면, 과세가격이 미화 250달러 이하인 물품으로서 견품으로 사용될 것으로 인정되는 물품에 대해서 관세가 면제될 수 있습니다. 이때 과세가격은 수입지로서 우리나라의 터미널(공항/항구)에 운송수단(배/항공기)이 입항하는 시점까지의 가격으로서 CIF에 근접하는 가격이며, 견품은 판매용이 소량의 샘플 건이라 할 수 있을 것입니다.

해당 건에 대해서 수입 화주가 판매용이 아닌 샘플이라 하더라도 세관 직원이 샘플로 인정하지 않으면, 과세가격 미화 250달러 이하의 건이라 하더라도 관세를 면제받지 못할 수도 있습니다.

만약 이러한 건에 대해서 관세가 면세된다면, 제27조(재화의 수입에 대한 면세) 9호에 따라서 부가세 역시 면세될 수도 있을 것입니다.

> **「부가가치세법」 제27조(재화의 수입에 대한 면세)** 다음 각 호에 해당하는 재화의 수입에 대하여는 부가가치세를 면제한다.
>
> ...... 중 략 ......
>
> 9. 수입하는 상품의 견본과 광고용 물품으로서 관세가 면제되는 재화

마지막으로 본 건은 수입신고를 하기 때문에 수리된 이후 수입신고필증이 발행될 것입니다.

관련 규정	
관세법	관세법시행규칙
제94조(소액물품 등의 면세) 다음 각 호의 어느 하나에 해당하는 물품이 수입될 때에는 그 관세를 면제할 수 있다. 1. 우리나라의 거주자에게 수여된 훈장·기장(紀章) 또는 이에 준하는 표창장 및 상패 2. 기록문서 또는 그 밖의 서류 3. 상용견품(商用見品) 또는 광고용품으로서 기획재정부령으로 정하는 물품 4. 우리나라 거주자가 받는 소액물품으로서 기획재정부령으로 정하는 물품 [전문개정 2010.12.30.]	제45조(관세가 면제되는 소액물품) ①법 제94조제3호의 규정에 의하여 관세가 면제되는 물품은 다음 각호와 같다. 1. 물품이 천공 또는 절단되었거나 통상적인 조건으로 판매할 수 없는 상태로 처리되어 견품으로 사용될 것으로 인정되는 물품 2. 판매 또는 임대를 위한 물품의 상품목록·가격표 및 교역안내서 등 3. 과세가격이 미화 250달러 이하인 물품으로서 견품으로 사용될 것으로 인정되는 물품 4. 물품의 형상·성질 및 성능으로 보아 견품으로 사용될 것으로 인정되는 물품 ②법 제94조 제4호의 규정에 의하여 관세가 면제되는 물품은 다음 각호와 같다. 〈개정 2003.2.14., 2004.3.30.〉 1. 당해 물품의 총과세가격이 15만 원 상당액 이하의 물품으로써 자가사용 물품으로 인정되는 것. 다만, 반복 또는 분할하여 수입되는 물품으로서 관세청장이 정하는 기준에 해당하는 것을 제외한다. 2. 박람회 기타 이에 준하는 행사에 참가하는 자가 행사장 안에서 관람자에게 무상으로 제공하기 위하여 수입하는 물품(전시할 기계의 성능을 보여주기 위한 원료를 포함한다). 다만, 관람자 1인당 제공량의 정상도착가격이 미화 5달러 상당액 이하의 것으로서 세관장이 타당하다고 인정하는 것에 한한다.

49. 총과세가격 15만 원 이하의 자가사용 물품의 관세 면세

질문 이번에 특송으로 과세가격 15만 원 이내의 물품을 외국 거래처로부터 제 개인 이름으로 받을 예정입니다. 과세가격 15만 원 이내의 자가사용 물품인 경우, 관세를 면세받을 수 있다고 압니다. 그런데 해당 물품을 받아서 거래처에 보여주고 판매를 할 수도 있는 상황입니다.

금액도 얼마 안 되고 수량도 소량인데 그냥 자가사용 물품으로 신고하여 관세를 면세받아도 상관없는지요?

💬 **답변** 1. 관련 규정: 관세법시행규칙 제45조(관세가 면제되는 소액물품) 제2항 제1호와 수입통관 사무처리에 관한 고시 제71조(신고서에 의한 간이신고) 제1항 제1호는 다음과 같이 기술하고 있습니다.

> **시행규칙 제45조(관세가 면제되는 소액물품)** ②법 제94조 제4호의 규정에 의하여 관세가 면제되는 물품은 다음 각호와 같다. 〈개정 2003.2.14. 2004.3.30.〉

1. 당해 물품의 총과세가격이 15만 원 상당액 이하의 물품으로써 자가사용 물품으로 인정되는 것. 다만, 반복 또는 분할하여 수입되는 물품으로서 관세청장이 정하는 기준에 해당하는 것을 제외한다.
   고시 제71조(신고서에 의한 간이신고) ① 제70조 제1항 각 호의 물품 중 과세되는 물품과 다음 각 호의 어느 하나에 해당하는 물품은 첨부서류 없이 신고서에 수입신고사항을 기재하여 신고(이하 "간이신고"라 한다)한다.

2. 국내거주자가 수취하는 해당 물품의 총 과세가격이 15만 원 이하의 물품으로서 자가사용물품으로 인정되는 면세대상 물품.

여기서 알 수 있는 것은 총과세가격 15만 원 이하의 건으로서 판매용이 아닌 자가사용 목적으로 반입되는 물품에 대해서 간이하게 수입신고 진행 가능하며, 관세를 면세해 줄 수 있다는 것입니다. 그러나 자가사용 목적으로 반입되더라도 총과세가격이 15만 원 초과하거나 혹은 총과세가격이 15만 원 이하라 할지라도 판매를 목적으로 반입되는 물품에 대해서는 기본적으로 수입 신고하여 세액 납부해야겠습니다.

만약 판매를 목적으로 반입함에도 총과세가격이 15만 원 이하의 건으로서 자가사용 목적으로 반입된다고 신고하면, 향후 세관 조사를 통하여 처벌받을 수도 있습니다. 수입화주가 알아야 하는 것 중의 하나로서, 세관은 수입신고가 수리된 건에 대해서도 사후 심사를 진행한다는 것입니다(선 통관 후 심사).

2. **총과세가격의 의미**: 상기에서 15만 원의 기준은 단순히 물품가격이라고 생각하면 안 됩니다. 총과세가격 기준으로 15만 원을 기준으로 합니다. 이때 총과세가격이란 수입지로서 우리나라의 터미널(항구/공항)에 운송수단(배/항공기)이 입항하는 순간까지의 수출자 마진을 포함한 모든 가격입니다. 만약 해당 건에 대해서 적하보험에 가입했다면 적하보험료 역시 총과세가격에는 포함되어야겠습니다. 결국 인코텀스(가격조건)로 따지자면 CIF에 근접하는 가격이 되겠습니다.

특송으로 물품을 운송한다면, 특송 운임이 비록 수입지 공항에서 항공기로부터 물품을 양륙하여 수입자의 사무실까지의 내륙운송비도 포함하고 있으나(이러한 비용은 기본적으로 총과세가격에 미포함), 이러한 특송 운임은 총과세가격에 포함될 것입니다. 즉, 총과세가격에 특송 운임은 포함되어 15만 원이 안 되는 자가사용 물품에 대해서 관세를 면세받을 수 있을 것입니다.

50. 여행자 휴대품의 과세와 면세 한도, USD 600

질문 외국에서 물품을 구입하여 한국으로 입국합니다. 여행자 휴대품의 경우 면세 한도가 USD 400에서 USD 600으로 상향 조정되었다고 하는데, 사실인지 확인 부탁드립니다. 그리고 만약에 여행자 휴대품 면세 한도가 USD 600이라면, USD 1,000의 물품에 대해서 과세를 할 때 USD 1,000에 대해서 과세를 하는지, 아니면 USD 600 제외한 금액에 대해서 과세하는지 궁금합니다. 또한, 이러한 금액을 확인할 때 구매 영수증으로 확인하는 것이 맞는지요?

💬 **답변** 1. **여행자 휴대품 면세 한도 USD 600으로 상향 조정:** 2014년 9월에 여행자 휴대품 면세 한도는 기존 USD 400에서 USD 600으로 상향 조정되었습니다. 2015년 4월 현재 「여행자 및 승무원 휴대품 통관에 관한 고시」 제3-4조(여행자 1명당 관세면제금액) 부분에는 여전히 "여행자휴대품의 전체과세가격에서 여행자 1명당 US $400을 면제한다."라고 규정하고 있으나, USD 600으로 개정되어 운영 중입니다.

2. **여행자 1명당 관세면제금액과 과세:** 전체 물품의 전체 과세가격이 USD 600을 기준으로 USD 600 이하의 건은 면세하고 초과의 건은 USD 600을 제외한 금액에 대해서 과세하겠습니다. 이때 금액은 구매영수증으로 확인될 수 있을 것[1]인데, 여행자가 해외에서 구매 후 국내로 반입하려는 물품의 전체 과세가격이 USD 500이라면 면세금액으로서 USD 600 이하의 경우이니, USD 500 전체 금액에 대해서 면세[2]되는, 반면 전체 과세가격이 USD 900이라면 1인당 면세해주는 금액으로서 USD 600을 제외한 USD 300에 대해서 과세한다 할 수 있겠습니다.

> **제3-11조(세액의 계산)** 여행자휴대품의 세액은 신고한 금액을 US $로 환산한 금액에서 US $600을 공제한 후, 잔여금액을 원화로 환산하고 해당 물품의 세율을 적용하여 계산한다.

구분		내용	여행자 및 승무원 휴대품 통관에 관한 고시
기본 면세		전체 과세가격 USD 600 이하 (USD 600 초과 건은 USD 600 제외하고 과세)	- 농림축수산물(한약재 포함) 및 한약의 면세범위 별도 규정 (1명당 면제금액에 포함) - 제3-6조(농림축수산물 및 한약재 등의 면세통관범위) - 제3-7조(한약의 면세통관범위)
			- 1명당 면제금액을 적용하지 않는 물품(제3-4조 제3항) : 주류, 담배, 향수 등
별도 면세	술	1ℓ 이하로서 US $400 이하의 것 1병	- 제3-5조(면세범위) 단위당 용량 또는 금액이 면세기준을 초과하는 경우에는 전체금액에 대하여 과세한다. (예: 2ℓ 용량의 주류 1병을 반입하는 경우 1ℓ를 공제하지 않고 전체 취득가격에 대하여 과세하고, 1ℓ 이하의 주류라 하더라도 US $400을 초과하는 경우에도 전체에 대하여 과세한다.)
	담배	「지방세법시행령」 제64조 제2항에서 정한 면세범위 (단, 한 종류에 한함)	
	향수	60㎖	

▶ 별도 면세 물품으로서 술, 담배, 향수의 가격은 고시 제3-5조의 면세범위 내에서는 1인당 관세면세금액으로서 USD 600에 포함되지 않습니다.

---

1 「여행자 및 승무원 휴대품 통관에 관한 고시」 제3-9조(신고금액 인정).

2 이때 관세만 면세되는 것이 아니라 부가가치세와 같은 내국세 역시 면세됩니다.

그리고 상기 표에서 알 수 있듯이 술, 담배, 향수와 같은 물품의 구매 금액은 1인당 관세 면세금액으로서 USD 600에는 포함되지 않는 별도 면세 물품이라 할 수 있습니다. 술은 1L 이하 한 병(USD 400[1] 이하), 담배 한 보루 및 향수 60㎖ 이하까지는 USD 600에 포함되지 않고 추가 면세받아서 반입할 수 있겠습니다. 그러나 술, 담배, 향수와 같은 물품의 경우 단위당 용량 또는 금액이 면세기준을 초과하는 경우에는 전체금액에 대하여 과세합니다.

<table>
<tr><td>참고</td><td>여행자 휴대품의 과세와 견본류 USD 250 이하 건의 과세 차이점</td></tr>
</table>

여행자 휴대품의 경우는 1인당 관세면세금액은 전체 과세가격 USD 600입니다. 즉, 과세가격 대비해서 USD 600에 대해서는 과세하지 않겠다는 뜻이라 할 수 있을 겁니다. 따라서 여행자가 USD 900의 물품을 국내로 반입하려는 경우, USD 600은 제외하고 USD 300에 대해서만 과세하겠습니다. 물론 반입하려는 물품의 전체 과세가격이 USD 600 이하라면 납부할 세액은 없겠습니다.

반면에 「관세법시행규칙」 제45조에 따라 소액물품 건으로서 과세가격 USD 250 이하의 물품으로서 샘플(견본품)로 인정되는 경우 수입신고는 진행하나, 관세를 면세받을 수 있다 해서 USD 280로 수입신고되는 샘플 건에서 USD 250을 제외하고 USD 30에 대해서만 과세되는 것은 아닙니다. USD 280에 대해서 과세되겠습니다.

3. 간이세율 적용: 1명당 과세대상 물품 가격의 합계가 미화 1천 불 이하인 경우 단일 간이세율 20%[2]를 적용합니다. 그리고 1천 불 초과하는 경우에는 고시 제3-12조 제2항에 따라서 세율이 적용되겠습니다.

제3-12조(단일 간이세율 적용) ① 제3-11조의 적용에 있어 여행자가 휴대 수입하는 제1-4조 제2항에 따른 물품으로 1명당 과세대상 물품 가격의 합계가 미화 1천 불 이하인 경우 「관세법 시행령」 제96조 제1항 별표2 제4호 나목에 따라 단일 간이세율 20%를 적용한다.
〈개정 2008.09.03.〉, 〈개정 2011.09.30.〉
② 1명당 과세대상 물품 가격의 합산총액이 미화 1천 불을 초과할 경우에는 초과분에 해당하는 물품의 전체가격에 대하여 물품별 간이세율을 적용하되, 여행자에게 유리한 품목부터 적용하며, 물품 1개, 또는 1세트가 미화 1천 불을 초과할 경우에는 전체가격 중 제3-4조에 따른 1명당 면제금액을 공제한 금액을 기준으로 물품별 간이세율을 적용한다.
〈개정 2008.09.03.〉, 〈개정 2011.09.30.〉

---

1 여행자의 1인당 관세면세금액이 USD 400에서 USD 600으로 2014년 9월에 변경되었으나, 별도 면세 물품으로서 주류의 면세범위는 1ℓ 이하 한 병으로서 USD 400 이하에는 변경된 사항이 없습니다.
2 간이세율 20%는 국내로 반입하려는 물품의 HS Code 상 관세율과 부가가치세율 등을 더한 세율로 보면 됩니다.

다음은 「관세법 시행령」 제96조 제1항 별표2입니다. 제4호 나목에서 규정하고 있듯이 1명당 관세면세금액으로서 USD 600을 제외한 1인당 과세대상 물품가격의 합산총액이 미화 1천불 이하인 물품(녹용 및 방향용 화장품을 제외)에 대해서는 간이세율이 20%라는 것을 알 수 있습니다.

[별표 2] 〈개정 2013.02.15.〉

간이세율(제96조 관련)

품명	세율(%)
1. 다음 각 목의 어느 하나에 해당하는 물품 중 개별소비세가 과세되는 물품	
가. 투전기, 오락용 사행기구 그 밖의 오락용품, 수렵용 총포류	55
나. 보석·진주·별갑·산호·호박 및 상아와 이를 사용한 제품, 귀금속 제품, 고급 시계, 고급 사진기와 그 관련 제품, 고급 가방	37만 400원 + 185만 2천원을 초과하는 금액의 50
다. 녹용	45
라. 방향용 화장품	35
마. 로열젤리	30
바. 전기냉장고, 전기냉방기, 전기세탁기, 텔레비전 수상기	27
2. 수리선박(관세가 무세인 것을 제외)	2.5
3. 다음 각 목의 어느 하나에 해당하는 물품 중 기본관세율이 10% 이상인 것으로서 개별소비세가 과세되지 아니하는 물품	
가. 모피의류, 모피의류의 부속품 그 밖의 모피제품	30
나. 가죽제 또는 콤포지션레더제의 의류와 그 부속품, 방직용 섬유와 방직용 섬유의 제품, 신발류	25
4. 다음 각 목의 어느 하나에 해당하는 물품. 다만, 고급모피와 그 제품, 고급융단, 고급가구, 승용자동차, 주류 및 담배를 제외한다.	20
가. 제1호 내지 제3호에 해당하지 아니하는 물품	
나. 제1호 및 제3호에 불구하고 여행자가 휴대 수입하는 물품으로 1인당 과세대상 물품가격의 합산총액이 미화 1천 불 이하인 물품(녹용 및 방향용 화장품을 제외)	

　4. 간이세율 적용 배제 물품: 「수입통관 사무처리에 관한 고시」 제55조에서 간이세율 적용 배제 물품을 규정하고 있습니다. 기본적으로 여행자가 휴대하여 수입하려는 물품이 개

인 사용 용도로서 수량이 그에 맞는 수량이 아니라 상업적 용도로 사용할 정도의 수량의 물품에 대해서는 간이세율 적용 배제될 수 있습니다. 그러면 해당 물품의 과세가격 대비 HS Code 상 관세율만큼의 관세를 납부해야 할 것이며, 부가가치세와 같은 내국세는 따로 발생할 수 있을 것입니다.

> **제55조(간이세율적용 배제 물품)** 간이세율 적용 배제 물품은 다음 각 호의 어느 하나와 같다.
> 1. 영(관세법 시행령) 제96조 제2항 제1호부터 제4호까지 및 제6호의 물품
> 2. 부과고지 대상으로서 1개나 1조의 과세가격이 500만 원을 초과하는 물품 ('00.06.29 일부 개정)
> 3. 상업용으로 인정되는 수량의 물품
> 4. 법 제49조 제3호에 따른 관세를 적용받는 물품 중 기본관세율보다 높은 세율을 적용받는 물품

그리고 「관세법 시행령」 제96조(간이세율의 적용) 제2항에 따라 HS Code 상 관세율이 0%인 물품 등의 경우에도 간이세율이 적용되지 않습니다. 그러나 부가가치세와 같은 내국세는 과세가격 대비하여 발생할 수 있을 것입니다.

> **제96조(간이세율의 적용)** ① 법 제81조의 규정에 의하여 간이세율(이하 '간이세율'이라 한다)을 적용하는 물품과 그 세율은 별표 2와 같다.
> ② 제1항의 규정에 불구하고 다음 각 호의 물품에 대하여는 간이세율을 적용하지 아니한다. 〈개정 2001.12.31.〉
> 1. 관세율이 무세인 물품과 관세가 감면되는 물품
> 2. 수출용 원재료
> 3. 법 제11장의 범칙행위에 관련된 물품
> 4. 종량세가 적용되는 물품
> 5. 다음 각목의 1에 해당하는 물품으로서 관세청장이 정하는 물품
>   가. 상업용으로 인정되는 수량의 물품
>   나. 고가품
>   다. 당해 물품의 수입이 국내산업을 저해할 우려가 있는 물품
>   라. 법 제81조 제4항의 규정에 의한 단일한 간이세율의 적용이 과세형평을 현저히 저해할 우려가 있는 물품
> 6. 화주가 수입신고를 할 때에 과세대상 물품의 전부에 대하여 간이세율의 적용을 받지 아니할 것을 요청한 경우의 당해 물품

4. USD 1,000 이하의 건 FTA C/O의 제출 면제: FTA 수출체약국으로부터 수입되는 물품의 경우 FTA C/O(원산지증명서)에 의해서 해당 물품의 원산지가 FTA 수출체약국이라는 사실이 확인되면 FTA 협정세율을 적용받을 수 있습니다. 여행자 휴대품의 경우에도 FTA 협정세율을 적용받을 수 있으나, FTA C/O 제출은 요구하지 않고 물품에 원산지 표시가 있거나 구매영수증 상에 원산지 표시가 있으면, 원산지 물품으로 인정받을 수 있습니다. 단, 금액이 USD 1,000 이하여야 하며, USD 1,000 초과한다면 FTA C/O 제출 없이는 FTA 협정세율을 적용받을 수 없겠습니다.

이때 FTA 협정세율이라 해서 무조건 0%가 아니라 품목별(HS Code)로 그 협정세율이 상이한데, FTA 협정세율이 0%인 물품의 경우에는 관세가 0원이나 부가가치세와 같은 내국세는 발생할 것입니다. 예를 들어, 금액이 USD 900라면 1인당 관세면세금액 USD 600을 제외하고 USD 300에 대해서 내국세를 납부해야 할 것입니다.

51. 수입물품 유통 이력 관리

질문 안녕하세요? 한국으로 2005.99-1000으로 분류되는 김치 수입을 준비하고 있는 수입자입니다. 폐사의 거래 관세사 사무실에서 해당 HS Code로 분류되는 김치는 유통 이력 대상 물품으로서 국내에서의 유통 이력을 관세청 유니 패스를 통하여 신고해야 한다고 합니다. 관련하여 설명을 듣고 싶습니다.

💬 **답변** 1. 유통 이력 대상 물품 확인: 관세청장이 지정한 유통 이력 신고 대상 물품은 「수입물품 유통 이력관리에 관한 고시」 별표1에서 확인 가능합니다. 유통 이력신고 대상 물품은 김치, 천일염, 냉동고추 등이 있습니다.

김치 <지정기간: 2014.03.01.~2017.02.28.>

연 번	종 류	품목번호	표준품명	비 고
1	김치	2005.99-1000	Kim-chiⓚ	

천일염: 비식용 〈지정기간: 2012.07.31.~2015.07.31.〉

연번	종류	품목번호	표준품명	비고
1	비식용 천일염	2501.00-1020 (천일염)	Inedible Sea Salt	

냉동고추 <지정기간: 2013.02.01.~2016.01.31.>

연번	종류	품목번호	표준품명	비고
1	냉동고추	0710.80-7000	Frozen Red Pepper	

2. 유통 이력 대상 물품 지정: 유통 이력 신고가 필요한 물품에 대한 지정은 고시 제3조의 지정 기준에 의해서 제4조 제1항에 따라 관세청장이 지정하며, 지정기한은 5년의 범위 내로 하되 필요한 경우 연장할 수 있습니다. 그리고 제8조 제3항에 따라서 세관장은 유통 이력 대상 물품의 수입통관 시 해당 물품이 유통 이력신고대상임을 세관기재란에 표시하는 등의 방법으로 수입자에게 통보해야 합니다.

　　제3조(유통 이력 대상 물품 지정기준) 법 제240조의 2 제1항에서 '사회안전 또는 국민보건을 해칠 우려가 현저한 물품 등'이란 다음 각 호의 어느 하나의 기준에 해당하는 것을 말한다.
　　1. 관계 전문기관 등에 의해 위해성이 입증된 경우
　　2. 외국에서 위해성이 입증되어, 수입 후 국내에서 문제가 발생할 우려가 있는 경우
　　3. 비식용 등 일정한 용도에 사용하기 위하여 수입한 후 식용 등의 다른 용도로 사용 또는 판매하여, 국민건강을 위해 할 우려가 있는 경우
　　4. 수입 후 허위로 원산지를 국산으로 표시하는 방법 등으로 소비자 및 생산자의 권익을 침해하는 등 시장질서·사회안전을 위해 할 우려가 있는 경우
　　5. 그 밖에 사회안전·국민보건 등을 해할 우려가 있어 시급하게 지정할 필요성이 있다고 판단하여 관계 행정기관 등의 요청이 있는 경우

　　제4조(유통 이력 대상 물품 지정) ① 관세청장은 제3조의 지정기준에 적합한 물품 중에서 사전에 관계행정기관의 장과 협의하여 수입물품 유통 이력 대상 물품을 지정하여야 한다.
　　② 관계 행정기관의 장은 제3조 제5호에 따라 유통 이력 대상 물품의 지정을 요청할 수 있다.
　　③ 제1항에 따른 유통 이력 대상 물품의 지정기한은 5년의 범위 내로 하되 필요한 경우 연장할 수 있다.

52. 폐기물부담금 부과 대상 물품의 수입

질문 외국에서 일회용 기저귀(HS Code 9619.00-1010)를 한국으로 수입준비 중입니다. 수입요건 확인기관으로부터 요건 확인받는 것에 대해서는 알고 있었으나, 본 제품을 수입 한 수입자는 수입 이후에 폐기물처리비용을 부담해야 한다는 사실을 관세사와 상담 중에 알게 되었습니다. 관련하여 자세한 내용을 알고 싶습니다.

💬 **답변¹** 1. 폐기물부담금제도: 폐기물의 발생을 억제하고 자원의 낭비를 막기 위하여 유해물질을 함유하고 있거나, 재활용이 어렵고 폐기물의 관리상 문제를 일으킬 수 있는 제품·재료·용기의 제조업자, 또는 수입업자에게 그 폐기물의 처리에 드는 비용을 부담하도록 하는 제도입니다. 「자원의 절약과 재활용촉진에 간한 법률」 제12조(폐기물부담금)

2. 폐기물부담금 부과 대상 품목: 「자원의 절약과 재활용촉진에 관한 법률 시행령」 제10조 제1항에 따라서 다음과 같은 품목에 대해서 폐기물부담금이 부과됩니다.

구분	부과대상품목
일반 제품	유리병·플라스틱 용기를 사용하는 살충제 및 금속 캔·유리병·플라스틱 용기를 사용하는 유독물 제품, 부동액, 껌, 일회용 기저귀, 담배
플라스틱을 재료로 사용하는 제품	플라스틱을 재료로 사용한 제품으로서 시행령 별표 1의 2에 따른 업종의 제조업을 경영하는 자 또는 도·소매업자가 제조하거나 수입한 제품(소비자에게 판매하기 위하여 시장에 유통되는 최종단계의 제품을 말한다). 다만, 합성수지 섬유제품은 제외한다.

3. 수입업자 업무 흐름도: 전년도 수입한 폐기물부담금 부과 대상 품목에 대한 폐기물부담금은 다음 년도 3월 말까지 수입실적서 제출해야 합니다.

---

1 본 답변은 http://www.budamgum.or.kr을 참고하였습니다.

전년도 제품 수입실적서 제출	수입업자	법 제12조 시행령 제10조 시행규칙 제5조 및 제7조	· 시행규칙 별지 제1호의 2호 서식 · 시행규칙 별지 제3호 서식 (분할납부 서식)
· 법정제출기한: 매년 3월 31일 · 분할납부 신청 가능			

↓

폐기물부담금 산출 및 납부고지	한국환경공단	시행령 제12조	· 시행규칙 별지 제2호의 2호 서식
· 4월 말까지 부과 고지			

↓

폐기물부담금 납부	수입업자	시행령 제12조 시행규칙 제6조 및 제7조	· 분할납부일 5/20, 7/20, 9/20, 11/20
· 5월 20일			

4. **폐기물부담금 분할 납부:** 법정 제출기한인 3월 말까지 제출한 납부대상 업체 중 부과액이 100만 원 이상인 경우 '폐기물부담금 분할납부 신청서'를 제출하면, 폐기물부담금을 연 4회에 나누어 균등 분할납부할 수 있습니다. 「자원의 절약과 재활용촉진에 관한 법률 시행규칙」 제7조

※ 분할납부는 법률에 규정된 기한 내 부담금 출고·수입실적서와 분할납부 신청을 한 경우에만 가능하며, 고지서 발급 후 분할 납부는 불가능하다.

※ 분납기한: 1차(5월 20일), 2차(7월 20일), 3차(9월 20일), 4차(11월 20일)

5. **폐기물부담금의 산출 기준:** 「자원의 절약과 재활용촉진에 관한 법률 시행령」 제11조에 따른 폐기물부담금의 산출기준으로서 시행령 별표2의 내용입니다.

폐기물부담금의 산출기준(제11조 관련)

품목 구분	종류 및 규격	요율 및 금액 기준
1. 살충제, 유독물제품	가. 플라스틱 용기 1) 500㎖ 이하 2) 500㎖ 초과 나. 유리병 1) 500㎖ 이하 2) 500㎖ 초과 다. 금속 캔 1) 500㎖ 이하 2) 500㎖ 초과	개당 24.9원 개당 30.7원 개당 56.2원 개당 84.3원 개당 53.9원 개당 78.2원
2. 부동액	부동액	ℓ당 189.8원
3. 껌	껌	판매가의 1.8% (수입의 경우 수입가의 1.8%)
4. 일회용 기저귀	일회용 기저귀	개당 5.5원
5. 담배	담배(판매가격 200원 이하인 담배와 「지방세법」 제53조, 제54조 및 제63조에 따라 담배소비세를 면제하거나 환급하는 담배는 제외)	20개비(전자담배의 경우에는 20 카트리지)당 24.4원
6. 플라스틱 제품	가. 플라스틱을 재료로 사용하여 제조된 건축용 플라스틱제품 또는 그 수입품(플라스틱 관 및 건축용 단열재를 포함) 나. 플라스틱을 재료로 사용하여 제조된 그 밖의 플라스틱제품 또는 그 수입품	합성수지 투입 ㎏당 75원 합성수지 투입 ㎏당 150원

※ 비고

1. 위 표 제1호의 경우 출고된 제품의 용기를 회수하여 같은 종류의 제품의 용기로 재사용하는 경우에는 부담금을 부과하지 아니한다.

2. 위 표 제3호에 따른 판매가는 「부가가치세법」 제29조에 따른 공급가액으로 한다.

3. 위 표 제6호의 경우 폐플라스틱을 재활용한 원료를 사용한 플라스틱제품의 합성수지 투입량은 해당 제품에 사용된 재활용 원료의 양을 제외한 합성수지 투입량으로 한다.

4. 제10조 제2항 제3호 가목부터 라목까지의 어느 하나에 해당하지 아니하는 경우에는 제조업자, 또는 수입업자에 대하여 다음 각 목의 어느 하나에 해당하는 금액을 감면한다.

가. 연간 매출액 10억 원, 또는 연간 수입액 미화 9만 달러의 플라스틱 투입량에 해당하는 폐기물부담금. 이 경우 플라스틱 투입량은 다음의 계산식에 따라 산정하되, 소수점 이하는 버린다.

　1) 제조업자의 경우
　해당 제품에 사용된 재활용 원료의 양을 제외한 플라스틱투입량(kg) × 10억 원 ÷ 연간 매출액(원)
　2) 수입업자의 경우
　해당 제품에 사용된 재활용 원료의 양을 제외한 플라스틱투입량(kg) × 9만 달러(미화) ÷ 수입액
　(미화, 달러)

나. 연간 플라스틱 사용량 1만 킬로그램, 또는 연간 수입한 제품 속에 포함된 플라스틱양 3톤에 해당하는 폐기물부담금

5. 위 표 제6호의 경우 「중소기업기본법」에 따른 중소기업으로서 연간 매출액 200억 원 미만인 제조업자에 대해서는 2015년분부터 2016년분까지의 폐기물부담금을 제4호에 따른 감면과 별도로 연간 매출액 30억 원 미만인 경우에는 100퍼센트, 30억 원 이상 100억 원 미만인 경우에는 70퍼센트, 100억 원 이상 200억 원 미만인 경우에는 50퍼센트를 추가 감면한다.

53. 과세가격에 포함되는 금형비에 대한 C/I 작성 및 신고

질문 폐사는 한국에 위치한 제조사로서 수출을 병행하는 회사입니다. 거래 물품의 생산에 필요한 금형비는 물품 가격과 별도로 외국 수입자에게 청구합니다. 이때 C/I(Commercial Invocie) 작성할 때 작성을 물품 가격에 금형비를 포함시켜야 하는지, 아니면 구분하여 물품 금액 및 금형비를 따로 기재해야 하는지 궁금합니다. 참고로 폐사는 제조사로서 간이정액환급을 받을 예정입니다. 마지막으로 외국 수입자가 말하기를 C/I에 금형비를 물품 금액과 별도로 기재하는 경우, 금형비에 대해서도 해당 수입국에 세액을 납부해야 하는지 문의하는데 어떻게 되는지 궁금합니다.

● **답변** 1. C/I 작성법: 수출자는 물품 자체에 대한 금액과 금형비를 별도로 C/I의 Description에 구분하여 기재합니다. 그리고 물품 금액과 금형비는 모두 외국환 결제를 외국 수입자에게 외국환 은행 통해서 결제받을 것이니 한국 수출지 세관에 유상 신고를 진행해야 할 것입니다.

C/I를 작성할 때 이렇게 물품 금액과 금형비를 구분하여 기재하는 이유 중에 하나로, 해당 수출 건에 대해서 간이정액환급 신청을 수출자(제조사)는 고려하고 있습니다. 간이정액환급은 수출물품이 국내에 위치한 제조사에 의해서 충분할 정도의 가공공정을 거쳐서 제조되어야 하고, HS Code상 간이정액환급액이 존재해야 하며, 그 간이정액환급액은 FOB 1만 원당 정해져 있습니다. 다시 말해서 국내에서 제조된 물품을 수출하면 관세환급을 신청 가능합니다.

따라서 금형비에 대해서는 관세환급 받는 것이 아니기 때문에 C/I 작성할 때 구분할 필요가 있을 것입니다.

2. 과세가격에 포함되는 금형비(수입지가 한국일 때 기준): 한국에 수입자가 있고 그 수입자가 외국의 제조사로써 수출자에게 물품을 구입하면서 금형비도 함께 결제한 상황이라고 가정합니다. 이러한 물품을 한국으로 수입할 때 금형비 역시 과세가격에 포함되며 그 과세가격을 기준으로 관세가 계산된다 할 수 있습니다.

금형비는 최초 1회만 결제하고 생산된 물품은 지속적으로 수입한다면, 최초 수입 건에 대해서만 과세가격에 금형비를 포함하여 과세하고 이후 건의 과세가격에는 금형비는 미포함될 것입니다. 최초 수입 건에서 금형비와 수입물품의 C/I가 각각 발행되어 최초 수입물품의 C/I 총액만이 수입신고필증 '(54)결제금액'에 기재되면, 해당 수입신고필증의 '(59)가산금액' 부분에 금형비를 가산하여 과세가격에 금형비를 포함해야 할 것입니다.

> **[대법원 2012.2.23, 2010도4355]** 피고인이 중국의 A 회사에서 오토바이를 수입하면서 과세가격을 실제로 지급한 금액에서 A 회사의 금형개발비를 누락시켜 신고함으로써 차액에 대한 관세를 포탈하였다고 하여 관세법 위반으로 기소된 사안에서….

3. 과세가격의 의미: 과세가격은 수출지에서 물품이 생산(생산 원가)되어 포장된 이후 운송수단에 적재되어 수입지로서 우리나라의 터미널(항구, 공항)에 운송수단(배, 항공기)이 도착하는 시점까지 발생한 운송비를 포함한 모든 가격(가치)을 말합니다. 그렇다면 수출국에서 물품이 생산될 때 투입되는 금형비 역시 과세가격에 포함되어야 할 것입니다.

54. 과세가격에 포함되는 파견직원 인건비

질문 폐사는 중국 공장에서 물품을 생산하여 한국으로 수입하는 수입자입니다. 중국 제조사(수출자)에서 물품이 생산되어 포장된 이후 컨테이너 적재까지의 관리를 위하여 폐사 직원이 중국 제조사로 파견되어 업무를 보고 있습니다. 그런데 해당 직원의 인건비를 한국으로 수입할 때, 중국업체가 발행한 C/I 총액(Price Term : CFR Busan Port, KR)과 함께 과세가격에 포함되어야 한다고 합니다. 이해가 되지 않는데, 관련하여 설명 요청합니다.

💬 **답변** 과세가격의 의미를 이해해야 합니다. 과세가격은 수출지에서 물품이 생산(생산 원가)되어 포장된 이후 운송수단에 적재되어 수입지로서 우리나라의 터미널(항구, 공항)에 운송수단(배, 항공기)이 도착하는 시점까지 발생한 운송비를 포함한 모든 가격(가치)을 말합니다. 따라서 수출국 공장에서 생산된 물품의 출하까지의 과정을 검수하는 비용으로 수입자가 파견한 직원의 인건비 역시 과세가격에 포함되어야 할 것입니다.

55. 과세가격에 미포함되는 수입물품의 Engineering Fee

질문 독일에서 기계를 수입함에 있어 독일 Engineer가 수입지로 한국의 공장에 해당 기계를 설치하기 위해서 입국합니다. 폐사(한국 수입자)가 독일 수출자로부터 받은 C/I(상업송장)에는 기계의 품명과 Engineering Fee가 별도로 구분되어 표기되어 있으며, 가격조건(Price Term)은 'DAP Buyer's Daegu Factory' 입니다. 다시 말해서 기계의 단가(U'Price)는 DAP 가격으로 되어 있습니다. 이와 같은 건에서 과세가격을 결정함에 있고 Engineering Fee가 과세가격에 포함되는지 여부를 알고 있습니다.

💬 **답변** 1. 과세가격에 포함되는 범위: '과세가격'은 쉽게 말해서 수입지로서 우리나라의

터미널(항구, 공항)에 운송수단(배, 항공기)이 도착하는 시점까지의 비용이라 보면 될 것입니다. 그러한 의미에서 예를 들어 해상 건에서 선박이 부산항의 터미널에 접안하는 순간까지의 비용이 과세가격에 포함되고, 접안한 선박으로부터 컨테이너를 양륙하는 비용부터는 과세가격에 포함된다고 할 수 없겠습니다.

2. 관세법 제30조(과세가격 결정의 원칙) 제2항: 다음 금액을 명백히 구분할 수 있는 경우, 다음 금액은 과세가격에서 제외될 수 있을 것입니다.

1) 수입 후에 하는 해당 수입물품의 건설, 설치, 조립, 정비, 유지 또는 해당 수입물품에 관한 기술지원에 필요한 비용
2) 수입항에 도착한 후 해당 수입물품을 운송하는 데에 필요한 운임 보험료와 그 밖에 운송과 관련되는 비용
3) 우리나라에서 해당 수입물품에 부과된 관세 등의 세금과 그 밖의 공과금
4) 연불조건(延拂條件)의 수입인 경우에는 해당 수입물품에 대한 연불이자

본 상황에서의 Engineering Fee가 물품이 수입된 이후에 설치를 위한 비용이라면, 관세법 제30조 제2항 1호에 근거하여 과세가격에 포함되지 않을 수 있을 것입니다. 여기서 중요한 것은 수출자가 작성한 C/I에 물품과는 별도로 Engineering Fee가 기재되어 실제 거래하는 물품과 명백히 구분되어있고, 수입신고할 때 역시 구분하여 신고하는 것이라 할 수 있습니다. 만약 C/I에 Engineering Fee가 별도로 구분되어 있지 않고 물품 가격에 포함되어있고 수입신고 역시 그리했다면 거래 물품과 Engineering Fee가 명백히 구분할 수 없으니 Engineering Fee 역시 과세가격에 포함될 수 있습니다

3. 거래 물품 가격조건이 DAP: 과세가격의 의미는 상기 No.1에서 설명하였습니다. 이를 가격조건으로 말하면 CIF 가격이 됩니다. 그러나 질문자가 제시한 상황에서 거래 물품의 가격조건은 'DAP Buyer's Daegu Warehouse'로써 물품 가격이 5억이면, 그 5억이라는 금액에는 운송수단이 수입지로써 우리나라의 터미널에 도착한 이후에 발생하는 비용(수입지 터미널 비용 및 내륙운송비 등)이 포함되어 있습니다.

과세가격에 포함되지 않아도 되는 이러한 비용을 제외하려면 상기 No.2의 설명과 같이 명

백히 구분할 수 있어야 합니다. 그럼에도 5억이라는 물품 금액에서 과세가격에서 제외될 수 있는 금액을 수입자가 수입지 세관에 명백히 구분하여 제시할 수 없다면, 5억이라는 금액은 과세가격에 모두 포함될 수 있을 것입니다.

56. 수출 건 재수입 면세와 대체품 수출에 따른 관세환급

질문 간이정액환급 받는 제조사로서 수출자입니다. 물품 A는 HS Code 상 간이정액환급액이 FOB 1만 원당 150원입니다. 폐사는 지난 5월에 물품 A 100 CTNs를 수출이행하였고, 현재(동년 7월)까지 관세환급 신청은 하지 않은 상태입니다. 그런데 외국 업체가 100 CTNs 중에 9 CTNs에 하자가 있다면서 관련된 사진 자료 등을 보내어 폐사는 하자의 이유로 반품받아서 대체품(Replacement)을 제공해주기로 했습니다.

수출신고 수리일로부터 2년 이내에 원상태로 재수입하면 관세를 면세받을 수 있다고 압니다. 본 건은 수출신고 수리받고 관세환급 받지 않은 건이니 재수입 면세 가능할 것으로 보이는데, 그렇다면 재수입되는 9 CTNs에 대해서 관세 면세받고 나머지 91 CTNs에 대해서는 관세환급 신청 가능한지요?

💬 **답변** 1. 재수입 건의 관세 면세: 수출신고 수리일로부터 2년 이내에 수출된 물품의 형태 그대로(원상태) 재수입된다면 재수입에 따른 관세 면세를 받을 수도 있을 것입니다. 단, 외국에서 추가가공하지 않아야 하기에 수출신고필증의 HS Code와 재수입할 때의 HS Code는 동일해야 할 것이고, 단가 역시 동일해야 할 것입니다. 다시 말해서 재수입 면세받기 위해서는 수출된 물품과 재수입되는 물품의 동일성을 세관에 입증할 필요가 있습니다.

그런데 만약 수출 이행 후 관세환급 받았다면 재수입에 따른 관세 면세를 받을 수 없습니다. 통상 재수입 면세를 받는 것이 이익이기 때문에 환급받은 관세를 환불하고 재수입 면세를 받기도 합니다. 하지만 본 건은 수출 이행 후에 관세 환급받지 않았으니 환불할 관세가 없이 재수입 면세받을 수 있을 것입니다.

참고로 수출 신고할 때 유상 신고하였을 것으로 보입니다. 따라서 재수입 신고할 때 관세는 면세받을 수 있을 것이나 부가세는 납부해야 할 것입니다. 만약 무상 수출한 건이 재수입된다면 부가세 역시 면세받으실 수도 있을 것입니다.

2. 91 CTNs에 대한 관세환급 신청: 수출신고 수리일로부터 2년 이내(환급 신청 기간)에 해당 수출 건의 제조사는 수출신고필증을 근거로 간이정액환급 신청이 가능할 것이며, 해당 물품의 HS Code 상 정해진 FOB 1만 원당의 관세를 환급받을 수 있을 것입니다.

3. 대체품 수출 이행 후 관세환급: 대체품과 계약 상이(위약물품)에 따른 반품 건은 별도의 건으로 이해해야 할 것입니다. 본 건에서 귀사(제조사/수출자)는 외국 업체로부터 반품받은 계약 상이 물품에 대해서 Repair 후 재수출하는 것이 아닙니다. 귀사에서는 반품받은 물품의 대체품 즉, 하자가 없는 새로운 물품을 외국 업체에게 수출합니다. 해당 건에 대해서 일반 수출 건으로써 유상 신고하시고 수출신고 수리일로부터 2년 이내에 관세환급 신청하여 관세환급 받을 수 있을 것입니다.

57. 시계, 볼펜, 연필 등의 원산지 표기

질문 일본으로부터 볼펜 종류(볼펜, 사인펜, 연필, 색연필 등)를 수입하는 회사입니다. HS Code(9608.10.0000)를 확인해보니 원산지 표시 대상이라고 나옵니다. 그러면 현품에 원산지 표기를 해야 하는데 'Made in Japan'으로 표기하지 않고 단순히 국명으로써 'Japan'만 표기해도 된다고 들었습니다.
이렇게만 표기하여도 문제없는지와 관련된 규정을 알고 있습니다.

💬 **답변** 수입신고 물품의 HS Code를 확인하면 원산지표시대상물품인지 여부를 확인할 수 있으며, 원산지표시대상물품이면 원칙적으로 현품에 'Made in Korea'와 같이 각인해야겠습니다. 그러나 시계, 볼펜 등과 같은 물품에는 국가명만 표기할 수 있도록 하고 있습니다.

원산지 제도 운영에 관한 고시

제8조(원산지 국가명 표기) 「대외무역관리규정」제76조제1항 및 제6항에 따른 원산지국명 표기방법의 인정 범위는 다음 각 호와 같다.

······ 중 략 ······

3. 각각의 개별 국가가 아닌 지역 경제적연합체는 이를 원산지로 표시할 수 없다(예: EU, NAFTA, ASEAN, MERCOSUR, COMESA).

4. 최종구매자가 수입물품의 원산지를 오인할 우려가 없는 경우에는 통상적으로 널리 사용되고 있는 국가명이나 지역명 등을 사용하여 원산지를 표시할 수 있다(예: United States of America를 USA 또는 US 또는 America로, Switzerland를 Swiss로, Netherlands를 Holland로, United Kingdom of Great Britain and Northern Ireland를 UK 또는 GB로, UK의 England, Scotland, Wales, Northern Ireland).

5. 국제관행상 국가명만 표시하는 것으로 인정되는 물품의 경우에는 국가명만 표시할 수 있다(예: 시계, 볼펜, 사인펜, 연필, 색연필 등).

6. 국제상거래 관행상 정착된 표시방법은 적정한 원산지표시로 인정할 수 있다(예: 'Manufactured by 물품 제조자, 회사명, 주소, 국가명', 'Manufactured in 국가명', 'Produced in 국가명', '국가명 Made', 'Country of Origin: 국가명').

58. 반송(중계무역 및 환적 포함) 물품에도 원산지 표기해야 하는가?

질문 폐사는 대만 업체로부터 가공식품을 한국으로 수입하는 업체입니다. 이번에 수입하는 가공식품은 폐사가 처음으로 수입하는 제품으로써 정밀검사(식품등의수입신고) 받아야 하기에, 창고료 절약을 위해서 부산항으로 입항한 물품을 서울 성수동 A 보세창고로 보세운송하였습니다.

그리고 식품등의수입신고 전에 '한글표시사항'을 붙이기 위해서 A 보세창고에 방문하여 박스를 개봉했는데, 물품에 심각한 하자가 발견되었습니다. 대만 업체와 협의 후 전량 반송(Ship Back)하는 것으로 결론 내려졌습니다.

그런데 해당 제품은 원산지표기대상 물품인데, 제품 어디에도 원산지 표기가 되어 있지 않습니다. 반송 신고함에 있어 해당 제품에 원산지 표기가 되어 있지 않은데 문제가 되지 않는지요?

● **답변**　제품의 HS Code를 확인하면 원산지표기대상 물품인지 여부를 확인할 수 있습니다. 만약 원산지표기대상 물품이라면 원칙적으로 물품 자체에 원산지를 각인해야 하고, 물품 자체에 원산지 각인할 수 없는 제품이면 포장단위에 원산지 표기를 해야 할 것입니다.

그런데 원산지표기대상 물품임에도 원산지 표기 면제가 되는 경우가 있습니다. 그 예로 중계무역 건을 포함한 반송 건이 있습니다[1].

관련 규정
원산지 제도 운영에 관한 고시

제9조(원산지표시 면제) ① 세관장은 「대외무역관리규정」제82조에 따른 원산지표시면제대상 이외에 다음 각 호의 어느 하나에 해당하는 물품에 대하여 원산지표시를 면제할 수 있다.

1. 판매 목적이 아닌 자선 목적의 기부물품
2. 우리나라로 수입되기 20년 이전에 생산된 물품
3. 보세구역에서 국내로 반입되지 않고 외국으로 반송(중계무역 및 환적 포함)되는 물품
4. 개인이 자가소비용으로 수입하는 물품으로서 세관장이 타당하다고 인정하는 물품
5. 수입자의 상호 상표 등이 인쇄되어 전시용으로만 사용하는 물품
6. 기계류 등의 본 제품과 같이 세트로 포장되어 수입되는 부분품 부속품 및 공구류

1　반송 화물은 원산지표기대상 물품이라 하더라도 원산지 표기 면제될 수 있습니다. 그렇다 해도 최종 수입국에서 수입통관을 할 때는 원산지 표기가 정확히 되어 있어야 할 수도 있습니다.

제3장

무역 결제 업무

I. 풀어쓰는 결제 이야기

1. L/C 46A 조항에서 보험증권(Insurance Policy) 요구할 때

일반적으로 수출자와 수입자 사이의 가격조건(Price Term)이 CIF 혹은 CIP 조건일 때, 신용장 46A Documents Required 조항에서 보험증권(Insurance Policy)을 기타의 선적서류와 함께 제출할 것을 요구합니다.

CIF 혹은 CIP라는 가격조건에서 수출자에 의해서 제시된 가격에는 보험료가 포함되어 있습니다. 따라서 수출자는 수입자에게 물품 대금 받으면서 그 금액에 보험료가 포함되어 있으니, 수출자는 수입자를 피보험자[1](Assured, 결제조건 L/C에서는 To order와 같이 지시식으로 발행될 수도)로 하여 수출자가 보험 가입(부보)[2]하고 그 증거 서류로써 보험증권을 수입자에게 전달해야겠습니다. 수출자는 보험 가입할 때 운송 과정 중에 사고가 발생하면 수입지에서 수입자가 해당 보험증권으로 보험금 청구할 수 있도록 해야겠습니다[3].

> **46A Documents Required**

> + INSURANCE POLICY OF CERTIFICATE IN DUPLICATE, ENDORSED IN BLANK FOR 110% OF THE INVOICE VALUE, INSURANCE POLICY OR CERTIFICATE MUST EXPRESSLY STIPULATED THAT CLAIMS ARE PAYABLE IN THE CURRENCY OF THE DRAFT AND MUST ALSO INDICATE CLAIMS SETTLING AGENT IN KOREA INSURANCE MUST INCLUDE: INSTITUTE CARGO CLAUSE(ALL RISKS) EXCLUDING THE RISK OF SHORTAGE DUE TO BREAKAGE OF BOTTLE.

---

1 실무에서 CIF 및 CIP 조건에서 수출자가 부보하여 발행되는 보험증권의 Assured가 수입자가 아니라 수출자로 기재되는 경우가 많습니다. 이때 CIF 건으로 가정했을 때, On Board 이전 사고에 대해서는 수출자가 해당 보험증권으로 보험금 청구하고, On Board 이후의 사고에 대해서는 수입자가 해당 보험증권을 기초로 비록 Assured가 수입자 자신은 아니지만, 보험금 청구할 수 있겠습니다. 그리고 결제조건이 신용장일 때 역시, 보험증권의 Assured가 은행 지시식이 아니라 수출자로 기재되어 수출지 은행에 제출하더라도 하자처리 되지 않는 경우도 있습니다.
2 적하보험 가입을 신청(Apply)하는 신청자를 Applicant라고 합니다. Applicant는 T/T 결제에게 대금결제 요청자로서 수입자가 될 수도 있으며, L/C 결제에게 신용장개설신청서(L/C Draft, L/C Application)를 작성하여 은행으로 신용장 개설 신청하는 자로서 수입자가 될 수도 있습니다.
3 적하보험증권 해석은 372쪽 참고.

〈L/C 46A 조항을 기초로 발행된 INSURANCE POLICY〉

Hangle Insurance **Marine Cargo Insurance Policy**

Policy No. HAG1122312   Assured(s), etc   TO THE ORDER OF ABC BANK

Claim, if any, payable at HANGLE KOREAN INSURANCE CO. KOREA 22TH FLOOR, SAMWHA B/D, 213-7 GANGNAM-KU, SEOUL, KOREA TEL : +82 2222 1111, FAX : +82 2222 3333	**Ref. No.** INV. NO. 0009090 L/C No. MA122908NU00111
Claims are payable in KRW **Survey should approved by** HANGLE KOREAN INSURANCE CO. KOREA 22TH FLOOR, SAMWHA B/D, 213-7 GANGNAM-KU, SEOUL, KOREA TEL : +82 2222 1111, FAX : +82 2222 3333	**Amount insured hereunder** EXCH @ 1795.2600 EUR 39,435.55 EUR 35,850.50 X 110%

Local Vessel or Conveyance	**From**(interior port or place of loading)	**Conditions and Warranties** INSTITUTE CARGO CLAUSE(ALL RISKS) EXCLUDING THE RISK OF SHORTAGE DUE TO BREAKAGE OF BOTTLE
Ship or Vessel called the HYNDAI SPRINTER 017S	**Sailing on or about** Sep. 22, 2009	
at and from ROTTERDAM, NETHERLAND	**transhipped at**	
arrived at BUSAN, KOREA	**thence to**	

Subject-matter Insured

LIQUID SOAP 85ML TRIGGER 250 BOXES
EXP 2010-12 LOT 998 AND OTHERS

Marks and Numbers as per Invoice No. specified above.

Place and Date Signed in	No. of Policies Issued
NETERLAND / Sep. 19, 2009	DUPLICATE

This insurance is subject to the following Clauses current at time of shipment Institute Cargo Clauses (so far as applicable)
Institute Classification Clause
On-Deck Clause(applicable if not notice of on-deck shipment)
Special Replacement Clause(applying to machinery)
Termination of Transit Clause(Terrorism)
Institute Extended Radioactive Contamination Chemical, Biological, Bio-Chemical, Electromagnetic
Weapons Exclusion Clause
Institute Cyber Attack Exclusion Clause

▶ 가격조건 CIF 혹은 CIP: 보험 가입은 수출국으로써 NETHERLAND이며, 사고 발생 시 Surveyor 와 그 결과에 따라서 보험금 지급하는 Settling Agent 모두 수입지로써 한국에 위치하고 있음.
▶ 결제조건 L/C: CIF 혹은 CIP 조건으로서 결제조건 LC에서 발행되는 보험증권의 피보험자(Assured) 는 368쪽 각주 1과 같이 발행되는 경우가 많으며, Ref. No. 부분에 해당 건의 L/C No.가 기재되어 있음. 만약, 본 건이 L/C 건이 아니라 T/T와 같은 결제조건이라면 Assured에는 말 그대로 보험금 을 지급 받는 자가 기명식으로 기재될 것.
▶ 상기 'Assured(s), etc'에서 ABC BANK는 개설은행.
▶ Sailing on or about은 On Board Date이며, Place and Date of Signed in은 적하보험 가입(부보) 장소와 날짜. 적하보험 가입은 수출지에서 물품이 On Board 되기 전에 진행하는 것을 원칙으로 하 니 가입 일자는 On Board Date보다 통상 빠름.

2. 신용장에서 보험증권 요구하는 문장과 보험증권 내용 이해

(1) 보험증권 요구 문장의 이해

+ FULL SET OF INSURANCE POLICY OR CERTIFICATE, ENDORSED IN BLANK 110 PCT OF INVOICE VALUE STIPULATING CLAIMS TO BE PAYABLE IN KOREA IN THE CURRENCY OF THE DRAFT COVERING INSTITUTE CARGO CLAUSES ; ALL RISK

A. FULL SET OF INSURANCE POLICY OR CERTIFICATE

보험증권을 말하며, 보험증권의 제목은 'Marine Cargo Insruance Policy'로 통상 발행됩니다. 그러나 경우에 따라서 'Certificate/Insurance Policy'를 제목으로 하여 발행되기도 합니다. 그리고 보험증권은 2부(Duplicate) 발행되니, 상기에서 'FULL SET'이라 함은 수출자가 보험회사로부터 발행받은 보험증권 2부 모두를 은행에 제출하라는 뜻이 될 것입니다.

B. ENDORSED IN BLANK

보험증권에 백지배서 하라는 뜻으로써, 해당 보험증권의 'ASSURED' 부분에는 'TO ORDER OF 개설은행'과 같은 지시식으로 발행될 것입니다. 그리고 수출자는 백지배서 하여 수출지 은행에 보험증권을 제출합니다.

만약, 'MADE OUT TO THE ORDER AND BLANK ENDORSED' 이러한 문장이 나왔다면 'ASSURED' 부분에는 'TO THE ORDER'만 기재되고 수출자는 백지배서 하여 수출지 은행에 보험증권 제출하면 될 것입니다.

C. 110 PCT OF INVOICE VALUE

수출자와 수입자 사이에 거래되는 물품의 인보이스 총액 기준으로 손해발생 시 보험회사가 보상하여야 할 최고한도 금액으로써 'Amount Insured' 부분을 발행된 보험증권에서 확인 가능합니다. 이곳에서 해당 건의 인보이스 총액에 110%를 곱한 금액에서 환율을 적용하여 계산된 금액을 확인할 수 있습니다.

D. STIPULATING CLAIMS TO BE PAYABLE IN KOREA

보험회사에 보험 가입 후 발행된 보험증권에 보면 'Survey should approved by'라는 부분이 있습니다. 이곳에 기재된 회사는 Surveyor로써 사고가 발생하여 Claim이 발생하면, Loss 혹은 Damage를 조사하는 회사가 되겠습니다. Surveyor의 조사 결과에 대한 Survey Report를 확인하여 보험금 지급 여부와 지급 가능한 보험금을 산정하는 자로서 Settling Agent는 보험증권에 'Claim, if any, payable at' 부분에 기재되어있습니다.

E. IN THE CURRENCY OF THE DRAFT

여기서 DRAFT는 환어음(Bill of Exchange)으로써 수출자가 수출지 은행에 기타의 서류와 함께 제출하는 환어음의 통화(Currency)와 동일한 통화의 종류가 보험증권의 'Amount Insured' 부분에서 확인되어야 할 것입니다.

F. COVERING INSTITUTE CARGO CLAUSES: ALL RISK

적하보험 가입에 있어 ALL RISK 조건으로 가입하라는 뜻입니다. 보험증권의 'Conditions and Warranties' 조항에 ALL RISK라는 표현이 기재되어있어야 할 것입니다. 특약이 기재되는 경우 다음과 같이 기재될 수도 있습니다.

'Institute Cargo Clauses(All Risk) and Institute War Clauses(Cargo) and Institute Strike Caluses(Cargo)'

Hangle Insurance

Marine Cargo Insurance Policy

Policy No.   HAG1122313   **Assured(s), etc**   TO THE ORDER OF ABC BANK

Claim, if any, payable at HANGLE KOREAN INSURANCE CO. KOREA 22TH FLOOR, SAMWHA B/D, 213-7 GANGNAM-KU, SEOUL, KOREA TEL : +82 2222 1111, FAX : +82 2222 3333	**Ref. No.** INV. NO. 0009090 L/C No. M04K3408NS00123
Claims are payable in KRW	**Amount insured hereunder** CARGO WON 100,432,409.00 (JPY 9,530,500.00 * 110% * 9.5800)
Survey should approved by HANGLE KOREAN INSURANCE CO. KOREA 22TH FLOOR, SAMWHA B/D, 213-7 GANGNAM-KU, SEOUL, KOREA TEL : +82 2222 1111, FAX : +82 2222 3333	

Local Vessel or Conveyance	From (interior port or place of loading)	Conditions and Warranties
		INSTITUTE CARGO CLAUSE(ALL RISKS)
Ship or Vessel called the T.B.D.	**Sailing on or about** Sep. 21, 2009	
at and from YOKOHAMA, JAPAN	**transhipped at**	
arrived at BUSAN, KOREA	**thence to**	

Subject-matter Insured

LIQUID SOAP 85ML TRIGGER 250 BOXES
EXP 2010-12 LOT 998 AND OTHERS

Marks and Numbers as per Invoice No. specified above.

This insurance is subject to the following Clauses current at time of shipment Institute Cargo Clauses (so far as applicable)
Institute Classification Clause
On-Deck Clause(applicable if not notice of on-deck shipment)
Special Replacement Clause(applying to machinery)
Termination of Transit Clause(Terrorism)
Institute Extended Radioactive Contamination Chemical, Biological, Bio-Chemical, Electromagnetic Weapons Exclusion Clause
Institute Cyber Attack Exclusion Clause

Place and Date Signed in	No. of Policies Issued
JAPAN / Sep. 19, 2014	DUPLICATE

Policy No.

적하보험증권 번호입니다.

Claims, if any, payable at

보험회사의 Settling Agent가 기재됩니다. 사고 발생했을 때 보험증권의 'Survey should approved by'에 기재된 Surveyor에 의해서 작성된 보험사고 결과보고서로써, Survey Report를 Settling Agent가 확인 후 보험금 지급 여부와 지급 가능한 보험금을 산정하게 됩니다.

Survey should approved by

Surveyor로서 보험사고가 발생하여 Claim이 발생하면 Loss 혹은 Damage를 조사하는 회사가 되겠습니다. 일반적으로 Surveyor와 Settling Agent는 동일한 위치의 회사입니다. 그러나 피보험자(Assured)가 위치한 곳은 '한국'인 반면 물품은 한국이 아닌 '호주'로 이동된 경우, 그 도착지로써 호주에서 물품 파손된 것을 확인하고 호주에 위치한 Surveyor가 Survey Report 작성하며, 이를 피보험자(한국에 위치)에게 보험금을 지급할지 여부와 지급 가능한 보험금을 산정하여 보험금 지급하는 Settling Agent는 한국에 위치할 것입니다.

Ship or Vessel Called the

선박명과 편명을 기재하는 곳입니다. 예를 들어, HYNDAI SPRINTER 017S 이러한 식으로 기재됩니다. 그리고 알지 못하는 경우 T.B.D. 즉, To be Declared 혹은 T.B.N. 즉, To be Noticed로 기재되기도 합니다.

Sailing on or about

물품이 수출지에서 On Board 된 On Board Date라 할 수 있을 것입니다.

thence to

해상 건은 컨테이너가 수입지에서 개장되면 적하보험 커버도 종료됩니다. FCL 건은 수입지 항구에 도착하여 수입자의 공장/창고까지 내륙운송 후 개장되며, LCL 건은 수입지 CFS에서 개장됩니다. 그러면 LCL 건은 수입지 CFS에서 수입자의 공장/창고까지 내륙운송에 대해서는 또 한 번의 적하보험 가입이 필요할 수 있습니다. 그러나 수출지에서 적하보험 가입 당시에 thence to 부분에 수입지 CFS에서 탑차에 적재 후 최종적으로 도착하는 수입지 내륙지점을 기재하면, 그 지점까지 적하보험 커버된다 할 수 있습니다.

3. L/C에서 화물운송장으로써 AWB의 발행과 주의점

A. 항공으로 운송 요구하는 신용장의 예

신용장 거래에서 45A Description 조항에서 요구하는 물품에 대해서, 항상 선박을 사용하여 수출지 항구(44E)에서 수입지 항구(44F)까지 해상 운송 요구하면서 46A Documents Required 조항에서 유가증권으로써 B/L(선하증권)을 요구하는 것은 아닙니다. 때로는 다음과 같이 항공기를 사용하여 항공 운송으로 45A Description 물품을 수출지 공항(44E)에서 수입지 공항(44F)까지 운송할 것을 요구하면서 46A Documents Required에서 유가증권이 아닌 AWB를 요구하는 경우가 있습니다.

43P	Partial Shipment	ALLOWED ▼
44E	Port of Loading / Airport of Departure	BUSAN PORT / INCHEON AIRPORT, KOREA
44F	Port of Discharge / Airport of Destination	ANY AUSTRALIAN PORT / AIRPORT
44C	Latest Date of Shipment	2014-08-01 ▼
45A	Description of Goods and/or Service	ITEM Q'TY U'PRICE AMOUT ABC 1,000CTNs USD850.00 USD850,000
46A	Documents Required	☑ 380 : SIGNED COMMERCIAL INVOICE IN [3] COPIES ☑ FULL SET(705) ▼ OF CLEAN ON BOARD OCEAN BILLS OF LADING MADE OUT TO THE ORDER OF [ABC BANK] MARKED FREIGHT [COLLECT ▼] NOTIFY [KASTON] ☑ 740 : AIRWAY BILL CONSIGNED TO [ABC BANK] MARKED FREIGHT [COLLECT ▼] NOTIFY [KASTON] ☑ 271 : PACKING LIST IN [3] COPIES

▲ 분할선적(Partial Shipment)이 허용(Allowed)되어 있음.

▲ 45A 조항의 물품을 해상 및 항공으로 각각 분할하여 On Board 가능.

참고

수입자 입장에서 물품을 빨리 받아야 하는 촉박한 상황에 직면할 수도 있습니다. 그러면 항공 운송해야 하는데, 모든 물량을 항공기로 운송하면 그 운송비가 상당히 발생합니다. 따라서 일부 수량에 대해서만 항공기로 운송하여 빨리 받고, 그 물량을 모두 소진하기 전까지 해상으로 물품이 수입지 항구에 도착하도록 스케줄을 맞출 수 있습니다.

B. 유가증권 B/L과 화물운송장 AWB 차이점

a) 유가증권으로써 B/L의 배서와 물품 권리 양도

해상 건에서 발행되는 B/L, 즉 선하증권은 유가증권입니다. 신용장 건으로써 해상으로 물품 운송이 진행되는 경우, 신용장 46A 조항에서는 일반적으로 지시식 B/L을 요구합니다. 지시식 B/L은 Consignee에 수입자의 상호가 기재되는 것(기명식 B/L)이 아니라 To Order와 같이 기재되어 발행되는 B/L을 말합니다.

신용장에서 최초 물품의 주인으로서 수출자는 신용장 45A Description 조항에서 요구하는 물품을 선박에 On Board 완료 후, 포워더에게 받은 B/L을 은행으로 넘기면서 배서하여 물품의 권리(소유권)를 은행으로 넘깁니다. 그리고 은행은 수입자에게 해당 B/L을 넘기면서 역시 은행이 배서하여 그 물품의 권리(소유권)를 넘깁니다. 이렇게 B/L은 배서를 통하여 그 물품의 권리를 타인에게 양도 가능(Negotiable)한 유가증권이 됩니다.

이 모든 과정은 수출지 포워더에 의해서 발행된 Original B/L에 배서를 통하여 원본 상태 그대로 수출자가 은행으로, 그리고 다시 은행이 수입자에게, 그리고 수입자가 수입지 포워더에게 전달하여 D/O 받습니다. B/L은 그 자체가 그 B/L에 기재된 물품과 동일한 서류로 보면 되겠습니다. 즉, B/L이 곧 현품입니다.

b) 유가증권이 아닌 항공화물운송장(AWB)

화물운송장은 배서를 통하여 유통되지 않는 단순히 어떠한 물품이 어디에서 On Board 되었으며, 어디까지 운송된다는 등의 내용을 기록한 택배 용지와 같은 서류입니다. 즉, AWB는 배서를 통하여 물품의 권리(소유권)를 양도할 수 없는 운송서류입니다(Non-Negotiable). 그럼에도 신용장에서 항공 운송되는 경우, AWB가 발행되어 수출자에 의해서 수출지 은행으로 제출되고 수입지 개설은행을 통하여 다시 수입자가 AWB를 인수하여 포워더에게 전달 및 운송비 결제 후 D/O 받습니다.

발행 된 AWB의 우측 상단에서 Not Negotiable 확인 가능

Shipper's name and Address Kaston xxxx, Market Street, Sydney NSW 2000, Australia	Not Negotiable Air Waybill (Air Consignment Note) Issued by	**ABC Air Freight Service**
	It is agreed that the goods described herein are accepted in apparent good other and condition (except as noted) for carriage SUBJECT TO THE CONDITIONS OF CONTRACT ON THE REVERSE HEREOF THE SHIPPER'S ATTENTION IS DRAWN TO THE NOTICE CONCERNING CARRIER'S LIMITATION OF LIABILITY. Shipper may increase such limitation of liability by declaring a higher value for carriage and paying a supplemental charge if required. as carrier	
Consignee's Name and Address Consigned To ABC Bank	Also Notify EDUTRADHUBE xxx, Nonhyundong, Kangnamgu, Seoul, Korea	

Airport of Departure SYDNEY, AUSTRALIA		Airport of Destination INCHEON AIRPORT		Copies 1, 2 and 3 of this Air Waybill are originals and have the same validity Special Accounting Information /// ALL CHARGE COLLECT ///		

to ICN	By first Carrier OZ	to	by	to	by	Currency AUD	WT/VAL		Other		Declared Value for Carriage N.V.D	Declared Value for Customs
							PPD	COLL X	PPD	COLL X		

비록 AWB가 지시식 B/L처럼 배서를 통하여 그 소유권을 넘기는 유가증권이 아니더라도, L/C 건에서 AWB를 요구할 때 AWB의 Consignee에는 수입자(Applicant)의 상호가 아닌 'Consigned to 개설은행'이 기재되도록 요구합니다. 즉, Consignee로서 수입지에서 물품을 찾는 자로서 D/O 받는 자는 개설은행이 되는 것입니다.

46A Documents Required

+ AIRWAY BILL CONSIGNED TO 개설은행 MARKED FREIGHT PREPAID NOTIFY APPLICANT.

본 경우, 수출자(Beneficiary)는 기타 다른 경우와 마찬가지로 수출지 은행으로 AWB를 포함한 선적서류 등을 제출하고 대금결제 받으며, 해당 AWB를 포함한 선적서류는 다시 수출지 은행에 의해서 개설은행에 특송(Courier Service)으로 전달됩니다. 수출자는 수출지 은행에 서류 제출 전에 스캔하여 수입자에게 이메일로 Shipment Advice(선적통지) 합니다.

이렇게 수출자로부터 이메일로 수입자는 Consignee에 'Consigned to 개설은행'으로 기재된 AWB를 전달받아서 수입지 포워더에게 운송비 결제 후 D/O 요청하더라도 D/O 받을 수 없습니다. Consignee는 수입자가 아니라 개설은행이며, AWB가 비록 지시식 B/L처럼

유가증권은 아니나, 그럼에도 물품의 주인이자 Consignee로서 개설은행이 물품의 소유권을 수입자에게 넘겼다는 내용을 수입지 포워더는 확인할 필요가 충분히 있을 것입니다[1].

수입지 포워더는 운송서류의 Consignee가 수입자의 상호만 있으면 당연히 해당 수입자에게 D/O 줄 것이지만, 상기 상황은 특정 수입자의 상호가 기재되어 있지 않은 상황입니다. 수입지 포워더는 필요하다면 해당 은행으로 연락하여 그러한 사실을 직접 확인받을 필요도 있을 것입니다.

L/C 건으로써 항공 건에서 수출자는 가능하면 포워더를 수출자 자신이 지정하는 가격조건(C-Terms 혹은 D-Terms)으로 매매계약하여, 포워더에게 수입자가 개설은행으로부터 물품 인수해도 좋다는 사실을 정상적으로 허락받았는지 서류상으로 확인 후 운송비를 결제받고, D/O 내 줄 것을 사전에 요청하여 컨펌 받아두는 것을 권합니다.

C. L/C에서 AWB 발행할 때 'Consigned to 개설은행' 요구 필요성

a) AWB의 Consingee에 수입자의 상호 기재 요구하는 L/C 위험성

수출자는 AWB의 Consignee에 수입자의 상호를 그대로 기재 요구하는 L/C를 통지받기는 경우도 있습니다. 수출자는 수출지 은행으로부터 선적 대금을 결제받기 위해서 수출지 은행에 AWB를 제출하지만, 스캔하여 수입자에게 Shipment Advice를 보냅니다. 수입자는 Consignee가 수입자의 상호가 기재된 AWB를 확보하게 되고, 개설은행으로부터 확인도 받지 않은 체 수입지 포워더에게 Consignee가 수입자 자신이고 운송비 결제하였으니, D/O 줄 것을 요구할 수가 있다는 것입니다. 이러한 상황에서 수입지 포워더는 AWB 상의 Consignee가 수입자 상호로 분명 기재되어 있으니, D/O를 내주지 않을 수도 없는 상황이 됩니다.

실제로 실무를 하다 보면 가끔씩 신용장 건으로써 AWB가 발행되었을 때, 개설은행으로부터 확인받지도 않고 수입자가 수입지에서 포워더로부터 D/O 받아서, 물품 통관까지 완료한 상황에 수출자가 직면하여 어처구니없어하기도 합니다.

따라서 수출자 입장에서는 AWB가 발행되는 항공 건에서 Consignee에 수입자의 상호 기재 요구하는 신용장을 받으면, 'Consigned to 개설은행' 기재를 요구하는 조건으로 L/C Amend 요청하는 것이 적절할 것입니다.

---

1 AWB의 Consignee에 개설은행명이 기재되어 있으니, 해당 은행이 수입자에게 물품을 넘긴다는 사실을 수입지 포워더는 확인해야겠습니다.

b) AWB는 물품의 소유권을 포기한 운송서류

AWB는 화물운송장으로써 On Board 된 물품의 권리를 주장할 수 없는 단순한 운송서류입니다(선하증권으로써 B/L과 다름). 그럼에도 수출자는 AWB를 수출지 은행에 제출하고 대금결제 받고 개설은행이 AWB를 수입자에게 전달하면서, 대금결제(At Sight L/C) 받거나 유예(Usance L/C) 시켜줍니다.

AWB가 비록 지시식 B/L과 같이 배서를 통하여 그 소유권이 이전되지는 않으나, AWB 상에 Consignee는 L/C에서 'Consigned to 개설은행'으로써 개설은행이니 수입지에서 물품 찾는 자는 개설은행입니다. 그러나 실제로 개설은행이 물품 찾지 않고 수입자가 물품 찾으니 개설은행은 그 소유권을 수입자에게 넘겨야 할 것이며, 그러한 의미로 AWB에 은행 직인/명판을 기재해줄 것입니다.

포워더는 이러한 사실을 반드시 확인하고 수입자에게 D/O 내줘야겠습니다.

참고   L/C 해상 건, SWB의 Consignee를 개설은행으로 하여 발행 가능한가?

수입자가 L/C 44E, 44F 조항에 항구를 지정하여 해상 운송되는 상황에서, 46A 조항에 Original B/L을 요구하지 않고 SWB를 요구하였다고 가정해봅니다. 여기에 SWB의 Consignee가 AWB를 요구할 때와 같이 개설은행을 기재할 것을 요구하였더라도, 개설은행은 SWB를 요구하는 신용장 개설을 거부하면서 OB/L을 지시식으로 요구하는 조항으로 변경할 것을 수입자에게 전달할 수도 있을 것입니다. 특히, SWB의 Consignee가 수입자의 상호가 기재되면 수입자는 은행의 확인 없이 수입지 포워더에게 D/O를 받을 수 있으니, 이러한 조건으로 신용장이 개설되기는 어려울 것입니다.

---

4. L/C 조건에서 OB/L이 아닌 Surrender 혹은 SWB 요구할 때

1. 개설은행은 해상 건에서 OB/L 요구 신용장 개설: 수입자가 L/C Draft(신용장개설신청서, L/C Application) 46A Documents Required 조항에서 OB/L을 요구하지만 지시식 B/L이 아니라 기명식 B/L이고, 특히 47A Additional Conditions 조항에서 OB/L에 대한 Copy 혹은 Surrender B/L 역시 Acceptable이라고 기재하면 통상적으로 은행은 이러한 신용장의 개설을 거부할 것입니다.

2. Surrender B/L 혹은 Copy B/L is Acceptable: 그럼에도 Surrender B/L을 은행에 제출하여도 Acceptable이라는 신용장 혹은 OB/L 대신에 이를 복사(Copy)한 서류를 은행에 제출하여도 Acceptable이라는 신용장이 개설되기도 합니다. 이러한 신용장에 대해서 수출자의 상당한 주의가 필요하며, 가능한 정상적으로 지시식 OB/L을 요구하는 신용장으로 수입자에게 Amend 요청하는 것이 가장 현명한 대처라고 봅니다.

46A Documents Required

+ FULL SET OF CLEAN ON BOARD OCEAN BILLS OF LADING MADE OUT TO '수입자의 상호 및 주소' FREIGHT COLLECT AND NOTIFY SAME AS CONSIGNEE

47A Additional Conditions

+ SURRENDER B/L IS ACCEPTABLE

기본적으로 신용장 건에서 해상으로 진행하는 경우, 지시식 OB/L을 요구해야 합니다. 상기와 같이 기명식 OB/L을 요구하면서, 이를 Surrender 처리한 것으로 매입 신청 가능하다는 내용의 신용장 건은 수출자에게 상당한 피해를 줄 수도 있습니다.

46A Documents Required

+ FULL SET OF CLEAN ON BOARD OCEAN BILLS OF LADING MADE OUT TO '수입자의 상호 및 주소' FREIGHT COLLECT AND NOTIFY SAME AS CONSIGNEE

47A Additional Conditions

+ COPY OF BILL OF LADING IS ACCEPTABLE

혹은 46A 조항에서 기명식 B/L을 요구하면서, 47A 조항 등에서 'COPY OF BILL OF LADING IS ACCEPTABLE.'이라고 기재되어 있더라도 문제가 됩니다. 이렇게 요구하면서 수입자가 수출자에게 OB/L은 특송(Courier Service)을 통해서 수입자 자신에게 직접 보내고, 이를 복사(Copy)한 서류로 매입 신청할 수 있도록 허용한 신용장이라 할 수 있습니다.

본 건의 OB/L은 지시식이 아니기에 수입자가 수입지 개설은행으로부터 배서를 받아서 수입지 포워더에게 전달해야 D/O 받는 경우가 아닙니다. 따라서 수입자는 수출자에게 특송으로 기명식 OB/L을 받아서 포워더에게 전달 후 운송비만 결제하면 D/O를 받을 수 있습니다.

3. 유가증권이 아닌 Surrender B/L: Surrender B/L은 OB/L이 가지고 있는 유가증권 개념, 즉 OB/L을 가지고 있는 자가 해당 건의 물품의 소유권을 확보한다는 개념과 배서를 통하여 그 물품의 소유권이 넘어간다는 유통 가능(Negotiable)에 대한 개념이 없습니다.

기본적으로 신용장 건뿐만 아니라 기타의 결제 조건에서도 거래 물품에 대한 최초 주인으로서 소유권을 가진 자는 수출자이며, 수출자는 신용장 결제조건에서 은행으로 OB/L을 넘기면서 대금결제 받습니다(OB/L 넘기는 것은 물품의 소유권을 넘기는 것과 같음). 이때 On Board 되어 수입국으로 향하거나 수입국에 도착한 물품에 대한 소유권은 OB/L을 인수한 은행으로 넘어갑니다. 그리고 은행은 수입자에게 OB/L을 전달하면서 대금결제(At Sight L/C) 받거나 유예(Usance L/C) 시켜주면, 그 소유권이 수입자에게로 넘어갑니다. 물론, 본 건에서의 OB/L은 Consignee가 지시식이기 때문에 배서를 통해서 소유권은 넘어갑니다(유통가능선사증권, Negotiable B/L).

4. 소유권이 존재하지 않는 Surrender B/L: 만약, OB/L이 Surrender 되면, 그 소유권은 On Board 된 이후 수출자에게도 없고 은행에도 없습니다. Surrender의 의미는 '포기'이고 물품에 대한 소유권이 포기된 운송서류를 말합니다. 이렇게 Surrender 처리된 운송서류를 수출자가 수출지 은행에 제출하고 은행이 다시 수입자에게 전달한다 하더라도 그 소유권 자체가 수출지에서 On Board 후 이미 포기된 상태이기 때문에 지시식으로 발행된 OB/L 건과 같이 그 소유권이 수출자에게서 은행으로, 그리고 수입자에게로 넘어간다 할 수 없습니다[1].

이와 같이 OB/L이 발행된 이후 수출자의 요청에 의해서 수출지 포워더가 Surrender 처리해주는 건, 혹은 OB/L 발행 없이 처음부터 Surrender 처리되는 SWB 건에 대해서, 신용장 조건에서 Acceptable 한다면 수입자는 수출자가 Shipment Advice(선적통지) 할 때

---

1 이렇게 Surrender 처리(소유권 포기)된 운송서류의 Consignee는 기명식으로써, On Board 된 물품의 소유권이 최초 누구에서부터 누구를 거쳐서 최종적으로 누가 가지고 있는지를 나타내지 못합니다. 단순히 수입지에서 물품을 찾을 수 있는 자로서 Consignee가 누구인지를 확인해줍니다.

이메일로 전달 한 해당 운송서류만 확보하고, 수입지 포워더에게 운송비 결제하면 D/O 받을 수도 있습니다[2].

다시 말해서, 수입자가 수입지 개설은행으로부터 OB/L 인수하면서 대금결제 혹은 은행으로부터 결제 유예를 받아서, OB/L 인수하여 수입지 포워더에게 D/O 받는다든지 아니면 OB/L이 수입지 개설은행에 미도착했을 때 L/G(수입화물선취보증서)를 개설은행으로부터 발급받아서, 수입지 포워더에게 D/O 받는 이러한 절차가 필요하지 않게 됩니다. 수입자는 이와 같은 절차 없이 Surrender B/L 혹은 SWB 만 확보하면 수입지 포워더에게 D/O 받을 수 있다는 것입니다(물론, 해당 운송서류의 Consignee가 수입자일 때, 기명식).

5. Surrender B/L 혹은 SWB 건으로 인한 피해: 이와 같이 신용장 조건에서 해상 건임에도 지시식 OB/L을 요구하지 않고, 기명식 OB/L을 요구하면서 Surrender B/L 혹은 SWB 역시 Acceptable이라고 되어 있을 때, 수출자가 Surreder B/L을 수출지 은행에 매입 신청했다고 가정합니다. 그전에 수출자는 수입자에게로 Shipment Advice 하면서 이메일로 운송서류 등을 발송했을 것입니다.

수입자는 이메일로 전달받은 해당 운송서류로 수입지의 개설은행으로부터의 어떠한 확인도 없이 수입지 포워더에게 운송비 결제 후 D/O를 받아 갈 수 있습니다(이때 해당 건의 포워더 지정을 수출자가 하고, 수출자가 포워더에게 이렇게 할 수 없도록 사전에 요청하였다면, 이러한 결과를 사전에 방지할 수도 있을 것임).

그러면 수출자가 수출지의 은행으로 매입 신청 후 선결제 받았다 하더라도, 그 결제 받은 대금을 다시 해당 은행으로 환불해야 할 수도 있습니다. 이러한 결과에 대해서 결국엔 은행은 수수료만 받고 빠질 것이며 수출자와 수입자 사이에 해결해야 하는데, 수입자는 수입지에서 D/O 받아서 물품 통관 후 없어진 상태이기 때문에 수출자만 피해를 볼 수 있습니다.

---

2 물론 Consignee가 기명식이지만 개설은행이 기재되어있다면, 수입자는 개설은행의 확인을 받아야 할 것입니다. 즉, Surrender 처리되었더라도 Consignee에 개설은행이 기재되어있다면 수입지 포워더 입장에서는 개설은행이 수입자에게 물품을 넘겼다는 내용 확인 후 D/O를 발행해야 할 것입니다.

5. 매입신용장(L/C)과 추심결제(D/A, D/P)의 차이점

1) 은행의 역할 차이

A. 매입신용장

　매입신용장 거래에서 은행(개설은행)은 수입자에게 신용장 금액만큼의 담보를 제공 받고, 수출자가 신용장 조건과 일치하게 선적하면 은행 자체적으로 대금지급을 확약합니다. 은행은 수출자가 제출한 선적서류를 인수하면서, 즉시(At Sight) 해당 건의 선적 대금으로써 환어음 금액을 수출자에게 결제합니다(선적서류 매입). 이때 On Board 물품의 소유권 역시 은행이 수출자로부터 인수하는 것이며, 수입지에서 수입자에게 은행은 그 선적서류를 전달하면서 물품의 소유권은 다시 수입자에게 넘어갑니다.

매입신용장

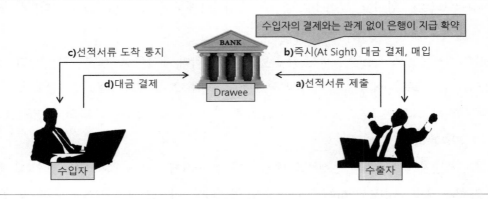

B. 추심결제(D/A, D/P)

　추심이라는 말은 수출자가 제출한 선적서류를 은행이 인수만 할 뿐, 인수하면서 선적 대금으로써 환어음 금액을 수출자에게 즉시 결제하는 것(매입)이 아니라, 환어음상의 지급인 (Drawee, 추심결제조건에서는 수입자[1])이 수출지 은행으로 해당 대금을 결제하면, 이를 받아서 수

1　추심결제 조건에서도 매입신용장에서와 같이 수출자가 선적서류를 은행에 제출하면서 대금결제 요구하는 환어음을 발행합니다. 그 환어음에는 To 즉, Drawee(지급인)가 있는데 추심결제 조건에서는 수입자가 됩니다. 반면, 매입신용장에서는 Drawee가 개설은행 혹은 상환은행과 같은 은행이 지정되어 수출자가 신용장 조건과 일치하게 수출 이행하였음이 선적서류에 의해서 확인되면 해당 은행은 대금지급합니다. 물론, 수출자는 수출지의 매입은행 통해서 선지급 받고 9~12일 뒤에 해당 은행이 매입은행으로 대금 지급하게 되며, 그 기간 동안의 이자로써 환가료는 수출자가 선적서류 수출지 매입은행에 제출하고 매입 받을 때 해당 대금 제외하고 선적 대금 선지급 받게 됩니다. 참고로 매입은행에서 10일을 잡고 환가료 청구했는데 6일만에 지급인으로부터 대금결제 받으면 그 나머지 기간동안의 이자를 수출자에게 다시 환급 해주기도 합니다.

출자에게 결제하는 것이라 할 수 있습니다. 수출지 은행이 매입하지 않고 추심 돌리면, 수출자의 선적서류 제출일 기준으로 2~3주 혹은 1달 정도 이후에 수출자가 선적대금을 결제받을 수도 있습니다[2,3](물론 신용장 건에서도 수출지 은행은 상황에 따라서 매입하지 않고 추심 돌리는 경우도 있습니다).

이렇게 추심결제 조건에서 은행은 그 물품에 대한 소유권을 이전받는 것이 아니라 할 수 있으며[4], 단순히 선적서류를 인수하고 이를 수입지 은행을 통해서 수입자에게 전달하여 그 선적 대금을 받으면, 수출자에게 결제해주는 어찌 보면 서류의 전달과 대금의 전달을 함께 해주는 역할을 하는 심부름꾼 역할이라 할 수 있습니다.

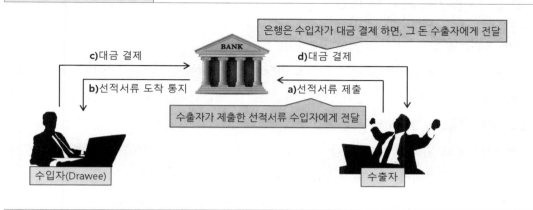

추심결제(D/A, D/P)

은행은 수입자가 대금 결제 하면, 그 돈 수출자에게 전달

c)대금 결제   d)대금 결제

b)선적서류 도착 통지   a)선적서류 제출

수출자가 제출한 선적서류 수입자에게 전달

수입자(Drawee)   수출자

2) 수입자의 선적서류 인수와 대금결제

A. 매입신용장

기본적으로 개설은행에 도착한 선적서류가 신용장 조건과 일치하면 수입자는 개설은행으로부터 선적서류를 5영업일 이내로 인수해야 하며, At Sight L/C의 경우 인수하면서 대금 결제하고 Usance L/C의 경우는 인수 후 만기일까지 대금 결제해야 합니다.

---

2   D/P 거래에서 수출자가 제출한 선적서류를 수입지 은행을 통하여 수입자가 언제까지 인수해야 한다는 시점이 특별히 존재하지 않기에, 수입자의 선적서류 인수가 늦어지면 늦어질수록 수출자는 늦게 결제받을 것입니다.

3   추심결제 조건이라 해서 은행이 무조건 추심 돌리는 것은 아니고 매입 진행하는 경우도 있습니다.

4   D/A, D/P와 같은 추심결제 조건에서 B/L의 Consignee는 지시식이 아니라 기명식으로 발행됩니다. 따라서 배서를 통하여 On Board된 B/L상의 물품의 소유권을 이전하는 거래는 아니라 단순히 서류를 수출자가 은행에 전달하고 은행이 수입자에게 서류를 전달하면서 결제 받으면 그 대금을 은행이 수출자에게 다시 결제하는 방식이라 할 수 있습니다.

B. 추심결제(D/A, D/P)

수입지 은행에서 수입자에게 선적서류 인수 통지를 하였음에도 수입자가 인수하지 않고 결제하지 않을 수 있습니다. 실제로 D/P 조건에서 수입지 은행의 선적 서류 도착 사실 통지에도 수입자가 인수하지 않고 기다리기도 합니다.

D/P는 수입자가 선적서류를 인수할 때 해당 대금을 결제합니다. 그런데 수입지에 배가 입항하지 않았고 입항까지 상당한 시간이 더 필요하다면, 굳이 수입자가 미리 선적서류를 인수하면서 대금 결제하여 현금 유동성을 악화시킬 이유가 없을 것입니다[1,2].

3) 선적서류 제출에 따른 매입과 추심

A. 매입신용장

수출자가 신용장 조건과 일치하게 수출 이행하고 선적서류 등[3]을 수출지 매입은행에 제출하면, 통상 해당 은행은 그 선적서류를 인수하면서 대금결제를 즉시 하는 매입(Nego)을 진행합니다. 물론, 조건으로써 신용장과 선적서류 등의 서류가 일치해야 하며, 수출자의 신용도가 어느 정도 되어야 하며, 또한 수입지의 개설은행 등의 신용도에도 문제없어야 수출지 매입은행은 수출자의 선적서류 제출에 대해서 매입을 진행할 것입니다.

만약, 이러한 조건을 충족하지 못하면 수출지 은행은 선적서류 인수 자체를 거부할 수도 있으며(신용장 41a available with by… 조항에서 Any Bank by Negotiation으로써 자유매입신용장인 경우), 선적서류는 인수하나 대금결제를 즉시 하는 매입이 아닌 개설은행으로 선적서류를 보내고 지급인(Drawee)에게 결제받으면, 그 돈을 수출자에게 지급하는 추심을 돌릴 수도 있겠습니다.

결국, 매입신용장이라 해서 무조건 은행이 매입을 해주는 것은 아니라 할 수 있습니다.

B. 추심결제(D/A, D/P)

수출자가 매매계약서와 같이 수출 이행하고 선적서류 등을 은행에 제출합니다(추심결제에서 수출자는 환어음 발행). 이때 기본적으로 수출지 은행은 선적서류만 인수하여 추심 돌리며, 매입

---

1. 결제조건을 D/P로 매매계약 체결하고 수출자가 D/P Nego를 진행하였는데, 수입자가 수입지 은행에 도착한 선적서류를 신속히 인수하면서 대금결제를 하지 않으면, 수출자는 추가 수수료를 청구받을 수도 있습니다.
2. D/P로 매매계약 체결 당시부터 수입자가 일정 기간 이후에 선적서류를 인수할 수 있도록 계약할 수도 있습니다. D/P Usance입니다. 397쪽 참고.
3. a)통지은행으로부터 통지받은 신용장, b)신용장 46A Documents Required 조항에서 요구하는 선적서류, c)매입신청서와 환어음, d)수출신고필증, e)기타 매입은행에서 요구하는 서류

진행하지 않습니다. 그러나 수출자가 매입을 요구하고 수출지 은행이 수출자를 평가하였을 때 신용도가 어느 정도 괜찮고, 여기에 수출자가 담보 제공한다면 수출지 은행은 추심이 아니라 매입 진행하기도 합니다.

추심거래에서 매입이 이루어지는 경우, 해당 건이 D/A라면 D/A Nego라 하고, D/P라면 D/P Nego라고 말합니다. 물론, 수출지 은행이 수출자에게 선지급하고 지급인(Drawee, 수입자)에게 일정 시간 지나서 해당 대금을 결제받으니 관련된 수수료가 발생할 수 있습니다.

6. L/C와 추심 결제에서의 환어음 Drawee 차이와 매입에 따른 환가료

1) 매입신용장에서의 환어음 발행과 Drawee(지급인)

발행된 신용장이 매입신용장인지 혹은 지급신용장인지 등의 여부는 41a available with by… 조항을 통해 확인합니다. 해당 조항에 By Negotiation이라는 문구가 있으면 매입신용장입니다. 매입신용장은 수출자가 신용장 조건과 일치하게 수출 후 대금결제를 요청하는 서류로써 환어음의 발행을 요구하며, 42A Drawee 조항에서 지급인으로서 은행을 지정합니다.

신용장 조항		
SWIFT 전문발신은행	:	ABABKRSE
42C Drafts at	:	60 Days After B/L Date
41a Available with… by…	:	Any Bank By Negotiation
42A Drawee	:	ABCDJPJX
53A Reimbursement Bank	:	ABCDJPJX

- 자유매입신용장으로써 Usance[4] L/C.
- 환어음 발행할 때 To 부분, 즉 Drawee는 ABCDJPJX 은행.
- 일반적으로 Usance L/C에서 Drawee는 상환은행(상환방식).
- At Sight L/C에서는 개설은행이 Drawee로 통상 지정됨(송금방식).
- 'SWIFT 전문발신은행'이 개설은행이며, Reimbursement Bank가 상환은행.

---

4 Usance는 수입자의 결제가 일정 기간 동안 유예되는 것을 말합니다. 그리고 수입자의 결제를 유예시켜주는 주체가 은행이면 Banker's이며, 수입자의 결제 유예 주체가 수출자이면 Shipper's가 됩니다.

매입신용장 조건하에서 수출자는 수출이행 후 환어음을 포함한 신용장에서 요구하는 서류를 수출지 매입은행으로 제출하면, 매입은행이 이를 검토하여 이상 없으면 수출자가 매입 신청한 당일 수출자의 계좌로 선적 대금을 수수료 제외하고 입금합니다.

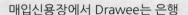
매입신용장에서 Drawee는 은행

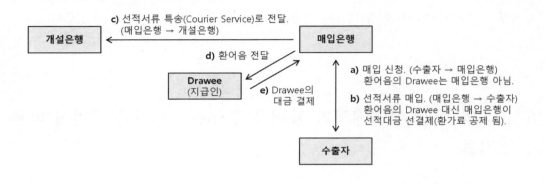

- 매입신용장으로써 At Sight L/C인 경우, Drawee는 개설은행으로 지정되기도.
- 매입은행은 b)에서 수출자에게 선결제할 때, 환가료라는 이자를 선적대금에서 공제 후 지급.
- 환가료는 매입은행이 선결제 후 Drawee에게 동 대금을 결제받기까지의 기간을 이론적으로 9~12일 사이로 보는데, 만약 10일로 보았다면 그 10일 동안의 이자를 미리 청구하는 것.
- b)에서 10일로 보고 환가료를 선적대금에서 공제하였는데, 이보다 빨리 Drawee로부터 결제받는 경우 수출자에게 그만큼 환급할 것. 만약, 10일 이후에 Drawee로부터 결제받았다면 Less Charge라는 명목으로 수출자가 환가료를 추가적으로 청구할 수도.

2) 추심결제 조건(D/P, D/A)에서의 환어음 발행과 Drawee(지급인)

D/P 혹은 D/A는 추심결제 조건으로써 기본적으로 수출자의 선적서류 제출에 대해서 수출지 은행이 추심 돌립니다. 그러나 수출자의 요청이 있고 수출자의 신용도 등이 괜찮으면 매입 신용장에서처럼 매입 진행하기도 합니다. 이를 D/P에서는 D/P Nego, D/A에서 D/A Nego라 합니다. 수출지 은행이 자신의 돈을 수출자에게 선결제하고 일정 시간 지난 뒤 해당 대금을 결제받습니다. 따라서 수출지 은행은 수출자에게 선결제할 때 일정 기간을 정하여 그 기간만큼의 이자를 환가료라는 명목으로 공제 후 선결제합니다. 그 일정 기간이라 함은 수출지 은행이 수출자에게 선결제 후 동 대금을 입금받기까지의 예상 기간이라 할 수 있습니다.

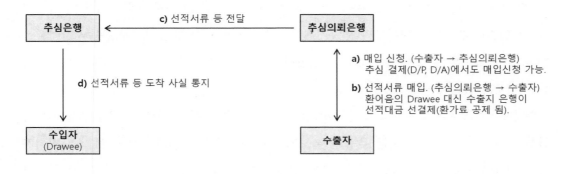

추심결제 조건에서 Drawee는 수입자

추심은행 ← **c)** 선적서류 등 전달 ─ 추심의뢰은행

d) 선적서류 등 도착 사실 통지

수입자
(Drawee)

수출자

a) 매입 신청. (수출자 → 추심의뢰은행)
추심 결제(D/P, D/A)에서도 매입신청 가능.

b) 선적서류 매입. (추심의뢰은행 → 수출자)
환어음의 Drawee 대신 수출지 은행이
선적대금 선결제(환가료 공제 됨).

A. 수입자의 선적서류 인수 지연으로 인한 수출자의 비용 증가

문제는 수출지 은행에서 수입지 은행으로 선적서류 등을 전달하고 수입지 은행에서 수입자 즉, Drawee에게 선적서류 도착 사실을 통지하였는데, 수입자가 이를 인수하지 않는 경우가 있습니다[1]. 만약, 해당 건의 결제조건이 D/P인데, 수입지 은행에 도착한 선적서류를 수입자가 인수하지 않으면 그만큼 시간은 흘러갑니다. 이러한 수입자의 행동은 수출자의 환가료 부담을 가중시킬 수 있습니다.

다시 말해서, 수출지의 은행에서는 수출자에게 선결제 후에 10일 뒤에 동 대금을 받을 것이라 예상하고 환가료를 공제하였는데, 수입자의 예상치 못한 선적서류 인수 거부로 수출지 은행은 예상한 시간 이내에 결제받지 못하는 상황에 직면하기도 합니다. 그렇다면 수출지 은행은 수출자에게 해당 대금이 들어오기까지의 시간 대비하여 환가료를 추가 청구할 수 있을 것입니다.

수출자는 이러한 상황에 직면하지 않도록 수출지 은행에 D/P Nego 신청을 운송시간 (Transit Time)과 수출지 은행에서, 수입지 은행으로 선적서류가 이동하는 시간을 고려하여 On Board 후 적절한 시기에 진행하는 것이 좋겠습니다. 가능하다면 이러한 수출자의 D/P Nego 신청 시기에 대한 내용을 매매계약서에 기재하는 것도 나쁘지 않은 수출자의 사전 대응이라 생각합니다.

---

1 D/P, D/A와 같은 추심결제 조건에서 수입지 은행에 도착한 선적서류를 수입자가 언제까지 인수해야 한다는 정해진 기간은
특별히 없다 할 수 있습니다.

B. 수입자가 선적서류를 신속히 인수하지 않는 이유- 현금 유동성 확보

수입지에 도착한 선적서류를 수입자가 적절한 시기에 인수하지 않는 것은 여러 이유가 있을 수 있습니다. 그 중 하나로써 수출지에서 수입지까지 해상 운송되는데 운송시간(Transit Time)이 상당하여, 수입지 항구에 배가 입항하기 전에 이미 수입지 은행에 선적서류가 도착하는 경우가 있습니다.

수입자는 선적서류를 인수하고 신속히 수입지에서 물품을 통관 완료 후 국내 거래처에 납품하여 대금결제 받아야 현금 유동성 확보가 이루어집니다. 그런데 수입지 배가 도착하지 않은 상태에서 은행에 도착한 선적서류를 인수하면서 대금결제(D/P 조건에서)하고 상당 시간 이후에 통관이 이루어지면, 그 시간 동안 수입자는 현금 유동성이 나빠집니다.

7. Deferred Payment L/C에 대한 한국 수출자의 대응

1) 지급신용장에 대한 기본 개념

일반적으로 한국의 수출자(Beneficiary)가 유럽에 위치한 수입자(Applicant)와 거래하는 경우, 유럽에 위치한 은행에서 개설되는 신용장은 매입신용장(Negotiation L/C)보다는 지급신용장(Payment L/C)일 가능성이 큽니다. 그리고 때로는 단순한 지급신용장이 아닌 연지급신용장(Deferred Payment L/C)이 개설되기도 합니다. 일단 지급신용장은 매입신용장과는 달리 수출지에서 수출자가 신용장 조건과 일치하게 수출이행 후 수출지 은행에 제출하는 선적서류 등에 대해서, 수출지 은행은 매입 권한이 없어서 추심 돌릴 가능성이 매입신용장보다는 다소 크다 할 수 있습니다[1]. 이러한 의미에서 한국의 수출자는 외국 수입자가 지급신용장 개설을 원한다고 하는 경우, 수출자 자신의 거래은행에 선적서류 제출 후 즉시 대금결제 받는 매입이 가능한지, 그리고 매입 가능하게 하려면 어떤 조치를 취해야 하는지 사전에 확인할 필요가 있습니다.

---

1 물론, 지급신용장임에도 매입신용장처럼 수출자가 신용장과 일치하는 선적서류를 제출하고, 수출자의 신용도가 문제없으면 수출지 은행이 추심 돌리지 않고 매입해주기도 합니다.

Payment L/C		Negotiation L/C	
41A:	AVAILABLE WITH··· BY··· ABCDTRIS² BY PAYMENT	41A:	AVAILABLE WITH··· BY··· ANY BANK BY NEGOTIATION
		42C:	DRAFTS AT SIGHT
		42A:	DRAWEE ABCDJPJT

▲ 41A 조항이 BY PAYMENT이면 지급신용장이고, BY DEF PAYMENT이면 연지급신용장입니다. 그리고 BY NEGOTIATION이면 매입신용장입니다.

▲ 상기 매입신용장은 42C 조항에서 확인할 수 있듯이 AT SIGHT 신용장이며, 지급인(DRAWEE)은 ABCDJPJT 은행입니다.

▲ 지급신용장은 통상 환어음을 요구하지 않기에 '42C DRAFTS AT' 조항과 '42A DRAWEE' 조항은 공란 처리되거나 개설된 신용장상에서 보이지 않을 것입니다.

2) 지급신용장은 At Sight, 연지급신용장은 Usance

At Sight는 선적서류와 대금결제가 동시에 즉시 이루어진다는 뜻이며, Usance는 수입자의 결제가 일정 기간 동안 유예된다는 뜻입니다. 지급신용장은 수입자가 개설은행에 도착한 선적서류를 At Sight로 결제해야 하는 조건으로써, 수입자 입장에서 At Sight 조건입니다. 반면에, 연지급신용장에서는 수입자가 선적서류를 인수 후 일정 기간 동안 대금결제를 유예받으니 수입자 입장에서 연지급신용장은 Usance 조건이 됩니다.

수입자는 최초 신용장을 개설 신청할 때 At Sight 조건으로 진행되는 지급신용장을 개설할 수도 있으나, 지급신용장으로 개설하면 선적서류 인수할 때 자신의 돈을 은행에 결제하고, 수입자 자신의 국내 거래처에 물품 공급 후 해당 대금을 상당한 시간 이후에 회수합니다. 그러면 그 시간 동안 자금의 유동성은 떨어지게 됩니다. 따라서 수입자는 수입자 자신의 결제가 일정 기간 동안 유예되어 자금의 유동성을 확보할 수 있는 Usance 조건으로써 연지

---

2 SWIFT Code이며, 앞 4자리로써 ABCD는 은행명이고, TR은 국명으로써 터키, 그리고 IS은 지역을 나타냅니다.

급신용장으로 개설 신청하는 경우도 있습니다.

다시 말해서, 수입자가 Usance 조건으로 신용장 개설하는 이유는 수입자 자신의 필요에 의해서입니다. 그래서 매입신용장에서 수입자가 Usance 조건으로 신용장 개설 신청할 때는 Banker's Usance 조건으로 하여 수출자가 선적서류를 수출지 은행에 제출하여 매입 받을 때 은행이 선결제하고, 그 은행이 수입자에게 해당 대금을 결제받기까지의 Usance 기간에 대한 이자로써 환어음 할인료(Discount Charge)를 수입자가 부담하게 됩니다. 만약, Shipper's Usance로 개설되고 수출자가 매입 신청하여 매입 받으면, Usance 기간에 대한 이자를 수출자가 부담하게 되니 애초에 수출자는 환어음 할인료만큼의 이자를 수출 단가에 포함 시켜야겠습니다.

그러나 Usance 조건으로써 연지급신용장에서 수출지 은행이 매입을 해준다 하더라도, 그 Usance에 대한 이자는 수출자가 부담하는 것이 실무에서의 통상의 예라 할 수 있습니다[1]. 그렇다면 수출자는 애초에 단가를 올려 견적할 필요가 있고, 가능한 지급신용장보다 매입신용장으로써 Banker's Usance L/C를 받는 것이 최선일 겁니다. 문제는 유럽 수입자에게 매입신용장과 Banker's Usance L/C에 대해서 설명해도 이해하지 못하고 받아들이지 않는 경우가 많아서 현실적으로 어려울 수 있다는 겁니다.

3) 연지급신용장에서 수출자가 매입 받기 위해서

한국의 수출자가 연지급신용장을 받아서 수출이행 후 선적서류를 수출지 은행에 제출하면 무조건 매입 받는 것이 아닙니다. 특히, 매입신용장이 아니라 연지급신용장이라면 매입 받는 것이 보다 까다로울 수 있습니다.

그래서 외국 수입자에게 매입신용장으로써 Banker's Usance L/C 받는 것이 좋으나, 이게 불가능하여 연지급신용장 이외에는 대안이 없다면, 수출지 거래 은행에 연지급신용장임에도 매입을 받을 수 있는 조건이 어떠한지 확인해야 할 것입니다.

그러면 Available with by… 조항에서 'Any Bank in South Korea by DEF Payment', 혹은 '수출지 은행 By DEF Payment'와 같은 적절한 대안을 제시받을 수 있을 것입니다.

---

1 연지급신용장이 수입자의 결제를 일정 기간 유예해주는 Usance 조건이지만, 매입신용장에서처럼 환어음은 통상 발행되지 않습니다(Drawee 조항 없음). 따라서 연지급신용장에서 수출자가 선적서류를 수출지 은행에 제출하는 즉시(At Sight) 대금 결제받는 매입이 이루어졌을 때 수출자에게 청구되는 이자는 환어음 할인료가 아니라 환가료 개념으로 봐야할 것입니다.

```
50:     APPLICANT
        ABC COMPANY
        5 RUE DUGAST MATIFEUS 44000 NANTES, FRNACE

59:     BENEFICIARY
        EDUTRADEHUB
        #501 211-00 NONHYNDONG KANGNAMGU SEOUL, KOREA

41A:    AVAILABLE WITH… BY…
        ABCDFRMM[1]
        BY DEF PAYMENT

42P:    DEFERRED PAYMENT DETAILS
        90 DAYS AFTER SHIPMENT DATE
```

8. 원 신용장 취소가 필요한 상황

수출자와 수입자 사이에 매매계약이 체결되고, 수입자(Applicant)에 의해서 신용장 개설 신청되어 개설은행(Issuing Bank)이 신용장 개설 후 통지은행(Advising Bank) 통해서 수출자(Beneficiary)가 통지까지 받은 상황에서 수출자와 수입자 사이의 마찰로 인하여 원 신용장의 취소(Cancel)가 필요한 상황에 직면하기도 합니다.

이때 원 신용장에 대한 취소의 필요성에 대해서 수출자와 수입자 모두가 동의하면, 원 신용장에 대한 취소 진행이 수월할 것입니다. 그러나 취소에 대한 필요성을 수출자 혹은 수입자 중에 한쪽 당사자만이 느끼는 경우에는 원 신용장에 대한 취소 진행이 순조롭지 못할 것이고 취소 자체가 어려울 수 있습니다.

물론, 원 신용장에 대한 취소가 진행되기에 앞서 수출자와 수입자 사이에 체결된 매매계약서에 대한 파기가 선행되어야 할 것입니다. 그러나 매매계약서는 수출자 혹은 수입자 일방의 통지에 의해서 파기될 수도 있는 반면, 신용장은 기본적으로 취소불능(Irrevocable)이고 취소

---

2 BY DEF PAYMENT 앞에 수입국 은행 SWIFT Code가 지정되기도 하고, 수출국 은행이 지정되기도 하며 'ANY BANK IN SOUTH KOREA'(한국이 수출국)로 지정되기도 합니다.

하기 위해서는 수입자의 취소 신청과 이에 대한 개설은행 및 수출자의 동의가 필요합니다[1]. 추가적으로 원 신용장에서 확인은행이 지정된 경우[2]라면 확인은행의 동의 역시 필요하겠습니다.

여기에서 알 수 있는 것은 기 발행된 원 신용장을 취소하기 위해서는 수입자의 원 신용장 취소 신청이 선행되어야 한다는 것이며, 최종적으로 수출자의 동의가 필요하다는 것입니다.

A. 수입자에 의한 매매계약 파기와 수입자의 일방적인 원 신용장 취소 신청

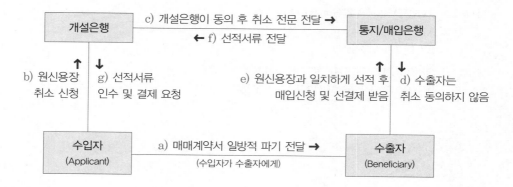

수입자의 일방적 통보에 의해서 매매계약서가 파기되더라도, 수출자 입장에서는 기존에 통지받은 원 신용장은 살아 있으니, 신용장 조건과 같이 수출 후 신용장에서 요구하는 서류를 은행에 제출하면 대금 결제받을 수도 있습니다. 이후 매입은행에 의해서 수출자가 제시한 선적서류는 개설은행에 도착할 것이며, 하자가 없으면 개설은행은 Unpaid 처리 할 수 없기에 정상적으로 수입자에게 인수 통지합니다. 그리고 수입자는 해당 선적서류를 인수하면서 해당 건에 대한 결제(At Sight L/C) 혹은 인수 후 결제기일까지 결제(Usance L/C)해야 할 것입니다.

수입자는 신용장 개설 신청(Apply)하는 Applicant로서, 개설은행에 의해 개설된 원 신용장에 대한 Amend와 취소(Cancel) 역시 신청하는 자입니다. 다시 말해서 신용장에서 수입자는 원 신용장의 'Amend 신청'에 대한 동의 혹은 '취소 신청'에 대한 동의를 하여 해당 건

---

1 신용장의 독립성의 원칙. 은행 입장에서는 매매계약서와 신용장은 별도의 계약서이며, 매매계약서가 파기되더라도 신용장만 취소되지 않으면 은행은 신용장 조건과 같이 업무 이행합니다.

2 신용장 '49 Confirmation Instructions' 조항에서는 Confirm, May Add 혹은 Without 중의 하나가 기재됩니다. 'Comfirm'은 전문 수신은행이 확인을 요청받은 경우이고, 'May Add'는 전문수신은행의 선택에 의해 확인을 추가할 수 있는 경우이며, 'Without' 전문수신은행이 확인을 요청받지 않은 경우로서 대부분 Without으로 신용장은 개설된다 할 수 있습니다.

에 대한 최종적인 Amend 혹은 취소가 이루어질 수 있도록 하는 자는 아니라는 겁니다. 이 뜻은 수입자가 원 신용장에 대해서 Amend 혹은 취소를 원하여 수입자가 개설은행으로 Amend 혹은 취소 신청을 하고 개설은행이 동의해주더라도 최종적으로 수출자가 동의해주지 않으면 원 신용장에 대한 Amend 혹은 취소가 이루어질 수 없다는 것입니다.

그리고 상식적으로 생각했을 때, 수출자가 원 신용장을 통지은행으로부터 통지받은 이후 물품 생산을 하고 있는 상황에서 수입자가 원 신용장 취소를 원한다 해서 수출자가 동의해 줄 수 없습니다. 만약 수출자가 동의해주고 원 신용장이 취소된다면 수출자는 이미 생산된 물품의 판로를 다시 찾아야 할 것이고, 판매되지 않으면 재고로 남게 될 것이며, 결론적으로 많은 손해를 볼 수 있습니다.

따라서 수입자는 신용장 거래할 때, 원 신용장에 대한 취소는 어렵기 때문에 해당 건의 거래는 Amend 될 수는 있더라도 취소는 없이[3] 무조건 끝까지 진행한다는 생각으로 신용장 개설 신청해야 할 것입니다.

B. 수출자에 의한 매매계약 파기 그러나 수입자의 원 신용장 취소 신청 거부

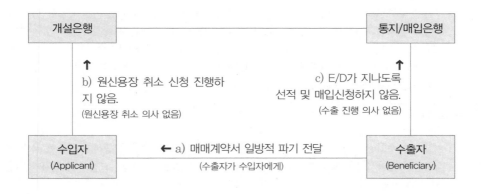

통상적으로 수출자는 통지은행으로부터 신용장을 통지받은 이후 물품 생산에 들어갑니다.

---

3 원 신용장에 대한 Amend가 수입자의 필요에 의해 진행해야 하는 경우, 수출자는 특별히 자신에게 불리하지 않다면 동의 해줄 가능성이 큽니다. 그러나 원신용장에 대한 취소는 수출자 입장에서 일반적으로 동의하기 어렵습니다.

⟨경우 1⟩ 수입자의 무리한 Amend 동의 요구

그런데 수입자가 기 발행된 원 신용장에 대해서 수출자 입장에서는 받아들이기 곤란한 Amend에 대한 동의를 요구하는 경우가 있습니다. 수출자는 수입자의 그러한 요청에 대해서 거부 의사를 밝힐 수도 있을 것이며, 이에 대해서 수입자가 지속적으로 Amend에 대한 동의를 요구한다면 수출자는 극단적인 선택까지 할 수 있습니다. 그 극단적인 선택은 통지은행으로부터 비록 수출자가 신용장 통지를 받았으나, 신용장 만기일(32D E/D)까지 수출 이행을 하지 않는 것입니다.

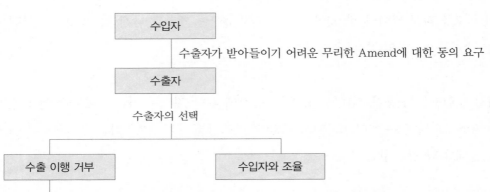

은행은 수출자에게 신용장 조건과 일치하게 선적 이행하고, 신용장에서 요구하는 서류 등을 48 Period for Presentation 조항까지 전달하면 대금 결제 확약한 것.
그런데 수출자가 수출이행 하지 않고 신용장 만기일(31D E/D)까지 아무런 행동을 하지 않았다면 은행은 수출자에게 대금 지급할 이유가 없음. 물론, 이는 수출자가 선택한 것이며, 수출자는 수입자에게 P-Bond(425쪽 참고) 전달하지 않은 상태에서 수입자와의 갈등으로 수출 이행에 필요성 느끼지 못하면 통지은행으로부터 신용장 통지받았더라도 수출 이행 거부하는 선택을 할 수도 있음.

매매계약 파기

수입자는 수입지 국내 거래처와 계약한 상태로서, 수출자가 수출 이행하지 않으면 국내 거래처와의 계약서상에 명시된 납품 기한까지 물품을 납품할 수 없음. 그래서 수출자가 비협조적인 태도를 보이면 큰 피해를 볼 수도 있음.
따라서 수입자는 사전에 P-Bond 받아야 하며, Amend가 필요한 상황에서 수출자와 적절히 조율하여 수출자가 수출 이행할 수 있도록 노력해야 함.

원L/C 유지
↓
수입자는 물품을 받아야 하니 원 신용장 취소 신청하지 않을 것. 그러나 수출자가 신용장 만기일(E/D)이 되도록 수출 이행하지 않으면, 해당 신용장은 수입자의 취소 신청이 없더라도 자동 취소되기도 함.

〈경우 2〉 수출자의 무리한 Amend 신청 요구

혹은 수출자가 신용장 통지받은 시점에서는 신용장 조건에 전혀 문제없고, 충분히 그 조건과 같이 수출 이행할 수 있을 것으로 생각했습니다. 그러나 제조사와의 거래에 있어 제조사가 물품의 생산을, 사전에 수출자와 계약한 기한까지 할 수 없어서 수출자 입장에서 도저히 신용장에서 요구하는 44C S/D(선적기일)까지 On Board 진행 및 48 Period for Presetation(선적서류 제출기한)까지 선적서류를 제출할 수 없는 경우에 직면할 수 있습니다. 이때 수출자가 수입자에게 Amend 요청할 수도 있고 수입자가 그러한 요구에 대해서 거부한다면, 수입자는 Amend 신청하는 자로서 원 신용장에 대한 Amend 신청 자체를 하지 않을 것입니다.

결국, 수출자와 수입자 사이에 거래 진행을 더 이상 할 수 없는 상황이 될 수 있으며, 수출자 입장에서는 신용장에서 요구하는 조건을 도저히 이행할 수 없기에 거래 진행 자체를 포기할 수 있습니다(물론, 수출자가 이러한 극단적인 결정을 하는 이유는 여러 가지가 있을 수 있을 것입니다.).

수출자가 신용장을 통지받고 신용장 조건과 같이 진행 포기하고 해당 신용장의 E/D를 기준으로 2주 정도의 시간이 지나면, 해당 신용장은 자동으로 취소되기도 합니다. 따라서 수출자는 신용장을 통지은행으로부터 통지받은 이후, 거래 진행에 어려움에 직면하여 수입자에게 도움을 청하여으나 수입자가 이에 대해서 협조를 하지 않으면 극단적으로 수출 진행 자체를 거부할 수 있습니다. 이러한 수출자의 극단적인 선택은 결국 수입자에게 큰 피해를 줄 수 있습니다. 다시 말해서 수출자가 수출 진행하지 않으면, 수입자는 수입지 국내 거래처와의 물품 공급 계약을 해 둔 상태이기 때문에 수입자가 피해를 볼 수 있다는 겁니다. 이러한 문제가 아니더라도 수입자는 신용장 개설 신청할 때 발생한 은행 수수료 역시 돌려받을 수 없게 되니 여러 가지로 낭패가 아닐 수 없습니다.

C. 신용장의 독립성의 원칙

상기 모든 상황은 은행 입장에서 매매계약서와 신용장은 독립된 별도의 계약서이고, 은행은 신용장에 대한 계약 당사자이지 매매계약서에 대한 계약 당사자가 아니라는 신용장 독립성의 원칙을 기초로 한다고 할 수 있습니다.

수출자와 수입자 입장에서는 매매계약서와 신용장에서 모두 계약 당사자로서 하나의 계약서(신용장도 계약서)가 파기되면 다른 계약서에 영향을 준다고 생각할 수 있으나, 은행 입장에서는 매매계약서가 은행과 전혀 관련된 없는 계약서이기 때문에 은행은 수출자와 수입자 사이에서 만들어진 매매계약서가 파기되더라도 아무런 상관이 없습니다.

9. 추심결제(D/P, D/A) 조건에서 L/G(수입화물선취보증서) 발행과 L/G 내용

A. D/P와 D/A의 이해

D/P, D/A 거래는 수출자가 선적서류를 은행에 제출하며, 그 서류는 수입지 은행으로 전달됩니다. 이후 수입지 은행에 도착한 선적서류를 수입자가 인수할 때 선적 대금을 즉시(At Sight) 결제하고 인수하는 조건이 D/P이고, 선적서류만 인수하고 일정 기간 이후까지 결제가 유예(Usance)되어 결제 만기일 이내까지 결제하는 조건이 D/A입니다.

B. L/G(Letter of Guarantee, 수입화물선취보증서) 신청하는 경우

L/G의 신청은 결제조건 L/C(신용장)에서만 가능한 것은 아닙니다. L/G가 필요한 상황은 수입지에 물품이 도착하여 보세구역에 장치(보관)되어 있는데, 그때까지 수입지 은행에 선적서류(Shipping Documents)가 도착하지 않아 수입자가 인수 못함으로 인해서 해당 화물을 보세구역으로부터 반출할 수 없을 때입니다. 만약 해당 화물을 보세구역에 계속 장치해 둔다면 FCL 건에 대해서는 Storage 및 Demurrage Charge가 발행될 것이며, LCL 건에 대해서는 보세창고료가 상당히 발생할 수 있을 것입니다.

이러한 경우, 수입자가 은행에 OB/L 없이 수입 화물을 선취할 수 있도록 L/G를 작성하여 은행에 요청하면 은행이 L/G에 날인 해줄 수 있습니다. 이후 수입자는 그 L/G 원본을 수입지 포워더에게 전달하고 운송비 결제하면 D/O 받을 수 있을 것이며, 최종적으로 보세구역에 장치되어 있는 물품을 반출할 수 있겠습니다.

여기서 결제조건이 L/C라면, L/C를 수입자가 개설 신청하기 전에 은행으로 담보를 제공하였을 것입니다. 그래서 L/C 건에서 수입자가 L/G 신청을 할 때는 별도로 수입지 은행에 담보 제공을 하지 않을 것입니다. 반면에, 추심결제(D/P, D/A) 조건에서는 수입자가 담보 제공한 것이 없기에 L/G 신청할 때 은행으로 담보 제공해야 할 수도 있겠습니다.

수입지에 물품이 도착하고 역시 수입지 은행에 선적서류도 도착하였습니다. 그러면 수입자는 은행으로 부터 선적서류를 인수하여 문제없이 통관 진행 가능합니다. 그런데 수입자가 은행으로부터 선적서류를 인수함과 동시에 결제를 At Sight로 해야 하는 조건임에도 수입자가 결제할 돈이 없는 경우가 있습니다. 이때 수입자는 은행에 결제는 다음으로 미루고 선적서류를 먼저 전달할 것을 요청할 수 있습니다. 이것을 T/R입니다.

C. L/G 양식에 기재된 내용

다음은 L/G 신청서 양식에 기재된 내용입니다. 수입자가 L/G 신청할 때 반드시 읽어봐야 함에도 이를 읽어보지 않는 경우가 많은 듯합니다.

본인은 위 신용장 등에 의한 관계선적서류가 귀행에 도착하기 전에 수입화물을 인도받기 위해 수입화물 선취보증을 신청하며 본인이 따로 제출한 수입화물 선취보증서(LETTER OF GUARANTEE)에 귀행이 서명함에 있어 다음 사항을 따를 것을 확약합니다.

1. 귀행이 수입화물 선취보증서에 서명함으로써 발생하는 위험과 책임 및 비용은 모두 본인이 부담하 겠습니다.
2. 본인은 위 수입화물에 대하여는 귀행이 소유권이 있음을 확인하며 귀행이 수입화물선취보증서에 따른 보증채무를 이행하여야 할 것이 예상될 경우 또는 본인에 대하여 은행여신거래 기본약관 제7조의 사유가 발생할 경우에는 귀행의 청구를 받는 즉시 위 수입화물을 귀행에 인도하겠으며, 수입화물의 인 도가 불가능할 경우에는 위 수입물품에 상당하는 대금으로 상환하겠습니다.
3. 본인은 위 수입화물에 대한 관계선적서류를 제3자에게 담보로 제공하지 않았음을 확인하며, 또한 귀행의 서면 동의 없이 이를 담보로 제공하지 않겠습니다.
4. 본인은 위 수입화물에 관한 관계 선적서류가 도착할 때는 신용장 조건과의 불일치 등 어떠한 흠에 도 불구하고 이들 서류를 반드시 인수하겠습니다.

---

10. D/P Usance 조건과 실무적인 활용의 예

A. D/P Usance의 이해

수입지의 은행은 추심 결제조건에서 선적서류가 도착하면 즉시 수입자에게 통지합니다. D/P 거래에서 수입지 은행의 통지에 대해서 수입자가 선적서류를 인수하면서 결제가 이루 어집니다. 이를 D/P At Sight라 할 수 있습니다. 그러나 D/P Usance 조건이 있습니다.

Usance는 수입자의 결제를 유예시켜 주는 것인데, D/P는 수입자가 선적서류를 인수하는 동시에 결제가 이루어져야 하기 때문에 수입자가 선적서류를 인수하고 일정 기간 이후에 결제가 이루어진다(이는 D/A 거래)는 의미가 아닙니다. D/P Usance는 D/P 30 Days After B/L Date라는 표현으로 결제조건(Payment Term)으로서 기재할 수 있으며, 수입지 은행이 수입자에게 선적서류를 B/L Date(On Board Date) 기준으로 30일이 되는 날 전달하는 조건이라 할 수 있습니다.

B. D/P 거래에서의 수입자의 대응과 수출자의 피해

추심결제 조건(D/P, D/A)에서 수입지 은행의 선적서류 도착 통지를 수입자가 받더라도 수입자는 선적서류 인수를 신속히 하지 않는 경우가 실무적으로도 종종 발생합니다. 수입자의 이러한 대응에는 나름의 이유가 있습니다. 예를 들어, 수입지 항구에 해당 건의 배가 입항하지 않은 상태에서 수입자가 수입지 은행으로부터 선적서류 인수하면 인수할 때 대금 결제를 해야 할 것(D/P 거래이기 때문)이고, 그러면 향후 배가 입항하여 수입통관 후 해당 물품을 판매함으로써 대금 회수까지 현금 유동성에 문제가 발생할 수 있기 때문입니다.

수입자는 이러한 자신의 대응으로 수출자가 피해를 볼 수 있다는 사실을 알아야겠습니다. 수출자 입장에서는 수입자가 수입지 은행에 도착한 선적서류를 정상적인 시점에 인수하지 않으면, 수입자가 해당 물품을 완전히 인수하지 않고 연락이 두절될 것을 걱정합니다. 그러면 수출자 입장에서는 포워더의 도움을 받아서 수입지에 도착한 물품을 다시 수출국으로 반송할 것이며, 그로 인한 비용을 수입자가 커버해야 할 수도 있겠습니다. 또한, 수출지에서 On Board 후 선적서류를 수출지 은행으로 전달하면서 수출자가 해당 은행에 D/P Nego 신청하여 추심결제 조건임에도 선결제를 취하였는데, 수입자가 선적서류를 신속히 인수하지 않게 되면, 추가 수수료를 청구받을 수 있습니다.

C. 결론

따라서 D/P 조건으로 결제조건이 결정된 상태이고 운송 조건이 해상 건으로서 Transit Time이 상당한 경우, 결제조건에 D/P 30 Days After B/L Date와 같은 D/P Usance 조건으로 매매계약 체결하는 것이 바람직할 수 있다고 판단합니다[1].

---

1 Transit Time이 상당하면 수출지에서 출항한 선박이 수입 항구에 도착하기 상당 시간 전에 수출자가 수출지 은행에 제출한 선적서류가 수입지 은행에 도착할 수도 있습니다.

Ⅱ. 질의응답을 통해 배우는 결제 업무

1. 매입과 추심의 차이점

> **질문** 수출 업무를 담당하고 있습니다. 신용장 업무를 진행하고 있는데, 신용장 조건
> 과 같이 수출 후 거래은행으로써 매입은행에 매입 신청하면 클린 네고되어 당일
> 날 폐사의 통장에 수출 대금이 입금되곤 했습니다.
>
> 그러나 이번 수출 건에 대해서 폐사의 사정으로 클린 네고하지 못하고 하자 네
> 고 진행해야 하는 상황입니다. 은행에서 말하기를, 하자 Fee로써 USD100 발생
> 될 것이며, 매입이 아닌 추심을 돌린다 했습니다. 그리고 추심 돌리는 건이니 선
> 적 대금이 바로 폐사의 통장에 입금되지 않고 상당 시간 지나서 입금될 수 있다
> 고 합니다. 매입과 추심의 차이를 알고 싶습니다.

💬 **답변** 1. **매입의 개념**: 매입(네고)은 말 그대로 뭔가 구매하는 것입니다. L/C에서는 수출
자가 L/C 조건과 같이 수출이행 후 관련 서류를 은행에 제출하면서 서류에 대한 매입을 신
청하면서 대금결제를 환어음으로 요구합니다. 그러면 해당 은행은 L/C 조건과 선적서류의
일치 여부, 개설은행의 신용도 및 수출자의 신용도를 파악하여 수출자의 매입 신청을 받아
줄 수 있습니다. 다시 말해서, 은행은 수출자의 매입신청에 대해서 응하여 서류를 인수하고
환어음 대금을 수출자에게 즉시 결제(At Sight)하게 되며, 이는 곧 서류를 은행이 돈을 주고
구매하는 것이 됩니다. 이것을 매입, 즉 네고라 합니다.

  L/C 거래가 아닌 D/A, D/P 거래로써 기본적으로 추심 진행하는 조건하에서도 수출자는
수출지 은행에 선적서류와 환어음을 제출하는 당일 은행으로부터 대금결제를 받는 경우(매
입)도 있습니다. 이를 D/A 네고, D/P 네고라고 합니다.

2. 추심의 개념: 추심은 수출자가 제출한 선적서류를 수출지 은행이 인수하고, 즉시 대금 결제(At Sight) 하는 것이 아니라 선적서류와 환어음만 인수하여 이를 수입지 은행으로 보내어 해당 대금이 수출지 은행에 들어오면 수출자에게 결제하는 방식이라 할 수 있습니다. 수출자가 선적서류와 환어음을 수출지 은행에 제출한 날을 기준으로 2~3주 정도 시간이 소요될 수 있습니다.

2. T/T와 L/C의 차이점

> **질문** 신입사원입니다. T/T와 L/C의 차이점을 쉽게 설명 부탁드립니다. 그리고 어떤 기준으로 결제조건을 T/T 혹은 L/C로 잡는지에 대한 설명도 부탁드립니다.

💬 **답변** 1. T/T의 개념: 쉽게 말해서 계좌이체 방식을 T/T라고 합니다. 수출자는 물품을 수출하면 수입자로부터 대금결제를 받는데, 수출자의 외국환 통장으로 수입자가 계좌 이체해주는 방식입니다. 이를 위해서 수출자는 자국 내에 외국환을 취급하는 외국환 은행에 외국환 통장을 개설해야 하며, 수입자 역시 외국환 통장을 개설해야겠습니다.

그리고 수출자는 자신이 수출 대금을 입금받은 계좌 정보로써 Bank Information[1](Bank Name, Bank Address, Account No., Swift Code, Beneficiary)을 수입자에게 통지하여 해당 계좌로 송금 요구합니다.

2. L/C의 개념: 변하지 않는 진리는 수입자가 수출자에게 대금을 결제한다는 것입니다. 수입자 입장에서 자신의 통장에 보관 중인 현금을 수출자에게 물품을 받기도 전에 결제하면 사기당할 수 있는 위험에 노출됩니다. 그리고 무엇보다 수입자가 현금을 수출자에게 선결제(T/T in Advance)하면 수출자가 발송한 물품이 수입지에 도착하여 수입 통관 후 국내 거래처에 공급하고, 그 국내 거래처로부터 대금을 회수할 때까지, 그 상당 기간 동안 현금 유

---

1 주의점: 기존에 거래하는 상대로서 Seller가 갑자기 거래은행을 변경했다 하면서 새로운 Bank Information을 수입자에게 이메일로 전달하는 경우가 있습니다. 이때 Buyer는 그러한 사실을 Seller에게 전화로 확인할 필요가 있습니다. 최근 들어 Seller의 이메일 계정을 해킹하여 Buyer에게 피해를 입히는 사례가 종종 발생하고 있으니 주의가 필요하겠습니다.

동성이 악화할 수밖에 없습니다.

따라서 수입자는 자신의 거래은행에 수출자에게 결제해야 하는 금액만큼의 담보를 제공하면서 해당 은행이 은행 자신의 돈을 수출자에게 결제할 것을 수출자에게 확약하고, 수출자가 해당 은행의 그러한 확약을 믿고 물품 발송 후 은행에 대금 청구하면 은행이 선결제하고 물품이 수입지에 도착하면, 그 대금을 수입자가 은행에 결제하는 방식을 취할 수 있을 것입니다. 이러한 결제 방식을 신용장(L/C)이라고 생각하면 되겠습니다.

신용장으로 결제조건을 정하는 가장 큰 이유는 바로 수입자의 현금 유동성 확보라 해도 과언이 아닐 것입니다.

3. T/T와 L/C 중 하나 선택 기준: 특별히 정해진 기준은 없다 할 수 있습니다. 그러나 그 선택 기준에 있어 은행이 취하는 수수료와 업무 진행 복잡성, 그리고 거래 금액 대비 마진율이 영향을 미칠 것입니다.

T/T에서 은행은 수입자가 돈 송금 요청하면 수출자에게 송금해주는 심부름꾼 역할만 하기에 수수료가 얼마 되지 않습니다[2]. 그러나 L/C는 수입자가 자신의 신용과 담보를 제공하여 은행에 일종의 대출을 받는 것이기에 이자 개념도 있고 여러 가지 수수료들이 많습니다. 또한, T/T는 단순히 송금을 하는 행위이기에 업무가 복잡하지 않으나, L/C는 L/C라는 서류의 작성에서부터 해석 등 여러 가지 복잡한 절차가 산재되어있습니다.

---

2 추심결제(D/A, D/P)에서 은행은 수출자에게 선적서류 인수하여 수입자에게 전달하는 업무와 수입자(Drawee)가 선적서류 인수하면서 대금 결제하면 그 대금을 수출자에게 전달하는 역할을 함께 합니다. 그러나 T/T에서 은행은 수입자의 대금결제를 수출자에게 전달하는 역할만 하고 선적서류를 수출자에게 인수하여 수입자에게 전달하는 역할은 하지 않습니다. T/T에서 선적서류는 수출자와 수입자 양 당사자 간에 직접 처리합니다. 은행이 대금의 전달과 함께 선적서류의 전달을 병행하는 결제조건은 추심결제조건으로써 D/A, D/P 조건이 있습니다.

이렇게 은행이 취하는 이익 그리고 업무의 복잡성이 T/T보다는 L/C가 상당하지만, L/C 나름대로 장점이 있습니다. 수입자에게는 앞서 설명하였듯이 현금 유동성 확보할 수 있으며, 수출자에게는 수입자가 아닌 은행이 수출 대금지급 확약하니 어느 정도 안전한 거래라 할 수 있습니다.

따라서 결제조건을 L/C로 정할 때는 은행에 지급하는 수수료와 업무의 복잡성에도 불구하고 거래 총액이 상당하여 많은 이익을 남길 수 있는 건일 가능성이 크며, T/T 거래는 수입자가 현금의 유동성을 생각하지 않을 만큼의 소액이고 은행에 수수료를 주더라도 이익이 어느 정도 되는 2만 불 이하의 거래 건에서 많이 사용될 것입니다[1].

3. D/P 조건에서 AWB 혹은 SWB가 발행된 경우 수출자의 주의점

질문 지금으로부터 2달 전, D/P 조건으로 한국에서 외국으로 항공수출을 진행하였습니다. 이후에 AWB를 포함한 선적서류를 수출자로서 귀사의 거래은행으로 제출하면서 추심신청하였습니다. 그런데 현재까지 대금결제가 이루어지지 않아서 확인해보니, 수입자가 수입지 은행에 도착한 AWB를 포함한 선적서류를 인수하지도 않았는데 수입지에서 물품을 찾아갔다고 합니다.

어떻게 은행으로부터 AWB를 인수하지도 않고 물품을 수입자가 찾아갈 수 있는지요? 현재 수입자와 연락되지 않고 있는 심각한 상황입니다.

💬 **답변** 1. D/P 거래에서 AWB의 Consignee는 수입자: D/P는 L/C와 같은 거래가 아닙니다. L/C는 수출자에게 운송서류(B/L 혹은 화물운송장)를 전달받으면서 그 물품의 소유권을 함께 인수합니다. 그래서 유가증권으로서 B/L의 Consignee에는 To Order와 같이 기재되어 배서를 통하여 그 소유권이 수출자에게서 은행으로, 그리고 수입자에게 최종적으로 이전되어 수입자가 D/O 받을 수 있도록 하며, 비록 AWB가 유가증권이 아니지만 AWB의 Consignee에는 개설은행을 기재하여 수입자가 개설은행으로부터 AWB를 인수하면서 배서

---

1 마진이 5%인 아이템에 대해서 1억 거래하면 5백만 원이 남고, 1천만 원 거래하면 50만 원이 남습니다. 수출자는 50만 원 벌자고 어렵고 복잡한 L/C를 결제조건으로 정하지 않을 것입니다.

를 받아야 수입지 포워더는 AWB에서 수입자에게 D/O를 내줍니다.

반면에 D/P 거래는 은행이 수출자에게 소유권을 넘겨받아서 수입자에게 결제를 받음으로써 그 소유권을 수입자에게 넘기는 L/C와 같은 거래가 아니라, 은행이 선적서류만 인수하고 이를 수입자에게 전달하면서 결제를 받으면 그 돈을 수출자에게 전달하는 역할만을 합니다. On Board 된 물품의 소유권이 수출자에게서 은행으로, 그리고 은행에서 수입자에게 넘어가는 형태의 거래는 아닙니다. 따라서 운송서류의 Consignee는 수입자의 회사명이 기재됩니다.

2. D/P 거래에서 AWB 진행의 위험성: 수출지에서 B/L이 발행되고 Surrender 처리되지 않으면, 수입자는 수입지에서 D/O를 받기 위해서 반드시 Original B/L을 결제조건에 따라서 원본 그대로를 전달받아서 이를 수입지 포워더에게 전달해야 합니다. 이때, 발행된 B/L의 Copy를 수입지 포워더에게 전달해서는 D/O를 받을 수 없습니다. 반면에 AWB는 B/L과 다르게 Copy 된 AWB를 가지고도 수입자는 수입지에서 D/O를 받을 수 있습니다. 단, AWB의 Consignee에 수입자의 상호가 기재되어 있어야 할 것입니다.

D/P 거래에서 AWB의 Consignee가 수입자의 상호가 기재되어 발행되었다고 가정해봅니다. 이후 수출자는 거래 절차에 따라 AWB를 기타의 선적서류와 함께 은행에 제출하지만, 그 전에 스캔하여 수입자에게 Shipment Advice를 이메일로 수입자에게 전달합니다. 그러면 수입자는 Consignee가 자신으로 기재된 AWB를 받게 되며, 이를 수입지 포워더에게 전달하면서 Consignee가 자신이라는 사실을 확인시켜주고 운송비를 결제하면 D/O를 받을 수도 있을 것입니다.

그렇다면 수출자는 수출지 은행으로 선적서류를 전달하면서 은행에게 지급인(Drawee)으로서 수입자[2]에게 선적서류 전달하면서 대금결제 받아서 수출자 자신에게 전달해줄 것을 요구하는 추심신청이 무색하게 됩니다. 즉, 수입자는 Consignee가 자신으로 발행된 AWB를 수출자로부터 이메일로 전달받아서 은행으로 대금결제도 하지 않고 수입지에서 D/O 받고 물품을 찾아가니, 수출자로서는 대금 결제를 받지 못하고 물품도 돌려받을 수 없는 상황에 처할 수 있다는 것입니다. 이는 D/P 조건에서 해상으로 진행할 때 OB/L 발행하지 않고

---

2 추심결제조건으로서 D/P 및 D/A에서 선적서류를 제출하는 수출자에게 대금결제를 하는 지급인(Drawee)은 수입자입니다. 따라서 수출자는 이러한 추심결제조건에서 환어음을 발행할 때 환어음상의 To 부분으로서 Drawee에 수입자의 상호를 기재하게 됩니다.

SWB를 발행함에 있어 Consignee를 수입자로 하여 발행한 상황에서도 동일하게 발생할 수 있는 상황입니다.

따라서 수출자는 D/P 조건에서 AWB 혹은 SWB 발행할 때는 Consignee를 수입자가 아닌 수입지 은행으로 발행하여 추심 신청할 필요가 있습니다. 이렇게 하면 수입자는 AWB 혹은 SWB 상의 Consignee가 자신이 아니기 때문에 이메일로 받은 AWB 혹은 SWB로 D/O 받지 못하고, Consignee로서 수입지 은행이 수입자에게 물품을 넘긴다는 수입지 은행의 확인(배서)를 받아야지만 수입지 포워더로부터 D/O를 받습니다. 결국, D/P 조건으로서 AWB 혹은 SWB의 Consignee가 수입지 은행이면 수입자는 선적서류 인수하기 위해서 은행에 결제할 것이라는 결론을 얻습니다. 물론, 수입자가 수입지에 도착한 물품을 인수할 의사가 없으면 수입자는 수입지 은행으로부터 선적서류 자체를 인수하지 않을 것입니다.

3. D/P 거래에서 OB/L 발행되는 경우: D/P 거래라 할지라도 해상 건으로서 B/L이 발행되었다면, 수출자는 OB/L을 수출지 은행으로 제출하였을 것입니다. 물론, 은행으로 제출 전에 스캔하여 수입자에게 Shipment Advice 해줄 것이나, 수입자는 B/L Copy에 아무리 Consignee가 수입자 자신으로 기재되어 있다 할지라도 수입지 포워더에게는 OB/L을 전달해야 하니 B/L Copy로는 D/O 받을 수 없습니다. 다시 말해서, D/P 조건에서 수입자는 수입지 은행으로 대금 결제하고 OB/L을 포함한 서류를 인수해야 하겠습니다. 결국, 수입자는 해상운송 건으로서 수입지에 도착한 물품에 대해서 D/O를 받기 위해서 수입지 은행으로부터 OB/L을 인수해야 하며, OB/L을 인수하기 위해서 D/P 조건이기 때문에 수입자는 물품대금을 결제해야겠습니다.

따라서 D/P 조건에서 발행된 OB/L의 Consignee가 은행이 아니라 수입자라 할지라도 수입자는 은행으로부터 OB/L을 인수해야 하니 수출자 입장에서는 어느 정도의 안전장치가 확보되는 상황이라 할 수 있습니다. 물론, 수입자가 OB/L을 인수하지 않을 수 있고 수출자는 수출한 물품에 대해서 대금 결제는 받지 못할 수 있으며, 수입지에 도착한 물품을 다시 수출자 자신의 국가로 반송해야 하는 상황에 직면할 수도 있음을 간과해서는 안 될 것입니다.

4. 결론: 추심결제조건으로서 D/P에서 해상으로 운송될 때 OB/L이 발행되면, 수출자입장에서 수입자(Drawee)의 대금결제는 받지 못할 수 있지만, 수출한 물품까지 찾지 못할 가

능성은 낮아질 것입니다.

그리고 해상 건으로서 SWB 혹은 항공 건으로서 AWB가 발행되었을 때 Consignee를 수입지의 은행으로 지정하면, 수입지에서 물품을 찾는 자로서 Consignee가 수입지 은행이기에 수입자가 해당 SWB 혹은 AWB 상에 수입지 은행이 물품을 수입자에게 넘긴다는 확인으로서 배서를 받아와야 합니다. 그래서 수입자는 수입지에 도착한 물품을 찾기 위해서 은행으로 결제하게 되고, 수출자는 정상적으로 대금결제 받을 수 있는 가능성이 높아집니다.

반면에 SWB 혹은 AWB가 발행된 상태에서 Consignee를 수입자로 하여 발행되면 수입자가 수입지에서 물품을 찾는 자가 됨으로써 수입자는 은행의 확인을 받지 않고도 물품을 찾게 됩니다. 이때, SWB 혹은 AWB는 유가증권이 아니기 때문에 수출지에서 발행된 그 상태 그대로 수입자가 수입지 포워더에게 전달하지 않고 복사(Copy)한 것으로도 충분히 D/O를 받을 수 있습니다.

4. 선적기일(44C, S/D)과 신용장 만기일(31D, E/D)

질문 L/C 44C 조항의 Latest date of shipment가 11/25이고, 31D 조항의 Date&Place of Expiry가 10일 후인 12/5입니다. 11/25까지 선적 못 하면 12/5까지 선적해도 가능한 건가요?

💬 **답변** 1. L/C 44C 조항은 45A Description 조항의 물품을 44E(Port of Loading/Airport of Departure) 조항에서 요구하는 항구/공항에서 배/항공기에 선적(On Board) 완료해야 하는 선적기일(S/D)입니다. 44C 조항에서 11월 25일을 요구하고 있다면, 무조건 On Board를 11월 25일 혹은 그전까지 해야 합니다(On Board Date는 운송서류에 기재됨).

수출자가 판단하기에 도저히 신용장 44C 조항에서 요구하는 선적기일까지 선적 이행할 수 없는 상황이면, 조속히 수입자에게 현재의 상황을 전하여 L/C Amend 요청[1]해야겠습니다. 수출자의 이러한 요구를 수입자가 받아들이지 않아서 수출자가 어쩔 수 없이 S/D 이후

---

1 L/C Amend는 E/D가 어느 정도 지난 상태에서 가능할 수도 있으나, 수출자가 선적서류를 은행에 제출한 상태에서는 힘들 것입니다.

에 On Board 하였다면, 그러한 사실은 해당 건의 운송서류(B/L 혹은 AWB)의 On Board Date로 확인 가능합니다. 그리고 그러한 운송서류와 함께 기타 서류들을 48 Period for Presentation 조항까지 수출지 은행에 전달하면, S/C 44C 조항의 요구 조건을 미충족하였기에 하자 Fee가 발생합니다(통상 건당 USD50~100 발생). 그리고 수출지 은행이 해당 서류에 대해서 매입 진행하지 않고 추심 돌릴 수도 있습니다.

2. L/C 31D Date&Place of Expiry(E/D)는 신용장 만기일/장소입니다. 신용장은 은행이 수출자에게 신용장 조건과 같이 수출하면 대금 지급하겠다는 계약서입니다. 그러한 지급 확약을 기한 없이 계속할 수 없기 때문에 종료 시점이 있을 것입니다. 이것이 E/D이며 수출자는 신용장 조건하에서 해야 하는 모든 업무를 E/D 이내에 종료해야 합니다(참고로 E/D로부터 15일 정도 지나면 L/C 없어진다고 보면 됩니다).

5. 수출자/수입자 주소 등의 오타

> **질문** 당장 오늘이 L/C 48 Period for Presentation에서 요구하는 선적서류를 은행에 제출하는 기한입니다. 그런데 포워더로부터 받는 B/L의 Shipper 주소에 오타가 있습니다. 예를 들어, 신용장 59 Beneficiary 조항의 주소는 Nonhyundong으로 되어있는데, B/L의 Shipper에는 Nonhyungdong으로 n이 연달아 두 번 들어가 있습니다. 신용장 원칙 중에 엄밀일치의 원칙이 있다고 아는데, 이 역시 하자가 될 수 있나요?

💬 **답변** ISBP 681(신용장 통일규칙으로써 UCP600을 실무적으로 풀어서 설명한 거)에 보면 '오자 또는 탈자'에 대한 내용이 나옵니다. 그 내용은 다음과 같습니다.

단어 또는 문장의 의미에 영향을 미치지 않는 오자 또는 오타는 서류를 하자로 만들지 않는다. 예를 들어, 상품명세에서 'machine' 대신에 'mashine', 'fountain pen' 대신에 'fountan pen', 'model' 대신에 'modal'이라고 표시된 것 때문에 하자 있는 서류가 되지 않을 수도 있다. 그러나 'model 321' 대신에 'model 123'이라고 표시된 명세는 오타로 간주되지 않고 하자가 될 수도 있다.

〈사례 1〉 신용장에 명기된 수익자(수출자) 주소의 일부가 'INDUSTRIAL PARK'인데. 제시된 항공운송장에는 'INDUSTRIAL PARL'로 기재되어 있음.
〈판정〉 하자가 아니다— ICC 공식 견해
〈이유〉 주소에 포함된 'Industrial Park'를 실제로 'Industrial Parl'이라고 읽을 우려가 없으므로 거절사유가 되지 않는다.

상기 사례는 신용장 59 Beneficiary 조항의 주소와 수출자가 제시한 선적서류 상의 수출자 주소가 정확히 일치하지 않지만, 하자로 보지 않는 사례입니다. 그러나 수출자의 회사명은 정확히 일치하지 않으면 다른 회사가 되니 일치시키는 것이 적절할 것입니다.

실무적으로 비록 주소의 일부 내용이 불일치하여 수출지 매입은행은 하자를 잡지 않았으나, 수입지 개설은행이 이를 수입자에게 통지하고 수입자가 어떠한 이유로 하자 처리할 것을 요청하면, 개설은행은 하자로 처리하여 수출자가 불리한 입장에 처해질 수도 있습니다.

예를 들어, 수입자가 처음 해당 건을 진행할 때 국내 거래처에게 오더를 받아서 수출자에게 신용장을 개설해주었지만, 수입자 국내 거래처가 갑자기 오더 취소한다든지, 환율 급등으로 수입자의 결제 금액이 상승한다든지, 혹은 해당 물품의 시중 가격이 신용장 개설 당시에는 좋았으나 선적서류 인수 시점에는 폭락하여 해당 물품을 인수하면 그대로 손해를 본다든지 혹은 수입자가 결제 대금이 없다든지 하는 경우에는 충분히 수입자가 개설은행에 하자 처리 요청할 수 있을 것입니다.

따라서 수출자는 가능하면 신용장 조건과 완전히 일치하는 선적서류를 은행에 제출하는 것이 좋겠습니다.

6. 결제조건(Payment Term) 기재 문제

질문 수출자입니다. 수입자와 매매계약서를 만들고 있는데, 수입자 쪽에서 결제조건을 T/T로 하는 경우 'Terms of Payment: 10 days Net'으로 원하고, L/C로 하는 경우 'Terms of Payment: Usance L/C 60 Days'로 원하고 있습니다. 이 뜻이 정확히 무슨 말인지 모르겠습니다. 도움 부탁드립니다.

💬 **답변** 1. **간단명료하고 누구나 쉽게 이해하는 표현의 중요성:** 무역을 함에 있어 작성하는 서류, 이메일 등은 수출자와 수입자 양 당사자가 서로 오해가 없이 작성되어야 합니다. 어렵고 애매모호한 단어와 문장, 정확하지 않은 표현은 양 당사자 간에 서로 다른 뜻으로 그 내용을 이해하게 할 수 있고, 그러한 이유로 클레임이 발생할 가능성이 충분히 있습니다.

2. **T/T 후결제:** 상기 10 days Net은 T/T 후불로 보여집니다. 그러면 언제를 기준으로 언제까지 수입자의 결제를 유예해준다는 내용이 있어야 합니다. 따라서 T/T 10 Days After B/L Date와 같이 그 기준일과 그 기준일 기준으로 결제기일을 정확히 알 수 있도록 하는 게 중요합니다. B/L Date는 해당 건의 B/L(선하증권) 혹은 AWB(항공화물운송장)에 발행자로서 포워더에 의해서 기재되어 확실히 언제인지 알 수 있으며, 그 기준일 기준으로 10일을 주었으니 수입자의 결제기일이 정확해집니다.

참고로 T/T net 30 days라고 결제조건이 정해진 경우, 인보이스 발행 후 30일 이내에 결제한다는 조건으로 사용되어지기도 합니다.

3. **L/C 후결제:** 그리고 수입자가 제시한 L/C 조건 역시 Usance 조건으로 보여지나 언제를 기준으로 60일인지를 알 수 있는 기준일이 없습니다. 무엇보다 Usance 조건에서 중요한 것은 수출자가 선적 후 수출지 은행에 L/C 46A Documents Required 조항에서 요구하는 선적서류와 함께 수출지 은행(매입은행)에 제출하는 기한부 환어음에 대한 할인료(Discount Charge)를 누가 부담하는지가 중요합니다. 이때 할인료를 수입자가 부담하는 조건이 Banker's이고, 수출자가 부담하는 조건이 Shipper's입니다.

수출자 입장에서는 할인료를 자신이 커버하고 매입은행으로부터 At Sight 조건처럼 대금

지급을 즉시 받는 것보다는, 수입자가 커버하고 수출자는 할인료 결제 없이 매입 신청 후 선적 대금을 즉시(At Sight) 결제받는 것을 더 선호할 것입니다.

따라서 Negotiation L/C 60 Days After B/L Date라고 기재함과 동시에 Banker's Usance 조건이라는 사실을 확실히 매매계약서와 같은 서류에 기재하는 것이 좋겠습니다.

만약, 수입자가 수입지 은행으로 L/C 개설 신청하기 전에 수출자와 수입자와 매매계약서를 체결할 당시, 수입자가 Shipper's Usance로의 L/C 개설을 강력하게 요구하는 상황에 직면하였다고 가정해보겠습니다. 그러면 수출자 입장에서는 거래를 성사시켜 물품을 판매하여야 하기에 이러한 수입자의 요구를 거절할 수 없습니다. 이때 수출자는 Shipper's Usance로 거래하면 자신이 할인료를 커버해야 하니, 그 할인료 만큼에 대한 단가 인상이라든지, 기타 요구 사항이 있으면 요구할 필요가 있을 것입니다[1].

7. L/G 발행, FCL 건은 CY에서의 Free Time 고려

질문 폐사는 물품을 일본 수출자로부터 T/T 결제조건하에서 해상 LCL 건으로 수입해왔습니다. 그러다가 물량이 많아져서 결제조건을 L/C로 변경하였고 FCL 건으로 수입 진행하게 되었습니다. 수출지가 일본이다 보니 T/T 건에서 대부분 OB/L 대신 Surrender 처리하여 진행해왔고 D/O 못 받아서 수입통관이 늦어진 적이 없습니다.

그러나 이번 건은 L/C 건으로써 현재 부산항에 도착한 물품은 도착했는데, 수입지 개설은행에 OB/L을 포함한 선적서류가 도착하지 않아 OB/L 확보 및 포워더로부터 D/O를 받을 수 없는 상황입니다. 그래서 L/G 신청하여 신속히 통관 진행하려 합니다.

---

1 Shipper's Usance는 수입자의 결제 유예(Usance)를 수출자가 주체가 되어 진행하는 결제조건입니다. 따라서 기본적으로 수출자가 선적서류 제출 후 Usance 기간 이후에 결제받는데, 그러면 수출자는 현금 유동성 확보가 안 됩니다. 따라서 수출자가 환어음에 대한 할인료 커버하고 매입 신청하는 것이 통상의 예입니다. 결국, Shipper's Usance에서 수출자가 매입 진행하면 할인료만큼의 수수료가 비용으로 더 추가되어 수출자의 마진은 줄어들 것입니다.

그런데 포워더 쪽에서 하는 말이 FCL 건으로써 CY에 컨테이너가 반입되면 무료(Free)로 보관할 수 있는 Free Time이라는 것이 존재하고, 그 시간까지 국내 거래처에 납품이 급하지 않으면 L/G 발행받아서 통관할 필요까진 없지 않으냐고 말합니다.

이게 무슨 말인지 잘 모르겠습니다. 매번 LCL 건으로 수입하다가 FCL 건으로 수입하니 다소 혼란스럽습니다.

● **답변** 수입자가 L/C 개설은행으로 L/G 신청하는 상황은 수입지에 물품은 도착하였으나, 개설은행에 선적서류가 도착하지 않아 해당 서류를 확보하여 포워더에게 D/O 받지 못하는 경우입니다.

1. LCL 건, CFS 반입 후 보세창고료 발생: 해상 LCL 건은 컨테이너로부터 물품을 적출하여 각 화주에게 해당 물품을 각각 발송합니다. 이러한 적출 작업은 수입지 CFS(보세창고)에서 진행되며, 반입 시점부터 반출 시점까지 보세창고비가 발생합니다.

따라서 수입자(L/C 조건에서는 Applicant)는 국내 거래처로 물품 납품 시간이 촉박하지 않더라도 보세창고료를 최대한 줄여 수입원가를 절감할 필요가 있습니다. 이러한 이유로 개설은행에 L/G 신청하여 발급받은 L/G 원본을 포워더에게 전달 후 운송비 결제하고 D/O 받아서 수입통관을 신속히 진행해야겠습니다.

2. FCL 건, CY 반입 후 Free Time 존재: FCL 건은 입항 전, CY 반입 전 혹은 CY 반입 후에 수입 신고하고, D/O 받아서 CY에서 컨테이너 자체를 반출하는 경우가 통상의 예입니다. 즉, 통상 CFS에 반입되지 않습니다. CY에 컨테이너가 반입되면 Storage 및 Demurrage Charge가 반출 시점까지 발생하는데, 무료(Free)로 보관할 수 있는 기간으로써 Free Time이 대략 10일 정도 됩니다[1].

개설은행에 OB/L을 포함한 원본 선적서류가 도착하지 않은 상태에서 수입자는 국내 거래처로의 물품 납품이 급하지 않다면, FCL 건은 Free Time 기간 이내까지 개설은행에 선적서류 도착하는 것을 기다려 보는 것도 나쁘지 않을 것입니다.

---

1 Storage 및 Demurrage Charge에 대한 개념은 104쪽 참고.

8. 수입자의 L/G 발행 요청에 대한 개설은행의 거절

질문 물품을 일본 수출자로부터 L/C 결제조건하에서 해상 수입합니다. 일본에서 한국 부산항으로 물품을 수입하다 보니 운송시간(Transit Time, TT)이 짧아서 매번 부산항에 배가 도착하고 상당 시간이 지나서 개설은행에 선적서류가 도착합니다. 그래서 개설은행에 L/G 신청하여 L/G 발급받아서 포워더에게 D/O 받아 왔습니다.

이번 건 역시 L/G 발급 신청하려고 하는데, 수출자가 On Board 후 Shipment Advice(선적통지) 하면서 이메일로 보내온 선적서류의 사본에서 신용장 조건을 충족하지 못한 부분을 발견했습니다. 이렇게 신용장 조건과 불일치하는 선적서류를 기초로 L/G를 작성하고, 해당 선적서류를 L/G에 첨부하여 은행에 제출하더라도 은행이 L/G 발행을 정상적으로 해주는지요?

💬 **답변** 1. 선적서류의 하자와 L/G 발행: 기본적으로 L/C 조건하에서 수출자가 수출이행 후 은행에 제출하는 선적서류는 L/C에서 요구하는 사항을 모두 충족하고 있어야 합니다. 수출자가 Shipment Advice 통해서 보내온 선적서류의 사본에서 L/C와 불일치하는 하자가 있음에도 수입자가 이를 기초로 L/G를 작성하여 L/G에 첨부 후 개설은행에 제출하면 개설은행에서 L/G 발행을 거절할 수도 있을 것입니다.

무엇보다 문제는 수입자의 L/G 발행 요청에 대해서 개설은행이 하자를 발견하였음에도 발행해준다면, 향후 원본 선적서류가 도착했을 때 해당 하자의 사유 혹은 기타의 이유로 지급거절(Unpaid) 처리할 수 없다는 것입니다.

2. L/G 신청과 수출자의 매입 신청 여부: L/C 48 Period for Presentation은 수출지에서 수출 물품을 On Board 한 날을 기준으로 언제까지 선적서류를 은행으로 제출하라는 기일이 됩니다. 수입지는 한국이고 수출지가 일본과 같이 인접한 국가의 경우 On Board 후 그 배가 수일 이내로 한국에 도착하는 반면, 48 조항에서의 기일이 상당히 남아 있어 수출지에서 선적서류 매입 신청조차 하지 않는 경우가 빈번합니다.

수출지에서 수출자가 해당 L/C 건에 대한 매입 신청을 하기 전일지라도 On Board 이후 수출자가 Shipment Advice 할 때, 이메일로 전달한 선적서류의 사본으로 수입자는 개설은행으로 L/G 신청을 할 수 있을 것입니다. 단, 수입자의 요구와 같이 수입지 개설은행을 통하여 L/G가 발행되면 실제 물품에 하자가 있어도 수입자는 개설은행으로 지급거절 요청을 할 수 없습니다.

9. L/G 발행과 포워더의 OB/L 회수 요청

질문 수입자입니다. L/C 건에서 L/G를 개설은행으로부터 발급받아서 포워더에게 전달 후 D/O 받고 통관 완료하였습니다. 그 후 폐사는 개설은행에 OB/L이 도착하였다는 사실을 개설은행으로부터 전달받았으나, 해당 건이 수입통관 완료된 시점이라 인수 필요성을 느끼지 못하여 인수하지 않았습니다.
그런데 포워더 측에서 자신들은 해당 건에 대한 OB/L을 회수해야 하니 협조 바란다는 요청을 받았습니다. 포워더 측의 요구와 같이 OB/L을 개설은행으로부터 인수하여 전달해야 하는지요?

💬 **답변** L/G는 수입 화물선취보증서이며, L/C에서 물품의 주인은 개설은행으로 봅니다. 수입자가 수입지에 도착한 물품을 OB/L 없이 인수할 수 있도록 물품의 주인으로서 개설은행이 허락하는 형태가 될 것입니다. 따라서 포워더가 OB/L이 아닌 L/G를 받아서 D/O를 내주는 것인데, 포워더 입장에서는 원칙적으로 OB/L을 회수해야 합니다.

따라서 본 상황에서 수입자는 개설은행으로부터 OB/L 인수하여 수입지 포워더에게 OB/L을 전달하는 것이 적절하다고 봅니다.

10. L/G 발행에도 D/O 내주지 않는 포워더

질문 L/C 건으로써 개설은행으로부터 발급받은 L/G 원본을 포워더에게 전달하면서 D/O 요청했습니다. 그런데 운송비를 수입자로서 폐사가 결제하지 않은 것도 아닌데, L/G로는 D/O를 내줄 수 없고 OB/L을 개설은행으로부터 인수하여 OB/L 전달하라는 것입니다.

과거에 다른 포워더를 통하여 수입 진행할 때는 L/G로도 D/O 받았고, 상식적으로 생각했을 때 L/C 건에서 물품의 주인으로서 개설은행이 수입자가 OB/L 없이 물품을 전달받을 수 있도록 L/G까지 발급해주었는데, 포워더 쪽에서 D/O를 내줄 수 없다는 것이 이해되지 않습니다.

현재 LCL 건으로써 보세창고에 반입되어 있고, 무엇보다 국내 거래처로의 납품이 코 앞인데 D/O를 받을 수 없어 난감합니다. 설명 부탁드립니다.

답변 1. 포워더는 OB/L 회수하고 D/O 내줘야: 일반적으로 수입자의 L/G 제출에 대해서 수입지 포워더는 운송비 결제받고 D/O를 내줍니다. 그러나 특정 포워더의 경우 내부 정책에 의해서 OB/L 받기 전까지는 아무리 L/G를 수입자가 제출하더라도 D/O를 내주지 않는 경우가 종종 있습니다[1].

수입자는 이와 같은 상황을 포워더의 입장에서 생각해볼 필요가 있다고 봅니다. 포워더 입장에서는 L/G 원본을 받더라도 기본적으로 OB/L을 회수해야 물품을 내주는 것이 원칙이라 할 수 있으며, L/G를 수입지 포워더가 받고 D/O를 내준다 하더라도 향후 수입자가 개설은행으로부터 OB/L 인수하면, 이를 수입지 포워더에게 전달해야 할 것입니다.

2. L/G 원본 제출하면 D/O 내주는 포워더 지정의 필요성: 결론적으로 수입자는 신용장 거래에서 L/G를 개설은행으로부터 발행받아야 하는 상황에 직면할 수도 있을 것이라는 예상을 미리 할 수 있으며, 따라서 포워더 지정(Nomi)할 때 L/G 원본 제출하면 D/O 내주는 포워더를 지정할 필요가 있습니다(수출자가 포워더 지정하는 경우 수출자의 협조 필요[2]).

---

1 이러한 경우는 포워더가 발행하는 House B/L 건뿐만 아니라 선사가 발행하는 Line B/L 건에서도 발생하는 경우가 있습니다.
2 수출자와 수입자 간의 매매계약서 상 가격조건이 EXW, F-Terms 중의 하나면 수입자가 포워더 지정(Freight Collect)하여 C-Terms, D-Terms 중의 하나면 수출자가 포워더 지정(Freight Prepaid)할 수 있는 권리를 가집니다.

11. L/C 조건과 인보이스, 그리고 수출신고필증의 일치

질문 폐사는 수출자로서 L/C 조건과 같이 수출이행 후 수출지 은행에 매입 신청하려고 준비 중입니다. 은행에 제출해야 하는 서류를 최종 검토 중에 인보이스 상의 가격이 수출신고필증 상의 가격과 일치하지 않는 것을 발견했습니다. 이로 인해서 하자 처리될 수 있는지 궁금합니다.

답변 수출자는 L/C 조건하에서 물품을 수출하고 이를 입증하는 서류로써 수출신고필증을 기타의 서류[1]와 함께 수출지 은행에 제출합니다. 그러면 은행은 L/C 내용과 수출자가 제출한 서류의 일치 여부를 확인하는데, 수출신고필증의 내용 역시 함께 확인합니다.

따라서 수출자가 은행에 제출하는 수출신고필증 역시 L/C 내용과 상이하면 문제가 될 수 있으니, 수출자는 은행에 제출하는 모든 서류를 L/C와 일치시키는 것을 권합니다.

12. Term Charge는 개설은행의 신용장 개설에 따른 Risk 부담 수수료

질문 신용장을 개설 신청할 때마다 은행이 수입자인 폐사에게 Term Charge라는 명목으로 상당한 수수료를 청구합니다. 은행 창구 직원은 그냥 신용장 개설 수수료라고만 하는데, 이것이 매번 동일하게 발생하는 것도 아니고 어떤 때에는 상당히 부담스러울 정도로 비용이 청구됩니다. 단순히 넘어갈 수 있는 수수료의 개념이 아닌 듯합니다.

이번에 사장님께서도 도대체 이 비용이 왜 발생하는지 담당자인 저에게 물어보시는데, 저 역시 그냥 개설수수료라고만 대답하고 있어 부끄럽습니다. 정확한 개념을 알고 싶습니다.

---

1 수출자가 매입 신청할 때 제출하는 서류: a)통지은행으로부터 받은 신용장 원본(사본 제출하기도), b)신용장 46A에서 요구하는 선적서류(수출자가 신용장 조건과 같이 수출했음을 입증하는 서류), c)매입신청서와 환어음(신용장 조건과 같이 수출하였으니 선적서류 매입 요청하면서 환어음으로 대금결제 요구), d)수출신고필증(수출자가 물품을 수출했음을 세관이 확인해주는 서류), e)기타

● 답변 1. Term Charge에 대한 개념: Term Charge를 이해하려면 먼저 신용장 개념부터 이해해야 합니다. 신용장은 수입자가 수입지 은행에 수입자의 신용과 신용장 금액만큼의 담보를 제공하면서 수입자가 수출자에게 직접 결제해야 하는 대금을 은행에 선결제 요청하고, 나중에 수입자가 그 대금을 은행에 결제하는 시스템입니다. 어찌 보면 신용장은 수입자가 은행에서 대출받아 수출자에게 결제하고, 일정 시간 지난 후 수입자가 그 돈을 은행에 상환하는 구조를 지녔습니다.

좀 더 쉽게 말하면 친구 A가 친구 B에게 갚을 돈이 10만 원 있습니다. 그런데 그 돈을 친구 A가 자기 주머니에서 결제하면 다른 곳에 쓸 수가 없으니 친구 C에게 자신을 믿고 B에게 결제해주면 일정 시간 후에 갚는다고 합니다. 이때 친구 C는 친구 A를 믿고 담보까지 받으면, 친구 B에게 대신 돈을 결제할 수 있을 것입니다. 그러나 친구 A를 믿을 수 없고 담보까지 받지 못하면, 그 돈을 A 대신 C가 B에게 결제하지 않을 것입니다.

2. 은행의 위험 커버에 따른 수수료: 신용장은 바로 상기에서 언급한 구조를 가집니다. 다시 말해서, 은행이 친구 C의 역할인데, 사실 은행은 수입자의 신용도를 평가하고 신용장 대금만큼의 담보를 제공 받더라도 수출자에게 은행 자신이 보유한 대금을 선결제하고, 일정 시간 후에 수입자에게 그 대금을 회수하는 일에 은행이 당사자가 되는 것 자체가 위험을 감수하는 행동이라 할 수 있습니다.

이러한 위험에 대한 수수료로써 신용장 대금(L/C 32B 조항), 신용장 개설일(L/C 31 Date of Issue 조항)과 신용장 만기일(L/C 31D Date and Place of Expiry)의 기간 및 수입자의 신용도에 따라서 신용장 개설 수수료로써 Term Charge를 계산하여 수입자(Applicant)에게 신용장 개설되는 시점에 청구합니다. 물론, 환율의 영향도 받습니다.

13. L/C 선적서류 인수 시점에서의 Term Charge 추가 발생 혹은 환불

질문 신용장 개설 신청하는 시점에서 Term Charge를 은행에 결제했습니다. 그리고 수출자가 수출지 은행에 제출한 선적서류가 개설은행에 도착했으며, 수입자로서 폐사는 개설은행으로부터 선적서류를 문제없이 인수하였습니다.

그런데 이때 은행 쪽에서 Term Charge를 환불해준다고 하면서 일정 금액을 환불해주었습니다. 그러면서 은행 창구 직원이 하는 말이, 해당 신용장은 Partial Shipment를 허용(Allowed)한 신용장으로써 다음 선적 건의 선적서류가 신용장 E/D보다 늦게 개설은행에 도착하여 인수되면, 추가적인 Term Charge가 발생할 수 있다고 합니다. 이번에 Term Charge 환불 건은 선적서류가 도착하여 인수되는 시점이 해당 신용장의 E/D보다 빠른 시점이라 환불해준다고 하더라고요.

Term Charge가 신용장 E/D를 기준으로 환불과 추가 발생하는 상황에 대해서 설명을 듣고 싶습니다.

💬 **답변** 1. Term Charge 계산할 때 신용장 개설일과 만기일 고려: Term Charge는 개설은행이 수입자의 요청에 따라서 신용장을 개설해주는 것에 대한 위험 커버 수수료라 할 수 있습니다. 개설은행이 부담하는 위험은 신용장 총액(32B 조항)이 크면 클수록 높을 것이며, 개설은행이 신용장을 개설하여 수출자에게 신용장 조건과 같이 수출하면 대금결제를 확약하는 시점(L/C 31 Date of Issue)과 그 확약을 종료하는 시점(31D Date and place of expiry)까지의 기간 역시 길면 길수록 개설은행의 위험 부담은 증가할 것입니다.

따라서 Term Charge를 계산할 때는 신용장 총액과 함께 신용장 개설일을 기준으로 만기일까지의 기간 역시 고려됩니다[1].

2. **Term Charge의 환불**: 개설은행은 신용장이 개설될 때 수입자에게 신용장 개설일과

---

1 Term Charge 계산할 때 요율은 수입자의 신용도에 따라서 결정됩니다. 수입자의 신용도가 낮으면 그만큼 개설은행은 위험에 크게 노출되면 수입자의 신용도가 높으면 개설은행은 위험에 적게 노출될 것입니다. 신용장이 수입자가 대출받는 형태이기에 대출받을 때처럼 신용도에 따른 요율이 결정된다 할 수 있을 것입니다.

만기일을 고려하여 Term Charge를 미리 청구합니다. 다시 말해서, 신용장 개설일과 만기일까지 개설은행이 부담하는 위험에 대한 수수료를 미리 청구한다는 것입니다.

그런데 해당 건에 대해서 수출자가 제출한 선적서류가 개설은행에 도착하여 인수되는 시점이 신용장 만기일 이전이라면 그 시점부터 만기일까지에 대한 Term Charge는 수입자에게 개설은행이 환불해줘야 할 것입니다. 해당 선적 건의 선적 대금만큼의 부담이 만기일 이전에 사라졌기 때문이라고도 볼 수 있을 것입니다.

3. Term Charge의 추가 청구: 문제는 수출자가 수출이행 후 제출한 선적서류가 개설은행에 도착하여 인수하는 시점이 해당 신용장의 만기일이 지난 시점이라는 것입니다. 그러면 개설은행이 부담하는 위험이 그 선적서류 인수 시점까지 늘어났으니 해당 선적 건의 대금과 늘어난 기간을 고려하여 수입자에게 추가로 Term Charge를 청구할 수 있습니다.

4. Term Charge 추가 발생 막는 방법: 따라서 수입자는 신용장 개설신청서(L/C Draft)를 작성할 때, 수출자가 수출이행 후 선적서류를 가능한 한 빨리 제출하여 만기일 이전에 해당 선적서류가 개설은행에 도착하여 인수할 수 있도록 조치할 필요가 있습니다. 그 방법으로 신용장 48 Period for Presentation 조항에서 기본적으로 주어지는 21일이 아닌 이보다 짧은 기간을 제시하는 것입니다.

선적 후 21일 이내에 수출자가 수출지 은행에 선적서류 제출하는 것은 어찌 보면 너무 긴 시간이라 할 수 있습니다. 상황마다 다를 수 있지만, 선적 후 7일 이내라도 수출자는 선적서류를 수출지 은행에 충분히 제출할 수도 있을 것입니다.

48 Period for Presentation
DOCUMENTS TO BE PRESENTED WITHIN ☐ DAYS AFTER THE DATE OF SHIPMENT BUT WITHIN THE VALIDITY OF THE CREDIT.

14. 선적서류 인수 및 L/G 신청 전 수입자의 현품 확인 필요성-추상성의 원칙

질문 건축 자재를 수입하는 회사입니다. 외국 수출자와 5년 이상 거래하면서 결제조건을 At Sight L/C로 하였으며, 지금까지 거래하면서 한 번도 물품에 하자라든지 문제가 없었습니다. 그런데 너무 황당한 사건이 발생하였습니다.

개설은행으로부터 선적서류가 도착하였다는 사실을 통지받고 신용장 조건과 선적서류의 일치 여부를 확인 후 신용장 대금결제 후 문제없어서 인수 완료하였습니다. 물품은 수출지에서 수입지로 한국의 부산항까지 운송시간(Transit Time)이 한 달 정도 되어 폐사가 개설은행으로부터 선적서류를 인수할 때는 부산항에 물품이 도착하기 전이었습니다.

폐사는 인수한 OB/L을 포함한 선적서류를 보관하면서 포워더의 도착통지(Arrival Notice, A/N)를 기다렸습니다. 드디어 물품은 부산항에 도착했고 FCL건으로써 통관 완료하여 컨테이너 그대로 국내 거래처 공장으로 내륙운송 진행했습니다. 그런데 컨테이너를 개장하니 계약 물품으로써 건축 자재가 아닌 건설 폐기물이 컨테이너에 들어 있었습니다.

수출자에게 연락하니 5년 이상 거래한 수출자가 연락조차 되지 않습니다. 은행에 사정을 말하니 은행은 이에 책임이 없다고 하고, 포워더 역시 폐사가 지정한 포워더가 아니라서 그런지 자신들은 책임 없다고만 합니다.

At Sight L/C로써 폐사는 선적서류를 개설은행에 인수할 때 이미 결제 완료하였습니다. 국내 거래처는 제품 생산을 하지 못함으로 인해 발생하는 피해에 대해서 폐사로 강력한 클레임을 하고 있으며, 여러 가지 문제로 회사 분위기가 암울합니다. 어떻게 해결할 수 있는 방법이 없는지요?

💬 **답변** 1. 신용장 추상성의 원칙과 은행의 책임 유무: 신용장의 특징 중에 추상성의 원칙이 있습니다. 추상성의 원칙의 핵심은 신용장은 서류거래라는 것입니다. 다시 말해서, 은행은 수출지에서 수출자에 의해서 수출되는 물품이 신용장의 내용과 일치하는지 여부를 확인할 필요가 없으며, 수출자가 제출한 서류의 내용과 신용장의 내용만 일치하면 수출자에게

대금 결제한다는 것이 추상성의 원칙의 핵심이라 할 수 있습니다.

수출지에서 수출자가 제출한 선적서류를 수출지 은행에서 확인 후 이상 없으니 인수하였으며, 개설은행에서도 이를 확인 후 문제없었기에 수입자인 귀사에게 인수 통지했을 것입니다. 그리고 수입자 역시 선적서류를 개설은행으로부터 인수할 때 신용장 조건과 선적서류가 일치하였으니 인수하였을 것입니다.

따라서 은행은 신용장과 일치하는 선적서류를 귀사에게 전달하였으니, 신용장 거래 당사자로서 의무를 대단히 성실히 이행하였습니다. 즉, 은행은 아무런 잘못이 없습니다. 오히려 신용장 특성으로써 추상성의 원칙을 간과하고 수출자의 신용도를 너무 높게 평가하여 적절한 대책을 세우지 못한 수입자의 책임이 크겠습니다.

2. B/L 상의 부지약관(Unknown Clause)은 포워더의 면책 조항: 포워더는 운송 수단을 가지고 직접 운송업무를 진행하는 회사가 아닙니다. 포워더는 운송 수단을 가지지 않은 (NVOCC, Non Vessel Operation Common Carrier) 상태에서 운송 수단을 가진 선사/항공사(VOCC, Vessel Operation Common Carrier)와 물품을 운송해야 하는 무역회사 사이에서 운송 서비스를 하는 복합운송주선인입니다.

운송수단을 가진 선사/항공사가 그러하지만, 포워더 역시 수출지에서 수출자가 컨테이너에 물품을 적재하는 모습을 옆에서 지켜보지 않습니다. 그래서 수출자가 전달하는 팩킹리스트 및 수출신고필증 등의 서류상에 기재된 내용만 보고 컨테이너에 수출자가 해당 물품을 적재하였다는 사실을 확인합니다.

따라서 포워더는 자신이 발행하는 B/L 상에 기재된 물품이 실제로 컨테이너에 적재되었다는 것에 대한 확신을 할 수 없으며, 이로 인해서 향후 발생할 수 있는 문제로부터 책임을 지지 않는다는 면책 조항을 B/L 상에 기재합니다. 그것이 바로 부지약관(Unknown Clause)이며 Shipper's Load, Count and Seal 혹은 Said To Contain이라는 문구를 발행된 B/L 상에서 확인할 수 있습니다. B/L 앞면에 이러한 내용이 없더라도 B/L 이면약관에 이러한 부지약관 조항은 기재되어있습니다.

Pre-carriage by	Place of Receipt	Party to contact for cargo release
		XXX Ultimo Road Sydney NSW 2000, Australia
Vessel Voy. No.	Port of Loading	TEL : 00-0000-0000 FAX : 00-0000-0000
ISLET ACE 832W	**BUSAN, KOREA**	**ATTN : GERRIT DEKKER**
Port of Discharge	Place of Delivery	Final Destination (Merchant's reference only)
SYDNEY, AUSTRALIA		

Container No. Seal No. Marks and Numbers ABCU3030123 P411999 **SYDNEY AUSTRALIA** **MADE IN KOREA** **C/NO. 1-35 PO#9332**	No. of Containers or Pkgs **17 PLTS**	Kind of Packages ; Description of Goods **SHIPPER'S LOAD, COUNT & SEAL** **1 X 40' CONTAINER S.T.** **BABY CARRIER** **COUNTRY OF ORIGIN : KOREA** **PRICE TERM : FOB BUSAN PORT** **"FREIGHT COLLECT"**	Gross Weight **820.00 KGS**	Measurement **28.5 CBM**

3. 추상성의 원칙 대비- 법원의 지급금지명령(Injunction)[1] 활용: 수입자는 L/C 조건에서 개설은행으로부터 선적서류를 먼저 인수하지 않고(L/G 발행 신청 역시), 수입지의 보세구역에 반입된 물품을 먼저 확인하는 것이 중요합니다[2]. LCL 건이면 CFS에 물품이 반입될 것이며, CY에 반입되어 장치되는 FCL 건 역시 물품을 확인하기 위해서라도 CFS에 반입할 필요성이 다소 있습니다(CY에서는 물품 확인 불가)[3]. 이렇게 수입자는 물품을 확인 후 이상 없으면 개설은행으로부터 선적서류 인수하거나 L/G 발행 신청해야겠습니다.

만약, 이렇게 확인 한 물품이 신용장 내용과 상이하면 법원의 지급금지명령을 활용할 수 있습니다. 이것은 수입지에 도착한 실제 물품과 신용장 조건이 상이하다는 사실(신용장 조건과 선적서류가 일치하는 것과는 별도로)을 수입자가 입증 서류 확보하여 법원으로 대금지급금지가처분 신청 후 법원이 받아들이면, 개설은행이 신용장 조건과 선적서류가 일치함에도 지급거절(Unpaid) 처리 할 수 있는 것입니다[4].

그런데 이러한 방법을 활용하기 위해서는 문제가 있습니다. 수입자는 At Sight L/C 혹은 Usance L/C 상관없이 개설은행에 선적서류 도착하고 5영업일 이내에 선적서류 인수해야 합

---

1 수입자의 신청에 의하여 신용장 개설은행에 대금지급을 금지하는 법원의 결정.

2 226쪽 「수입신고 전 물품 확인 제도」 참고.

3 해당 건의 B/L이 Line B/L이면 다소 문제가 있을 수 있겠으나, House B/L이면 수입지 포워더에게 수입자가 OB/L 전달 없이 CY에서 CFS로 운송 요청 가능할 수도. 그러나 원칙적으로 FCL 건에서 CY에 반입된 물품을 CFS로 이동시키기 위해서는 OB/L을 수입자가 수입지 포워더에게 전달하고, 운송비 결제 후 D/O 받아야 할 것.

4 신용장 거래에서 개설은행에 도착한 선적서류가 신용장 조건과 일치하면, 수입자는 개설은행으로부터 해당 선적서류를 인수하고 결제 진행해야 합니다(추상성의 원칙). 그러나 신용장과 선적서류에 불일치가 없음에도 실제 물품이 서류와 다른 물품이라는 사실을 수입자가 확인하여, 수출자의 사기에 대한 입증 자료를 확보 후 법원에 대금지급정지가처분 신청할 수 있습니다. 만약, 법원이 이를 받아들이면 개설은행은 신용장과 선적서류가 일치함에도 불구하고 지급거절(Unpaid)시킬 수 있을 것입니다.

니다. 수입지에서 물품이 개설은행에 도착하는 선적서류보다 먼저 도착하는 Transit Time 이 짧은 건은 이러한 방법을 활용할 수 있으나, Transit Time이 상당하여 개설은행에 선적 서류가 먼저 도착하는 건은 본 방법 활용에 어려움이 있을 수 있습니다.

이렇게 Transit Time이 상당한 운송 건에 대해서 수입자는 L/C 조항에 수출자가 On Board 후 선적서류를 일정 기간 이후에 제출해야 한다는 조항을 넣어서 물품이 수입지에 도착하고 선적서류가 개설은행에 도착할 수 있도록 만들어야겠습니다.

참고   OB/L 없이 FCL 건 CY에서 CFS로 보세운송 가능한가?

〈L/C 건에서 물품의 소유권은 개설은행에〉
결제조건 L/C로서 CY에 반입된 FCL 화물을 수입자가 개설은행으로부터 OB/L을 인수하지 않고, 혹 은 L/G를 발급받지 않고 수입지 포워더에게 요청하여 CY에서 CFS로 운송 가능한지 여부에 대한 의 문을 제기할 수 있습니다. 해당 건의 화물 소유권은 수출자로부터 OB/L을 인수한 은행에 있습니다. 소유권이 은행에 있는 화물을 수입자의 요청에 의해서 포워더가 CY에서 CFS로 운송 허락해주고 CFS 에서 해당 컨테이너를 개장하여 화물을 확인한다면, 문제의 소지가 있을 수 있다고 봅니다. 따라서 '3. 추상성의 원칙 대비' 부분에서 설명한 상황에서 실무자는 본 문제를 고려하여 업무 진행할 수 있길 바 랍니다.

〈포워더의 대응 문제〉
CY에 반입된 물품을 CFS로 보세운송하기 위해서는 D/O가 필요합니다. 이때 먼저 선사의 Master D/O와 포워더의 House D/O가 필요합니다. 포워더가 선사로부터 Master D/O를 받는 데는 문제 없 다 하더라도 수입자가 포워더로부터 House D/O를 받아야 하는데, 원칙적으로 House B/L을 수입자 가 포워더에게 전달해야 합니다. 그런데 OB/L 회수를 수입자가 개설은행으로부터 하지 못한 상태이니, House D/O 받기 힘들 수도 있습니다.
그리고 해당 건이 House B/L 발행되지 않은 Line B/L 건이라면, OB/L 없이 선사로부터의 D/O 받는 다는 것은 더욱 힘들 수 있습니다. 참고되길 바랍니다.

---

4. 추상성의 원칙 대비 – 선적전검사증명서 요구: 수입자가 추상성의 원칙에 대비하여 취할 수 있는 조치로써 L/C 46A Documents Required 조항에서 선적전검사증명서(Pre-Shipment Inspection, PSI)을 요구하는 것입니다. 이때 중요한 것은 선적전검사증명서의 발행자를 Shipper(수출자)로 지정하게 되면 아무런 의미가 없어집니다. 공인된 기관으로써 SGS와 같은 기관을 발행자로 지정할 수 있으며, 이는 수입자의 필요에 의해서 요구되는 서 류이니 관련 수수료는 모두 수입자가 부담해야 할 것입니다.

수출자가 수출지에서 컨테이너 작업을 할 때 SGS에서 담당자가 나와서 신용장에 기재된 물품과 그 수량을 정확히 적재하는지 확인할 것이며, 수출자는 SGS로부터 신용장 46A 조항에서 요구되는 선적전검사증명서를 받아서 은행에 기타 서류와 함께 제출해야 수출 대금을 받을 수 있으니 컨테이너 안에 다른 물품을 적재할 수 없을 것입니다.

46A Required Documents

+ Pre-Shipment Inspection in 1 Original Issued by SGS Hong Kong LTD., Mr. Gerrit Tang 2-1/ F., 28/F, Metropole Square 2 On Yiu Street, Siu Lek Yuen, Shatin, N.T. Phone: (852) 2222 1234, Fa x: (852) 2222 1213

▶ 선적전검사증명서를 요구할 때는 위와 같이 ⓐ 발행기관, ⓑ 발행기관의 주소, ⓒ 발행기관의 담당자, ⓓ 발행기관의 연락처를 명시해야 합니다.

- FCL은 SGS가 따로 Seal 채움: FCL로 수출할 때, 수출자의 공장/창고에서 컨테이너 작업 후 내륙운송 기사님이 Seal을 채웁니다. 이와는 별도로 SGS에서 컨테이너에 정상적으로 물품이 적재된 것을 확인하고 Seal을 채우기도 합니다. SGS에서 별도로 Seal을 채우지 않는 경우도 있는데, 수입자는 SGS에게 요청하여 SGS의 Seal을 별도로 채울 것을 요청할 필요가 있습니다. 그리 안 하면 수출자가 SGS 검사 후 내륙운송 되고 있는 컨테이너를 다시 수출자의 공장/창고로 이동시켜 정상적인 물품을 적출하고, 다른 물품을 적입하여 수출할 가능성도 배제할 수 없을 것입니다.

- LCL은 SGS가 따로 Seal 채우지 못함: LCL 건은 수출자의 공장/창고에 컨테이너가 들어와서 작업하는 것이 아니라, 수출포장한 상태로 탑차 등에 적재하여 CFS에서 컨테이너 작업하니 SGS에서 따로 Seal을 채울 수 없다는 문제점이 있습니다.

참고

SGS에서 발행하는 선적전검사증명서는 Pre-Shipmnet Inspection(PSI)이라는 제목이 아닌 Loading Supervision Report라는 제목으로 발행되기도 하니 참고하기 바랍니다. 관련 양식은 423쪽에 있습니다.

5. 추상성의 원칙 대비- 수출자의 신용도 체크: 아무리 오래 거래한 상대라도 사기꾼이 될 수 있으며, 한 번 사기 당하면 회사가 망할 수도 있습니다. 거래 상대가 갑자기 기존의 결제조건 형태 혹은 거래 내용을 변경하려 할 때는 의심을 해봐야 할 것이며, 그에 응하기 전에 이유를 들어봐야 할 것입니다.

LOADING SUPERVISION REPORT TO CLIENT

Report Ref. No.: INSP-00-000

To	:		Fax/E-mail	:
Attn	:			
Cc	:		Fax/E-mail	:
Attn	:			
From	:		Fax/E-mail	:
SGS File No.		Date:	SGS Registration No.	

Buyer	P.O. no.
Agent	L/C no.
Supplier	
Manufacturer	
Product description	

PO	Style/Item Article	Declared Qty	Nr of Package Loaded	Nr of Pallet Loaded	Remark

Loading location	Loading date

LOADING SUPERVISION CONCLUSION

Container No.	Size	SGS Seal No.	Other Seal No.	Remakrs

General remarks: **Conformed**

Note: Where, on special request, SGS has affixed seals on a container, SGS does not thereby assume any liability whatsoever for any consequences due to subsequent interferences with the contaier and its content.

This document is issued by the Company under its General Conditions of Service accessible at (http://www.sgs.com/terms_and_conditions.htm). Attention is drawn to the limitation of liability, indemnification and jurisdiction issues defined therein.

Any holder of this document is advised that information contained hereon reflects the Company's findings at the time of its intervention only and within the limits of Client's instructions, if any. The Company's sole respnsibility is to its Client and this document does not exonerate parties to a transaction from exercising all their rights and obligations under the transaction documents. Any unauthrized alteration, forgery of falsification of the content or apperance of this document is unlawful and offenders may be prosecuted to the fullest extent of the law.

15. 신용장 건에서 수출하지 않는 수출자와 수입자의 사전 조치

질문 한국에 위치한 수입자입니다. 과거에 외국의 수출자에게 국내 거래은행을 통해서 신용장 개설 신청하여 개설된 신용장으로 거래를 종종 했습니다. 한 번은 수출지 통지은행으로부터 신용장을 통지받은 수출자가 거래 조건 중 선적기일(44C, S/D)과 만기일(31D, E/D)을 한 달 정도 연기할 것을 요청한 적이 있습니다. 당시 그렇게 되면 신용장 개설신청자로서 폐사는 개설수수료(Term Charge)를 추가 커버하게 될 것이고, 무엇보다 그 의미는 수출자가 기존의 S/D보다 늦게 On Board 하겠다는 뜻인데, 폐사는 국내 거래처와의 정해진 납기일이 있기에 수출자의 그러한 요구를 거절했습니다. 그 결과, 수출자는 해당 건의 신용장에 대해서 수출 거부했고 폐사는 어쩔 수 없이 당할 수밖에 없었습니다.

이번에 다른 수출자에게 폐사 입장에서는 상당히 큰 금액의 신용장을 개설해줘야 하는 입장입니다. 무엇보다 계약금 명목으로 거래 총액 대비 10%에 대한 금액을 T/T로 선결제해야 합니다. 수출자가 계약금 10%만 받고 과거처럼 수출 이행하지 않으면 폐사는 정말 낭패입니다. 수출자가 신용장 조건에서 수출이행을 반드시 하게끔 할 수 있는 방법이 있는지요?

💬 **답변** 1. **신용장 건에서 수출하지 않는 수출자:** 수출자가 통지은행으로부터 통지받은 신용장을 정상적으로 인수하였다 해서 무조건 수출해야 하는 것은 아닙니다. 수출자 입장에서 통지받은 신용장의 내용이 마음에 들지 않으면 수입자에게 L/C Amend 요청하고, 수입자가 이에 응하지 않으면 수출자는 해당 건에 대한 수출이행 자체를 하지 않는 극단적인 선택을 할 수도 있습니다.

이러한 수출자의 결정이 가능한 이유는, 개설은행이 개설하여 수출자에게 전달한 신용장 내용을 보면 알 수 있습니다. 신용장에서 개설은행이 수출자에게 요구하는 내용은 다음과 같습니다.

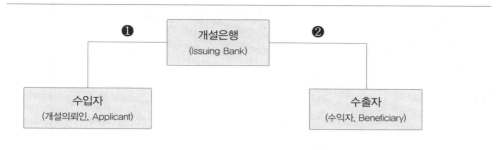

❶ L/C Draft(신용장개설신청서) 작성하여 신용장 개설 신청(수입자 → 개설은행)

❷ L/C Draft 검토 후 신용장 개설하여 통지은행 통해 전달(개설은행 → 수출자)

수출자는 신용장에서 요구하는 물품을 수출하여 이익을 취할 마음이 없다면, 통지은행으로부터 신용장을 통지받았다 하더라도 수출 이행하지 않을 수도 있습니다. 이러한 수출자의 결정에 의해서 해당 건의 신용장 E/D가 지나가고 E/D 기준으로 15일 정도 지나면 그 신용장은 없어질 수 있습니다.

2. 수입자의 사전 조치, P-Bond 요청: 상기와 같은 수출자의 극단적인 선택을 사전에 방지할 수 있는 방법이 있습니다. 때로는 신용장 거래의 금액 단위가 상당한 경우, 수출자는 수입자의 신용장을 받기도 전에 계약금이라는 명목으로 거래 금액의 10%의 보증금을 요구하기도 합니다. 그러한 요구에 대해서 수입자가 계약금 10%까지 T/T로 선결제하였는데, 수출자가 신용장 받고 잠적하면 수입자 입장에서는 그 계약금 10%를 그냥 날리게 됩니다.

이러한 수입자의 위험을 사전에 방지할 수 있는 방법이 바로 수출자가 수출지 은행에 P-Bond(Performance Bond, 계약이행보증서) 요청하게끔 하는 것입니다. P-Bond를 수출자가 수출지 은행에 요청하면 보증금을 수출지 은행은 요구하게 되며, 그 보증금을 받은 수출지 은행은 수출자가 해당 건의 수출을 이행하지 않을 때 수입자에게 보상해주겠다는 보증서로써 P-Bond를 수입자에게 전달합니다. 즉, 수입자가 받는 은행의 신용장이라 할 수 있을 것입니다[1].

P-Bond가 발행되었음에도 수출자가 수출 이행하지 않으면 수출자는 그 보증금을 버리게 되니, 수입자 입장에서 수출자의 확실한 수출이행을 보증받게 되는 것입니다.

---

1 신용장은 은행이 수출자에게 신용장 조건과 같이 수출 이행하면 대금 결제하겠다는 서류이고, P-Bond는 은행이 수입자에게 수출자가 수출 이행할 것이며 하지 않는 경우 그에 대한 보상을 하겠다는 서류라 할 수 있습니다.

16. Usance 기간 설정할 때 고려해야 할 점 및 결제기일까지 결제 하지 못할 때

질문 수입자로서 Usance L/C 개설 신청하여 현재는 개설은행으로부터 선적서류 인수 후 국내 거래처로 납품까지 완료한 상태입니다. 그런데 결제기일(만기일)까지 폐사가 내부 사정으로 인해서 개설은행에 해당 건에 대한 대금을 결제하지 못할 것 같습니다. 개설은행 쪽에 사정을 설명하면 만기일이 연장될 수 있나요? 그리고 Usance 기간 설정에 있어 고려해야 할 사항이 무엇인지요? 폐사는 60일로 L/C 개설 신청할 때도 있고 90일로 개설 신청할 때도 있습니다.

💬 **답변** 1. Usance 기간 설정: 수입자는 Usance 조건으로 L/C를 거래은행에 신청할 때 기준일(90 Days After B/L Date로 L/C가 개설되었다면, B/L Date 기준으로 90일 되는 날이 결제 만기일)을 기준으로 수출지 항구/공항에서 수입지 항구/공항까지의 운송시간(Transit Time), 수입지에서의 예상 통관 시간(세관에 수입 신고하고 세액 납부 후 수리받은 후 포워더에게 D/O 받아 반출까지 완료하는 시간) 및 국내 거래처로 물품 납품하여 대금 회수하는 시간(국내 거래처로부터 대금 회수하여 수입자 마진 제외하고 은행에 만기일까지 결제)을 고려해야겠습니다.

Usance, 즉 수입자의 결제 유예 시간은 일반적으로 30일, 60일, 90일, 120일, 180일이 있는데, 수입자가 앞에서 설명한 내용을 고려하여 하나를 정해 개설은행에 요청합니다. 문제는 개설은행이 수입자가 90일로 Usance 기간을 요구한다고 해서 무조건 응하는 것이 아니라 수입자의 신용도를 평가 후에 최종 결정해줍니다.

2. Usance 만기일에 결제하지 못할 때: Usance L/C 조건에서 만기일에 귀사와 같이 결제하지 못하는 상황에 직면하는 경우가 있습니다. 하나의 예로써, 수출자와 매매계약 체결하여 L/C 개설 신청할 때의 환율에 비해서 만기일 도래하는 시점의 환율이 상당히 높아져 있을 수 있습니다. 이 시점에서 수입자가 결제하면 수입자는 손해를 봅니다. 물론, 기타의 이유로 만기일에 결제를 할 수 없는 상황도 있을 것입니다.

이러한 경우, 수입자는 개설은행에 만기일 연장 가능 여부를 문의할 수 있을 것이며, 개설은행은 독자적으로 이를 판단하는 것이 아니라 중간에 결제은행(상환은행)의 승인을 받아 결정할 것입니다. 그리고 이러한 경우에 신용장을 Amend 하는 것은 아니며 결제일만 연장하는 것이라 할 수 있습니다.

17. At Sight L/C와 At Sight의 차이점

질문 L/C 조건으로 수출 진행하는 수출자입니다. 통지은행으로부터 통지받은 L/C는 매입신용장으로써 60일짜리 Banker's Usance L/C입니다. 매입 신청 관련하여 거래은행과 대화하는 중에 매입 신청하면 At Sight로 결제해줄 수 있다고 은행이 말했습니다.

본 신용장은 At Sight L/C가 아니라 Banker's Usance L/C이고, At Sight L/C와 Usance L/C의 차이점은 수출지에서 제출된 선적서류를 수입지 개설은행이 받아서 수입자에게 전달하면서 결제받는 것을 At Sight L/C이며, 전달 후 일정 기간 이후에 결제받는 것을 Usance L/C로 알고 있습니다.

수출자가 수출지 은행에 매입 신청하면 At Sight로 결제받는다는 말이 무슨 말인지 설명 부탁드립니다.

💬 **답변** 1. At Sight의 의미: At Sight라는 것은 '즉시'라는 뜻으로 보면 될 것입니다.

수출자가 L/C 조건과 일치하게 수출이행 후 수출지의 은행으로 매입 신청하면 해당 은행은 자신의 돈을 수출자의 계좌로 해당 일에 결제합니다[1]. 다시 말해서, 수출자의 매입 신청에 대해서 즉시(At Sight) 수출자에게 선적 대금(인보이스 총액 = 환어음 금액)을 결제한다는 뜻이라 할 수 있습니다. 이는 매입신용장의 유형으로써 At Sight L/C와 Usance L/C와는 별도 개념입니다.

2. Banker's와 Shipper's: 수출자 입장에서 매입신용장 하에서 수출이행 후 매입 신청하면, 일반적으로 수출지 은행은 수출자에게 즉시(At Sight) 대금결제 합니다. 그러나 신용

---

1 물론, 매입 신청받은 수출지 은행은 수출자가 제출한 서류와 L/C 조건의 일치 여부, 수출자의 신용도, 개설은행의 신용도를 평가하여 이상 없으면 선적 대금결제 합니다.

장이 Usance 중에 Banker's가 아니라 Shipper's로 개설되었다면, 수입자의 결제 유예 주체가 수출자가 되어 해당 건의 기한부 환어음 만기일까지 수출자는 대금결제를 은행으로부터 기본적으로 받지 못합니다.

만약, Shipper's Usance L/C임에도 수출자가 매입 신청하는 당일 대금결제를 At Sight 받으려면 기한부 환어음의 할인료(Discount Charge)를 수출자 자신이 은행에 결제해야겠습니다. 본디 수입자가 신용장을 Usance로 개설 신청한 이유는 결제 유예를 받아서 개설은행으로부터 선적서류 인수할 때 결제하지 않고, 해당 물품 수입 통관하여 국내 거래처에 판매 후 그 대금을 회수하고 마진 제외한 금액을 만기일까지 은행에 결제하기 위함입니다. 다시 말해서, Usance L/C가 개설되는 이유는 수입자의 필요에 의한 것으로써 기한부 환어음에 대한 할인료는 당연히 수입자가 커버해야 할 것입니다. 따라서 Usance로 L/C가 개설될 때는 Banker's로 개설되는 것이 적절할 것이며, 수출자는 수입자가 이메일로 보내오는 L/C 개설신청서(L/C Draft)에서 이를 확인할 필요가 있습니다[1].

18. AK Form 원본 2부 발행 불가

질문 베트남 수입자와 거래하는 한국에 위치한 수출자입니다. 결제조건은 L/C이며, 베트남 수입자가 L/C Draft를 폐사에게 이메일로 보내오면서 검토 요청했습니다. 베트남 수입자는 수입국으로써 베트남에서 수입할 때 한-아세안 FTA 협정세율을 적용받길 원해서 매매계약 체결할 당시 폐사는 한-아세안 FTA C/O(AK Form) 발행 가능하다 전했습니다. 그래서 L/C 46A Documents Required 조항에서 베트남 수입자는 다음과 같이 한-아세안 FTA C/O를 요구하고 있습니다. 문제는 원본 1부가 아니라 2부를 요구하는데, 상공회의소에서 2부 발행받기 위한 절차와 조건이 어떻게 되는지요?

---

1 Banker's와 Shipper's에 대한 자세한 내용은 책 '어려운 무역실무는 가라. 서술편(2012년 초판발행)'를 참고해주시기 바랍니다.

428 어려운 무역실무는 가라 PART 2. 사례편

+ CERTIFICATE OF ORIGIN, 2 ORIGINALS, ISSUED BY CHAMBER OF COMMERCE/ GOVERNMENTAL AUTHORITY IN KOREA AND STATING THE KOREAN ORIGIN OF GOODS.

💬 **답변** 1. **한-아세안 FTA C/O 원본 복수 발행 전면 금지(2014년 4월부터):** L/C 혹은 매매계약서 상에서 한-아세안 FTA C/O를 요구함에, 원본 2부 발행 요청하더라도 원본은 1부만 발행 가능한 상태입니다. 과거에는 L/C 및 매매계약서 상에서 원본 2부 발행 요구하는 경우, 이러한 서류의 내용을 상공회의소에 전달하면 원본 2부 발행받을 수 있었습니다.

2. **일반(비특혜) C/O 원본 복수 발행 가능:** 반면, L/C 혹은 매매계약서 상에 일반 C/O에 대해서 원본 2부 이상 요구하는 경우에는 원본 2부 이상 발급받을 수 있습니다. 일반 C/O 신청할 때, 원본 부수와 그러한 문구가 기재된 L/C 혹은 매매계약서를 첨부하면 되겠습니다.

3. **in Duplicate 혹은 in Triplicate를 사용하는 경우:** 예를 들어, 'CERTIFICATE OF ORIGIN IN TRIPLICATE ISSUED BY CHAMBER OF COMMERCE'로 3부 제시하라는 경우가 있습니다. 이때 원본 1부 그리고 사본 2부를 제출해도 은행에서 하자를 잡지 않는 것이 대부분의 경우인 듯합니다. 'Duplicate'가 동일한 서류 2통 중에 다른 하나의 '원본'을 의미하고, 'in Duplicate'는 2통을 의미함으로써 적어도 1통은 원본이어야 한다는 개념을 기초로 'Triplicate'와 'in Triplicate'를 구분하면 적절할 것으로 보입니다.

제 목: FTA 원산지증명서 원본 복수발행 금지 및 정정발급 지침안내
등록일시: 2014-01-06
내 용: 대한상공회의소입니다. 본 상공회의소에서 발급되는 기관발급 FTA 원산지증명서의 원본 복수발행 금지 및 정정발급 지침에 대해서 안내해드립니다.

1. 원본 복수발행 전면 금지(2014년 4월부터)
2. 정정발급 시 원본 회수 없이는 정정 불가(2014년 1월부터)
3. 원본 분실 및 소실, 백지출력 등 원본이 없는 경우
   - 정정사항 있는 경우: 원본사유서를 지참하여 내방한 후 진정등본발급 → 진정등본 반납후 정정발급(진정등본 반납 후 정정된 건은 정정 후에도 진정등본으로 발급됨)
   - 정정사항 없는 경우: 원본사유서 지참하여 내방하면 진정등본 발급
4. 출력 시 종이 걸림이나 잘못 출력 등 인쇄오류인 경우
   - 잘못 출력된 원본을 반납하면 인쇄 초기화
   - 정정사항이 있는 경우에는 잘못 출력된 원본도 원본반납으로 인정

* 자세한 내용은 첨부된 서류를 참고하시기 바랍니다. 추가적인 문의사항은 무역인증콜센터(02-6050-3303)로 해주시기 바랍니다. 감사합니다.

19. On Board Date의 Back Date 할 때, 수출신고필증 내용 고려할 필요

질문 L/C 조건하에서 수출하는 건이 있습니다. L/C 44C Latest Date of Shipment(S/D) 조항에서 요구하는 선적기일 이내에 사정이 있어 On Board 하지 못하고, S/D 기준으로 4일 이후에 On Board 완료했습니다. 즉, S/D는 2014-11-03이었으나 실제 On Board Date는 2014-11-07입니다.

포워더 쪽에서 B/L 발행할 때 On Board Date를 2014-11-07로 하면, 폐사는 매입은행에 클린 네고할 수 없게 되고, 하자 Fee라든지 기타 불이익을 당할 수 있습니다. 따라서 포워더에게 Back Date 요청했으며, 포워더는 폐사의 요구에 응해서 House B/L의 On Board Date를 2014-11-03으로 기재 후 B/L 발행 완료하였습니다.

문제는 수출신고필증 상의 '(56)신고수리 일자'입니다. 수출신고수리 일자는 2014-11-05입니다. 은행 쪽에서 문제 삼을 수 있는 부분인지 궁금합니다.

💬 **답변** 수출신고필증은 수출신고가 수리되어야 발행되며, 포워더 통해서 수출되는 건은 수출신고가 수리되어야 On Board 가능합니다. 따라서 수출신고필증 상의 수출신고수리일은 B/L 상의 On Board Date와 동일하거나 앞설 것입니다.

수출자는 매입 신청할 때 제출하는 서류 중에는 B/L과 수출신고필증도 포함되어 있습니다. 은행 쪽에서 이 부분을 확인하여 문제로 삼을지에 대해서는 은행의 판단이라 생각합니다.

그리고 포워더에게 Back Date 요청하는 것은 수출자의 당연한 권리가 아닙니다. 포워더는 Back Date 요청을 화주에게 받았을 때 무조건 해주는 것이 아니라 그로 인한 포워더 자신이 향후 처할 수 있는 불이익을 고려하여야 할 것입니다.

B/L 상의 On Board Date

Container No. / Seal No. Marks and numbers	Number and	kind of packages : description of goods		Gross Weight	Measurement
SSGU7142388 / SGG112205	861 CTNs	SHIPPER'S LOAD AND COUNT	CY/CY	11,393.00KGS	60.442CBM
EDUTRADEHUB SYDNEY MADE IN KOREA		1 X 40` HC CNTR 46 ROLLS & 830 CNTS (90,060 YDS) 100% COTTON PRINTED PO# 1410350 46 ROLLS 11,226 YDS 394 CTNS 39,330 YDS PO# 1410355 421 CTNS 39504 YDS			
		PRICE TERM : FOB BUSAN PORT *** FREIGHT COLLECT ***		ON BOARD DATE Nov. 3. 2014	
Total No. of containers/packages (refer to clause 13.5 on reverse side regarding limitation)		Freight Payable at **Sydney**	Excess Value Declaration : Refer to cluase 13.3 and 13.4 on reverse side		

수출신고필증 상의 신고수리 일자

(49)수입화물 관리번호			(50)컨테이너번호		N
※ 신고인기재란			(51)세관기재란	신고수리:XX공항세관 관세사 홍 길 동 전자서류수입통관확인	
(52)운송(신고)인 (53)기간	(54)적재의무기한	2014-12-05	(55)담당자	(56)신고수리일자	2014-11-05

20. 하자 네고할 수밖에 없는 상황에서의 수출자 대응과 은행의 대응

질문 외국에서 개설된 신용장을 통지받아 수출하는 한국에 위치한 수출자 (Beneficiary, 수익자)입니다. 다음 내용이 하자가 될 수 있는지 확인해주시면 좋 겠습니다. 그리고 기타 다른 하자 처리될 수 있는 부분이 한 가지 더 있는데, 하 자가 2곳 이상이라면 하자 Fee가 하자 발생한 만큼 청구되는지 아니면 하자 발 생 건수 관계없이 한 번만 청구되는지 알고 싶습니다.

신용장 내용

31D Date and place of expiry:	(date) 2014-08-10
	(place) IN YOUR COUNTRY
44C Latest Date of Shipment:	2014-08-08
48 Period for Presentation:	DOCUMENTS TO BE PRESENTED WITHIN 10 DAYS AFTER
	THE DATE OF SHIPMENT BUT WITHIN VALIDITY OF THE
	CREDIT
47A Additional Conditions:	A DISCREPANCY FEE OF USD 100.00 WILL BE DEDUCTED
	FROM THE PROCEEDS OF EACH SET OF DOCUMENTS PRESENTED WITH DISCREPANCIES.

수출이행 후 서류 제출

On Board Date:	2014-08-05(S/D 이전에 On Board 진행)
수출지 은행에 서류 제출일:	2014-08-15(E/D보다 늦은 날짜)

💬 **답변** **1. 선적서류제출기일:** 48 Period for Presentation 조항에서 'THE DATE OF SHIPMENT'는 운송서류(B/L 혹은 화물운송장)에 기재된 On Board Date입니다. On Board Date 기준으로 48 조항에서 제시된 10일 이내에 선적서류를 제출해야 하는데, 이때 그 제

출된 선적서류가 신용장 E/D(31D)보다 늦게 만기장소에 도착하면 하자 처리됩니다.

상기 L/C에서 44C(S/D, 선적기일)은 8월 8일이며, 수출자는 S/D 보다 앞선 8월 5일에 On Board Date 진행하였습니다. 그러므로 8월 5일 기준으로 10일이면, 8월 15일이 선적서류제출기일이 됩니다. 그러나 8월 15일은 해당 신용장 E/D(8월 10일)보다 늦은 시간이니 수출자는 반드시 31D 조항에서 제시한 날짜(만기일)까지 제시된 장소(만기장소)에 선적서류가 제출되게 해야겠습니다.

결국, 수출자는 8월 10일까지 수출지(31D 조항에서 만기장소 'IN YOUR COUNTRY', 신용장에서 YOUR는 수출자를 말함) 은행에 선적서류를 제출해야 하자 없이 Clean Nego 가능하겠습니다.

2. 하자 건에 대한 은행의 대응과 하자 FEE: 신용장 조건과 불일치하는 선적서류를 제출받은 수출지 은행은 해당 선적서류를 인수할 수도 있고 인수 자체를 거부할 수도 있습니다. 그러나 통상 인수는 하지만, 해당 건의 신용장이 매입신용장으로써 At Sight L/C 혹은 Banker's Usance L/C일지라도 즉시(At Sight) 수출자에게 매입해주지는 않고 추심 돌릴 수도 있습니다.

그리고 하자 발생 시 하자 FEE를 얼마 청구하겠다는 문구는 신용장상에 기재되어 있는 경우가 있고 기재되어 있지 않는 경우도 있습니다. 하자 FEE는 통상 USD50 ~ 100 정도 청구되는데, 하나의 매입 신청 건에서 2개 이상의 하자가 있더라도 한 번만 청구될 것입니다[1].

3. 하자 건에 대한 수출자의 대응: 수출자 입장에서 L/C 거래를 함에 있어 수입자에게 L/C Amend 요청할 수 없는 상황에 직면할 수도 있습니다. 이때 하자가 될 것이라는 것을 알면서도 매입 신청합니다. 그런데 매입 신청 전에 하자 건에 대해서 수출자는 수입자에게 이메일을 보내어 어떠한 이유로 서류상으로 하자가 발생하였다는 사실을 통지하고, 그럼에도 수입자는 개설은행으로부터 선적서류를 인수해줄 것을 요청하는 것이 적절합니다.

개설은행은 전달받은 선적서류에서 하자가 발견되었을 때, 자체적으로 지급 거절(Unpaid) 처리할 수도 있습니다. 그러나 개설은행의 이러한 독단적 행동은 수출자와 수입자 모두에게 피해를 줄 수 있습니다. 따라서 일반적으로 개설은행은 이러한 경우, 수입자에게 하자가 발

---

1 하자(Discrepancy) Fee 청구는 2회 이상의 하자에 대해서도 일반적으로 1회 청구하나, 2개 이상의 하자에 대해서 1회 하자 Fee 청구하지 않는 은행도 있을 수 있으니, 실무자께서는 별도로 체크 하기 바랍니다.

생하였음에도 인수할 것인지 문의하게 되고 수입자 입장에서 큰 문제가 아닌 하자라면 인수하는 방향으로 결정하기 쉽습니다.

수입자 입장에서도 서류상으로 조금의 불일치 때문에 선적서류를 인수하지 않으면 수입지에서 물품 통관 못 하게 되고, 국내 거래처로 적절한 시간 이내에 물품 공급할 수 없으니 문제가 될 수 있습니다. 그러나 수출자는 가능한 하자 네고가 아닌 클린 네고하기 위해서 상당한 노력을 해야 할 것입니다.

21. 중동 신용장에서 요구하는 대사관 인증 상업송장(C/I)

> **질문** 아랍에미리트(UAE)로 물품을 수출하는 한국에 위치한 수출자입니다. L/C를 통지은행으로부터 통지받았는데, 46A Documents Required 조항에서 다음과 같이 인보이스 발행을 요구하고 있습니다. 대한상공회의소와 한국 내 위치한 아랍에미리트(UAE) 대사관 인증을 받으라는 내용 같습니다. 설명 부탁드립니다.
>
> ---
>
> L/C 46A Documents Required
>
> ---
>
> + MANUALLY SIGNED COMMERCIAL INVOICE(S) IN 1 ORIGINAL PLUS 3 COPIES WHICH MUST BE LEGALIZED FROM THE CHAMBER OF COMMERCE AND THE U.A.E EMBASSY IN KOREA
>
> + CERTIFICIATE OF ORIGIN IN 1 ORIGINAL WHICH MUST BE LEGALIZED FROM THE CHAMBER OF COMMERCE AND THE U.A.E EMBASSY IN KOREA

💬 **답변** 1. 중동 국가로 수출하는 경우, 해당 국가의 수입자는 상업송장에 해당 국가의 대사관 인증을 요구하거나 혹은 상업송장(이하 인보이스) 및 일반 C/O에 대사관 인증을 요구하는 경우가 있습니다.

2. 상업송장에 대사관 인증받기 전에 먼저 상공회의소 무역인증서비스센터 통해서 무역인증을 받아야 합니다. 이를 위해서 무역인증서비스센터에 서명등록 마무리해야겠습니다. 이때 인보이스를 자체적으로 회사에서 만든 경우는 상공회의소에 내방하여 신청하여야겠으

며, 그렇지 않은 경우에는 EDI로 신청할 수 있을 것입니다.

인보이스에 대한 무역 인증 신청할 때 필요 서류는 인보이스 원본과 사본, 증명서발급신청서 및 수출신고필증이 있겠습니다. 증명서발급신청서는 무역인증서비스센터 홈페이지에서 다음과 같은 경로로 견본 확인 및 양식 다운로드받을 수 있겠습니다.

증명서발급신청서 관련 경로

http://cert.korcham.net → 상단 메뉴 '자료실'의 하위 메뉴 '양식 및 견본' → 탭에서 '무역인증'

그리고 증명서발급신청서에는 '사용인감' 부분이 있는데, 이것은 무역인증서비스센터에 '서명등록'할 때의 그것과 일치해야겠습니다. 그리고 인보이스의 서명 역시 '서명등록'할 때의 그것과 일치해야겠습니다. 또한, 수출신고필증 상의 내용과 인보이스의 내용이 상이하지 않도록 주의가 필요할 것입니다.

증명서 발급 신청서

무역관계증명서 발급규정에 의하여 다음과 같이 증명서 발급을 신청합니다.
(※ 해당 상공회의소에 서명등록이 되어있는 업체에 한하여 증명서 발급신청이 가능합니다.)

1. 신청자 관련 사항

사업자등록번호 :   214-11-12345
상 호 명 :   에듀트레이드허브
주 소 :   서울시 강남구 논현동 xxx
대 표 자 :   최규삼

<table>
<tr><td>사용인감
</td></tr>
</table>

※ 신청담당자: 홍 길 동 주임 (전화: 02-0000-0000)
– 전자세금계산서 수신 E-mail: hong@edutradehub.com

2. 신청 서류명: 상업송장(Commercial Invoice)

3. 신청서류 내용(간략히 기술)

폐사는 아랍에미리트(UAE)에 위치한 수입자와 거래함에 있어 L/C를 통지받았습니다. 해당 L/C에서 상업송장(Commercial Invoice)에 아랍에미리트(UAE) 대사관으로부터 인증받을 것을 요구하고 있습니다.

4. 신청서류 용도(해당란 체크)

☑ 대사관 제출(인증)   □ 은행 NEGO용   □ BUYER 발송   □ 기타

5. 관련국(수출국): 아랍에미리트(UAE)

6. 특기사항

☑ 발급자 실사인(요청매수: 1매)
□ 발급 일자 소급(요청 일자: 월   일)
□ 2매 이상의 원본(요청매수: 매)
□ 기타
※ 해당 사항에 V표시를 하고 관련 근거서류를 첨부하셔야 합니다.

7. 대행업체 및 서명번호(* 전자세금계산서를 대행업체로 발급 요청 시)

업 체 명: 사업자등록번호:
전자세금계산서 수신 E-mail:

8. 발급번호

3. 무역인증서비스센터로 무역 인증 신청에 따른 수수료는 소액 발생할 수 있습니다. 인증 받은 서류를 대사관에 내방하여 접수하고 인증료를 지불하면 일정 시간 이후에 대사관 인증 완료된 서류를 인수할 수 있을 것입니다. 대사관 인증에 따른 수수료는 상당 금액이 발생할 수 있습니다.

4. 중동 국가와의 거래에서 선하증권(B/L, 운송서류)에 상공회의소 무역 인증받을 것을 요구하는 경우도 종종 있습니다. 선하증권에 대한 무역인증 신청은 수출자가 하는 것이 아니라 선하증권 발행자로서 포워더 혹은 선사가 상공회의소에 직접 내방하여 신청할 것입니다(적하보험회사가 내방하기도). 물론, 해당 포워더 혹은 선사는 서명등록 업체여야겠습니다. 이때 필요한 서류는 선하증권 원본과 사본 그리고 증명서발급신청서입니다.

22. 44E 혹은 44F에서 Any Korean Port로 기재되는 경우와 운송서류 발행

질문 호주로 가공식품을 한국에서 수출하는 수출자입니다. 이번에 호주 수입자가 L/C 개설 신청을 하기에 앞서 L/C Draft(신용장개설신청서)를 이메일에 첨부하여 폐사에 확인 요청해왔습니다. 그런데 해당 L/C Draft의 44E(Port of Loading/Airport of Departure) 부분에는 Any Korean Port로 특정 항구가 지정되어 있지 않고, 44F(Port of Discharge/Airport of Desctination)에는 Sydney Port, Australia로 특정 항구가 지정되어 있습니다.

특정 항구를 지정하지 않고 Any Korean Port로 기재하는 이유를 알고 싶으며, 수출지로써 한국의 항구에서 On Board 후 발행되는 B/L의 Port of Loading에는 L/C와 일치하게 Any Korean Port가 기재되는지 아니면 실제 선적항이 기재되는지 궁금합니다.

💬 **답변** 1. L/C 44E, 44F 조항에 특정 항구/공항 지정하지 않는 이유: 수출자와 수입

자 사이에 매매계약을 체결하면, L/C Draft를 작성하여 수입자는 수입지 은행으로 L/C 개설 신청을 합니다. 이후 수출자는 수출지 통지은행으로부터 L/C를 통지받아서 물품 생산을 시작하고 L/C 조건과 같이 수출이행 후 매입 신청합니다.

수입자의 L/C 개설 신청 시기와 수출자가 물품 생산 완료 후 수출지 포워더에게 Shipment Booking 진행하는 시기에는 상당한 기간(Term)이 존재합니다. 수입자는 적절한 시기에 수출자가 L/C를 통지받을 수 있도록 L/C 개설 신청을 해야 하는데, 당시에는 수출지에서 어떤 항구/공항을 통하여 물품이 On Board 될지 혹은 수입지에서 어떤 항구/공항을 통하여 배/항공기가 입항할지 정확히 모를 수 있습니다. 따라서 L/C Draft를 작성할 때 해당 항구/공항을 정확히 알 수 없다면, Any Korean Port 혹은 Any Australian Airport 와 같이 기재할 수 있습니다.

2. 운송서류(B/L 혹은 AWB)의 발행: L/C의 44E 혹은 44F에 특정 항구/공항이 기재되지 않고 Any Korean Port와 같이 기재되어 있더라도 수출지에서 On Board 후 발행되는 운송서류 상에는 실제 항구/공항이 기재되어야 합니다. 다시 말해서, 44E 조항에 Any Korean Port로 되어 있다면, On Board 후 발행되는 B/L의 Port of Loading에는 실제 On Board 항구로써 Busan Port, Korea가 기재됩니다. 물론, 실제 On Board 된 항구가 인천항이라면 Incheon Port, Korea가 기재됩니다.

그리고 L/C 44F에 Sydney Port가 지정되어 있으니 해당 건의 B/L Port of Discharge 는 Sydney Port 만기 기재될 수 있고 타 항구는 기재될 수 없습니다. L/C에서 양륙항을 특정 항구로 지정하면, 해당 건의 B/L 양륙항은 반드시 해당 항구로 기재되어야 하자 처리되지 않습니다. 항공 건으로 AWB가 발행되는 경우 역시 마찬가지입니다.

44E	Port of Loading	:	Any Korean Port /Airport of Departure
44F	Port of Discharge	:	Sydney Port, Australia /Airport of Destination

↓

발행된 B/L

Shipper **EDUTRADHUBE** xxx, Nonhyundong, Kangnamgu, Seoul, Korea		**B/L No.** XXXJKFLD8978
Consignee **To Order of Shipper**		**Multimodal Transport Bill of Lading** Received by the Carrier from the shipper in apparent good order and condition unless otherwise indicated herein, the Goods, or the container(s) or package(s) said to contain the cargo herein mentioned, to be carried subject to all the terms and conditions appearing on the face and back of this Bill of Lading by the vessel named herein or any substitue at the Carrier's option and/or other means of transport, from the place of receipt or the port of loading to the port of discahrge or the place of delivery shown herein and there to be delivered unto order or assigns. This Bill of Lading duly endorsed must be surrendered in exchange for the Goods or delivery order. In accepting this Bill of Lading, the Merchant agrees to be bound by all the stipulations, exceptions, terms and conditions on the face and back hereof, whether written, typed, stamped or printed, as fully as if signed by the Merchant, any local custom or privilege to the contrary notwithstanding, and agrees that all agreements or freight engagements for and in connection with the carriage of the Goods are superseded by this Bill of Lading
Notify Party **Kaston** xxxx, Market Street, Sydney NSW 2000, Australia		
Pre-carriage by	Place of Receipt	Party to contact for cargo release **XXX Ultimo Road Sydney NSW 2000, Australia** **TEL : 00-0000-0000 FAX : 00-0000-0000** **ATTN : GERRIT DEKKER**
Vessel Voy. No. **MAERSK GIRONDE / 1010**	Port of Loading **BUSAN, KOREA**	
Port of Discharge **SYDNEY, AUSTRALIA**	Place of Delivery	Final Destination (Merchant's reference only)

▲ 발행된 B/L의 P.O.L. 및 P.O.D.는 실제 선적 및 양륙항이 기재됩니다.

23. L/C 건에서 환적 금지 혹은 허락 설정의 의미

질문 무역부 직원입니다. 과거에 포워더 쪽에서 근무해 본 경험이 있어 해상 운송에서 대부분은 환적(T/S)과 경유(Via)가 이루어진다 합니다. 물론, 항공에서도 환적이 이루어지는 경우가 있다 합니다.

환적은 운송 스케줄 상 일어나는 것인데, L/C 건을 진행하다 보면 43T Transhipment 조항에서 Prohibited 혹은 Allowed를 선택하게끔 되어있습니다. 만약, 43P 조항에서 Prohibited를 선택하면 포워더에게 환적하지 않는 Direct

운송 스케줄을 받아야 하나요? 해상 건에서 대부분 환적을 하는데, L/C 건에서 환적을 금지하면 어찌 운송하라는 뜻인지 이해가 되지 않습니다. 설명 부탁드립니다.

💬 **답변** 1. **환적의 의미와 환적의 인정 범위 구분할 필요:** 해상 건에서 환적(T/S)은 수출지에서 출항한 배가 수입지까지 그대로 이동되지 않고 중간에 특정 항구에서 다른 배로 물품을 옮겨 적재하는 것을 말합니다. 일반적으로 해상 운송에서 대부분 환적은 이루어집니다[1]. 물론, 경우에 따라서 항공 건 역시 환적은 이루어질 수 있습니다. 만약, 해상 건에서 환적하지 않게 하려면 배를 빌리는, 즉 용선하여 물품을 이동시켜야 할 것입니다. 그러나 이는 현실적으로 불가능할 것입니다.

이렇게 환적은 일어나지만, 수출지에서 수출자가 포워더에게 Shipment Booking 할 때 해당 건의 화물은 수출지 어디 항구/공항에서 수입지 어디 항구/공항으로 운송되는 건이라고 하면서 Booking 하면, 중간에 비록 환적을 하더라도 운송서류(B/L 혹은 화물운송장)는 하나의 건으로 발행되어 해당 구간을 하나의 운송서류가 모두 커버하게 됩니다.

결국, 환적은 운송 스케줄 상 발생하지만, 수출지에서 수입지의 지정된 구간을 하나의 운송서류가 커버한다면 이는 환적으로 보지 않습니다[2].

2. **지정된 터미널이 운송서류에 기재되어야:** 신용장 44E와 44F 조항은 각각 거래 물품이 선적되는 터미널(44E)과 해당 터미널을 떠난 물품이 최종적으로 도착하는 터미널(44F)을 지정하고 있습니다. 거래 물품은 L/C 45A Description 조항의 물품으로써 44E 조항의 지정된 터미널에서 On Board 되어 44F 조항의 지정된 터미널에서 최종 Discharge(양륙) 되어야 합니다. 결국, 이 의미는 해당 건이 해상 건이라는 가정하에, 44E에 지정된 국가에서 Shipment Booking 하여 On Board 후 발행되는 운송서류 상의 Port of Loading(P.O.L.)은 44E에 지정된 항구가 기재되어야 하며 동일 운송서류 상의 Port of Discharge(P.O.D.)는 44F에 지정된 항구가 기재되어야 한다는 것입니다.

---

1 해상 건에서 환적하지 않고 Direct 운송되는 스케줄도 있습니다. 그러나 대부분의 경우는 환적이 이루어집니다.
2 참고로 운송서류 상으로도 환적항(Transhipment Port)은 달리 기재되지 않는 것이 대부분입니다. B/L의 Port of Loading에는 환적항이 기재되는 것이 아니며 수출지 항구가 기재되며, Port of Discharge는 해상 운송에서의 최종 도착항이 기재됩니다.

운송서류의 Port of Loading에 기재되는 항구는 수출 물품에 대해서 Shipment Booking 할 때 선적되는 항구이며, Port of Discharge는 Shipment Booking 할 때 해당 물품이 최종 양륙 되는 항구입니다. 물론, 중간에 환적을 하였을 가능성이 있으며, 환적을 하였더라도 해당 건의 운송서류 상에 환적항은 일반적으로 달리 기재되지 않습니다.

결론적으로 L/C 건에서 환적 금지 혹은 허락 여부를 떠나서 통상 환적은 이루어질 수밖에 없습니다(물론, 환적이 이루어지지 않는 운송 구간 및 스케줄도 있음). 그러나 물품의 선적은 44E에서 지정된 곳에서 이루어져서 44F에서 지정된 곳으로 최종 도착하였음이 하나의 운송서류 상으로 확인되면 환적을 실제로 하였더라도 환적으로 인정하지 않는다는 것입니다.

예를 들어, 44E에서 Amsterdam Port, NL로 되어 있고 44F에서 Busan Port, Korea로 되어 있는데, 운송서류 상의 Port of Loading이 Shanghai Port, China이고 Port of Discharge가 Busan Port, Korea라면, 이는 계약 위반이 됩니다. 물품이 비록 처음에 네덜란드(NL)에서 만들어져서 Amsterdam Port를 거쳐서 출항하였더라도 네덜란드에서 Shipment Booking 할 때 Amsterdam Port에서 Busan Port로 이동된다고 Booking 한 것이 아닙니다. 네덜란드에서 Shipment Booking 할 때 Amsterdam Port에서 출항하여 중국의 어느 항구로 간다고 Booking 진행한 것이며, 중국에 해당 물품을 일정 기간 동안 보관해두었다가 중국에서 다시 Shipment Booking 하여 한국으로 물품이 이동된 것이라 할 수 있을 것입니다.

이렇되면 네덜란드에서 중국으로 이동할 때 운송서류가 한 번 발행되고, 중국에서 한국으로 이동할 때 운송서류가 또 한 번 발행됩니다. 물론, 한국 수입자는 네덜란드에서 중국으로 이동하는 건에 대한 운송서류는 받지 못합니다. 그러나 이렇게 되면 이는 환적이라 할 수 있습니다. 지정된 구간에서 하나의 운송서류가 발행된 것이 아니기 때문입니다.

3. **결론:** 결국, 신용장에서 환적을 금지하거나 허용하는 것에 대한 여부를 떠나서 44E에 지정된 항구에서 44F에 지정된 항구까지 물품이 이동되었다는 사실이 하나의 운송서류 상으로 커버되면 환적이 실제로 이루어졌는지에 대한 여부를 떠나서 환적으로 보지 않는다는 것이 결론되겠습니다.

24. L/C 건에서 OB/L 1부 수출자의 특송 발송과 수입자의 물품 인수

질문 신용장 조건으로 수출하려고 합니다. 수입자가 이메일로 확인 요청하면서 보낸 L/C Draft(신용장개설신청서)에 다음과 같이 기재되어 있습니다. 과거에 신용장 거래할 때는 46A 조항에서 OB/L 요구할 때 포워더에게 발급받은 Full Set 모두를 수출지 은행에 제출 요구하는 신용장이었습니다. 그런데 이번 건은 2/3 Set만을 제출하고 1부는 특송으로 보내라 하네요.

수출자로서 폐사가 2부를 수출지 은행에 제출할 때는 배서를 해서 제출해야 하는 상황인데, 특송으로 수입자에게 직접 발송하는 1부의 OB/L에도 폐사의 배서를 해서 보내야 하는지요? 또한, 수입자가 해당 OB/L을 특송으로 받으면 바로 수입지 포워더에게 전달하여 운송비 결제 후 D/O 받는 것인지, 아니면 개설은행의 배서를 받아야 하는지 궁금합니다.

신용장 조항

46A Documents Required :	+ 2/3 SET OF CLEAN ON BOARD OCEAN BILLS OF LADING MADE OUT TO ORDER AND ENDORSED IN BLANK FREIGHT COLLECT NOTIFY EDUTRADEHUB. + BENEFICIARY'S CERFITICATE CERTIFYING THAT ONE SET ORIGINAL BILL OF LADING HAVE BEEN SENT DIRECTLY TO APPLICANT BY COURIER SERVICE WITHIN 3 WORKING DAYS AFTER SHIPMENT.

💬 **답변** 1. **수출자의 배서:** 신용장 46A 조항에서 B/L을 발행할 때, B/L의 Consignee에 TO ORDER를 기재할 것 요구하고 있습니다. 그리고 해당 B/L에 백지 배서(AND ENDORSED IN BLANK) 할 것을 요구하고 있습니다. 따라서 수출자는 수출지 포워더에게 OB/L 발행할 때 Consignee에 TO ORDER라는 문구만 기재할 것을 요구합니다. 물론, FREIGHT COLLECT를 공란에 기재하고, NOTIFY에는 EDUTRADEHUB를 기재할 것

을 함께 요구해야겠습니다.

이렇게 발행된 OB/L 3부(FULL SET) 중에 2부는 수출자가 수출지 은행에 제출함에 있어 백지 배서 후 제출해야 합니다. 그리고 수입자에게 직접 발송하는 1부에 대해서도 Consignee가 TO ORDER로 발행되었기에 수출자가 백지 배서하여 발송해야겠습니다.

수출자가 배서를 하는 의미는 최초 물품의 주인은 수출자였는데, 유가증권으로써 OB/L 에 수출자가 배서를 하여 전달함으로써 On Board 된 물품의 소유권을 함께 전달한다는 의미를 가집니다.

2. 수입자는 개설은행의 배서를 받아야: 아무리 특송으로 수입자가 OB/L 1부를 받았다 하더라도, 개설은행의 배서를 받은 이후에 포워더에게 OB/L 전달하여야 D/O 받을 수 있습니다. 최초 물품의 주인은 비록 수출자이지만 수출자는 On Board 후 발행되는 OB/L을 수출지 은행으로 제출하여 대금결제 받으면서 그 소유권을 은행으로 넘깁니다.

그러면 해당 물품의 소유권은 은행에 있습니다. 그리고 은행이 수입자에게 OB/L을 넘기면서 배서하여 소유권을 수입자에게 넘깁니다. D/O를 내주는 수입지 포워더는 해당 건의 결제조건이 L/C로써 OB/L의 Consignee가 지시식이니 개설은행의 배서가 되어 있는 B/L을 회수하고 D/O 내줘야 할 것입니다.

다시 말해서, 정상적인 절차는 OB/L을 수출자가 은행으로 넘기고 은행이 수입자에게 OB/L 넘기면서 그 소유권 역시 수출자에서 은행 그리고 수입자에게로 순차적으로 넘어가게 됩니다. 이러한 과정에서 대금결제도 이루어집니다.

그러나 OB/L 1부가 수출자에 의해서 바로 수입자에게로 전달되었다 하더라도 수출자의 배서와 수입지 개설은행의 배서가 있어야 하며, 수입지 포워더는 그러한 OB/L을 회수 후 D/O를 내줘야 할 것입니다. 만약, 포워더가 신용장 건에서 지시식 B/L을 회수하였는데 개설은행의 배서가 없는데도 D/O를 내주었다면 문제가 될 수 있습니다. 그래서 개설은행이 이러한 신용장을 개설해 주지 않을 수도 있으며, 무엇보다 수입지 포워더는 개설은행의 배서가 있는지 확인 후 D/O 발행해야 할 것입니다.

25. 2/3 Set B/L로써 수출자 배서 요구하는 L/C에서의 수출자 주의점

> **질문** L/C 거래로 수출하는 수출자입니다. L/C 46A Documents Required 조항에서 다음과 같이 요구하고 있으며, 3부 중 1부는 특송(Courier Service) 사용하여 수입자에게 직접 전달하였습니다.
>
> ```
> 46A Documents Required
> ```
>
> + 2/3 SET OF CLEAN ON BOARD OCEAN BILLS OF LADING
>   MADE OUT TO ORDER AND ENDORSED IN BLANK
>   FREIGHT COLLECT NOTIFY APPLICANT.
>
> 그런데 본 건에 대해서 폐사가 B/L 1부에 배서하여 수입자에게 특송으로 전달 후 거래은행으로 매입신청할 때 거래은행에서 문제가 발생할 수 있다고 했습니다. 거래은행에서 말하기를, B/L의 Consignee에 TO ORDER가 기재되었고 수출자가 배서를 통하여 B/L 1부를 수입자에게 전달했기 때문에 수입자는 개설은행으로부터 배서를 받지 않고, 수입지에서 포워더에게 D/O를 받을 수도 있다고 합니다.
> 이게 무슨 말인지 설명 부탁드립니다.

답변 1. B/L의 Consingee 문구와 수출자의 배서 여부: 신용장 46A Documents Required 조항을 보면 B/L의 Consignee에 기재되는 문구와 수출자의 배서 여부가 함께 요구됩니다.

경우 1	+ 2/3 SET OF CLEAN ON BOARD OCEAN BILLS OF LADING MADE OUT TO THE ORDER OF 개설은행 FREIGHT COLLECT NOTIFY APPLICANT.

경우 2	+ 2/3 SET OF CLEAN ON BOARD OCEAN BILLS OF LADING MADE OUT TO ORDER AND ENDORSED IN BLANK FREIGHT COLLECT NOTIFY APPLICANT.

경우 3	+ 2/3 SET OF CLEAN ON BOARD OCEAN BILLS OF LADING MADE OUT TO ORDER OF SHIPPER AND ENDORSED IN BLANK FREIGHT COLLECT NOTIFY APPLICANT.

〈경우 1〉은 Consignee에 'TO THE ORDER OF 개설은행'을 기재해야 하며, 수출자 배서 요구 문가가 없으니 수출자는 배서 없이 3부 중의 2부를 은행에 제출합니다. 반면 〈경우 2〉와 〈경우 3〉은 Consignee에 각각 'TO ORDER' 및 'TO ORDER OF SHIPPER'을 기재하고 수출자가 백지배서 후 2부를 은행에 제출합니다.

2. 〈경우 1〉의 B/L을 특송으로 수입자에게 전달한다면: 수입자는 특송으로 B/L 1부를 손에 넣었으나, 개설은행의 지식를 받아야지만 수입지에서 물품을 수입자가 찾을 수 있습니다. 즉, 개설은행의 배서를 받은 B/L을 수입지 포워더에게 전달하고 운송비 결제해야 D/O 가 발생합니다.

3. 〈경우 2〉와 〈경우 3〉의 B/L을 특송으로 수입자에게 전달한다면: B/L의 Consignee에 TO ORDER 혹은 TO ORDER OF SHIPPER로 기재되어 있는 경우입니다. 이는 수출자의 배서가 있는 B/L을 인수하면 수입지에서 물품을 찾는 자는 그 B/L을 가진 자가 됩니다. 상기 No. 2의 답변과 같이 개설은행의 배서를 요구하지 않습니다.

물론 46A 조항에서 FULL SET을 요구하여 B/L 3부 모두를 수출자가 은행에 제출한다면 최초 수출자의 배서, 그리고 개설은행의 배서를 받아서 수입자가 B/L을 인수함으로써 소유권이 수입자에게 넘어갑니다. 그러나 수출자가 배서한 1부의 B/L이 그대로 수입자에게 전달되니 On Board 된 물품의 소유권은 수출자로부터 바로 수입자로 넘어간다 할 수 있습니다.

본 상황에서 수입자는 수출자의 배서가 된 B/L을 수입지 포워더에게 전달하고 운송비 결제하면 포워더는 D/O를 발행해야 할 것입니다.

4. 결론: 수입자가 수출자에게 B/L을 직접 전달받음에 있어 Consignee가 TO ORDER 라고 기재되고 수출자의 배서까지 되어 있다면, 수입자는 개설은행으로 가서 At Sight L/C 임에도 결제하지 않고 개설은행의 배서도 받지 않고 수입지에서 물품을 찾아갈 수도 있다는 것입니다.

26. L/C 건, 운송서류(B/L, 화물운송장)에서의 B/L Date

질문 신용장 조건으로 수출하는 회사입니다. 신용장 44C S/D 조항에서 선적기일을 8월 20일로 요구하고 있습니다. 처음에는 충분히 8월 20일까지 On Board 진행할 수 있으리라 의심하지 않았는데, 제조사의 생산 지연에 따라서 On Board가 8월 19일에 On Board 하였습니다. 이후에 발급받은 B/L의 Place and Date of Issue 부분에 8월 20일로 되어 있습니다.

44C S/D 조항 안에 On Board Date와 B/L Issuing Date 모두가 들어가서 하자가 아닐 거라고 생각되나, 이러한 상황에서 On Board Date는 정확히 어떤 일자가 되는지요?

💬 **답변** 1. On Board와 운송서류(B/L, 화물운송장)의 발행: 운송서류는 On Board 이후에 발행됩니다. 그래서 On Board Date와 운송서류의 발행일에는 시간적인 차이가 있을 수 있습니다. 물론 통상적으로 On Board Date와 운송서류의 발행일은 동일하게 발행됩니다.

2. 선적일(B/L Date): 일반적으로 B/L이 발행될 때 Place and Date of Issue와는 별도로 On Board Date가 B/L 상에 기재됩니다. 예를 들어 'SHIPPED ON BOARD JUL. 12. 2015', 'ON BOARD DATE MAR. 12. 2016' 혹은 'Laden on Board the Vessel JUN. 22. 2016' 등 이러한 식으로 On Board 되었다는 사실이 그 일자와 함께 기재됩니다. 이러한 경우의 선적일(On Board Date)는 본선적재표기(On board notation) 상에 명시된 일자를 선적일로 본다 할 수 있습니다.

만약에 본선적재표기가 B/L 상에 존재하지 않고, 단순히 Place and Date of issue가 있고 'Shipped on a named vessel'이라고 기재되는 Shipped B/L이 발행되었다면, 선적일은 B/L Issuing Date가 될 수 있을 것입니다. 그러나 일반적으로 B/L이 발행될 때는 Place and Date of issue와는 별도의 본선적재표기가 되기 때문에 선적일은 본선적재표기에 기재된 일자로 본다 할 수 있습니다.

27. intended clause B/L(예정표시선하증권) 발행과 신용장 매입 신청

질문 신용장 조건하에서 한국에서 호주로 물품을 해상 수출합니다. 신용장 조건과 같이 선적 후에 은행으로 B/L을 포함한 선적서류를 제출하였는데 하자라고 합니다. 이유는 폐사가 제출한 B/L은 intended clause B/L이기 때문에 본선적재표기(on board notation) 부분에 신용장에 명기된 적재항이 기재되어야 하는데 그렇지 않았다는 것입니다.

관련하여 설명 부탁드립니다.

답변 1. intended clause B/L의 의미: intended는 '예정된'이라는 의미를 가집니다. intended clause B/L은 B/L이 발행될 당시에 선박과 선적항(P.O.L.) 또는 양륙항(P.O.D.)이 정확히 정해지지 않은 상태에서 발행되는 B/L을 말합니다.

2. intended clause B/L의 수리 조건: intended는 '예정된'이라는 의미로써 발행된 B/L의 선적항과 선박에 intended가 붙었다는(intended port of loading, intended vessel) 뜻은 아직 해당 B/L의 Description에 기재된 물품이 선적항에서 선박에 적재되지 않은 상태라는 뜻으로 풀이될 수 있습니다. 은행은 On Board 되었다는 사실이 확인되어야지만 intended clause B/L을 수리합니다[1].

이를 위해서 비록 아래와 같이, 발행된 B/L의 Port of Loading과 Vessel 앞에 Intended가 붙어서 발행되더라도 본선적재표기(on board notation) 상에 신용장에서 요구

---

1 UCP600 제20조(선하증권) 내용. 복합운송서류 건으로써 UC600 제19조에 해당하는 경우는 달리 해석될 수도.

하는 적재항에서 선적기일 이전에 On Board 되었다는 사실이 별도로 기재돼야 합니다. 즉, 다음에서 'SHIPPED ON BOARD ; SEP. 20. 2015'만 기재되면 안 되고 이와 함께 '선박명', '적재일' 및 '적재항'이 함께 기재되어야 한다는 것입니다. 여기에 기재된 선박명과 적재일, 그리고 적재항은 실제 해당 물품을 적재한 선박명과 적재일 그리고 적재항이 될 것입니다.

Pre-carriage by	Place of Receipt	
Intended Vessel Voy. No. WAN 123 S027	Intended Port of Loading BUSAN, KOREA	
Intended Port of Discharge HONGKONG, HK	Place of Delivery	Final Destination(Merchant's reference only)
Container No. Seal No. Mark and Numbers	No. of Containers or Pkgs	Kind of Package ; Description of Goods	Gross Weight	Measurement

SHIPPED ON BOARD ; SEP. 20. 2015

▲ intended clause B/L의 본선적재표기 부분에는 실제 물품이 선적된 '선박명', '적재일' 및 '적재항'이 따로 기재되어 있어야지만 신용장 건에서 은행은 해당 B/L을 정상적으로 인수할 수 있습니다.

관련 규정
UCP 600 제20조 a항 iii호
선하증권이 적재항으로 신용장에 명기된 적재항을 표시하고 있지 아니한 경우에는, 또는 적재항에 관하여 '예정된' 또는 이와 유사한 제한의 표시를 포함하고 있는 경우에는 신용장에 명기된 대로 적재항, 선적일 및 선박의 명칭을 표시하고 있는 본선적재표기가 요구된다. 이 규정은 비록 지정된 선박에의 본선적재 또는 선적이 선하증권상에 사전에 인쇄된 문언에 의하여 표시되어 있더라도 적용된다.

제4장

무역 서류 등

1. 수입신고필증

<table>
<tr><td colspan="2" rowspan="2">UNI-PASS
KOREA CUSTOMS SERVICE</td><td colspan="4" rowspan="2" align="center"><h2>수 입 신 고 필 증</h2></td><td colspan="2">(갑 지)</td></tr>
<tr><td colspan="2">※ 처리기간 : 3일</td></tr>
</table>

(1)신고번호 12312-14-123123U	(2)신고일 2014/10/15	(3)세관.과 000-00		(6)입항일 2014/09/29	(7)전자인보이스 제출번호	
(4)B/L(AWB)번호 KKK20012312	(5)화물관리번호 14KK0000000-0000-000			(8)반입일 2014/09/29	(9)징수형태 11	

(10)신 고 인 ABC관세사사무실 홍길동	(15)통관계획 D 보세구역장치후	(19)원산지증명서 유무 N	(21)총중량 5,995KG
(11)수 입 자 에듀트레이드허브 (에듀트레이드-0-00-0-00-0 A)	(16)신고구분 A 일반 P/L 신고	(20)가격신고서 유무 Y	(22)총포장갯수 600GT
(12)납세의무자 (에듀트레이드-0-00-0-00-0 / 211-87-00000)	(17)거래구분 11 일반형태수입	(23)국내도착항 KRPUS 부산항	(24)운송형태 10-FC
(주소) 서울 강남 논현 000-0 XX B/D #000		(25)적출기 U.S.	
(상호) 에듀트레이드허브	(18)종류 K 일반수입(내수용)		
(전화번호)		(26)선기명 ABC LINE	
(이메일주소)			
(성명) 최규삼			
(13)운송주선인 ㈜ABC 포워딩	(27)MASTER B/L 번호 12300000000	(28)운수기관부호	
(14)해외거래처 AAA TRADING COMPANY			

(29)검사(반입)장소   00000000-XXXES   (XX보세창고)

● 품명 . 규격 (란번호/총란수 : 001/001)

(30)품 명 COCOA POWDER	(32)상 표 NO
(31)거래품명 COCOA POWDER	

(33)모델·규격	(34)성분	(35)수량	(36)단가 (USD)	(37)금액 (USD)
	을지참조			

(38)세번부호	1806.10-0000	(40)순중량	5,500KG	(43)C/S 검사		(45)사후기관	
(39)과세가격 (CIF)	$ 38,038	(41)수 량		(44)검사변경			
	₩ 40,993,674	(42)환급물량	600 EA	(46)원산지	US-Y-C-M	(47)특수세액	

(48)수입요건확인 (발급서류명)	2CB-2014-006677 (식품등의수입신고필증)	2CB-2014-006671 (식품등의수입신고필증)				

(49)세종	(50)세율(구분)	(51)감면율	(52)세액	(53)감면분납부호	감면액	*내국세종부호
관	8.00(A 가가)		3,279,490			
부	10.00(A)		4,427,320			

(54)결제금액 (인도조건-통화종류-금액-결제방법)		CFR - USD - 37,890 - LU	(56)환 율	1,077.69
(55)총과세가격	$ 38,038	(57)운 임	(59)가산금액 125,000	(64)납부번호
	₩ 40,993,674	(58)보험료 35,000	(60)공제금액	(65)부가가치세과표 4,870,052

(61)세종	(62)세 액	※ 관세사기재란	(66) 세관기재란
관 세	3,279,490		
개별소비세			
교 통 세			
주 세			
교 육 세			
농 특 세			
부 가 세	4,427,320		
신고지연가산세			
미신고가산세			
(63)총세액합계	7,706,810	(67)담당자 홍길동 000000	(68)접수일시 2014.10.15	(69)수리일자 2014.10.17

수 입 신 고 필 증

(을 지)

※ 처리기간 : 3일

(1)신고번호	(2)신고일	(3)세관.과	(6)입항일	(7)전자인보이스 제출번호
12312-14-123123U	2014/10/15	000-00	2014/09/29	
(4)B/L(AWB)번호	**(5)화물관리번호**		**(8)반입일**	**(9)징수형태**
KKK20012312	14KK0000000-0000-000		2014/09/29	11

● 품명. 규격 (란번호/총란수 : 001/001)

(30)품 명	COCOA POWDER		(32)상 표	NO
(31)거래품명	COCOA POWDER			

(33)모델 · 규격	(34)성분	(35)수량	(36)단가 (USD)	(37)금액 (USD)
(NO. 01) COCOA POWDER 00101		-- EA	--	--
(NO. 02) COCOA POWDER 00202		-- EA	--	--
(NO. 03) SHORING COST FOR 1X20FT CONTAINER				--

= 이 하 여 백 =

2. 양수도계약서

양수도 계약서

양도자

상 호 　　　: ㈜에듀트레이드허브
사업자번호 　: 123-00-12312
주 　 소 　　: 서울시 강남구 XX동 XXX
대 표 이 사 　: 홍길동

양수자

상 호 　　　: ㈜미래산업
사업자번호 　: 123-22-35365
주 　 소 　　: 서울시 서초구 XX동 XXX
대 표 이 사 　: 김철수

세 부 내 역

B/L No.	품명	규격	수량	포장	중량
XXXJKFLD8978	Sausage Casing	65mm Clear	100,000m	100 CTNs	550kg
		85mm Yellow	50,000m	50 CTNs	300kg
		135mm Black	50,000m	50 CTNs	350kg

㈜에듀트레이드허브는 상기 B/L(선하증권)의 물품을
㈜미래산업 앞으로 양도합니다.

양도자 　　　　　　　　　　　　　　　　양수자

123-00-12312
에듀트레이드허브
(Edutradehub) 최규삼
서울시 강남구 XX동 XXX
도매 　　　　　무역

123-22-35365
미래산업 김철수
서울시 서초구 xx동 xxx
도매 　　식품, 잡화

3. 비특혜(일반) 원산지 증명서

1. Exporter (Name, address, country) A COMPANY #000 ABC building 11-1 Nonhyundong Kangnamgu Seoul Korea Tel: (02) 0000-0000 Fax: (02) 0000-0000	Reference No. 001-11-0110001 Reference Code. 1ab1-ab1a **ORIGINAL** ## CERTIFICATE OF ORIGIN issued by **THE KOREA CHAMBER OF COMMERCE & INDUSTRY** **Seoul, Republic of Korea**

1. Exporter (Name, address, country)

A COMPANY
#000 ABC building 11-1 Nonhyundong
Kangnamgu Seoul Korea
Tel: (02) 0000-0000   Fax: (02) 0000-0000

Reference No.   001-11-0110001
Reference Code.   1ab1-ab1a

ORIGINAL

CERTIFICATE OF ORIGIN
issued by
THE KOREA CHAMBER OF COMMERCE & INDUSTRY
Seoul, Republic of Korea

2. Consignee (Name, address, country)

B COMPANY
8/F ABC Commercial Centre 3001 Hennessy Rd
Wanchai, HONG KONG
Tel : (852) 222 0000 Fax : (852) 333 0000

3. Country of Origin

THE REPUBLIC OF KOREA

5. Remarks

Invoice number & date :
ABC-0101, 0102 & 2011-12-05

4. Transport details

FROM : BUSAN KOREA
TO : NEW YORK, USA
BY : HJ. ABC 0101B
ON : DEC. 28. 2011

6. Marks & numbers ; number and kind of packages ; description of goods

ABC TEXTILE
PO# 1101, 1102
ITEM : 100% COTTON
        PRT 44/5"
PATT# :
COL# :
C/T NO : 1-81, 1-44
MADE IN KOREA

100% COTTON WOVEN FABRICS
100 CARDED COTTON WOVEN FABRIC IN GREY
20X20 / 60X60 50" IN GREY
44/5" AFTER BLEACHED, SCOURED
MDRCERIZED P.P.PRECURED. PRESHRUNK DYED
AND DYESTUFF PRINTED
WEIGHT : 175GR / YD IN GREY
        167GR / YD IN FINISHED 125 CT 59413YD 10313KG 11344KG

----

125 CT 59413YD 10313KG 11344KG

///

7. Quantity

8. Declaration by the Exporter

The undersigned, as an authorized signatory, hereby declares that the above-
mentioned goods were produced or manufactured in the country shown in box 3.

(Signature)

(Name)   PRESIDENT HONG GIL DONG

9. Certification

The undersigned authority hereby certifies that the goods described above originate
in the country shown in box 3 to the best of its knowledge and belief.

Manager
CHUL-SU KIM

28 DEC 2011

Authorized Signatory

4. 특혜 원산지증명서- AK Form(한-아세안 FTA C/O)

■ 자유무역협정의 이행을 위한 관세법의 특례에 관한 법률 시행규칙 [별지 제6호의 5서식] 〈신설 2008.7.15〉

1. Goods consigned from(Exporter's business name, address, country) EDUTRADEHUB #000 XXX B/D 222-22 NONHYUNDONG KANGNAMGU SEOUL KOREA	Reference No. 010-11-0*****0 Reference Code: d0d0-00b0 ### KOREA-ASEAN FREE TRADE AREA PREFERENTIAL TARIFF CERTIFICATE OF ORIGIN (Combined Declaration and Certificate) **FORM AK** Issued in　　THE REPUBLIC OF KOREA 　　　　　　　(Country)
2. Goods consigned to(Consignee's name, address, country) KASTON LIMITED 2 Harbor abc 3632 aaaaa MALAYSIA	
3. Means of transport and rout(as far as known) Departure date: 19 AUG. 2011 Vessel's name/Aircraft etc. SEA Port of Loading　BUSAN PORT, KOREA Port of Discharge　PENANG PORT, MALAYSIA	4. For official use □ Preferential Treatment Given Under KOREA-ASEAN Free Trade Area Preferential Tariff □ Preferential Treatment Not Given(Please state reason/s) Signature of Authorized Signatory of the Importing Country

5. Item number	6. Marks and numbers on packages	7. Number and type of packages, description of goods(including quantity where appropriate and HS number of the importing country	8. Origin criterion (see notes overleaf)	9. Gross weight or other quantity, and Value(FOB only when RVC criterion is used)	10. Number and date of invoices
///////	//////////////	CERAMIC Goods 100 BOX (Size: 3mm-4mm) [HS CODE: 6903.20-9000(HS2007)] ////////////////////////////////////	RVC 40% /////////	1,800 KGS 15,000 USD ////////////////////	IN-11035 2011-05-25 ////////////
		End Of page···			

11. Declaration by the exporter The undersigned hereby declares that the above details and statements are correct; that all the goods were produced in THE REPUBLIC OF KOREA (Country) and that they comply with the origin requirements specified for these goods in the KOREA-ASEAN Free Trade Area Preferential Tariff for the goods exported to MALAYSIA Marketing Director Choi Ki-Sung (Importing Country) SEOUL KOREA 12 AUG 2011 Place and date, signature of authorized signatory	12. Certification It is hereby certified, on the basis of control carried out, that the declaration by the exporter is correct. **SSUED RETROACTIVELY** **12 AUG 2011** 김 영 주 Assistant Manager Young-Ju, Kim Place and date, signature and stamp of certifying authority
13. □ Third Country Invoicing　　□ Exhibition　　□ Back-to-Back C/O	

5. 휴대품유치증

(별지 제4호 서식)

휴대품유치증(세금계산서)
CERTIFICATE OF CUSTOMS CUSTODY

성 명 Name		신 고 번 호 Declaration No	
생 년 월 일 Date of Birth		TAG 번 호 Tag No	
여 권 번 호 Passport No		중 량 Weight	
전 화 번 호 Telephone		기 (선) 명 Flt/Ship No	
주 소 Address		입 항 일 Arrival Date	
입 국 회 수 No of visits		수 리 일 Permit Date	
주 거 래 은 행 Main Creditor Bank			

순위 No	품명 및 규격 Description of Articles	수 량 Quantity	세번부호 HS Code	주 세 율 Liquor Tax Rate / 주 세 Liquor Tax	(기타세목) Other Taxes / 가 산 세 Penalty Tax	비고 Remark (면세부호) (Duty Free Code) 원산지 (ORIGIN)
		단 위 Unit	과세가격 Customs Value	개별소비세율 Individual Consumption Tax Rate / 개 별 소 비 세 Individual Consumption Tax	부가가치세 Value-added Tax	
		평가방법 Evaluation Method	관 세 율 (협정관세율) Duty Rate / 관 세 Customs Duty	교 육 세 율 Education Tax Rate / 교 육 세 Education Tax	세액계 Total	
1				% ₩	% ₩	
			₩	% ₩	₩	
			% ₩	% ₩	₩	
2				% ₩	% ₩	
			₩	% ₩	₩	
			% ₩	% ₩	₩	
3				% ₩	% ₩	
			₩	% ₩	₩	
			% ₩	% ₩	₩	

결재	검사자	주무	조정	주무	과장	세관장	합계 Total	과세가격 Customs Value			환율 Exchange rate
											납기내세액

유치된 날부터 1개월 내에 통관이나 반송하지 않으면 관세법에 따라 공매처분되거나 국고에 귀속됩니다.
The detained article will be put up at a public auction or become government property, if they are not cleared or taken back from the Customs area within one month from the date of detention, in accordance with the Korea Customs Act.

유치물품에 대한 통관, 반송 및 보관료에 관한 자세한 안내는 별지를 참조하시기 바랍니다.
For more information about customs clearance, returning of goods and custody charge of items under custody, please refer to the annexed paper.

세관 검사직원으로부터 별지에 있는 통관, 반송 및 보관료에 관한 사항을 안내받았습니다. (서명 또는 인)
Instructions about clearance and returning of goods was given by customs inspector. (Traveler's Signature)

210mm×297mm 일반용지 60g/㎡(재활용품)

6. 수입식품 등 검사

* 출처: http://foodnara.go.kr

1) 서류검사 및 그 대상

서류검사란 신고서류 등을 검토하여 그 적합 여부를 판단하는 검사를 말하며, 다음의 식품 등을 대상으로 한다.

① 「대외무역법 시행령」 제26조에 따라 외화획득용으로 수입하는 식품 등. 다만, 같은 조 제1항 제3호에 따라 관광용으로 수입하는 식품 등은 제외한다.

② 식품제조·가공업, 식품첨가물제조업 또는 용기·포장류 제조업의 영업신고를 한 자가 자사의 제품을 생산하기 위하여 직접 또는 위탁하여 수입하는 식품 등 또는 식품을 직접 제조·가공하지 아니하고 다른 사람에게 의뢰하여 제조·가공된 식품을 자신의 상표로 유통·판매하는 영업을 하는 자가 자신이 제조·가공을 의뢰한 제품의 원료(이하 '자사 제품 제조용 원료'라 한다)로 수입하는 식품 등

③ 연구·조사에 사용하는 식품 등.

④ 정부·지방자치단체 또는 그 대행기관에서 수입하는 식품 등(이 경우 국내외 공인검사기관에서 발행한 검사성적서 또는 검사증명서를 제출하는 것만 해당한다)

⑤ 식용향료(조합향료 및 단일성분의 착향료를 포함한다. 이하 같다)

⑥ 식품 또는 식품첨가물에 접촉되는 재질이 나무·돌 또는 착색되지 아니한 유리제(가열조리용 유리제 및 납 함유 크리스탈 유리제는 제외한다)로 된 기구 및 용기·포장

⑦ 다목의 정밀검사(이하 이 표에서 '정밀검사'라 한다)를 받은 것 중 다음의 조건을 충족하는 것으로써 재수입하는 식품 등(이하 '동일사 동일식품 등'이라 한다)

　가. 식품·식품첨가물의 경우에는 제조국·제조업소·제품명·제조방법 및 원재료명이 같은 것

　나. 기구 또는 용기·포장의 경우에는 제조국·제조업소·재질 및 바탕색상이 같은 것

⑧ 외화획득을 위한 박람회·전시회 등에 전시(소비자·관람자 등에게 제공·판매하는 것은 포함하지 않는다)하기 위하여 수입하는 식품 등

⑨ 판매를 목적으로 하는 선천성 대사이상질환자용 식품

⑩ 「축산물 가공처리법」 제21조 제1항 제3호에 따른 축산물가공업의 영업허가를 받은 자
가 자사제품제조용 원료로 수입하는 식품 등[개정 '09.08.12.: 기구·용기·포장까지 포
함하여 서류검사 대상으로 조정]

⑪ 정제·가공을 거쳐야만 하는 식품 또는 식품첨가물의 원료[개정 '09.08.12.]

⑫ 재가공하여 사용하는 기구 또는 용기·포장[개정 '09.08.12.]

⑬ 「주세법」 제6조 제1항에 따른 주류제조 면허를 받은 자가 자사제품 제조용 원료로 수입
하는 식품 등

⑭ 외국으로부터 반송된 식품 중 다음의 어느 하나에 해당하는 식품 등

　가. 국내에서 재가공하여 수출하려는 식품 등

　나. 국내에 유통 중인 제품과 동일한 제품으로써 그 반송사유가 식품 등의 변질이나 위
　　　생상 위해가 아닌 식품 등

⑮ 법 제19조 제3항 제1호에 따라 사전확인 등록된 식품 등

⑯ 정밀검사결과 부적합판정을 받은 이력이 없는 식품 중 안전성이 확보되었다고 식품의약
품안전처장이 인정하는 식품 등

⑰ 「건강기능식품에 관한 법률」 제4조 제1항 제1호에 따른 건강기능식품제조업의 영업 허
가를 받은 자가 자사제품제조용 원료로 수입하는 식품 등

⑱ 농산물·임산물·수산물(식품의 원료로 사용되는 경우만 해당한다. 이하 이 표에서 같다) 중 정
밀검사를 받아 수입된 후 「남북교류협력에 관한 법률」에 따라 군사분계선 이북지역으
로 반출하여 단순 가공하고 같은 법에 따라 통일부장관의 승인을 얻어 군사분계선 이
남지역에 반입하려는 식품

2) 관능검사 및 대상

관능검사란 제품의 성질·상태·맛·냄새·색깔·표시·포장상태 및 정밀검사 이력 등을 종합
하여 식품의약품안전처장이 정하는 기준에 따라 그 적합 여부를 판단하는 검사로써 다음의
식품 등을 대상으로 한다.

① 농산물·임산물·수산물로써 식품 등의 기준 및 규격이 설정되지 아니한 것(식품첨가물
이나 다른 원료를 사용하지 아니하고 원형을 알아볼 수 있는 정도로, 단순히 자르거나

껍질을 벗기거나 말리거나 소금에 절이거나 숙성하거나 가열하거나 냉동하는 등 가공과정을 거쳐도 식품의 상태를 관능으로 확인할 수 있도록 처리한 것을 포함한다)

② 가목의 서류검사(이하 '서류검사'라 한다) 대상 중 지방식품의약품안전청장이 관능검사가 필요하다고 인정하는 식품 등 [개정 '09.08.12.]

③ 「관세법」 등 다른 법률에 따라 보세구역 안에서 압류·몰수하여 검사 요구한 것으로써 그 물량이 별표 8에서 정한 수거량의 10배 이하인 식품 등

④ 정밀검사를 받은 농산물·임산물·수산물 중 생산국·품명·수출업자(또는 수출업소를 포함한다) 및 포장장소가 같은 것

3) 정밀검사 및 그 대상

정밀검사란 물리적·화학적 또는 미생물학적 방법에 따라 실시하는 검사로써 서류검사 및 관능검사를 포함하며, 다음의 식품 등을 대상으로 한다.

① 최초로 수입하는 식품 등

② 국내외에서 유해물질 등이 함유된 것으로 알려져 문제가 제기된 식품 등

③ 수입신고에 따른 검사결과 부적합처분을 받은 후 재수입되는 다음의 식품 등

　　가. 식품(농산물·임산물·수산물은 제외한다) 및 식품첨가물: 제조국·제조업소·제품명·제조방법 및 원재료명이 같은 것

　　나. 농산물·임산물·수산물: 생산국·품명·수출업자(수출업소를 포함한다) 및 포장장소가 같은 것

　　다. 기구 및 용기·포장: 제조국·제조업소·재질 및 바탕색상이 같은 것

④ 3)에 따른 정밀검사는 다음의 기준에 따라 합산하여 5회까지 실시한다.

　　가. 부적합처분을 받은 날부터 1년 이내에 재수입되는 식품 등: 수입신고 횟수를 기준으로 하지 않고 임의로 정밀검사 대상을 정하여 실시한다.

　　나. 부적합처분을 받은 날부터 1년을 초과하여 재수입되는 식품 등: 수입신고 횟수를 기준으로 실시한다.

⑤ 법 제22조에 따른 수거검사결과 부적합판정을 받은 식품 등의 경우로써 부적합판정을 받은 날부터 수입신고 횟수를 기준으로 5회까지 재수입되는 동일사 동일식품 등

⑥ 관능검사결과 식품 위생상의 위해가 발생할 우려가 있다고 인정되는 식품 등

⑦ 사실과 다르게 신고하거나 허위서류를 제출하거나 안전성이 확보되지 않은 식품 등을 수입 신고하여 행정처분을 받은 영업자가 행정처분일부터 1년 이내에 수입하는 식품 등 [개정 '09.08.12.]

⑧ 제14조 제1항 각 호의 어느 하나에 해당하는 조치를 위반한 수입신고인이 1년 이내에 수입하는 식품 등[개정 '09.08.12.]

⑨ 가목 14)에 해당하는 경우를 제외한 반송된 식품 등

⑩ 1)에 따라 정밀검사를 한 식품 등 중 식품 등의 기준 및 규격이 신설 또는 강화된 식품 등

⑪ 식품의약품안전처장이 정하여 고시하는 유해물질이 검출된 식품 등의 제조업체(농산물·임산물·수산물의 경우 수출업체를 말한다)에서 제조 또는 수출하는 식품 등으로 부적합처분을 받은 날부터 2년 이내에 수입하는 식품 등

4) 무작위표본검사 및 그 대상

무작위표본검사란 정밀검사대상을 제외한 식품 등에 대하여 식품의약품안전처장의 표본추출계획에 따라 물리적·화학적 또는 미생물학적 방법으로 실시하는 검사로써 식용향료를 제외한 다음의 식품 등을 대상으로 한다.

① 정밀검사를 받은 식품 등이나 서류검사 또는 관능검사 대상인 식품 등 중 식품 등의 종류별 위해도 등을 감안하여 표본추출계획에 따라 검사가 필요하다고 인정하는 식품 등

② 수입식품 안전관리에 필요한 정보를 수집하기 위하여 검사가 필요하다고 인정하는 식품 등

5) 자사제품 제조용 원료의 용도 변경

식품 등을 가목 2), 10), 13) 및 17)에 따라 자사제품 제조용 원료로 수입 신고한 영업자의 폐업·파산 등으로 해당 식품 등이 자사제품 제조용 원료로 사용될 수 없는 경우에는 해당 수입식품 등의 신고를 수리한 지방식품의약품안전청장은 식품의약품안전처장이 정하는 범

위 안에서 처음 수입한 목적 외의 용도로 사용하거나 다른 제품의 제조용 원료로 판매하게
할 수 있다.

어려운 무역실무는 가라!

Part 2. 사례편

초판 1쇄 발행 2015년 6월 24일
2쇄 발행 2017년 3월 17일

지 은 이 최규삼
펴 낸 이 최지숙
편집주간 이기성
편집팀장 이윤숙
기획편집 주민경, 윤일란, 허나리
표지디자인 주민경
책임마케팅 하철민, 장일규
펴 낸 곳 도서출판 생각나눔
출판등록 제 2008-000008호
주   소 서울 마포구 동교로 18길 41, 한경빌딩 2층
전   화 02-325-5100
팩   스 02-325-5101
홈페이지 www.생각나눔.kr
이 메 일 bookmain@think-book.com

• 책값은 표지 뒷면에 표기되어 있습니다.
  ISBN 978-89-6489-393-7 14320
  세 트 978-89-6489-392-0 14320

• 이 도서의 국립중앙도서관 출판 시 도서목록(CIP)은 서지정보유통지원시스템 홈페이지
  (http://seoji.nl.go.kr)와 국가자료공동목록시스템(http://www.nl.go.kr/kolisnet)에서
  이용하실 수 있습니다(CIP제어번호: CIP2017003086).